Wächter der Apokalypse

Mohamed ElBaradei wurde 1942 in Kairo geboren. Als Generaldirektor verwandelte er die Internationale Atomenergieorganisation IAEO in ein politisch wirksames Forum. Für seine Arbeit erhielt er 2005 den Friedensnobelpreis. Der promovierte Jurist blickt auf eine jahrzehntelange Karriere im diplomatischen Dienst zurück. Als unermüdlicher Fürsprecher für Toleranz, Menschlichkeit und Freiheit erhielt er zahlreiche internationale Auszeichnungen, darunter den Indira-Gandhi-Preis für besondere Leistungen im Kampf für Frieden, Entmilitarisierung und Entwicklung sowie das Bundesverdienstkreuz der Bundesrepublik Deutschland. Heute ist der Ägypter eine Schlüsselfigur des demokratischen Wandels in seinem Heimatland.

Mohamed ElBaradei

WÄCHTER DER APOKALYPSE

Im Kampf für eine Welt ohne Atomwaffen

Aus dem Englischen von Jürgen Neubauer

Campus Verlag
Frankfurt/New York

Die amerikanische Originalausgabe *The Age of Deception. Nuclear Diplomacy in Treacherous Times* erschien 2011 bei Metropolitan Books, Imprint von Henry Holt and Company, LLC.

The Age of Deception. Nuclear Diplomacy in Treacherous Times published by Metropolitan Books, an imprint of Henry Holt and Company, LLC. All rights reserved.

ISBN 978-3-593-39348-3

Umschlaggestaltung: Hißmann, Heilmann, Hamburg
Umschlagmotiv: © Peter Rigaud/laif
Satz: Fotosatz L. Huhn, Linsengericht
Druck und Bindung: Beltz Druckpartner, Hemsbach
Gedruckt auf Papier aus zertifizierten Rohstoffen (FSC/PEFC).
Printed in Germany

Für meine dreijährige Enkelin MAYA,
in der Hoffnung, dass wir ihr
eine bessere Welt hinterlassen

Inhalt

VORREDE

»Lassen Sie sich von uns helfen.«

Mein Gegenüber lächelte, aber er wirkte nicht froh. Sein Blick verschwamm, seine Mundwinkel hingen nach unten. War es Trauer? Müdigkeit? Ich konnte es nicht sagen.

Es war der 9. Februar 2003. Mehr als zwölf Jahre zuvor hatte der Sicherheitsrat der Vereinten Nationen die ersten Sanktionen gegen den Irak verhängt. Einen Monat später sollte unter der Führung der Vereinigten Staaten eine weitere Invasion beginnen. Vor kurzem hatte Saddam Hussein Waffeninspektoren der UNO in den Irak gelassen, und Hans Blix und ich waren zum dritten Mal zu Gesprächen nach Bagdad gekommen. Es war der letzte Abend. Der irakische Außenminister Naji Sabri hatte uns, unser Expertenteam und unsere irakischen Gesprächspartner zum Essen eingeladen.

Das Restaurant war das beste, das die Stadt noch zu bieten hatte. Die Infrastruktur von Bagdad hatte stark gelitten, die Auswirkungen der Sanktionen waren überall zu spüren. Doch das Ambiente war elegant, die Kellner waren zuvorkommend, die dunkelroten Stofftischdecken makellos. Es gab reichlich gegrillten Fisch, frisch aus dem Tigris. Die Spieße mit Lammkebab schmeckten ausgezeichnet. Auf dem Tisch stand ein weiteres Luxusgut: Wein. Das war eine Überraschung. Nach einem Gesetz aus dem Jahr 1994 durfte in der Öffentlichkeit kein Alkohol getrunken werden. Aber für ihre ausländischen Gäste machten die Iraker an diesem Abend eine Ausnahme.

Der Mann, der mir gegenüber saß, war General Amir Hamudi al-Saadi, der oberste Wissenschaftsberater Saddam Husseins. »General«

war ein Ehrentitel. Al-Saadi war ein umgänglicher, charismatischer Unterhändler mit einem Doktor in physikalischer Chemie, er sprach fließend Englisch und Arabisch und trug Maßanzüge statt Uniform. Er war zwar kein Mitglied der Baath-Partei, doch er war der wissenschaftliche Frontmann der irakischen Regierung.

Blix und ich hatten das Gespräch auf ein sensibles Thema gelenkt: die Notwendigkeit einer besseren Zusammenarbeit und Dokumentation. »Sie versichern uns, dass Sie keine Massenvernichtungswaffen haben«, sagten wir ihnen. »Sie erklären uns, dass Sie Ihre früheren Programme zu deren Bau nicht wieder aufgenommen haben. Aber damit können wir das Thema nicht einfach zu den Akten legen. Wir brauchen mehr Beweise. Je offener Sie sind, je mehr Dokumente und Beweise Sie vorlegen, umso besser ist das für den Irak auf der internationalen Bühne. Was können Sie uns noch geben, um die Informationslücken zu schließen? *Lassen Sie sich von uns helfen.*«

Neben al-Saadi saß Husam Amin, Leiter der irakischen Delegation für die Verhandlungen mit den Vereinten Nationen. Er beugte sich vor und antwortete: »Sprechen wir offen. Erstens können wir Ihnen nicht mehr geben, weil wir nicht mehr haben.« Er sah Blix an, dann wieder mich. »Und zweitens können Sie uns nicht helfen, denn dieser Krieg wird kommen, und weder wir noch Sie können irgendetwas tun, um ihn aufzuhalten. Das wissen wir beide. Egal was wir tun, er ist beschlossene Sache.«

Er lehnte sich zurück. Al-Saadi nickte schweigend. Die Trauer wich nicht aus seinem Lächeln.

Anders als Amin weigerte ich mich zu glauben, dass der Krieg unabwendbar war. Die Internationale Atomenergieorganisation (IAEO) – die Behörde der Vereinten Nationen, die für die Atomwaffeninspektionen zuständig war und die ich leitete – hatte große Fortschritte gemacht. Unter anderem waren wir jedem Hinweis nachgegangen, den wir von den Nachrichtendiensten erhalten hatten, und hatten nichts gefunden. Am 27. Januar hatte ich in meinem Bericht an den Weltsicherheitsrat erklärt: »Wir haben bislang keine Beweise dafür gefunden, dass der Irak sein Programm zum Bau von Kernwaffen wieder aufgenommen hat.« Vertreter westlicher Regierungen und Medienkommentatoren, die zu ihren eigenen Schlüssen gekommen waren, hatten diese Stellungnahme scharf kritisiert, doch diese Kritiker beriefen sich auf Spekulationen und präsentierten sie als Beweise. Was ich gesagt hatte, war die Wahrheit.

Die IAEO konnte dem Irak zwar noch keine weiße Weste attestieren. Aber ich hatte an den Weltsicherheitsrat appelliert, uns die Inspektion zu Ende führen zu lassen. Einige wenige Monate waren »eine wertvolle Investition in den Frieden«, wie ich es formuliert hatte. Wenn der Grund für einen Krieg gegen den Irak die Wiederaufnahme der Produktion von Massenvernichtungswaffen war, wo waren dann die Beweise? Worin bestand die unmittelbare Bedrohung? Wenn Amin die Wahrheit sagte und der Irak nichts mehr hatte, was er uns noch zeigen konnte, dann bedeutete das nur eins: Es gab keine Bedrohung.

Ein ungerechtfertigter Krieg würde die ohnehin schon angespannte Beziehung zwischen den Atommächten und dem Rest der Welt weiter belasten. Die Vereinigten Staaten und Großbritannien waren im Besitz von Kernwaffen und zeigten wenig Interesse daran, diese aufzugeben; gleichzeitig bedrohten sie den Irak, weil dieser angeblich versuchte, in den Besitz von Kernwaffen zu gelangen. Viele Menschen in den Entwicklungsländern, vor allem in arabischen und muslimischen Nationen, empfanden dies als ironisch und ungerecht. In der arabischen Öffentlichkeit erfreute sich Saddam Hussein einer gewissen Beliebtheit, weil er den israelischen Umgang mit den Palästinensern kritisierte und dem Westen die Stirn bot. Unter den pro-westlichen arabischen Führern war er nicht beliebt, vor allem nicht nach seiner Kuwait-Invasion im Jahr 1990, doch auch sie waren verärgert, dass die Souveränität des Irak derart missachtet wurde. Sollte es zum Krieg kommen und sollten als Rechtfertigung falsche Anschuldigungen über den Besitz von Massenvernichtungswaffen angeführt werden, dann würde die Empörung in der arabischen und muslimischen Welt überkochen.

Doch obwohl ich an den Erfolg der Inspektionen glaubte, wurde ich im Laufe der folgenden Wochen immer unruhiger. Aus den Vereinigten Staaten und Großbritannien waren zunehmend schrillere Töne zu hören. Vier Tage vor unserem Abendessen in Bagdad hatte der amerikanische Außenminister Colin Powell die Position der Vereinigten Staaten vor dem Weltsicherheitsrat dargelegt und diese mit Aufnahmen von abgehörten Telefongesprächen sowie Satellitenbildern von irakischen Einrichtungen untermauert. Diese seien Beweise für »beunruhigende Verhaltensmuster« und dafür, dass Saddam Hussein und sein Regime eine »Politik der Ausflüchte und Täuschungen« verfolgten. Für die Inspektoren handelte es sich bei dem vorgelegten Material lediglich um Spekulationen, eine Zusammenstellung von nicht bestätigten Vermutungen, die auf ein Worst-Case-Szenario hin zugespitzt waren. Nirgends waren rauchende Colts zu sehen. Aber in den Ohren vieler Zuhörer, vor allem der Laien, klangen Powells Ausführungen überzeugend.

Während der folgenden sechs Wochen erwiesen sich sämtliche Fortschritte bei der Inspektion und alle diplomatischen Interventionen als fruchtlos. Die IAEO konnte zwar beweisen, dass entscheidende geheimdienstliche Dokumente, die eine angebliche Uranbestellung Saddam Husseins im Niger belegen sollten, gefälscht waren. Doch diese Erkenntnis blieb folgenlos. Eine eilig einberufene Versammlung der arabischen Führer im ägyptischen Badeort Scharm el-Scheich ergab keine Lösung und nicht einmal eine gemeinsame Position, sondern endete im Chaos. Ein Versuch der Briten, den Angriff in letzter Minute noch zu verhindern, verlief im Sande.

Am frühen Morgen des 17. März 2003 erhielt ich einen Anruf von der Botschaft der Vereinigten Staaten in Wien mit der Aufforderung, unsere Inspektoren aus Bagdad zurückzurufen. Die Invasion stand unmittelbar bevor.

*

»Wenn es in dieser Welt eine Bedrohung gibt, dann wird diese Bedrohung von allen geteilt. Und wenn es in einer Nation Hoffnung gibt, dann sollte diese Hoffnung von allen geteilt werden.« So der amerikanische Präsidenten Dwight D. Eisenhower in seiner Rede »Atome für den Frieden«, die er im Jahr 1953 vor der Vollversammlung der Vereinten Nationen hielt und die vier Jahre später zur Gründung der Internationalen Atomenergieorganisation führte. Inmitten des galoppierenden atomaren Rüstungswettlaufs richtete er diese beeindruckende Botschaft an eine Weltöffentlichkeit, der die Katastrophe des Zweiten Weltkriegs noch frisch im Gedächtnis war.

Eisenhowers Idee der »Atome für den Frieden« – die Vorstellung, dass Nutzen und Gefahren der Kernforschung von der internationalen Staatengemeinschaft gemeinsam erörtert werden müssen – ist das Grundprinzip der Atomdiplomatie. Daraus entstand ein nahezu universelles Bekenntnis zur technologischen Zusammenarbeit bei der friedlichen Nutzung der Atomenergie und zur Nichtverbreitung von Atomwaffen. Dieses doppelte Bekenntnis wurde in der Satzung der IAEO und dem wegweisenden Atomwaffensperrvertrag aus dem Jahr 1970 festgehalten.

Anfang der achtziger Jahre lebte ich als junger ägyptischer Anwalt und Professor für Internationales Recht in New York. Fasziniert vom Ideal der »Atome für den Frieden« trat ich 1984 in den Dienst der IAEO und stieg drei Jahre später zu deren Rechtsberater auf. Zu Beginn der Irak-Invasion im Jahr 2003 war ich seit mehr als fünf Jahren Generaldirektor der IAEO und gehörte der Behörde seit beinahe zwei Jahrzehnten an. Ich hatte mir ihre Atomdiplomatie vollkommen zu Eigen gemacht. Wenn ein Krieg aufgrund unbegründeter Anschuldigungen des Atomwaffenbesitzes geführt wurde, und wenn die Atomdiplomatie der IAEO beiseitegewischt werden oder lediglich als Feigenblatt herhalten sollte, dann stand das für mich im krassen Widerspruch zu allem, wofür wir standen. Ein halbes Jahrhundert gewissenhafter Arbeit von engagierten Wissenschaftlern, Anwälten, Inspektoren und Beamten wurde in den Wind geschlagen. Ich war entsetzt und sicher, dass nichts von dem, was Hans Blix oder ich gesehen hatten, den Krieg auch nur im Entferntesten rechtfertigen konnte.

*

General Amir al-Saadi, mein melancholischer Gesprächspartner jenes Abends, stellte sich am 12. April 2003 den Streitkräften der Koalition, nachdem er erfahren hatte, dass er die Nummer 32 auf der Liste der meistgesuchten Iraker und die Karo-Sieben des berüchtigten Steckbrief-Kartenspiels war. Er bat ein Kamerateam des Zweiten Deutschen Fernsehens zu filmen, wie er sich den Behörden stellte. Vor laufender Kamera verkündete er: »Wir haben keine Massenvernichtungswaffen. Die Zukunft wird zeigen, dass ich Recht habe.« Spätestens dann wusste ich, dass meine Einschätzung richtig gewesen war und der Irak keine

Atomwaffen besaß, denn zu diesem Zeitpunkt hatte al-Saadi keinen Grund mehr zu lügen.

Seither haben zahlreiche Quellen bestätigt, dass die Rechtfertigung für die Invasion vom März 2003 – die Behauptung der Vereinigten Staaten und Großbritanniens, dass Saddam Husseins Regime Massenvernichtungswaffen herstellte und daher den internationalen Frieden bedrohte – vollkommen haltlos war. Die von den Vereinigten Staaten eingesetzte Iraq Survey Group gab Milliarden von Dollar aus, nur um zu bestätigen, dass die internationalen Inspektoren Recht gehabt hatten: Der Irak hatte die Herstellung von Massenvernichtungswaffen nicht wieder aufgenommen. Außerdem stellte sich heraus, dass die Massenvernichtungswaffen nicht der eigentliche Grund für den Einmarsch waren. Das berühmte »Downing Street Memo« vom Juli 2002, das der britischen Presse zugespielt wurde, bewies, dass die Entscheidung für einen neuen Krieg gegen den Irak schon lange vor der Entsendung der Inspektoren gefallen war.

Bis heute kann ich solche Berichte nicht lesen, ohne an die Tausende gefallener Soldaten, die Hunderttausende getöteter Zivilisten, die Millionen Verwundeten und Obdachlosen, die zerrissenen Familien und die zerstörten Leben zu denken. Und heute wie damals wundere ich mich darüber, dass die zentralen Akteure nicht mehr Selbstprüfung und Selbstkritik an den Tag legten. Die Schande dieses unnötigen Krieges zwingt uns dazu, darüber nachzudenken, was im Falle des Irak schiefging und was wir aus dieser Tragödie für künftige Krisen lernen können.

Die Spannungen um Atomprogramme, wie sie die Welt heute erschüttern – vor allem im Hinblick auf den Iran –, lassen befürchten, dass wir die Fehler aus der Irak-Katastrophe wiederholen könnten, und zwar mit weitaus schlimmeren Konsequenzen für die weltweite Sicherheit. Angesichts der anstehenden Herausforderungen erinnere ich mich oft an dieses Abendessen im Februar 2003 in Bagdad, denn es zeigt einige der zentralen Aspekte des Dilemmas, in dem wir uns als Weltgemeinschaft auf der Suche nach dauerhafter kollektiver Sicherheit befinden: das zunehmende Misstrauen zwischen unterschiedlichen Kulturen, die destruktiven Auswirkungen einer langfristigen Spaltung der Welt in Atommächte und Nicht-Atommächte, der Wahnsinn atomarer Abenteuer und die Gewissheit, dass wir in eine Katastrophe steuern, wenn wir nicht aus den Fehlern der Vergangenheit lernen. Das Abendessen ist jedoch noch aus einem anderen Grund symbolisch: Die zentralen Akteure, die mit ihren Entscheidungen den Ausgang bestimmen – in diesem Fall die Vereinigten Staaten und Großbritannien –, saßen nicht mit am Tisch. Ihre Abwesenheit sollte in den folgenden Jahren ein Leitmotiv werden, vor allem im Falle des Iran: Aus der Ferne werfen die Vereinigten Staaten ihren Schatten über die Verhandlungen und lenken deren Verlauf, während sie gleichzeitig eine direkte Teilnahme verweigern. Atomdiplomatie ist jedoch eine praktische Disziplin, sie erfordert direktes Engagement, Zurückhaltung und ein langfristiges Bekenntnis. Sie lässt sich nicht per Fernbedienung steuern. Wenn die Konflikte um die Atomwaffenkontrolle im Dialog gelöst werden sollen, dann genügt es nicht, wenn sich die Inspektoren und die Politiker des angeklagten Landes an einem Tisch gegenübersitzen. Die Vereinigten Staaten und ihre Verbündeten müssen sich aktiv an diesen Gesprächen beteiligen, mit ihren vermeintlichen Gegnern sprechen und beweisen, dass ihr Engagement für eine friedliche Beilegung der Spannungen mehr ist als bloßes Lippenbekenntnis.

Das Abendessen in Bagdad – das einige meiner Kollegen lakonisch als »letztes Abendmahl« bezeichneten – war nur einer von zahlreichen Krisenschauplätzen des Jahres 2003. Nordkorea hatte gerade die IAEO-Inspektoren, die eine Abschaltung ihrer Atomanlagen beobachten sollten, des Landes verwiesen und drohte mit einem Ausstieg aus dem Atomwaffensperrvertrag. Mit einigen Kollegen der IAEO sollte ich erstmals die Atomanlagen in Natanz und Teheran besuchen, und wir waren im Begriff, die Ausmaße des iranischen Atomprogramms zu ergründen. Wenig später sollte Libyen auf die Vereinigten Staaten und Großbritannien zugehen, um über eine Beendigung seines Atomwaffenprogramms zu sprechen. Außerdem bekamen wir erste Hinweise auf die Existenz eines illegalen und im Verborgenen operierenden atomaren Versorgungsnetzwerks; wir sollten schließlich in über dreißig Ländern die Spuren seiner Aktivitäten finden.

Heute wissen wir sehr viel mehr über all diese Fälle tatsächlicher oder vermeintlicher Verbreitung von Atomwaffen. Aber vor allem im Iran und in Nordkorea bleibt die Entwicklung unberechenbar. Was uns nach wie vor fehlt, ist eine praktikable Herangehensweise, um mit diesen und künftigen Krisen umzugehen. Wir brauchen ein Bekenntnis zur Atomdiplomatie.

*

Das erste Atomzeitalter begann mit dem Wettlauf um die Atombombe. Nur wenige Länder verfügten über das erforderliche technische Knowhow oder konnten sich heimlich die wissenschaftlichen Kenntnisse zum Bau von Atomwaffen beschaffen. Auf dem Höhepunkt, dem Abwurf der Atombomben über Hiroshima und Nagasaki, standen die Vereinigten Staaten als vorläufiger Gewinner da. Doch die anderen Konkurrenten gaben nicht auf. Wenige Jahre später waren vier Nationen im Besitz der Bombe.

Der Kalte Krieg markiert das zweite Atomzeitalter. Zwar besaßen eine Reihe von Ländern Kernwaffen beziehungsweise arbeiteten an deren Entwicklung, aber im Grunde war dies das Zeitalter zweier Giganten: Die Vereinigten Staaten und die Sowjetunion häuften Zehntausende atomarer Sprengköpfe an und verfolgten mit dem »Gleichgewicht des Schreckens« eine Politik der gegenseitigen Abschreckung.

Das dritte Atomzeitalter, in dem wir gegenwärtig leben, begann mit dem Ende der Sowjetunion. In dem entstehenden Machtvakuum versäumte es die internationale Gemeinschaft, die Chance zur atomaren Abrüstung zu ergreifen. Stattdessen erwogen immer mehr Nationen den heimlichen Bau von Atomwaffen oder zumindest die Einrichtung eines vollständigen atomaren Brennstoffkreislaufs, der es ihnen ermöglichen würde, rasch Kernwaffen zu produzieren, wenn ihre Sicherheitslage es erforderte.

Die gegenseitige Auslöschung – der massive Einsatz des Atomwaffenarsenals zur Zerstörung der kapitalistischen und kommunistischen Metropolen – stellt heute nicht mehr die eigentliche Bedrohung dar. Die Gefahr besteht vielmehr in einem asymmetrischen Atomkrieg: dem Einsatz von Kernwaffen durch Extremisten oder »Schurkenstaaten« unter der Führung eines aggressiven Diktators oder in dem Einsatz von Kernwaffen einer Atommacht gegen eine Nicht-Atommacht.

Eine solche Situation ist per se instabil, und die Entwicklungen der vergangenen Jahre haben diese Instabilität nur noch weiter zugespitzt.

Wir wurden Zeugen eines Angriffs ohne jede Bedrohung (im Irak), der Untätigkeit und des Zauderns angesichts einer realen Bedrohung (in Nordkorea) und einer Pattsituation (im Iran), die durch gegenseitige Anschuldigungen und öffentliche Muskelspiele statt durch Dialog geprägt ist. Außerdem haben wir ein expandierendes illegales Atomnetzwerk aufgedeckt, über das geheime Atomprogramme versorgt werden können. Gleichzeitig bietet die Tatsache, dass einige wenige Nationen über Atomwaffen verfügen, auch für andere Länder nach wie vor einen Anreiz zur atomaren Aufrüstung.

Diese Zuspitzung läutet das Ende des dritten Atomzeitalters ein. Wir befinden uns an der Schwelle einer bedeutenden Veränderung – wie auch immer diese aussehen mag. Wenn wir nichts gegen das atomare Ungleichgewicht unternehmen, dann wird sich diese Veränderung vermutlich in Form einer massiven Verbreitung von Atomwaffen einstellen oder schlimmer noch in Form von Auseinandersetzungen, bei denen auch Kernwaffen zum Einsatz kommen. Die Hinweise auf diese Entwicklung mehren sich, sie zeigen sich vor allem in den Reaktionen von Staaten auf die tatsächliche oder vermeintliche atomare Bedrohung durch ihre Nachbarn. Ein Beispiel ist der Nahe Osten, wo immer mehr Nationen über ein eigenes Atomenergieprogramm nachdenken oder Schritte dahin unternehmen. Ein weiteres ist die Forderung von japanischen Regierungsmitgliedern, als Reaktion auf die nordkoreanischen Atomwaffentests über die Einrichtung eines eigenen Atomwaffenprogramms zu diskutieren.

Wir können jedoch auch einen anderen Kurs einschlagen und die gegenwärtigen Ungleichgewichte durch eine weltweite atomare Abrüstung beseitigen. Ein neuer Abrüstungsvertrag zwischen den Atommächten sowie ein Forum, in dem Kernwaffenstaaten ihre Verantwortung zur Abrüstung ernst nehmen – das wären Wege in eine sicherere Zukunft. Wenn wir aus den Fehlern der jüngsten Vergangenheit lernen und uns den realen Bedrohungen der unmittelbaren Zukunft stellen, dann können wir die atomare Katastrophe abwenden und dafür sorgen, dass das vierte Atomzeitalter durch den Abbau der Spannungen zwischen Atommächten und Nicht-Atommächten, durch die Abrüstung von Atomwaffen und durch einen dauerhaften Frieden gekennzeichnet ist.

1

IRAK, 1. RUNDE

Nach dem Krieg

Um die Landschaft der Atompolitik des Jahres 2003 zu verstehen, müssen wir zum Beginn der neunziger Jahre zurückblicken, als zwei bis dahin geheime Atomprogramme ans Licht kamen: Erstens das Atomwaffenprogramm des Irak, das nach dem Golfkrieg des Jahres 1991 aufgedeckt wurde, und zweitens die Herstellung von Plutonium und die Inbetriebnahme geheimer Atomanlagen in Nordkorea, welche die IAEO im darauffolgenden Jahr entdeckte.

Im Falle des Irak beschränkten sich die Kenntnisse der Internationalen Atomenergiebehörde vor dem ersten Golfkrieg auf das Kernforschungszentrum Tuwaitha südöstlich von Bagdad. Der Irak hatte der IAEO zwei Forschungsreaktoren in Tuwaitha gemeldet[1] sowie ein kleines Labor zur Herstellung von Kernbrennstoffen und ein Zwischenlager für abgebrannte Brennstäbe. Die Behörde inspizierte diese Anlagen zweimal im Jahr, um zu überprüfen, ob die gemeldeten Kernbrennstoffe ausschließlich zur friedlichen Nutzung der Kernenergie und nicht zum Bau von Atomwaffen verwendet wurden.

Nach dem Krieg fanden Inspektoren der IAEO Hinweise auf weitere nicht gemeldete Aktivitäten in Tuwaitha sowie eine Reihe illegaler Atomanlagen im Rest des Landes. Die IAEO wurde kritisiert, weil sie diese heimlichen Aktivitäten nicht früher entdeckt hatte. Doch die Schuld ist zumindest zum Teil bei den eingeschränkten Inspektionsmöglichkeiten der Organisation zu suchen. Die Aufgabe der IAEO bestand lediglich darin, die von einem Land gemachten Angaben zu überprüfen. Wir hatten kaum Befugnisse oder Instrumente, um nach nicht gemeldeten Materialien oder Anlagen zu suchen.

Das war so erschreckend naiv, wie es klingt. Staaten, die ihre illegalen Aktivitäten verbergen wollten, konnten mit der IAEO Blindekuh spielen. Trotzdem wurden immer mehr Vorwürfe laut: Warum hatte die Organisation die Vollständigkeit der irakischen Berichte nie angezweifelt? Warum hatte sie keine Sonderuntersuchungen gefordert? Wie konnte sie die atomaren Ambitionen des Irak übersehen haben?

Auf jede dieser Fragen gibt es gute Antworten. Die Internationale Atomenergieorganisation hatte nicht nur unzureichende Befugnisse, sondern auch keine verlässlichen nachrichtendienstlichen Informationen über die geheimen Atomprogramme des Irak – selbst wenn es diese Informationen gab, dann hatte die IAEO sie nicht erhalten. Aber um die Situation besser zu verstehen, müssen wir zwei weitere Aspekte einbeziehen: Erstens müssen wir uns einige Punkte des Atomwaffensperrvertrags ansehen, der die Inspektionstätigkeit der IAEO definiert, und zweitens benötigen wir ein ungefähres Verständnis des atomaren Brennstoffkreislaufs, um verbreitete Missverständnisse auszuräumen.

*

Der Atomwaffensperrvertrag oder der Vertrag über die Nichtverbreitung von Kernwaffen (NVV), wie er auch genannt wird, trat im Jahr 1970 in Kraft. Bei all seinen Mängeln bleibt er einer derjenigen internationalen Verträge mit den meisten Unterzeichnern. Bis Ende 2010 haben sich 189 Staaten dem Atomwaffensperrvertrag angeschlossen. Nur drei Länder – Indien, Pakistan und Israel – haben den Vertrag nie unterzeichnet, und Nordkorea ist aus dem Vertrag ausgetreten.

Der Atomwaffensperrvertrag ruht auf drei Säulen:

Erstens verpflichten sich diejenigen Unterzeichnerstaaten, die nicht über Atomwaffen verfügen (und die im Vertrag als Nichtkernwaffenstaaten bezeichnet werden), solche Waffen weder zu entwickeln noch zu erwerben. Jeder Unterzeichnerstaat ist verpflichtet, eine rechtsverbindliche bilaterale Vereinbarung mit der IAEO einzugehen, die als Sicherungs- oder Safeguard-Abkommen bezeichnet wird. Demnach unterstellt jeder Unterzeichnerstaat sein kerntechnisches Material den Safeguard-Maßnahmen der IAEO, um durch Vor-Ort-Kontrollen und strenge Bilanzverfahren sicherzustellen, dass das Material nicht zum Bau von Atomwaffen verwendet wird. Die Safeguard-Abkommen geben der IAEO das Recht, die Einhaltung des Atomwaffensperrvertrags in einem Land zu überprüfen.

Zweitens verpflichten sich die Unterzeichnerstaaten, »in redlicher Absicht« Verhandlungen zur Abrüstung von Atomwaffen zu führen.[2] Das bezog sich natürlich vor allem auf die fünf Unterzeichnerstaaten, die im Atomwaffensperrvertrag angaben, über Kernwaffen zu verfügen – China, Frankreich, die Sowjetunion, Großbritannien und die Vereinigten Staaten –, und die dort als Kernwaffenstaaten bezeichnet werden.[3] Die Kernwaffenstaaten verpflichteten sich außerdem, keine Kernwaffen an Nichtkernwaffenstaaten weiterzugeben.

Drittens schließlich kommen die Unterzeichnerstaaten überein, die zivile Nutzung der Atomenergie zu fördern, und zwar mit besonderem Blick auf die Bedürfnisse der Entwicklungsländer. Das beinhaltet auch den Austausch von Geräten und Materialien sowie wissenschaftlichem und technologischem Know-how.

Der Atomwaffensperrvertrag hat zahlreiche Schwächen. Eine ist – wie bereits erwähnt – die Umsetzung: Jahrzehntelang bestand die Aufgabe der IAEO lediglich darin, die Angaben der Unterzeichnerstaaten zu überprüfen beziehungsweise zu bestätigen. Die Abrüstungsseite des Vertrags hatte noch mehr Schwächen: Er sah keinerlei Instrumente zur Überprüfung des Fortschritts der Abrüstungsverhandlungen, kein Aufsichtsgremium und keine Sanktionen bei Nichteinhaltung vor. Und schließlich beinhaltet der Vertrag einen offensichtlichen Widerspruch: Mit der dritten Säule des Vertrags, dem Austausch von Technologie, Material und Know-how zur friedlichen Nutzung der Kernenergie, erhalten auch Nichtkernwaffenstaaten die Möglichkeit, selbst Kernwaffen herzustellen, vor allem wenn sie die Technologie für einen vollständigen Brennstoffkreislauf erhalten.

Dieses Dilemma spiegelt das doppelte Potenzial der Kerntechnologie wider, das der Atomdiplomatie zugrunde liegt. Die Kernforschung ist ein extremes Beispiel für eine klassische Zwickmühle: Menschliche Gesellschaften können ihren technischen Fortschritt zum Guten wie zum Schlechten verwenden. Ob das Endprodukt ein Atompilz ist oder ein Isotop zur Krebsbehandlung, die Wissenschaft und Technik dahinter sind mehr oder minder identisch. Der einzige Unterschied liegt in der Absicht: Wird das Wissen für militärische Aggression und Zerstörung eingesetzt oder für eine Reihe von positiven Errungenschaften, wie sie für Bürger von Industrienationen selbstverständlich geworden sind?: Strom und Medizin, landwirtschaftliche Produktivität, Schädlingsbekämpfung, Grundwassermanagement oder industrielle Tests? Es ist eine Sache, weiteren Ländern den Zugang zu Kernwaffen zu verwehren, aber es gibt keinerlei Rechtfertigung, ihnen die friedliche Nutzung der Kernenergie zu verbieten. Wenn es um Letzteres gegangen wäre, dann wäre der Atomwaffensperrvertrag nie zustande gekommen.

*

Nun zum Brennstoffkreislauf. Begriffe wie »Anreicherung« und »Wiederaufarbeitung« sind längst in den alltäglichen Sprachgebrauch eingegangen und tauchen immer wieder in der Presse und in politischen Erklärungen auf. Trotzdem begegne ich immer wieder Missverständnissen über die Abläufe, die Absichten und die Rechtmäßigkeit dieser Prozesse. Um zu verstehen, worum es in der Atomdiplomatie der letzten Jahre geht, sollten auch Laien den Brennstoffkreislauf zumindest in groben Zügen kennen und wissen, welche Aspekte mit der Verbreitung von Kernwaffen in Zusammenhang stehen könnten.

Da aber selbst der erfahrenste Anwalt Gefahr läuft, sich in Fragen der Kerntechnologie aufs Glatteis zu begeben, beschränke ich meine Ausführungen auf einige wenige Schritte:

1. *Abbau*: Das Uranerz wird abgebaut. In der Natur kommt vor allem das Isotop ^{238}U vor. Das spaltbare ^{235}U, mit dem eine atomare Kettenreaktion möglich ist, macht nur rund 7 Promille des Natururans aus.

2. *Aufbereitung*: Das Erz wird in einer Reihe von physikalischen und chemischen Prozessen aus dem abgebauten Material extrahiert und zu dem sogenannten »Yellowcake«, einem Urankonzentrat, verarbeitet.

3. *Umsetzung*: Der Yellowcake wird durch eine Reihe chemischer Prozesse in gasförmiges Uranhexafluorid (UF_6) umgesetzt. Das UF_6 gilt

nach wie vor als »natürliches Uran«, da der relative Anteil von ^{238}U und ^{235}U unverändert geblieben ist.

4. *Anreicherung*: Das UF$_6$ wird in Zentrifugen gespeist, in denen der relative Anteil des spaltbaren ^{235}U erhöht und folglich der des ^{238}U verringert wird. Diese Anreicherung macht das Uran zu brennstofffähigem Material.

5. *Brennstoffherstellung*: Das angereicherte Uran wird pulverisiert, zu Tabletten verarbeitet und in Brennstäbe eingesetzt. Diese wiederum werden zu Brennelementen zusammengefügt, die in den Kernreaktor eingesetzt werden.

6. *Lagerung*: Nachdem die Brennelemente abgebrannt sind, werden sie in einem »Abklingbecken« zwischengelagert. Sie bestehen nun wieder überwiegend aus ^{238}U, das ^{235}U reicht nicht mehr aus, um eine Kettenreaktion aufrechtzuerhalten. Bei der Energiegewinnung entsteht als Abfallprodukt außerdem spaltbares Plutonium, das rund 1 Prozent des Abfalls ausmacht.

7. *Wiederaufarbeitung*: Da in einem normalen Reaktorzyklus nur ein kleiner Teil des spaltbaren Urans verbraucht wird, arbeiten einige Länder die verbrauchten Brennelemente wieder auf, indem sie das spaltbare Uran und Plutonium abtrennen.

Bei den Gaszentrifugen, die zur Urananreicherung[4] verwendet werden, handelt es sich um schlanke Metallzylinder mit Zu- und Abflussrohren. Sie drehen sich mit hohen Geschwindigkeiten von mehr als 20 000 Umdrehungen pro Minute, sodass die Atome des um drei Atomkerne schwereren ^{238}U nach außen gedrückt und beim Austritt aus der Zentrifuge abgetrennt werden können. Wenn mehrere Zentrifugen hintereinander angeordnet werden, passiert das gasförmige Uranhexafluorid von einem zum nächsten und die Konzentration des ^{235}U steigt immer weiter. Da das radioaktive Isotop nur einen winzigen Anteil des Urans ausmacht, sind große Mengen an Natururan nötig, um eine kleine Menge des angereicherten Produkts zu erzeugen. Dazu müssen die Zentrifugen über Wochen und Monate hinweg ununterbrochen arbeiten, weshalb sie aus belastbaren Speziallegierungen gefertigt werden müssen.

In den meisten Leichtwasserreaktoren, die mit Uranbrennstäben elektrischen Strom erzeugen, wird ein Brennstoff verwendet, in dem das ^{235}U auf 3,5 Prozent angereichert wurde. Mit »hochangereichertem Uran« ist ein Brennstoff gemeint, der mehr als 20 Prozent des spaltbaren Materials enthält. Uran, das bis auf 90 Prozent angereichert wurde, gilt als waffenfähiges Material; in Forschungsreaktoren wird es jedoch auch zu zivilen Zwecken verwendet, etwa zur Herstellung von Isotopen, die in der Medizin zur Anwendung kommen.

Entgegen eines verbreiteten Missverständnisses sind die oben beschriebenen sieben Schritte sämtlich Teil eines zivilen Brennstoffkreislaufs. Auch wenn in der Presse gelegentlich anderes zu lesen ist, bedeutet die Urananreicherung oder die Wiederaufarbeitung nicht automatisch, dass ein Land die Absicht hat, Atomwaffen herzustellen. Da sich jedoch hochangereichertes Uran und Plutonium, die in diesen beiden Prozessen hergestellt werden, besonders für die Herstellung von Waffen eignen, sind diese beiden Schritte für die Verbreitung von Kernwaffen besonders sensibel. Plutonium und hochangereichertes Uran können also auch in einem zivilen Reaktor zur Stromerzeugung eingesetzt werden. Deshalb ist keiner dieser beiden Schritte des Brennstoffkreislaufs »illegal«, sondern Anreicherung und Wiederaufarbeitung sind das gute Recht jedes Unterzeichnerstaats des Atomwaffensperrvertrags. Mit einigen Einschränkungen: Die betreffenden Anlagen und Prozesse müssen der Internationalen Atomenergieorganisation gemeldet werden, und die Safeguards müssen umgesetzt werden, um zu gewährleisten, dass das spaltbare Material nicht zu militärischen Zwecken verwendet wird.

Rund ein Dutzend Länder unterhalten einen eigenen Brennstoffkreislauf in signifikantem Umfang. Daher verfügen auch einige Nichtkernwaffenstaaten über Vorräte an Plutonium (das bei der Wiederaufarbeitung des abgebrannten Materials abfällt) oder hochangereichertem Uran, das jederzeit in einem Atomwaffenprogramm zum Einsatz kommen könnte. Mit der zunehmenden Industrialisierung und der weiteren Verbreitung der Kerntechnik werden vermutlich weitere Länder die wirtschaftlichen und sonstigen Vorteile in Erwägung ziehen, die ein eigener Brennstoffkreislauf bietet.

Und das ist der springende Punkt. Mit der Verbreitung der Kerntechnik geht natürlich auch das Risiko einer Verbreitung von Kernwaffen einher. Diejenigen Staaten, die bereits über einen eigenen

Brennstoffkreislauf verfügen, wollen ihn zwar nicht aufgeben, wollen aber auch nicht, dass andere Länder ihn bekommen. Diese wiederum wehren sich gegen eine solche Einschränkung. Und in der Tat verpflichten sich ja im Atomwaffensperrvertrag diejenigen Länder, die über zivile Kerntechnik verfügen, ihre Technologie und ihr Know-how zu teilen. Länder ohne eigene Kerntechnologie sind zusätzlich verärgert, dass sich die Kernwaffenstaaten nicht an ihren Teil des Vertrags halten und »in redlicher Absicht« und »in naher Zukunft« Verhandlungen zu einer Abrüstung der Atomwaffen führen. Die Kernwaffenstaaten genießen einen Status, um den die anderen sie nicht zu Unrecht beneiden. Denn wer Kernwaffen besitzt, hat Macht, Einfluss und eine Versicherungspolice gegen einen Angriff.

Rückblickend waren die ersten geheimen Atomprogramme im Irak und Nordkorea Anfang der neunziger Jahre vermutlich keine Überraschung. Mit dem Ende des Kalten Krieges war das Kräftegleichgewicht zwischen der Sowjetunion und den Vereinigten Staaten, das einen relativen Frieden aufrechterhielt, plötzlich nicht mehr gegeben. Länder, die nicht ausdrücklich unter dem »atomaren Schutzschirm« der NATO oder des Warschauer Paktes standen, könnten verständlicherweise eine zunehmende Unsicherheit verspürt haben. Gab es in einer solchen Situation eine bessere Versicherungspolice als ein eigenes Kernwaffenprogramm?

*

Das war der Hintergrund, vor dem nach dem Ende des ersten Golfkriegs im Jahr 1991 das Atomprogramm des Irak ans Licht kam. Die Vereinigten Staaten hatten zwar seinerzeit die atomaren Ambitionen des Irak als einen der zahlreichen Gründe für den Angriff genannt,[5] doch in Wirklichkeit wusste man vor dem Krieg wenig über die Existenz möglicher Kernwaffen im Irak. Verschiedene amerikanische Geheimdienstmitarbeiter gingen offenbar davon aus, dass der Irak den Bau von Atomwaffen anstrebte, und begründeten diese Vermutung damit, dass der Irak versucht hatte, sich Kerntechnologie beziehungsweise Anlagen zur Urananreicherung von verschiedenen europäischen Nationen zu beschaffen.[6] Diese Informationen waren nicht an die IAEO weitergegeben worden. Ein oder zwei Monate vor Beginn des Krieges verbreiteten einige Journalisten wilde und unhaltbare Behauptungen über das Atomprogramm des Irak.[7] Wie wenig die westlichen Geheimdienste tatsächlich wussten, zeigte die Tatsache, dass das amerikanische Militär lediglich zwei Atomanlagen auf seiner Abschussliste hatte, während die IAEO bei ihren Inspektionen nach dem Krieg ganze 18 entdeckte. Der eigentliche Grund für die Invasion der Koalition war seinerzeit die Besetzung Kuwaits durch Saddam Hussein gewesen.

Am 3. April 1991, weniger als zwei Monate nach dem Ende der Kampfhandlungen, verhängte der Sicherheitsrat der Vereinten Nationen eine Reihe von Auflagen, an die sich der Irak zu halten hatte. Darunter war natürlich die Anerkennung der irakisch-kuwaitischen Grenze, die Rückgabe von kuwaitischem Eigentum sowie Reparationszahlungen für die entstandenen Schäden und Verluste in Kuwait. Außerdem forderte der Sicherheitsrat den Irak auf, seine Massenvernichtungswaffen zu zerstören.

Gemäß Resolution 687 musste der Irak seine atomaren Karten auf den Tisch legen und seine Atomanlagen sowie seine Vorräte an waffenfähigem Material öffentlich machen. Der Generaldirektor der IAEO wurde aufgefordert, auf Grundlage der irakischen Angaben unverzüglich Inspektionen aufzunehmen und innerhalb von 45 Tagen einen Plan zur Zerstörung aller mit der Herstellung von Atomwaffen zusammenhängenden Einrichtungen vorzulegen. In der Resolution wurde die Sonderkommission UNSCOM ins Leben gerufen, die einen ähnlichen Auftrag hinsichtlich der biologischen und chemischen Waffenprogramme sowie der Langstreckenwaffen des Irak erhielt.[8]

Die IAEO und UNSCOM erhielten uneingeschränkte Vollmachten und die Erlaubnis, »jederzeit und überall« die irakischen Anlagen zur Herstellung von Massenvernichtungswaffen aufzuspüren und zu zerstören. Aus Sicht der Inspektoren waren das geradezu paradiesische Bedingungen. Aber das funktionierte nur, da der Irak gerade einen Krieg verloren und keine militärischen Mittel zur Verfügung hatte. Kein anderes Land hätte derartige Bedingungen akzeptiert.

Das erste Inspektorenteam der IAEO kam am 14. Mai 1991 in Bagdad an und machte sich sofort auf den Weg zur Atomanlage Tuwaitha. Die Inspektoren hatten Luftaufnahmen gesehen und erwarteten eine weitgehend zerstörte Anlage, und tatsächlich hatte jedes der Gebäude bei den Bombardements einen Treffer erhalten.

Die Aufgabe der Inspektoren bestand darin, das hochangereicherte Uran, das für die beiden Forschungsreaktoren bestimmt war, ausfindig zu machen und zu beschlagnahmen. Die irakischen Techniker schienen erstaunlich hilfsbereit. Zur Verwunderung der Inspektoren berichteten sie ihnen, das radioaktive Material sei auf dem Höhepunkt der Luftangriffe fortgeschafft worden. Um zu verhindern, dass es durch einen Raketeneinschlag zerstört und verstreut wurde, hatten sie es in den nahe gelegenen Bezirk Garf al Naddaf gebracht und dort auf Äckern in eilig improvisierten Betongruben deponiert. Mithilfe der Iraker fanden die Inspektoren das fragliche Material und überprüften es anhand von gemeldeten Inventaren aus der Vorkriegszeit.

Die zweite Aufgabe, die Suche nach bislang unbekannten atomaren Aktivitäten, erwies sich jedoch als deutlich schwieriger. Es sah so aus, als seien die Anlagen nicht nur durch die Bombardements zerstört worden, sondern als hätten die Iraker sie danach abmontiert. In einigen Gebäuden schienen Geräte entfernt worden zu sein. Außerdem gab es Hinweise, dass in den Betrieben Akten und Dokumente verbrannt worden waren. Es war nicht einfach, den Zweck derjenigen Anlagen in Tuwaitha zu bestimmen, die zuvor nicht der Überwachung durch die IAEO unterstanden hatten.

In einer Anlage in Tarmiya nördlich von Bagdad, die angeblich ebenfalls mit kerntechnischen Aktivitäten in Zusammenhang stand, machten die Inspektoren ähnliche Erfahrungen. Die Iraker behaupteten, in der Anlage seien Transformatoren hergestellt worden. Doch nach Ansicht der Inspektoren passte diese Erklärung nicht mit einigen Befunden vor Ort zusammen, zum Beispiel dem gewaltigen Stromverbrauch von Tarmiya oder der Menge und Anordnung der Stromverteileranlagen. Als sie die Iraker auf diese Widersprüche aufmerksam machten, konnten diese keine plausiblen Erklärungen geben. Schon während der ersten Inspektionen wurde deutlich, vor welchen Herausforderungen die Inspektoren standen.

An dieser Stelle muss ich mit einem anderen verbreiteten Missverständnis aufräumen. Die Inspektoren der IAEO sind keine Ermittler, keine Sicherheitsbeamten und keine Polizisten. Ihre Aufgabe besteht darin, nach quantitativen und qualitativen Diskrepanzen – also auch bewussten Täuschungen – zu suchen und auf diese aufmerksam zu machen. Dabei scheuen sich die Inspektoren nicht, das inspizierte Land mit ihren Beweisen zu konfrontieren. Ihr Vorgehen zeichnet sich jedoch durch Respekt aus, egal ob sie in Kanada, Südafrika, Japan oder den Niederlanden arbeiten – oder in diesem Fall im Irak. Dieser Respekt ist ein besonderes Merkmal der IAEO-Inspektionen und hat sich meiner Ansicht nach immer wieder als eine entscheidende Stärke der Organisation bewährt.

Außerdem ist die IAEO kein Geheimdienst. Unsere Inspektoren spionieren nicht und täuschen niemanden, um der Wahrheit auf den Grund zu gehen. Wir haben keinen Zugang zu den Datenbanken von Polizei, Interpol und nationalen Aufklärungsdiensten, es sei denn, diese stellen uns ihre Informationen aus freien Stücken zur Verfügung. Umgekehrt geben wir keine vertraulichen Informationen aus unseren Inspektionen an die Nachrichtendienste weiter. Die Information bleibt in der IAEO und steht auch innerhalb der Organisation nur denjenigen zur Verfügung, die sie tatsächlich benötigen.

Anfang der neunziger Jahre glich das Verhältnis von Geheimdiensten und internationalen Inspektoren im Irak und in Nordkorea einem Eiertanz. Die Geheimdienste gaben vertrauliche Informationen an IAEO und UNSCOM weiter und erwarteten im Gegenzug privilegierten Zugriff auf die Ergebnisse der Inspektionen. Der Grund lag auf der Hand: Die Inspektoren der beiden Organisationen hatten vor Ort sehr viel besseren Zugang, sie konnten die geheimdienstlichen Informationen effizient nutzen und gelangten an Fakten, die den Geheimdiensten verborgen blieben. Doch die IAEO ließ sich nicht auf diesen Handel ein. Die Information durfte unbedingt nur in eine Richtung fließen: Um ihre Glaubwürdigkeit und Legitimität zu wahren, konnte es sich die IAEO nicht leisten, ihre Informationen an nationale Nachrichtendienste weiterzugeben.

Die Behörde bestand auf ihrer Unabhängigkeit, was sie gelegentlich in Konflikt mit einzelnen Staaten brachte. Das wurde vor allem während der Verhandlungen um die Irak-Resolution des Weltsicherheitsrats erkennbar, als die Vereinigten Staaten versuchten, der UNSCOM die übergeordnete Leitung der Waffeninspektionen zu übertragen.

Die Gründe dafür lagen auf der Hand. Die UNSCOM war eine neue und improvisierte Einrichtung, die dem Weltsicherheitsrat und dessen Mitgliedern unterstand. Die Inspektoren wurden eilig aus staatlichen Einrichtungen und Labors zusammengestellt, die über das erforderliche Wissen (über biologische und chemische Giftstoffe beziehungsweise Langstreckenwaffen) verfügten. Es war leichter, die UNSCOM zu infiltrieren als die IAEO, eine etablierte Organisation mit unabhängigem Expertenwissen.

Als Rechtsberater der IAEO hielt ich mich während der Verhandlungen um die Irak-Resolution in New York auf. Ich traf mich mehrmals mit Robert Gallucci, einem klugen und geschickten amerikanischen Diplomaten und dem künftigen stellvertretenden Direktor von UNSCOM. Die IAEO bestand darauf, ihre Untersuchung unabhängig durchzuführen, und setzte diese Forderung auch weitgehend durch. Gallucci räumte später ein, dass es interne Streitigkeiten gab: In bestimmten Kreisen der amerikanischen Regierung wurden Zweifel laut, ob die IAEO der Aufgabe gewachsen wäre. Andere waren besorgt: Wenn die UNSCOM die Leitung übernehme, könne die Glaubwürdigkeit der IAEO Schaden nehmen.[9] In der Resolution hieß es schließlich versöhnlich, die IAEO solle ihre Aufgaben »mit Unterstützung durch und in Zusammenarbeit mit der Sonderkommission« durchführen. Aus Galluccis Sicht war mit dieser Formulierung jedoch sichergestellt, dass die UNSCOM »ihre Kamelsnase ins Zelt« der IAEO stecken konnte.[10]

Natürlich war es wichtig, dass die beiden Organisationen kooperierten, vor allem in logistischer Hinsicht. Da viele der zu inspizierenden Anlagen bombardiert worden waren, ergab sich ein zusätzliches Sicherheitsrisiko durch nicht explodierte Sprengsätze. Die UNSCOM heuerte Experten zur Sprengstoffräumung an, die beide Teams begleiteten. Die UNSCOM konnte ihrerseits viel von der Organisation und Disziplin der IAEO-Teams lernen, die seit Jahren zusammenarbeiteten, einige ihrer irakischen Gesprächspartner kannten und mit deren Gepflogenheiten vertraut waren.

Die beteiligten Personen hatten zweifelsohne großen Einfluss auf das Verhältnis der beiden Organisationen. Hans Blix, der damalige Generaldirektor der IAEO, war früher schwedischer Außenminister gewesen. Rolf Ekeus, der Direktor der UNSCOM, war ebenfalls Schwede und Diplomat. In der diplomatischen Rangordnung stand Blix über Ekeus, weshalb er ganz offensichtlich nicht davon angetan war, sich in den Bereichen, in denen die UNSCOM die Führung übernahm, Ekeus unterordnen zu müssen. Es half auch nicht, dass die UNSCOM ihren Sitz in New York hatte und die geballte Aufmerksamkeit der Medien erhielt, während die IAEO damals weitgehend unbekannt war. Die Beziehung besserte sich jedoch dank Maurizio Zifferero, einem umgänglichen italienischen Naturwissenschaftler, der den Irak-Einsatz der IAEO leitete und die Reibungen zwischen den beiden Organisationen wirkungsvoll abbaute.

*

Schon zu Beginn der zweiten Irak-Inspektion, die vom 22. Juni bis 4. Juli 1991 dauerte, zeichneten sich große Schwierigkeiten ab. Ein Nachrichtendienst hatte der IAEO Aufklärungsaufnahmen von der Anlage in Tuwaitha überlassen, auf denen zu erkennen war, dass nach dem ersten Besuch der Inspektoren direkt neben der Anlage hektische Aktivitäten begonnen hatten. Offenbar waren mehrere große Metallscheiben ausgegraben und abtransportiert worden.

Außerdem erhielten wir Informationen über ein angebliches geheimes Urananreicherungsprogramm der Iraker. Dazu hatten sie offenbar ein Verfahren angewandt, das als elektromagnetische Isotopentrennung (EMIS) bezeichnet und bei dem eine sogenannte Calutron-Anlage verwendet wird. Das Calutron ist eine Art Massenspektrometer zwischen zwei gewaltigen Elektromagneten und wurde an der University of California entwickelt. Das Verfahren ist nicht sonderlich effizient und erfordert riesige Mengen Energie. Experten, die mit dem Calutron-Programm des Manhattan Project[11] vertraut waren, hatten die Fotos und Berichte ausgewertet, die IAEO-Inspektoren aus Tarmiya mitgebracht hatten, und meinten, die Indizien deuteten auf eine Anlage zur EMIS-Anreicherung hin.

Die Iraker stritten jedoch nach wie vor ab, dass sie ein geheimes Urananreicherungsprogramm unterhielten, weshalb es wichtig war, die entsprechenden Maschinen zu finden, um Beweise in der Hand zu haben. Die zweite Inspektion wuchs sich daher schnell zu einer Verfolgungsjagd aus. Es hieß, die ausgegrabenen Scheiben, die Experten als Magneten des EMIS-Verfahrens deuteten, seien in ein irakisches Militärlager transportiert worden. Die IAEO-Inspektoren vereinbarten einen Besuch, doch als sie zum verabredeten Zeitpunkt eintrafen, wurde ihnen der Zutritt verweigert. Sie legten Protest bei der irakischen Regierung ein, und drei Tage später erhielten sie Zugang. Doch die Geräte waren bereits verschwunden.

Abermals drei Tage später bekam das Inspektorenteam Hinweise auf einen neuen Ort, ein weiteres Militärlager. Diesmal kamen die Inspektoren unangemeldet. Wieder wurden sie am Eingang abgewiesen, doch zwei Mitarbeiter kletterten auf einen benachbarten Wasserturm und beobachteten von dieser Warte aus, wie ein Konvoi das Lager zum Hintereingang verließ. In einem UNO-Fahrzeug nahmen zwei andere Kollegen die Verfolgung auf und schlängelten sich durch die engen Gassen eines Basars, um zur Landstraße zu gelangen. Ihre Hartnäckigkeit wurde belohnt: Als sie den Konvoi einholten, stießen sie auf knapp hundert Fahrzeuge, die offenbar Maschinen aus Atomanlagen transportierten. In der Eile waren viele der Geräte nicht einmal unter Planen versteckt worden. Die Entdeckung dieses offensichtlichen Täuschungsversuchs war ein entscheidender Durchbruch.

Anfang Juli reisten Hans Blix und ich nach Bagdad. Wir gehörten einer hochrangigen Delegation der Vereinten Nationen an, die der damalige UNO-Generalsekretär Javier Pérez de Cuéllar zusammengestellt hatte. Leiter der Delegation war Ekeus, sehr zum Ärger von Blix. Wir sollten Druck auf die irakische Regierung ausüben, die Inspektionen nicht weiter zu behindern und ihr Atomprogramm vollständig offenzulegen.

Zunächst stritten die Iraker die Existenz eines solchen Programms weiter ab. Dr. Human Abdel Khaliq Ghaffour, der damalige Direktor der irakischen Atomenergiekommission,[12] drängte Blix und mich, die Auskünfte der Iraker zu akzeptieren. Als wir im Auto saßen, schwor er Stein und Bein, dass der Irak keine geheimen Urananreicherungen vorgenommen habe, obwohl es inzwischen zahlreiche Beweise dafür gab. Das irakische Atomprogramm sei ausschließlich ziviler Natur, erklärte er uns.

Doch der internationale Druck wuchs. Der Weltsicherheitsrat stellte dem Irak ein Ultimatum und machte klar, dass er weitere Maßnahmen autorisieren würde. Es folgte ein drittes Inspektorenteam der IAEO, um neuen Spuren nachzugehen.

Am 7. Juli lenkte die irakische Regierung ein und übergab der IAEO eine lange Liste von Anlagen und ihren Standorten. Auf dieser Liste waren nicht nur EMIS-Anlagen verzeichnet, sondern auch Zentrifugen und Einrichtungen zur chemischen Anreicherung sowie Angaben über Experimente mit der Wiederaufarbeitung, bei der Wissenschaftler mehrere Gramm Plutonium gewonnen hatten. Außerdem enthielt die Liste Angaben über Fertigungsstätten und Zuliefereinrichtungen und führte knapp 400 Tonnen nicht angereichertes Uran an, das unter anderem aus Brasilien, dem Niger und Portugal stammte, aber der IAEO nie gemeldet worden war.

An eine Szene unseres Besuchs kann ich mich noch besonders gut erinnern. Blix und ich hatten ein Team von IAEO- und UNSCOM-Inspektoren an einen Ort mitten in der Wüste begleitet. Die Iraker zeigten uns Geräte, die sie als Teile eines Calutron beschrieben und die sie aus Gründen der Geheimhaltung zerstört und vergraben hatten. Es war Hochsommer, und unsere Inspektoren mussten unter der mörderischen Hitze Metallteile messen und katalogisieren.

Unvermittelt beschloss David Kay[13] – ein ehemaliger Beamter des Programms zur technischen Zusammenarbeit der IAEO, der kaum Inspektionserfahrung hatte –, an Ort und Stelle einen der leitenden irakischen Wissenschaftler zu verhören. Bedrohlich fuchtelte er mit den Armen herum und rief: »Möge die Untersuchung beginnen!« Blix und ich waren peinlich berührt. Wir nahmen Kay beiseite und machten ihm klar, dass dies nicht unsere Art war, eine Inspektion durchzuführen. Unser Ziel war eine umfassende Zusammenarbeit mit den Irakern. Einschüchterungen und Erniedrigungen waren in unseren Augen keine sinnvollen Mittel.

Es war mir seinerzeit ein Rätsel, warum Kay zum Inspektor der IAEO ernannt worden war. Er verfügte über keinerlei wissenschaftliche oder technische Kenntnisse, sondern war Experte für internationale Beziehungen. Ich kannte ihn als intelligenten, höflichen und wortgewandten Menschen. Aber nach seiner Berufung in das Iraq

Action Team schien er einen Wandel durchzumachen. Während der Debatten um die Irak-Resolution des Weltsicherheitsrats waren wir zusammen nach New York gereist. Ohne mich zu fragen oder zu informieren, traf er sich mit Regierungsvertretern, was gegen die übliche Praxis der IAEO verstieß.

Rückblickend erscheint es durchaus denkbar, dass Kay für die amerikanischen Geheimdienste arbeitete und Informationen an sie weitergab. Eigentlich sollte er lediglich in der organisatorischen Leitung eingesetzt werden, aber aus unerfindlichen Gründen leitete er zwei wichtige Inspektionen. Ob Blix oder Zifferero von Kays möglichen Geheimdienstverbindungen wussten, kann ich nicht sagen.

Kays Inspektionsstil – den selbst Robert Gallucci als »Cowboy-Manier« beschrieb[14] – war bei den IAEO-Inspektionen zum Glück ein Einzelfall. Anders bei der UNSCOM. Auf derselben Fahrt in die Wüste sah ich, wie ein irakischer Wissenschaftler frustriert weinte, weil er von einem UNSCOM-Inspektor schikaniert und vor aller Augen der Lüge bezichtigt wurde. Auf der Rückfahrt sah ich mich um. Der Bus war voller Amerikaner. Viele kamen direkt aus Labors in den Vereinigten Staaten. Sie waren zwar technisch hochqualifiziert, aber sie hatten keine Ahnung, wie man internationale Inspektionen durchführt, ganz zu schweigen davon, wie man sich in fremden Kulturen verhält. Ihren lauten Gesprächen entnahm ich, dass sie offensichtlich meinten, sie seien in ein besetztes Land gekommen und könnten tun und lassen, was sie wollten.

Ich unterhielt mich mit einigen der UNSCOM-Mitarbeiter, die im Bus neben mir saßen, und erklärte ihnen, wie die IAEO vorging: professionell und hartnäckig, aber respektvoll. Diese Professionalität zeichnete unsere Inspektoren aus und war das Ergebnis jahrelanger Erfahrung. Das barsche Auftreten der UNSCOM schien mir ungeeignet.

Die Reaktion war erstaunlich. Offenbar wurde eine verzerrte Version unseres Gesprächs weitergegeben und erreichte schließlich das Magazin *The New Yorker*. Gary Milhollin, Direktor des Wisconsin Project on Nuclear Arms Control, schrieb:

> Der frisch angekommene ElBaradei verkörperte ganz die Tradition der IAEO. Vor einer ungläubigen Gruppe von Inspektoren erklärte er, wie Kay

sich erinnert: »Die Iraker haben kein Programm zur Urananreicherung. Das weiß ich, denn die Iraker sind meine Freunde, und sie haben es mir versichert.« Natürlich irrte ElBaradei. Doch er folgte der Linie, die seine Vorgesetzten der IAEO vorgaben.[15]

Ich hatte nichts dergleichen gesagt. Die Iraker hatten inzwischen zugegeben, dass sie mit Calutrons arbeiteten, und wir hatten auf unserer Inspektionsfahrt gerade etwas gesehen, das sie uns als Teile eines vergrabenen Calutron beschrieben hatten. Es tauchten immer mehr Hinweise auf geheime Anreicherungsanlagen auf. Ich hätte schon sehr unbelehrbar sein müssen, um zu behaupten, dass es diese Programme nicht gab. Aber das hatte keinen Einfluss auf diesen oder andere Berichte, in denen die IAEO als inkompetent dargestellt wurde.

Einige UNSCOM-Inspektoren nutzten ihre Befugnisse weidlich aus und zeigten keinerlei Gespür für religiöse und kulturelle Befindlichkeiten. Sie stürmten in Moscheen und Gebetshäuser, um dort – ohne irgendwelches belastendes Material zu haben – nach versteckten Massenvernichtungswaffen zu suchen. Ebenso setzten sie ihre Inspektionen an religiösen Feiertagen an, ohne dass es dafür einen dringlichen Grund gab. Später bestanden sie darauf, die Paläste von Saddam Hussein zu durchsuchen, aber nicht, weil sie geheimdienstliche Hinweise gehabt hätten, sondern offenbar nur, um ihre Macht zu demonstrieren. Ich fragte mich manchmal, wie sie sich wohl gefühlt hätten, wenn der Spieß umgedreht worden wäre.

Obwohl die meisten Iraker Saddam Hussein wegen seines erbarmungslosen Regierungsstils ablehnten, sahen sie – wie viele Menschen in der arabischen Welt – in solchen Aktionen eine Erniedrigung und Verletzung der irakischen Würde. Die aggressive Cowboy-Manier dieser Inspektoren war nicht dazu angetan, die Kooperation der Iraker zu fördern, sondern nährte deren Ressentiments, vor allem weil diese Willkürmaßnahmen nie Ergebnisse zeitigten.

Der Sommer des Jahres 1991 verstrich, und wir hatten noch immer keine handfesten Beweise, dass die Iraker tatsächlich den Bau von Atomwaffen geplant hatten. Dass sie ihre Anreicherungs- und Wiederaufarbeitungsanlagen versteckt hatten, war offenkundig. Aber sie erklärten nach wie vor, ihr Atomprogramm hätte ausschließlich zivilen Zwecken gedient.

Die Wende kam Ende September während der sechsten Inspektion der IAEO. Wieder hatten wir nützliche geheimdienstliche Hinweise erhalten, die uns zu zwei Gebäuden des Industrieministeriums im Zentrum von Bagdad führten. Aufgrund eines Versäumnisses des irakischen Geheimdienstes waren in diesen Gebäuden zahlreiche Aktenschränke mit wichtigen Dokumenten zurückgeblieben. Bei ihrem unangekündigten Besuch konnten die Inspektoren zahlreiche dieser Dokumente sichten und beschlagnahmen.

Die Iraker hinderten das Team jedoch daran, das Gelände mit den Dokumenten zu verlassen. David Kay von der IAEO und Robert Gallucci von der UNSCOM, die das Team leiteten, weigerten sich, die Papiere zurückzulassen, und kampierten auf dem Parkplatz. Das Tauziehen dauerte drei Tage und Nächte und wurde live im Fernsehen übertragen. Dieser Vorfall wurde als »Parkplatz-Konfrontation« bekannt.

Am Ende gaben die Iraker nach. Unter den beschlagnahmten Dokumenten befanden sich auch Berichte über die Entwicklung des irakischen Atomwaffenprogramms. Daraus ging zwar hervor, dass der Irak noch ein oder zwei Jahre vom Bau einer Atomwaffe entfernt war, doch sie belegten eindeutig die Absicht der irakischen Regierung und bewiesen, dass die Waffenproduktion ein wichtiger, gut organisierter und gut finanzierter Teil des Atomprogramms gewesen war.

Als Kay einige Monate später eine Auszeichnung der IAEO erhielt, legte Dr. Rahim Al-Kital, der irakische Abgesandte bei der IAEO, eine förmliche Beschwerde bei Blix ein. Darin behauptete er unter anderem, Kay habe amtliche Dokumente auf den Boden geworfen und sei darauf herumgetrampelt, außerdem habe er damit gedroht, amerikanische Kampfflugzeuge anzufordern. Al-Kital führte weiter aus, Mitglieder des Inspektionsteams hätten Zäune niedergerissen, Telefonleitungen gekappt und seien »nackt auf dem Parkplatz des Gebäudes und direkt unter den Fenstern der umliegenden privaten Wohnungen erschienen«.[16]

Diese Anschuldigungen wurden zwar nie bewiesen. Doch es war klar, dass Kay und andere Angehörige des Teams meinten, sie müssten aggressiv auftreten, um die Iraker zur Kooperation zu bewegen. Im Falle der Parkplatz-Konfrontation könnte man argumentieren, dass ein gewisses Maß an Einschüchterung notwendig und hilfreich war, aber letztlich halte ich derartige Taktiken für kontraproduktiv. Ein aggressives und herrisches Auftreten macht langfristig jede Zusammenarbeit unmöglich. Als Kriegsverlierern blieb den Irakern nichts anderes übrig, als dieses Vorgehen hinzunehmen. Aber was auch immer der Grund gewesen sein mag, das Verhalten des Teams hinterließ bleibenden Eindruck im Irak und der muslimischen Welt.

Den größten Schaden richteten Kay und Gallucci jedoch an, als sie die fraglichen Papiere an das amerikanische Außenministerium schickten, statt sie der IAEO oder der UNSCOM vorzulegen. Gallucci behauptete, dieser Kommunikationskanal schien ihm »verlässlicher«.[17] Mit ihrer Entscheidung schadeten sie sowohl der IAEO als auch der UNSCOM, und zwar nicht nur in den Augen der Iraker, die die IAEO als »geheimdienstliche Organisation in Diensten der Vereinigten Staaten und ihrer Verbündeten« bezeichneten, sondern auch in den Augen der internationalen Staatengemeinschaft. Trotz der breiten internationalen Unterstützung für die Inspektionen beobachteten die Mitgliedsstaaten deren Durchführung sehr genau, und viele reagierten empfindlich auf jeden Hinweis, dass die internationalen Inspektoren mit den amerikanischen oder anderen Geheimdiensten unter einer Decke stecken könnten. Diese Wahrnehmung betraf vor allem die Sonderkommission UNSCOM, weshalb deren Mission schließlich scheiterte.

Die weiteren Inspektionen im Irak verliefen dreigleisig. Erstens ging es darum, weitere Erkenntnisse über den militärischen Aspekt des irakischen Atomprogramms zu gewinnen und zum Beispiel Gelände für geplante Waffentests ausfindig zu machen. Zweitens bereiteten wir den Abtransport des hochangereicherten Urans aus dem Irak vor.[18] Und drittens mussten die gefundenen Anlagen zerstört werden. Zentrifugen wurden zerdrückt. Magnete wurden mit speziellen Plasmaschneidgeräten zerschnitten. Vorrichtungen zur Verarbeitung des radioaktiven Materials – beispielsweise heiße Zellen oder Handschuhkästen – wurden unbrauchbar gemacht, indem die Kontrollkabel durchtrennt und die Behälter mit Zement gefüllt wurden.

Weniger als ein Jahr nach Beginn des Einsatzes war die IAEO auf dem besten Weg, ihr Mandat aus der Resolution 687 zu erfüllen. Der

Umfang des Atomwaffenprogramms von Saddam Hussein war klar, genau wie die Geschichte seines Zustandekommens. Begonnen hatte das Geheimprogramm im Jahr 1982, wenige Monate nachdem Israel den Forschungsreaktor in Osirak bombardiert hatte, der vor seiner Inbetriebnahme von der IAEO inspiziert worden war. Sollte Saddam Hussein die Absicht gehabt haben, Atomwaffen zu produzieren, dann wurde diese durch diese Erniedrigung nur noch verstärkt. Der Vorfall unterstrich einmal mehr das militärische Ungleichgewicht in der Region, denn Israel war die einzige Atommacht im Nahen Osten. Der Weltsicherheitsrat verurteilte den israelischen Angriff zwar als klaren Verstoß gegen internationales Recht, doch weiter passierte nichts. Israel ignorierte die Aufforderung des Weltsicherheitsrats, den Irak zu entschädigen und seine eigenen Atomanlagen der Kontrolle durch die IAEO zu unterstellen. Also hatte Saddam Hussein die Lösung des Problems selbst in die Hand genommen. Das Ergebnis hatten wir vor uns.[19]

*

Im Zuge der Aufdeckung des geheimen Atomprogramms des Irak unternahm ich einige Reisen nach Washington, wo ich mit Kongressabgeordneten und Mitgliedern der amerikanischen Regierung zusammentraf. Immer wieder musste ich die Frage beantworten, wie der IAEO diese geheimen Aktivitäten entgehen konnten. Ich sprach offen über die Schwächen des Systems und betonte, die Organisation benötige zusätzliche juristische Kompetenzen. Die Zeit war reif. Niemand konnte behaupten, dass das System der Safeguards verlässlich funktionierte. Das irakische Atomwaffenprogramm war nur durch die militärische Niederlage ans Licht gekommen.

Im Hauptquartier der Internationalen Atomenergieorganisation in Wien hatten wir daher den Gedanken von sogenannten Zusatzprotokollen entwickelt, mit denen die Überwachung durch die Behörde gestärkt und geklärt werden sollte. Das Zusatzprotokoll sollte dem Safeguard-Abkommen beigefügt werden, das jedes Mitgliedsland mit der IAEO abschließen musste.

Es war ein komplexes Vorhaben, in das technische, rechtliche und politische Erwägungen einflossen. Ein Diskussionspunkt war die

Frage, wie viel Überwachung die Mitgliedsstaaten zulassen würden. Das Thema war nicht neu. Schon bei den Verhandlungen um den Atomwaffensperrvertrag war die Aufsichtskompetenz der IAEO ein strittiger Punkt gewesen.[20] Die bewusste Täuschung seitens des Irak machte jedoch deutlich, dass es nicht mehr angemessen war, sich bei der Durchführung der internationalen Safeguards auf einen »Ehrenkodex« zu verlassen; dass es nicht ausreichte, die Angaben zu überprüfen, die die Mitgliedsstaaten selbst machten, und dass die IAEO nicht über ausreichende Kompetenzen verfügte. Diese Tatsachen waren zwar allgemein bekannt, aber das hieß noch lange nicht, dass die Mitgliedsstaaten bereit waren, sich einer unabhängigeren Untersuchung zu stellen.

Bedauerlicherweise führte die Ausarbeitung der Zusatzprotokolle zu Meinungsverschiedenheiten zwischen Hans Blix und mir. Ich sprach mich dafür aus, die Mitgliedsstaaten an der Ausarbeitung zu beteiligen. Blix wollte den Text dagegen im Sekretariat der IAEO ausarbeiten lassen. Wir hätten schließlich das erforderliche Wissen, argumentierte er. Die Mitarbeiter der Organisation sollten einen Entwurf erarbeiten, ihn dem Gouverneursrat vorlegen (der sich aus Vertretern von 35 Mitgliedsstaaten zusammensetzte) und das Protokoll so lange überarbeiten, bis es dessen Zustimmung fand. Blix war der Ansicht, bei einer stärkeren Einbeziehung der Mitgliedsstaaten würde die Initiative im Sande verlaufen.

Es stellte sich jedoch bald heraus, dass Blix' Ansatz nicht funktionierte. Um die Mitgliedsstaaten für das Zusatzprotokoll zu gewinnen, mussten sie an dessen Entstehung beteiligt werden. Ich schlug Blix vor, eine Arbeitsgruppe einzurichten und den Gouverneursrat zu beteiligen. Blix widersprach vehement.

Einige Mitgliedsstaaten warfen der IAEO mangelnde Offenheit vor, weil sie an der Entwicklung eines derart wichtigen und weitreichenden politischen Instruments nicht beteiligt wurden. Vertreter einer Gruppe von zehn westlichen Industrienationen, die wir wegen ihres Engagements für die Nichtverbreitung von Atomwaffen als »weiße Engel« bezeichneten, kamen zu mir. In ihrem Namen sollte ich Blix bitten, bei der Erarbeitung des Zusatzprotokolls nicht auf der alleinigen Zuständigkeit zu beharren, sondern den Gouverneursrat daran zu beteiligen. Als ich Blix davon berichtete, war dieser alles andere als erfreut darüber, dass sie nicht direkt zu ihm gekommen waren.

Dieser eher banale Vorfall verdeutlichte aber die zunehmenden Spannungen zwischen uns. Möglicherweise nahm Blix an, dass ich hinter seinem Rücken arbeitete. Es war eine unglückliche Entwicklung, denn schließlich war es Blix gewesen, der mich in die Organisation geholt hatte und unter dem ich rasch vom Rechtsberater zum Direktor für Außenbeziehungen aufgestiegen war.

Die Meinungsverschiedenheiten setzten sich hinter verschlossenen Türen fort. Schließlich teilte Peter Walker, der kanadische Abgesandte und damalige Vorsitzende des Gouverneursrats, Blix kurzerhand mit, er übernehme die Aufgabe und bitte das Sekretariat um seine Unterstützung. Richard Hooper, Leiter der Safeguard-Abteilung und hervorragender Kenner der Abkommen, wurde mit der technischen Durchführung betraut. Ich übernahm die Leitung in rechtlichen und politischen Fragen. Der Vorsitzende des Gouverneursrats leitete die Arbeitsgruppe. Blix nahm an keiner einzigen Sitzung teil. Es war eine langwierige und komplexe Aufgabe, und viele Regierungen gingen in die Defensive. Die schwierigsten Auseinandersetzungen waren politischer Natur, und den Erfolg verdankten wir schließlich der geschickten Diplomatie einiger Schlüsselfiguren.

Am 13. Mai 1997 verabschiedete der Gouverneursrat der IAEO das Zusatzprotokoll. Es war ein entscheidendes juristisches Instrument, das die Safeguards des Atomwaffensperrvertrags stärkte und wirkungsvoller machte. Was war neu? In den Ländern, die das Zusatzprotokoll unterzeichneten, hatten die Inspektoren größere Freiheiten vor Ort, sie hatten freieren Zugang zu Informationen und Anlagen und konnten effektiver nach nicht deklariertem spaltbaren Material und Einrichtungen suchen. In der Vergangenheit hatte die IAEO zwar theoretisch die Möglichkeit gehabt, eine Sonderuntersuchung anzusetzen, um nach nicht deklarierten Materialien und Anlagen zu suchen. Doch Sonderuntersuchungen waren schwer durchzusetzen und daher kaum zum Einsatz gekommen. Mit dem Zusatzprotokoll wurde der freiere Zugang eine Routineangelegenheit.

Die Unterzeichnung des Zusatzprotokolls, eines Meilensteins in der Geschichte der atomaren Safeguards, konnte erhebliche Veränderungen bewirken. In Ländern, die nur ein Safeguard-Abkommen mit der IAEO unterzeichnet hatten, konnte die IAEO lediglich bestätigen, dass deklarierte kerntechnische Materialien und Einrichtungen nicht zu militärischen Zwecken genutzt wurden. Nach der Unterzeichnung des Zusatzprotokolls konnte die IAEO darüber hinaus garantieren, dass es keine nicht gemeldeten Materialien und Einrichtungen gab.

Die Sache hatte nur einen Haken: Während das Safeguard-Abkommen für Unterzeichner des Atomwaffensperrvertrags obligatorisch war, blieb das Zusatzprotokoll ein freiwilliges Instrument. Das ist es bis heute geblieben. Mitglieder des Atomwaffensperrvertrags sind nicht verpflichtet, das Zusatzprotokoll zu unterzeichnen, egal welchen Druck die IAEO oder andere Mitgliedsstaaten ausüben.

In diesem Punkt gibt es ein weiteres verbreitetes Missverständnis über die Rolle der IAEO. Die Organisation ist in gewissem Maße abhängig von den Ländern, die sie eigentlich überwachen soll. Sie kann nur die Autorität ausüben, die ihr zugestanden wird. Als ich in meiner Funktion als Generaldirektor der IAEO durch arabische Staaten reiste, wurde ich oft heftig kritisiert, weil die Organisation nichts gegen das Atomprogramm Israels unternahm. Wieder und wieder musste ich erklären, dass wir keinen Zugang zu den israelischen Einrichtungen hatten: Israel ist zwar Mitglied der IAEO, aber es hat den Atomwaffensperrvertrag nie unterzeichnet und damit natürlich auch kein Safeguard-Abkommen mit der IAEO abgeschlossen.[21] Der arabischen Öffentlichkeit ist das natürlich gleichgültig: In ihren Augen sind wir parteiisch und nehmen unsere Verantwortung nicht wahr.

Wenn die Öffentlichkeit die nach wie vor bestehenden Ungleichheiten in der Kompetenz der IAEO verstehen würde, dann wäre die Sorge vermutlich noch größer. Die Herausforderung besteht darin, das öffentliche Bewusstsein dafür zu schaffen.

Nehmen wir folgenden Umstand: Heute, 13 Jahre nach der Verabschiedung des Zusatzprotokolls, haben viele Unterzeichnerstaaten des Atomwaffensperrvertrags immer noch kein Safeguard-Abkommen mit der IAEO abgeschlossen.[22] Und von den 189 Unterzeichnerstaaten des Atomwaffensperrvertrags haben sich nur 102 Länder dem Zusatzprotokoll angeschlossen. Wenn es darum geht, der internationalen Gemeinschaft die erwünschte sichere Auskunft über die übrigen Nationen zu geben, sind der IAEO die Hände gebunden.

Könnte es irgendwo einen neuen Saddam Hussein geben, der unerkannt Atombomben baut? Im Falle der Länder, die das Zusatzprotokoll nicht unterzeichnet haben, können wir das leider nicht wissen.

*

Mitte der 1990er Jahre setzten IAEO und UNSCOM ihre Arbeit im Irak fort. Alles waffenfähige Atommaterial war außer Landes gebracht worden, alles weitere Atommaterial – rund 500 Tonnen von Natururan in verschiedenen Formen sowie etwa 2 Tonnen schwach angereichertes Uranoxid – wurden der Kontrolle durch die IAEO unterstellt. Bezüglich der chemischen und biologischen Waffenvorräte wurden ähnliche Maßnahmen ergriffen.

Bis zum Oktober 1997 hatte die IAEO dreißig größere Inspektionen im Irak durchgeführt. Rund 500 Ortsinspektionen waren vorgenommen worden, die Inspektoren hatten zusammengenommen rund 5000 Arbeitstage absolviert. Sie hatten die Zerstörung von mehr als 50 000 Quadratmetern Atomanlagen, rund 2000 mit dem Brennstoffkreislauf oder der Waffenproduktion in Zusammenhang stehende Objekte sowie 600 Tonnen Speziallegierungen überwacht. Unter der Aufsicht von IAEO und UNSCOM war beispielsweise bei Al-Atheer eine Anlage gesprengt worden, in der Atomwaffen entwickelt, getestet und produziert werden sollten. Alle Geräte und Anlagen zur Urananreicherung waren demontiert worden.

Als sich die in der Resolution 687 geforderten Maßnahmen dem Abschluss näherten, richteten die beiden Organisationen die Aufmerksamkeit weg von der Demontage von Anlagen und dem Abtransport von spaltbarem Material hin zur Überprüfung und Überwachung. Die IAEO hatte ihr Mandat nahezu erfüllt und das Atomprogramm des Irak weitgehend demontiert. Doch die Vereinigten Staaten – allen voran das Außenministerium und andere Regierungsstellen – drängten die IAEO, mit dem Abschlussbericht an den Weltsicherheitsrat noch zu warten. Um den Druck gegen Saddam Hussein aufrechtzuerhalten, schlugen sie vor, die IAEO solle mit dem Abschluss ihrer

Arbeiten warten, bis auch die UNSCOM ihren Auftrag erledigt hatte. Blix wies die Vereinigten Staaten darauf hin, dass dies nicht logisch war: UNSCOM und IAEO waren wie zwei Pferde in einem Rennen, und es war vollkommen in Ordnung, wenn eines die Ziellinie eher überquerte als das andere.

Im Oktober 1997 übergab Blix als scheidender Generaldirektor der IAEO den Abschlussbericht an den Weltsicherheitsrat. Er hatte das Gefühl, dass es ihm durch seinen Abschied leichter fiel, sich dem Druck der Amerikaner zu widersetzen, und berichtete dem Weltsicherheitsrat, die IAEO habe die »Entwaffnungsphase« im Irak weitgehend abgeschlossen und sei zur nächsten Phase übergegangen. In dem Bericht hieß es, die Organisation verwende ihre Ressourcen im Irak nun überwiegend auf Maßnahmen zur Überwachung und Überprüfung, da im Zusammenhang mit der Entwaffnung nur noch kleinere Aufgaben verblieben.

Die Situation der UNSCOM war deutlich komplizierter. Von Beginn an hatten sich die Teams der IAEO und der UNSCOM hinsichtlich ihrer Zusammensetzung und ihres Arbeitsstils deutlich unterschieden. Gegen Ende des Jahrzehnts wurde jedoch ein gravierender Unterschied erkennbar. Die Iraker beschuldigten UNSCOM, de facto ein Arm der amerikanischen und israelischen Geheimdienste zu sein und über ihr Mandat hinaus Informationen zu beschaffen; das heißt, sie nutze die Entwaffnung als Tarnung, um Informationen über konventionelle Waffen zu sammeln, mit deren Hilfe der Westen militärische Ziele identifizieren konnte.

Die Beschwerden aus Bagdad nahmen zu, nachdem der australische Diplomat Richard Butler im Jahr 1997 die Leitung der UNSCOM von Rolf Ekeus übernommen hatte. Butler und Scott Ritter – einer der Chefinspektoren – sowie einige andere Angehörige der UNSCOM wurden von den Irakern namentlich beschuldigt, für den Geheimdienst CIA die Streitkräfte Saddam Husseins auszuspionieren. Diese Vorwürfe kamen nicht nur aus dem Irak, denn bald begannen auch Butler und Ritter, mit dem Finger aufeinander zu zeigen.

Zwei Jahre später war in der *Washington Post* und im *Boston Globe* zu lesen, Mitarbeiter der UNSCOM hätten an einem elektronischen Lauschangriff amerikanischer Geheimagenten auf die militärische

Kommunikation des Irak mitgewirkt.[23] Scott Ritter selbst räumte ein, die UNSCOM sei manipuliert worden.[24] Im Jahr 2002 erklärte er in einem Interview in *Fox News*:

> Richard Butler hat den Vereinigten Staaten erlaubt, die Waffeninspektionen der Vereinten Nationen als Trojanisches Pferd zu benutzen und geheimdienstliche Kapazitäten in den Irak zu schleusen, die nicht vom Mandat der Vereinten Nationen gedeckt waren und nichts zur Entwaffnung beitrugen, sondern sich auf die Sicherheit von Saddam Hussein und auf militärische Ziele richtete ... Richard Butler hat den amerikanischen Spionagetätigkeiten im Irak Tür und Tor geöffnet. Er hat die Manipulation der Inspektionen durch die Vereinigten Staaten ermöglicht. Zwischen März 1998 und meinem Rücktritt im August desselben Jahres habe ich Richard Butler vier Berichte geschrieben, in denen ich ihm gesagt habe: »Chef, wenn Sie so weitermachen, unterstützen Sie Spionage. Deswegen sind wir nicht hier, und Sie dürfen das nicht zulassen.« Er hat nicht auf meine Warnung reagiert, und am Ende können wir uns fragen, warum die Inspektoren heute nicht mehr im Irak sind.

Butler wies diese Anschuldigungen entschieden zurück und erklärte, Ritters Behauptung, er habe »den Laden an die CIA verkauft«, sei völlig falsch. Er habe im Gegenteil veranlasst, dass sich die UNSCOM weniger auf die Informationen der Nachrichtendienste verließ, um den Ruf der Organisation und »die Unabhängigkeit der multilateralen Entwaffnung« zu wahren. Er gab zu, dass einige Mitarbeiter der UNSCOM gelegentlich ihrer jeweiligen Regierung Bericht erstattet hätten, aber er stritt ab, dass die Organisation von den Vereinigten Staaten beherrscht worden sei, und bezeichnete Ritters Anschuldigungen als »völligen Blödsinn«.[25]

Es scheint jedenfalls klar zu sein, dass Butler sehr entschiedene Vorstellungen über den Irak und die Absichten der Regierung Saddam Husseins mitbrachte. Ehe Rolf Ekeus im Jahr 1997 als Direktor der UNSCOM abgelöst wurde, hatte er in einem Bericht geschrieben, die Sonderkommission habe ihr Mandat – die chemische und biologische Entwaffnung des Irak – weitgehend abgeschlossen.[26] Richard Butler widersprach dem vehement. Er wiederholte immer wieder, der Irak verfüge über geheime Massenvernichtungswaffen. In seinem Bericht an den Weltsicherheitsrat vom 15. Dezember 1998 zeichnete er ein drastisches Bild von der mangelnden Kooperationsbereitschaft des Irak. Viele bezeichneten diese Darstellung als einseitig und unfair.

Butlers Bericht diente den Vereinigten Staaten als Rechtfertigung für die Bombenangriffe des Jahres 1998, die unter dem Decknamen Operation Desert Fox durchgeführt wurden. Interessanterweise forderten die Vereinigten Staaten die UNSCOM genau an dem Tag auf, ihre Inspektoren abzuziehen, an dem Butler seinen Bericht vor dem Weltsicherheitsrat präsentierte – ein wenig subtiler Hinweis, dass die Vereinigten Staaten den Inhalt bereits kannten.[27] Butler leistete der Aufforderung noch um Mitternacht New Yorker Zeit Folge. Als die Diplomaten am nächsten Morgen aufwachten, standen sie vor vollendeten Tatsachen.

Zu diesem Zeitpunkt hatte ich bereits die Nachfolge von Hans Blix als Generaldirektor der IAEO angetreten. In den frühen Morgenstunden des 16. Dezember mitteleuropäischer Zeit wurde ich in Wien durch einen Anruf des amerikanischen IAEO-Abgesandten John Ritch geweckt. Ritch informierte mich über die Aufforderung seiner Regierung, die Inspektoren der IAEO und der UNSCOM abzuziehen, und erwähnte, Butler sei dem bereits nachgekommen. Da die IAEO auf die logistische Unterstützung der Sonderkommission angewiesen war, blieb uns kaum etwas anderes übrig, als uns anzuschließen.

Nach dem Gespräch mit Ritch rief ich UNO-Generalsekretär Kofi Annan an, der sich in Marokko aufhielt. Ich weckte ihn auf, um Butlers Vorgehen zu diskutieren. Schockiert hörte ich, dass Kofi Annan nicht von der Entscheidung informiert worden war.

Die Inspektoren wurden noch am selben Tag abgezogen. Das vier Tage dauernde Bombardement begann sofort und richtete sich gegen angebliche Militäreinrichtungen im Irak, darunter Anlagen zur militärischen Forschung und Entwicklung. Als offizieller Grund wurde die fortgesetzte Missachtung der Beschlüsse des Weltsicherheitsrats durch den Irak sowie die Behinderung der Arbeit der Inspektoren genannt.

Der Ruf der Sonderkommission war zerstört. Der Butler-Bericht wurde als rundum ungerecht abgelehnt. Die Regierungen in Peking, Paris und Moskau waren verärgert über die übermäßige Einflussnahme der Vereinigten Staaten auf die UNSCOM, die als internationales Inspektionsorgan eingerichtet worden war. Die UNSCOM hatte ihre Glaubwürdigkeit als Instrument der internationalen Gemeinschaft und der Vereinten Nationen verloren.

Im Januar 1999 schrieb ich unter der Überschrift »Arms Inspections in Iraq« ein Aide-Mémoire an den Weltsicherheitsrat,[28] in dem ich darlegte, wie sich die Integrität und Glaubwürdigkeit der Waffenkontrolleure wiederherstellen ließ. Unter anderem erklärte ich, dass ich es für notwendig hielt, das Inspektionsorgan vom Weltsicherheitsrat zu entkoppeln, um eine Politisierung zu vermeiden. Insbesondere empfahl ich, die Sonderkommission mit internationalen Beamten zu besetzen, statt mit nationalen »Experten«, die sich ihrer Regierung stärker verpflichtet fühlen könnten als den Vereinten Nationen. Ich empfahl eindeutigere Zielvorgaben und Regeln für die Inspektionen und erklärte, warum es mir wichtig erschien, die Teams mit Inspektoren aus verschiedenen Weltregionen zu besetzen. Schließlich betonte ich, wie wichtig es war, die religiösen und kulturellen Befindlichkeiten des inspizierten Landes zu achten, die von der UNSCOM im Irak oft mit Füßen getreten worden waren.

Kofi Annan begrüßte mein Paper, genau wie Russland und andere Mitglieder des Weltsicherheitsrats. Das amerikanische Außenministerium war dagegen empört, dass ich es nicht abgestimmt hatte, ehe ich es in Umlauf gab. John Ritch warnte mich, einige Beamte des Außenministeriums wollten konservative Journalisten wie William Safire und Charles Krauthammer auf mich ansetzen, um meine Glaubwürdigkeit zu demontieren.

Doch es ging nicht mehr um den Status der UNSCOM. Der Schaden war nicht wiedergutzumachen. In den folgenden Monaten löste der Weltsicherheitsrat die Sonderkommission auf und ersetzte sie durch die UNMOVIC,[29] eine neue Sonderkommission mit neuen Regeln. Doch nach Desert Fox weigerte sich Saddam Hussein vier Jahre lang, Inspektoren der IAEO und der Vereinten Nationen ins Land zu lassen. Dies war der Anlass für den Verdacht, Saddam Hussein baue seine Programme zur Produktion von Massenvernichtungswaffen wieder auf, was wiederum den Vorwand für einen neuen Krieg lieferte.

Obwohl die erfolgreiche Demontage des irakischen Atomprogramms durch die IAEO viele Kritiker zum Schweigen gebracht und die Effektivität der Organisation unter Beweis gestellt hatte, gipfelte die

Inspektion aus Sicht der Iraker in der Operation Desert Fox und war ihnen eine schmerzhafte Lehre. Die Vereinigten Staaten interessierte es offenbar nicht, ob der Irak sein Atomprogramm einstellte oder nicht. Die Iraker mussten zu dem Schluss kommen, dass es kein Licht am Ende des Tunnels gab, ganz egal, was sie taten. Das Ziel der Vereinigten Staaten war offenbar nicht die Beseitigung von Massenvernichtungswaffen, sondern die Beseitigung des Regimes. Das Misstrauen gegenüber dem Inspektionsprozess wuchs.

Als wir die Inspektionen vier Jahre später wieder aufnahmen, begegneten wir dieser pessimistischen Einschätzung in den entmutigten Blicken und zynischen Aussagen unserer irakischen Gesprächspartner.

2

NORDKOREA

Das fehlende Plutonium

Als ich am 4. Dezember 1992 in der nordkoreanischen Hauptstadt Pjöngjang ankam, war ich dankbar, dass wir heil gelandet waren. Meine Kollegen und ich waren mit einer alten sowjetischen Maschine der nordkoreanischen Fluggesellschaft Air Koryo aus Peking gekommen. Es war mir nicht entgangen, dass der Pilot vor dem Abflug den Luftdruck der Reifen überprüft hatte, indem er mit dem Fuß dagegen trat.

Unsere Begleiter brachten uns zu Regierungsfahrzeugen – alten Volvos 200 – und fuhren uns in die Stadt. Es war ein Freitagnachmittag. Man erklärte uns, die meisten Einwohner bewegten sich zu Fuß fort. Es gab zwar eine U-Bahn, aber die vernetzte nicht das ganze Stadtgebiet, und die meisten Menschen konnten sich kein Fahrrad leisten. Wir durften uns frei bewegen, aber wir begegneten nur wenigen Menschen auf der Straße. Pjöngjang war eine Geisterstadt. Die öffentlichen Plätze wurden von riesigen Statuen von Kim Il-Sung beherrscht, dem »Großen Führer« und Vater des heutigen »Geliebten Führers« Kim Jong-Il. Am Samstagmorgen, so hieß es, sollten sämtliche Beamten Nordkoreas an einer »Schulung« im Parteihauptquartier teilnehmen.

Wir wurden im Hotel Koryo untergebracht, dem besten Hotel der Stadt. Der Komfort hielt sich in Grenzen; für das, was es zu bieten hatte, war das Hotel hoffnungslos überteuert. Es gab kaum elektrisches Licht. Das Essen war einfach, die Auswahl überschaubar: Nudeln, Fleisch und Gimchi; kein Obst, kein Salat. Wer eine Orange wollte, konnte sie gegen harte Währungen im Duty-free-Shop des Hotels kaufen. Obwohl es Winter war, wurde das Hotel kaum beheizt, und wir schliefen unter mehreren Bettdecken.

In meinem Zimmer schaltete ich den Fernseher, ein altes Schwarz-Weiß-Gerät, ein. Auf den wenigen Kanälen, die man empfangen konnte, liefen Filme über den Zweiten Weltkrieg und den Koreakrieg, in denen vor allem gezeigt wurde, welches Leid die Amerikaner und ihre Verbündeten der nordkoreanischen Bevölkerung zugefügt hatten.

Am nächsten Abend brachten unsere Gastgeber uns zur Unterhaltung in die Oper. Auf dem Programm stand eine szenische Darbietung von patriotischen Liedern. Am Ende jedes Liedes töteten nordkoreanische Soldaten ihre amerikanischen Widersacher. Es erinnerte mich an eine ähnliche Oper, die ich 1977, kurz nach dem Ende der Kulturrevolution, in Peking gesehen hatte.

*

Grund für unseren Besuch in Pjöngjang war eine wachsende Besorgnis um das nordkoreanische Atomprogramm. Nordkorea hatte zwar 1985 den Atomwaffensperrvertrag unterzeichnet, aber Jahre gebraucht, um das obligatorische Safeguard-Abkommen mit der IAEO zu unterzeichnen, das es der Behörde erlaubte, das Atomprogramm des Landes zu inspizieren. Das Safeguard-Abkommen war im April 1992 in Kraft getreten, und am 4. Mai hatte Nordkorea der IAEO die obligatorische Liste seiner Aktivitäten übergeben. Laut seiner Aufstellung verfügte Nordkorea über sieben kerntechnische Anlagen und 90 Gramm Plutonium, die Gegenstand der IAEO-Inspektion waren. Wie bei jedem Safeguard-Abkommen musste die Behörde nun überprüfen, ob die Anlagen und Materialien ausschließlich zu friedlichen Zwecken verwendet wurden.

Im Sommer kamen erste Fragen auf. Nach nordkoreanischen Angaben war das Plutonium bei der Wiederaufarbeitung eines einzigen beschädigten Brennelements im Jahr 1989 angefallen. Von den gemeldeten 90 Gramm überprüfte die Agentur bei ihrer ersten Inspektion 60. Die verbleibenden 30 Gramm waren nach nordkoreanischen Angaben nicht erfolgreich abgetrennt und daher entsorgt worden. Doch nach einer Analyse der Umweltproben, die IAEO-Inspektoren vorgenommen hatten, konnten diese Angaben so nicht richtig sein.

48

Die Unstimmigkeiten in den Darstellungen ergaben sich, weil das Abfallplutonium in seiner Zusammensetzung nicht mit dem der überprüften Probe übereinstimmte. Mit seinem Talent für griffige Bilder meinte Blix, es sei so, als habe man zwei Handschuhe gefunden, die nicht zueinander passten. Aus technischer Sicht bedeutete dies zweierlei: Erstens musste es weiteren Abfall geben, der dem überprüften Plutonium entsprach. Und zweitens musste es irgendwo weiteres Plutonium geben, das wir nicht gesehen hatten. Das entscheidende Problem war, dass wir nicht wussten, um welche Mengen es sich dabei handelte – ob Gramm oder Kilogramm.

Die Nordkoreaner wurden offensichtlich vom Stand unserer Analyse überrascht. Anhand unserer Messtechniken hatten wir festgestellt, dass die nordkoreanischen Angaben nicht nur falsch, sondern auch unvollständig waren.

Also erzählten uns die Nordkoreaner eine andere Geschichte. Um die Unterschiede zu erklären, gaben sie an, sie hätten »ein kleines Experiment« durchgeführt. Doch diese Erklärung passte nicht zu den technischen Gegebenheiten. Die fragliche Anlage, ein 5-Megawatt-Magnox-Forschungsreaktor sowjetischer Bauart, war im August 1985 in Betrieb genommen worden. Bei der forensischen Analyse der Proben stellten unsere Experten fest, dass die Wiederaufarbeitung der Brennstäbe des Reaktors, bei der das Plutonium angefallen war, über einen längeren Zeitraum hinweg stattgefunden haben und komplexer gewesen sein musste, als die Nordkoreaner angaben. Die Inspektoren kamen zu dem Schluss, dass Nordkorea in den sieben Jahren seit der Inbetriebnahme des Reaktors zu drei oder vier unterschiedlichen Gelegenheiten verbrannte Brennstäbe wiederaufgearbeitet haben mussten und damit weit mehr als nur »ein kleines Experiment« durchgeführt ·hatten, wie sie behaupteten.

Eine weitere Unstimmigkeit ergab sich, weil Nordkorea offenbar Atomanlagen verheimlichte. Der Magnox-Reaktor befand sich in Nyöngbyön, einem Ort rund hundert Kilometer nördlich von Pjöngjang, je nach Wetterlage eine zweieinhalb- bis dreieinhalbstündige Fahrt übers Land. Die Organisation wusste von der Existenz eines Zwischenlagers in derselben Anlage, das als »Gebäude 500« bezeichnet wurde. Daneben hatten uns jedoch die Vereinigten Staaten einige Satellitenaufnahmen zur Verfügung gestellt, auf denen wir die schrittweise Tarnung eines zweistöckigen Gebäudes verfolgen konnten, das offenbar ein weiteres Zwischenlager war. Die Nordkoreaner hatten schließlich die ganze Anlage unter die Erde verlegt und zur Tarnung mit Bäumen bepflanzt. Außerdem hatten wir zwei Testgelände für hochexplosive Sprengstoffe entdeckt, eines in der Nähe des Reaktors von Nyöngbyön und ein weiteres in etwa 20 Kilometern Entfernung.

Aus Sorge um die unbefriedigenden Antworten der Nordkoreaner wurde Ende August 1992 eine weitere Inspektion durchgeführt. Was zustande kam, war wieder eine Mischung aus Zusammenarbeit und Vertuschung.

Der Besuch wurde von Militärs koordiniert, und der Kommandant von Nyöngbyön nahm die Betreuung weitgehend persönlich in die Hand. Die Nordkoreaner schienen die Inspektoren zu testen, um herauszufinden, wie viel diese wussten. Unsere Anfrage, die beiden Zwischenlager und die Testgelände zu inspizieren, wurde zunächst abgelehnt; dann erklärten sich die Nordkoreaner bereit, den Inspektoren das Gebäude 500 und die Testgelände zu zeigen. Doch eine umfassende Kooperation blieb weiter aus. Einmal wurden die Inspektoren von ihren Begleitern an einen falschen Ort gebracht und schienen verärgert, als die Inspektoren sie auf den Irrtum aufmerksam machten. Dass ein weiteres Zwischenlager existieren sollte, bestritten unsere nordkoreanischen Gesprächspartner hartnäckig; sie bestanden darauf, dass es sich lediglich um Bunker der Streitkräfte handelte und verweigerten unseren Inspektoren den Zutritt.

Im September und Oktober führte die IAEO in ihrem Hauptquartier in Wien mehrere Gespräche mit dem nordkoreanischen Atomenergieminister Choe Hak Gun und seiner Delegation. Jedes Mal, wenn wir den Abgesandten Zahlen nannten, die sich aus unseren Auswertungen ergaben, änderten sie ihre Angaben entsprechend. Doch sie machten uns nach wie vor keine korrekte und vollständige Meldung.

Schließlich beschloss Blix, mich nach Pjöngjang zu entsenden, um die Unstimmigkeiten zu klären, die Nordkoreaner zu vollständiger Transparenz zu bewegen und sie zu drängen, der IAEO eine neue, korrekte Meldung vorzulegen, in der das bislang nicht deklarierte spaltbare

Material und die Atomanlagen enthalten waren. Das heißt, wir forderten sie auf, die Verpflichtungen einzuhalten, die sie mit der Unterzeichnung des Safeguard-Abkommens eingegangen waren. Ansonsten mussten wir eine Sonderuntersuchung anberaumen, das letzte Mittel, mit der sich die IAEO Zugang zu verdächtigen Anlagen verschaffen kann.

Unsere Mission im Dezember 1992 war also kein freundschaftlicher Besuch, und vor allem war sie nicht einfach. Ich war inzwischen zum Direktor für Außenbeziehungen aufgestiegen. Begleitet wurde ich vom Norweger Sven Thorstensen, dem für Nordkorea zuständigen Safeguard-Direktor, und dem Finnen Olli Heinonen, der damals für Thorstensen arbeitete und an den ersten Inspektionen beteiligt gewesen war.

Die Gespräche waren quälend. Die Nordkoreaner erwiesen sich als zähe Verhandler. Die Mitglieder ihrer Delegation spielten *good cop, bad cop* mit uns: Einige beschuldigten uns, amerikanische Spione zu sein, und als ich scharf antwortete, murmelten sie Entschuldigungen. Andere gingen vorsichtiger vor, doch als dies nichts nutzte, machten sie wieder Platz für ihre aggressiveren Kollegen. Dieses Spiel wiederholten sie bei mehreren Themen. Gleichzeitig griffen die nordkoreanischen Medien mich und Blix beziehungsweise die IAEO an und bezeichneten uns als Strohmänner der Amerikaner.

So ging das drei zermürbende Tage lang. Jeden Abend rief ich Blix vom Hotel aus an und berichtete ihm, dass wir keinerlei Fortschritte gemacht hatten, und er antwortete, wir müssten eine Sonderuntersuchung anberaumen. Wir waren uns sicher, dass unsere Gastgeber unsere Telefonate mithörten, und hofften, dass wir sie mit dem Stichwort »Sonderuntersuchung« unter Druck setzen konnten.

*

Am letzten Abend war klar, dass unser Besuch keinen Durchbruch gebracht hatte. Wir wurden vom stellvertretenden Außenminister Kang Sok-Ju zu einem Abendessen eingeladen, das aus einer mit einem Spiegelei garnierten Frikadelle bestand.

Zu Beginn unseres Gesprächs stellte ich dem stellvertretenden Außenminister eine Frage, die keineswegs als Provokation gemeint war und lediglich das Gespräch in Gang bringen sollte: »Wie kommt es, dass Ihr Land solche Ressentiments gegen die Vereinigten Staaten hegt?«

Die Reaktion war verblüffend. Der Minister hielt mir einen 45-minütigen Vortrag über die Geschichte der Beziehungen zwischen Nordkorea und den Vereinigten Staaten, beginnend mit der Ankunft der *USS General Sherman* vor der koreanischen Halbinsel Mitte des 19. Jahrhunderts. Das Schiff war den Taedong hinaufgesegelt und bis vor die Tore von Pjöngjang gekommen; dort wurde es von den Koreanern aufgebracht und verbrannt und die gesamte Besatzung getötet. Angeblich war auch der Urgroßvater des »Großen Führers« Kim Il-Sung an diesem heldenhaften Sieg über die Invasoren beteiligt gewesen.

Und so ging es immer weiter. Während unsere Frikadellen kalt wurden, erinnerte uns der stellvertretende Außenminister an jede einzelne der nachfolgenden Begegnungen zwischen den Vereinigten Staaten und Nordkorea. Als er schließlich endete, stellte ich ihm der Höflichkeit halber eine einfache Anschlussfrage und provozierte einen weiteren fünfzehnminütigen Vortrag. Die Besessenheit war nicht zu übersehen. Die Nordkoreaner waren zutiefst verstrickt in eine lange Auseinandersetzung mit den Vereinigten Staaten und überzeugt, dass diese einen Regimewechsel herbeiführen wollten.

Als der Minister seine Ausführungen beendet hatte, blickte ich auf meine Frikadelle. Das Spiegelei war inzwischen grau geworden. Doch die Diplomatie ließ uns keine Wahl. Wir begannen zu essen.

*

Wieder in Wien, traf Blix nach einer weiteren Diskussion die Entscheidung, eine Sonderuntersuchung anzuberaumen. Die Organisation griff nur in äußersten Ausnahmefällen zu dieser Maßnahme. Genauer gesagt, hatte sie erst eine einzige Sonderuntersuchung durchgeführt, und zwar in Rumänien kurz nach dem Sturz von Nicolae Ceaușescu; damals hatte die neue rumänische Regierung selbst die Sonderuntersuchung angefordert, um weiteres belastendes Material gegen den früheren kommunistischen Diktator zu finden.[1] Im Fall von Nordkorea sollte eine Sonderuntersuchung des vermuteten Zwischenlagers ein Signal sein, dass es der IAEO ernst war.

Wie erwartet, weigerte sich Nordkorea, die Sonderuntersuchung zuzulassen. Der Gouverneursrat der IAEO berief eine Sondersitzung ein. Es war ein denkwürdiges Ereignis, das hinter verschlossenen Türen und mit ausgewählten Teilnehmern stattfand. Die IAEO präsentierte ihre Sorge um das nordkoreanische Atomprogramm in drei Teilen: erstens der technische Hintergrund und die beobachteten Unstimmigkeiten, zweitens die Argumente für den umfassenderen Zugang und drittens die Beweise für die Vertuschung.

Letztere wurden von Satellitenbildern amerikanischer Nachrichtendienste untermauert. Bis dahin hatten wir diese Bilder nur bei Briefings in der Mission der Vereinigten Staaten und in Gegenwart eines Sicherheitsoffiziers gesehen, eines älteren Herrn, der offenbar an der Eingangstür zum Briefing Room aufgestellt worden war, um zu verhindern, dass wir uns mit den Aufnahmen aus dem Staub machten. Die Amerikaner hatten die Auflösung der Bilder ein wenig reduziert, um ihre tatsächlichen Aufklärungskapazitäten zu verschleiern. Trotzdem waren auf den Bildern die Fenster der Gebäude noch gut zu erkennen.

Es war das erste Mal in der Geschichte der IAEO, dass das Sekretariat in einer Sitzung des Gouverneursrats Material eines nationalen Geheimdienstes präsentierte. In der Vergangenheit waren die Mitgliedsstaaten besorgt gewesen, wenn sich die Behörde auf solche Informationen stützte. Der Irak war eine Ausnahme, denn in diesem Fall waren die Untersuchungen unter dem außerordentlichen Mandat der Resolution 687 des Weltsicherheitsrats durchgeführt worden. Diese Sitzung des Gouverneursrats markierte eine stillschweigende Wende: In den folgenden Jahren wurde die Verwendung von geheimdienstlichen Materialien fast zur Routine.

Fünf Wochen später stimmte der Gouverneursrat darüber ab, wegen des nordkoreanischen Verstoßes gegen das Safeguard-Abkommen den Weltsicherheitsrat anzurufen.

Die Reaktion aus Pjöngjang kam postwendend. Das Regime von Kim Il-Sung schränkte die Inspektionen der IAEO ein und machte weitere Nachforschungen zur Entwicklung des Atomprogramms nahezu unmöglich. Allerdings trat Nordkorea nicht vom Atomwaffensperrvertrag zurück, und wir hatten nach wie vor die Möglichkeit, zumindest das deklarierte radioaktive Material zu überprüfen.

Vermutlich behielten wir nur deshalb den Fuß in der Tür, weil der Weltsicherheitsrat keine entschiedenen Maßnahmen beschloss. China, das weiter auf Dialog und Zurückhaltung beharrte, lehnte weitergehende Schritte ab, weshalb keine Sanktionen verhängt wurden und Nordkorea nicht zu der Zusage gezwungen wurde, keine Atomwaffen herzustellen. Aufgrund des chinesischen Widerstands wurde Nordkorea in der Resolution »aufgefordert«, aber nicht verpflichtet, zusätzliche Inspektionen durch die IAEO zuzulassen. Im Mai 1993 wurde die Resolution 825 verabschiedet, China und Pakistan enthielten sich der Stimme.

Das Ergebnis war eine Pattsituation das ganze Jahr 1993 hindurch. Die Inspektoren der IAEO mussten jeden einzelnen Besuch aushandeln, selbst wenn es nur darum ging, die Beobachtungskameras der Behörde zu warten oder die Bilder zu überprüfen. Im Frühjahr 1994 spitzte sich die Situation weiter zu. Nordkorea kündigte an, der Kern des Reaktors in Nyöngbyön mit insgesamt 8000 abgebrannten Brennstäben solle entfernt, zwischengelagert und möglicherweise wiederaufbereitet werden. Es war ein kritischer Moment. Wenn die Inspektoren bestimmte Proben entnehmen konnten, dann konnten sie die Geschichte des Reaktorbetriebs nachvollziehen. Die entscheidende Frage war, ob es sich noch um den ursprünglichen Reaktorkern handelte oder ob ein früherer Kern ohne Wissen der IAEO entfernt und ausgetauscht worden war. Da beim Betrieb eines Kernreaktors Plutonium anfällt, konnte ein nicht gemeldeter abgebrannter Reaktorkern bereits heimlich wiederaufgearbeitet worden sein, um das Plutonium abzutrennen. Über Proben aus diesem Material hätte die IAEO die Menge der verbrauchten Kernbrennstoffe ermitteln und indirekt rückschließen können, wie viel waffenfähiges Plutonium Korea zur Verfügung hatte.

Nordkorea zeigte sich nicht zur Zusammenarbeit bereit und manipulierte den Prozess so, dass die IAEO nicht in der Lage war, die Geschichte des Reaktors zu rekonstruieren. Diese neuerliche Konfrontation provozierte einen weiteren Bericht an den Gouverneursrat, der nach einer Diskussion beschloss, dem Weltsicherheitsrat einen zweiten Bericht vorzulegen. Diesmal fiel die Resolution des Gouverneursrats harscher aus: Vor allem schränkte er die technische Unterstützung ein, die die IAEO Nordkorea bei der medizinischen, landwirtschaftlichen und humanitären Nutzung der Kernenergie traditionell gewährte.

Nordkorea antwortete mit seinem Austritt aus der IAEO und der Ankündigung, vom Atomwaffensperrvertrag zurückzutreten. Letzteres wurde auf Drängen der Vereinigten Staaten einen Tag vor Inkrafttreten »suspendiert«. Doch die Zusammenarbeit mit der IAEO war auf einem neuen Tiefpunkt.

Im Sommer 1994 nahmen die Vereinigten Staaten in Genf direkte Verhandlungen mit Nordkorea auf, um die Situation in einer bilateralen Einigung zu entschärfen. Der ehemalige Präsident Jimmy Carter beteiligte sich als Privatperson; seine direkten Begegnungen mit dem alternden Kim Il-Sung in Pjöngjang brachten die Verhandlungen ein gutes Stück voran. Das Ergebnis war das sogenannte »Genfer Rahmenabkommen«: Eine einmalige Ad-hoc-Lösung, die jahrelang Bestand haben sollte.

Das Genfer Rahmenabkommen sah einen schrittweisen Austausch von Maßnahmen entlang einer vorgegebenen Zeitleiste vor. Eine Vorbedingung war, dass Nordkorea sein Atomprogramm einstellte, den 5-Megawatt-Forschungsreaktor in Nyöngbyön abschaltete und den Bau zweier noch nicht fertiggestellter Anlagen, eines 50- und eines 200-Megawatt-Reaktors, nicht weiter fortsetzte. Im Gegenzug sollte Pjöngjang kostenlos zwei 1000-Megawatt-Reaktoren erhalten, mit denen sich kein waffenfähiges Material herstellen ließ; während der Bauphase sollte das Land Rohöl erhalten, um seinen Energiebedarf decken zu können. Danach sollte Nordkorea seine volle Verantwortung im Rahmen des Atomwaffensperrvertrags übernehmen und seine Beziehungen zu den Vereinigten Staaten normalisieren.

Vereinfacht gesagt, sollte Nordkorea mit dem Genfer Rahmenabkommen gekauft werden. Der amerikanische Verhandlungsführer Robert Gallucci meinte, das Land könne gar kein besseres Geschäft machen. Die Amerikaner hofften, dass das nordkoreanische Regime vor der vollständigen Umsetzung der Vereinbarung in sich zusammenfiel.

Ich sah das Genfer Rahmenabkommen eher kritisch. Die IAEO war nicht an den Verhandlungen um die Überprüfung der Atomanlagen beteiligt gewesen. Da Nordkorea letztlich doch nicht vom Atomwaffensperrvertrag zurückgetreten war, musste eigentlich die IAEO die Safeguard-Inspektionen wieder aufnehmen. Doch nach den Vereinbarungen zwischen Nordkorea und den Vereinigten Staaten hatte die IAEO in der Anfangsphase keinen Zugang.

Damit verstieß Nordkorea automatisch gegen das Safeguard-Abkommen. Die Internationale Atomenergieorganisation konnte die Überprüfung des Atomprogramms erst sehr viel später wieder aufnehmen, wenn die Vereinigten Staaten und Nordkorea die im Genfer Rahmenabkommen ausgehandelten Bedingungen erfüllt hatten und Nordkorea vollends in den Atomwaffensperrvertrag zurückgekehrt war. Für die IAEO war es ein politischer und juristischer Drahtseilakt, sich auf diese Vereinbarung einzulassen. Außerdem wurde damit weder der Verbleib des fehlenden Plutoniums noch die Existenz der nicht gemeldeten Atomanlagen geklärt. Aus technischer Sicht machte diese Einschränkung es den Inspektoren der IAEO unmöglich, später die Entwicklung des nordkoreanischen Atomprogramms nachzuvollziehen.

Die Organisation sollte die Einstellung der Aktivitäten in Nyöngbyön beobachten und sicherstellen, dass die Wiederaufarbeitungsanlage und der 5-Megawatt-Reaktor abgeschaltet blieben. Zu den beiden im Bau befindlichen Reaktoren und anderen Anlagen erhielten wir allerdings keinen Zugang. Unsere wichtigste Aufgabe bestand darin, zu gewährleisten, dass die abgebrannten Brennstäbe aus Nyöngbyön nicht wiederaufbereitet und zu waffenfähigem Plutonium verarbeitet wurden. Zu diesem Zweck brachte die IAEO Siegel an, richtete eine Videoüberwachung ein und führte kurzfristig angekündigte Inspektionen durch.

Rein technisch gab es keinen Grund, warum unsere Mitarbeiter die ganze Zeit über vor Ort sein mussten – das wäre so, als sollten sie dem Gras beim Wachsen zuschauen. Doch da einige Mitgliedsstaaten, darunter die Vereinigten Staaten, der Ansicht waren, dass unsere Anwesenheit von politischer Bedeutung war, beließen wir zwei oder drei Inspektoren dauerhaft im Land. Gegen harte Währung kamen sie in einem Gästehaus unter und erhielten anständige Mahlzeiten, doch da sie sich nicht frei bewegen durften, glich ihr Leben dem in einem Gefangenenlager. Um Hüttenkoller vorzubeugen, ließen wir die Inspektoren alle drei bis sechs Wochen rotieren.

*

Die Entdeckung der Unstimmigkeiten und der Verheimlichung des Plutoniums war ein Erfolg für das Überprüfungsprogramm der IAEO. Rückblickend ist jedoch weniger klar, ob die Ansetzung einer Sonderuntersuchung im Jahr 1993 der richtige Weg war. Wir konnten eigentlich von vornherein davon ausgehen, dass Nordkorea diese ablehnen und es auf eine Konfrontation ankommen lassen würde. Aus vergangenen Erfahrungen hätten wir wissen müssen, dass der Weltsicherheitsrat, der nach der IAEO-Satzung die Einhaltung der Safeguard-Abkommen garantieren sollte, im Endeffekt keine wirksamen Maßnahmen ergreifen würde. Die IAEO und die internationale Gemeinschaft wären vermutlich besser beraten gewesen, mit Korea weiter zu verhandeln und auf stetige Fortschritte zu drängen.

Der einzige Trumpf der Nordkoreaner waren ihre atomaren Kapazitäten, und es war klar, dass sie diese so weit wie möglich ausreizen würden. Die Angst des Regimes, dass die Vereinigten Staaten einen Umsturz herbeiführen wollten, wirkte sich auch auf unsere Verhandlungen aus. Für das Wohlergehen der Bevölkerung oder die möglichen humanitären Folgen des Atomprogramms interessierten sich die Herrscher in Pjöngjang kaum; dem Regime ging es nur um das eigene Überleben. Entsprechend wenig ließ sich mit Sanktionen oder der Androhung von Waffengewalt erreichen: Die südkoreanische Hauptstadt Seoul liegt nur 30 Kilometer von der Grenze entfernt und konnte leicht dem Erdboden gleichgemacht werden.

Es war jedenfalls das letzte Mal, dass die Internationale Atomenergieorganisation versuchte, ihre Inspektion über eine Sonderuntersuchung durchzusetzen. Bis zur Verabschiedung des Zusatzprotokolls hatten wir nur eingeschränkte Möglichkeiten, nicht gemeldete Aktivitäten zu überprüfen.

Nach dem Scheitern der Sonderuntersuchung blieb der internationalen Staatengemeinschaft kaum etwas anderes übrig, als das

Vertrauen Nordkoreas zu gewinnen, das Land mit Geld von der atomaren Option abzubringen, die Spannungen abzubauen und auf einen Regimewechsel zu hoffen. Genau das versuchte das Genfer Rahmenabkommen. Eine Schwäche dieser Vereinbarungen war jedoch, dass sie bilateral blieben. Als sich die Vereinigten Staaten später nicht an das Abkommen hielten und vor allem die beiden versprochenen Reaktoren nicht gebaut wurden, sahen die Nordkoreaner dies als Zeichen mangelnder Redlichkeit ihres Vertragspartners.

Der Fall Nordkorea macht deutlich, dass es nicht reicht, sich allein auf Sicherheitsfragen zu konzentrieren, statt einen umfassenden, langfristigen Ansatz zum Abbau der Spannungen zu wählen. Sicherheitsgarantien und Entwicklungshilfe sind immer effektiver als Machtspiele und Sanktionen, die unweigerlich zu einer Eskalation der Spannungen führen.

3

IRAK, 2. RUNDE

Der zweite Golfkrieg

Im Jahr 2002 hatte sich die Sicherheitslandschaft radikal verändert. Nach den Anschlägen des 11. September 2001 mussten die Vorstellungen über das Bedrohungspotenzial von Terroristen revidiert werden. Extremisten zeigten besonders Interesse für den Erwerb und Einsatz von Massenvernichtungswaffen. Vor diesem Hintergrund erweiterte die IAEO ihre Programme, mit denen sie Mitgliedsländern half, ihr radioaktives Material vor unbefugtem Zugriff zu schützen. Auch die Organisation selbst hatte einen Wandel durchgemacht. Ein Jahrzehnt der Herausforderungen im Irak und Nordkorea hatten unsere Handlungsmöglichkeiten erweitert und unser Selbstvertrauen gestärkt. Außerdem standen uns deutlich mehr juristische und technische Überprüfungsinstrumente zur Verfügung.

Auch die Bush-Regierung und ihr Ansatz zur Atomwaffenkontrolle hatten die Landschaft verändert. Im Dezember 2001 hatte Bush einseitig den ABM-Vertrag aufgekündigt, der seit 1972 ein Eckstein der amerikanisch-sowjetischen Verträge zur Begrenzung von Atomwaffen war. Im Mai 2002 unterzeichneten Bush und Putin den Strategic Offensive Reductions Treaty (SORT), den Vertrag zur Reduzierung Strategischer Offensivwaffen, der in diplomatischen Kreisen als »sort of«-Vertrag bezeichnet wurde, weil er erstens keine Überprüfung der vereinbarten atomaren Abrüstung beinhaltete, zweitens die Abrüstungsmaßnahmen nicht dauerhaft sein mussten, drittens nur eine Laufzeit von nur zehn Jahren hatte und im Jahr 2012 auslief und viertens eine Kündigung des Vertrags mit dreimonatiger Frist möglich war. Abrüstungsexperten waren sich einig: Die Vereinigten Staaten hatten keinerlei Interesse daran, ihren Abrüstungsverpflichtungen aus dem Atomwaffensperrvertrag nachzukommen. Vielmehr wollten sie ihren privilegierten Status als Atommacht beibehalten und eher noch ausbauen, während sie über ihre Aktivitäten nur minimale Rechenschaft ablegten. Gleichzeitig waren sie entschlossen, härter gegen die potenzielle Verbreitung von Massenvernichtungswaffen durch andere Länder vorzugehen.

Das war die Situation Ende des Jahres 2002, als der Irak erneut ins Visier der Vereinigten Staaten geriet. In Reden, Talkshows und Zeitungsartikeln wurde wiederholt die Behauptung geäußert, Saddam Hussein unterhalte Verbindungen zur al-Qaida oder stecke hinter den Anschlägen des 11. September 2001. Die IAEO interessierte sich besonders für Behauptungen aus den Vereinigten Staaten und Großbritannien, es gäbe schlüssige Beweise dafür, dass der Irak seine Programme zur Herstellung von Massenvernichtungswaffen wieder aufgenommen habe. Seit ihrer überstürzten Abreise vor den amerikanischen Luftangriffen im Dezember 1998 waren die Inspektoren der Organisation nicht mehr im Irak gewesen, weshalb wir in den folgenden vier Jahren nur in sehr begrenztem Maße in der Lage gewesen waren, die dortigen Entwicklungen zu verfolgen.

Präsident Bush war einer der Politiker, die schwere Vorwürfe erhoben. Am 2. Oktober 2002 sagte er beispielsweise in Cincinnati, Ohio:

Eine der Bedingungen für den Waffenstillstand im Golfkrieg vor elf Jahren war, dass das irakische Regime seine Massenvernichtungswaffen zerstört, den Bau solcher Waffen einstellt und seine Unterstützung für Terrorgruppen beendet. Das irakische Regime hat gegen jede dieser Auflagen verstoßen. Es besitzt und produziert chemische und biologische Waffen. Es plant den Bau von Atomwaffen. Es versteckt und unterstützt Terroristen und übt Terror gegen sein eigenes Volk aus. Die ganze Welt ist Zeuge dieser elf Jahre währenden Geschichte der Verstöße, Täuschungen und Lügen.

In derselben Rede erklärte Bush:

Es gibt Beweise dafür, dass der Irak sein Atomwaffenprogramm wieder aufbaut. Saddam Hussein hat sich mehrfach mit irakischen Atomwissenschaftlern getroffen, einer Gruppe, die er als seine »heiligen Atomkrieger« bezeichnet. Satellitenbilder zeigen, dass der Irak Anlagen wiederaufbaut, die in der Vergangenheit Teil seines Atomprogramms waren. Der Irak hat versucht, hochbelastbare Aluminiumrohre und andere Gerätschaften zum Bau von Gaszentrifugen zu erwerben, die zur Anreicherung von waffenfähigem Uran verwendet werden.

Mit Aussagen wie diesen – voller falscher, unbewiesener und irreführender Informationen – drängten die Vereinigten Staaten offen auf einen Regimewechsel im Irak. Diese aggressive Stimmungsmache war keine leere Drohung: Seit einem Jahrzehnt wurden erdrückende Sanktionen über den Irak verhängt, und in Afghanistan hatten die Vereinigten Staaten und ihre Verbündeten gerade erst demonstriert, dass sie zu einem entschiedenen militärischen Vorgehen bereit waren. In der Tat schien der Druck auf den Irak Wirkung zu zeigen. Saddam Hussein leugnete zwar, dass er die Programme zur Herstellung von Massenvernichtungswaffen wieder aufgenommen hatte, doch in einem Brief an die Vereinten Nationen lud er die Waffeninspektoren ein, in den Irak zurückzukehren. Nach langen Diskussionen verabschiedete der Weltsicherheitsrat am 8. November 2002 einstimmig die Resolution 1441 und autorisierte eine weitere Runde der Inspektionen im Irak.

*

Was sich hinter den Kulissen abspielte, war widersprüchlicher und aufschlussreicher zugleich. Die Diskussionen um den Text der Resolution 1441 sind ein gutes Beispiel. Der erste Entwurf wurde nicht öffentlich gemacht. Wie die Vereinigten Staaten es formulierten, hätte er die fünf ständigen Mitglieder des Weltsicherheitsrates »fest ans Steuer des Inspektionsprozesses« gesetzt.[1] Nach diesem Entwurf wären die Inspektionsteams von Militäreskorten begleitet worden, sie hätten sich aus Vertretern der Vetomächte zusammengesetzt und, schlimmer noch, ihre Erkenntnisse direkt an die Regierung kommuniziert, die die Inspektion einer bestimmten Anlage oder die Befragung einer bestimmten Person anforderte. Das hätte eine Rückkehr zu denselben Absichten und Verfahrensweisen bedeutet, die schon die Sonderkommission UNSCOM in Verruf gebracht hatten.

Ehe über die überarbeitete, endgültige Fassung abgestimmt werden sollte, wurden Hans Blix und ich im Oktober 2002 zu einem Gespräch ins amerikanische Außenministerium eingeladen. Unser Gastgeber war Außenminister Colin Powell, anwesend waren außerdem Condoleezza Rice, Paul Wolfowitz und Lewis Libby.[2] Meine erste Amtsperiode als Generalsekretär der IAEO ging zu Ende. Blix war aus seinem Ruhestand zurückgeholt worden, um die Leitung der Sonderkommission UNMOVIC (der Nachfolgeorganisation von UNSCOM) zu übernehmen, die seit ihrer Gründung nicht in Erscheinung getreten war, da sie keinen Zugang zum Irak erhalten hatte. Die UNMOVIC sollte die Suche nach chemischen und biologischen Waffen sowie Raketentechnik übernehmen.

Die Stimmung war angespannt. Es war offensichtlich, dass sich die Amerikaner selbst nicht über das Vorgehen einig waren. Powell sprach sich für einen UNO-typischen Inspektionsprozess aus, während Wolfowitz und andere Hardliner die Vereinten Nationen ganz umgehen oder, wie Rice, einen UNO-Deckmantel für eine im Wesentlichen amerikanische Untersuchung schaffen wollten. Rice ging sogar so weit zu verlangen, die Position des Verantwortlichen für die Geheimdienstkontakte der UNMOVIC mit einem amerikanischen Staatsbürger zu besetzen. »Wir vertrauen unseren Leuten«, sagte sie. Blix sträubte sich und erklärte, für die Position sei bereits ein Kanadier vorgesehen.

Ich fühlte mich an 1992 erinnert.

Wir sollten bei diesem Treffen überredet werden, einige der Passagen des Entwurfs zu akzeptieren, gegen die wir Einspruch erhoben hatten. Blix nahm kein Blatt vor den Mund und erklärte Rice, er werde nicht die Rolle einer »façade« für eine amerikanische Operation übernehmen. »Wenn Sie eine amerikanische Operation mit dem Segen der Vereinten Nationen wollen, dann können Sie sich ja am Vorbild des Korea-Einsatzes der fünfziger Jahre orientieren.[3] Aber wenn Sie eine Operation der Vereinten Nationen wollen, dann können Sie die Teams nicht mit Leuten besetzen, die nicht den Inspektionsbehörden unterstehen.«

Rice ließ ihrerseits keinen Zweifel an ihren Ansichten zum System der Vereinten Nationen aufkommen. An einer Stelle betonte Blix, der Resolutionsentwurf müsse sich nach den Standards der Vereinten Nationen richten und die Inspektionen als legitime UN-Operationen aufgefasst werden. Rice reagierte scharf: »Mr. Blix, die Charta der Vereinten Nationen basiert auf der führenden Rolle und Verantwortung der fünf ständigen Mitglieder des Weltsicherheitsrats. Wie Sie wissen, sind die Sicherheitsinteressen der Vereinigten Staaten bedroht, weshalb sie das Recht haben, alle zu ihrem Schutz erforderlichen Maßnahmen zu ergreifen.« Ich war ihr im Stillen dankbar, dass sie nicht gesagt hatte, die Vereinten Nationen *sind* der Weltsicherheitsrat und der Weltsicherheitsrat *ist* die Vereinigten Staaten.[4]

Wolfowitz schien genervt, dass er überhaupt an diesem Treffen teilnehmen musste. Er wirkte steif und gelangweilt, seine ganze Körpersprache verriet, dass er unser Gespräch – und vermutlich auch die gesamten Vereinten Nationen – für pure Zeitverschwendung hielt. Als er sich schließlich zu Wort meldete, klang er herablassend. »Mr. Blix«, sagte er in predigendem Tonfall und beugte sich über den Tisch zu ihm. »Sie sind sich doch bewusst, dass diese Iraker Massenvernichtungswaffen haben, oder?«

Die Diskussion ging stockend voran und führte am Ende zu keinem Ergebnis. Frustriert nahmen Powell und Rice Blix und mich zur Seite und führten uns in einen Vorraum. »Sie sollten die Inspektionsberichte nicht als Belastung sehen«, erklärte uns Powell. »Die Entscheidung über einen bewaffneten Einsatz treffen die Staatsoberhäupter, nicht Sie.« Das sollte vermutlich eine Ermutigung sein, doch in diesem Zusammenhang klang es gönnerhaft.

Schließlich gelang es uns, einige der aggressiveren Passagen des Entwurfs zu entschärfen. Aber die Amerikaner beharrten auf einer Maßnahme: Sie wollten irakische Wissenschaftler befragen und sie zu diesem Zweck samt ihren Familien außer Landes bringen, um eine mögliche Vergeltung durch das Regime Saddam Husseins zu vermeiden. Wir bemühten uns, die Probleme zu erörtern, die sich hinter dieser Passage verbargen. Ich versuchte, die kulturellen Feinheiten der »Großfamilie« im Nahen Osten zu erklären. Warum waren sie sich so sicher, dass irakische Wissenschaftler für immer ihr Land verlassen würden, nur um den Vereinigten Staaten oder dem Westen einen Gefallen zu tun? Wie konnten die Vereinten Nationen gewährleisten, dass die Wissenschaftler, die das Land verlassen wollten, nicht vor ihrer Abreise bedroht oder getötet wurden? Wie konnten wir die Großfamilie schützen?

Unsere Argumente stießen auf taube Ohren. Unsere Gesprächspartner interessierten sich nicht für diese Menschenrechtsfragen.

Sie waren überzeugt, es sei eine geniale Idee, Wissenschaftler außer Landes zu bringen und dort zu befragen. Außerdem könnten sie an dieser Passage ohnehin nichts ändern, da sie »von höchster Regierungsebene« beschlossen worden sei. Der entsprechende Abschnitt blieb also in der Resolution (und kam in den folgenden Monaten nicht ein einziges Mal zur Anwendung).

Einige Wochen später, die Verhandlungen waren noch immer nicht abgeschlossen, wurden wir zu einem kurzen Höflichkeitsbesuch ins Weiße Haus eingeladen. Auf dem Weg zu unserem Gespräch mit Präsident Bush hatten wir unsere erste Begegnung mit Vizepräsident Dick Cheney. Sie war kurz. Cheney saß hinter seinem Schreibtisch. Wir erhielten nicht einmal etwas zu trinken, und außer uns war niemand anwesend. Cheney verlor keine Zeit mit Small Talk; er wollte uns nur eine einfache Botschaft mit auf den Weg geben. »Die Vereinigten Staaten sind bereit, mit den Inspektoren der Vereinten Nationen zusammenzuarbeiten«, erklärte er uns. »Aber wir sind auch bereit, diese Inspektionen zu diskreditieren, um den Irak zu entwaffnen.«

Nach dieser Warnung machten wir uns auf den Weg zu unserem Treffen mit George W. Bush. Außer Condoleezza Rice und Stabschef James Baker waren nur Blix und ich Publikum. Bush hielt einen Monolog und kam rasch zur Sache. Er erklärte, er sei durchaus dafür, Inspektionen durchzuführen, um die Massenvernichtungswaffen des Irak aufzuspüren, und bevorzuge es, die internationale Sorge um Saddam Husseins Regime auf friedlichem Wege beizulegen. »Ich bin doch kein schießwütiger texanischer Cowboy«, witzelte er, rutschte auf seinem Stuhl nach vorn und hielt die Hände an die Hüften, wie ein Cowboy, der gleich seine Colts zieht. Aber wenn die friedlichen Bemühungen keinen Erfolg brächten, fuhr er fort, dann würde er nicht zögern, eine »Koalition der Willigen« anzuführen und mit militärischen Mitteln vorzugehen. Es war eine merkwürdige Begegnung. Bush wiederholte mehrmals, es sei ihm »eine Ehre«, mit uns zu sprechen, aber es interessierte ihn nicht im Geringsten zu hören, was wir zu sagen hatten. Die Begegnungen mit Bush und Cheney machten uns klar, dass wir für die amerikanische Regierung nicht mehr waren als Statisten in einer Operation, die sie kontrollieren wollten.

Als die Resolution 1441 eine Woche später verabschiedet wurde, machten die Vereinigten Staaten doch noch ein letztes Zugeständnis. Ursprünglich hatten sie verlangt, dass die Resolution den automatischen militärischen Einsatz vorsah, falls der Irak gegen seine Auflagen verstieß. Vielen Mitgliedern des Sicherheitsrats erschien dieser Passus inakzeptabel. Also arbeiteten die fünf Vetomächte – vor allem Frankreich, Russland und die Vereinigten Staaten – einen Kompromiss aus. In der Schlussfassung hieß es lediglich, bei einem Verstoß des Irak werde der Sicherheitsrat »weitere Schritte erörtern«.

So öffnete sich nach vier Jahren zum ersten Mal wieder die Tür des Irak für Inspektionen.

*

Für die IAEO war der Ausgangspunkt für die Rückkehr in den Irak der Kenntnisstand vom Dezember 1998 und das, was wir seinerzeit über die atomaren Ressourcen und Einrichtungen in Erfahrung gebracht hatten. Sämtliche Anlagen, die mit dem Brennstoffkreislauf oder der Waffenproduktion zu tun hatten, waren damals vollständig demontiert worden, alles waffenfähige Material war bis Februar 1994 abtransportiert worden, und zurückgeblieben war nur schwach angereichertes Material sowie einige Dual-Use-Einrichtungen. Und natürlich das Know-how: Das kann kein Inspektionsprogramm beseitigen. Zum Zeitpunkt des ersten Goldkriegs waren die Atomwissenschaftler Saddam Husseins noch ein gutes Stück vom Bau einer Atomwaffe entfernt gewesen, doch sie hatten im Labor erfolgreich Uran angereichert und Techniken zum Einbau des radioaktiven Materials in Waffen erworben.

Unsere Aufgabe bestand darin, festzustellen, was sich seither verändert hatte und ob in den vergangenen vier Jahren die kerntechnischen Aktivitäten wieder aufgenommen worden waren. Dazu wollten wir bekannte Einrichtungen inspizieren, neue Stätten besuchen, unser Überwachungssystem neu auflegen, umfangreiche Bodenproben nehmen und irakische Kernforscher sowie andere relevante Personen befragen.

Die IAEO war inzwischen eine erfahrene, gereifte Institution und beschäftigte langjährige und loyale Inspektoren. Es war ein eingespieltes Team, das Erfahrung im Umgang mit den Herausforderungen der Safeguard-Überprüfungen hatte. Für viele war der Irak vertraut, sowohl kulturell als auch technisch. Das Irak-Team setzte sich aus Mitarbeitern aus Dutzenden Nationen und mit den verschiedensten politischen Anschauungen zusammen. Es war unvermeidlich, dass einige Inspektoren Sympathien für das inspizierte Land hegten und andere Abneigung. Ich forderte die Mitarbeiter auf, die technischen Ziele und die juristische Korrektheit in den Vordergrund zu stellen, doch ich war mir bewusst, dass technische Einschätzungen gelegentlich von Vorurteilen getrübt sein können. Umso wichtiger war es uns, sämtliche Meinungen, natürlich auch abweichende, gründlich zu erörtern.

Ich verließ mich besonders auf Jacques Baute, einen brillanten französischen Physiker, der die Irak-Abteilung der IAEO geleitet hatte und aus seiner Erfahrung mit dem französischen Atomwaffenprogramm ein ausgezeichnetes Urteilsvermögen mitbrachte. Baute war ein hervorragender Organisator, ein allseits beliebter Kollege und der wichtigste Architekt unseres Arbeitsplans im Irak. Er leitete die Operation reibungslos und mit einem klaren Bewusstsein dafür, wie wichtig kulturelle Sensibilität und Respekt für eine effektive Zusammenarbeit waren. Mit von der Partie war auch Laura Rockwood, eine extrovertierte und unabhängig denkende amerikanische Juristin, die den Irak seit den Inspektionen Mitte der achtziger Jahre kannte und bestens in den rechtlichen Feinheiten der Irakmission Anfang der Neunziger vertraut war. In der politisch aufgeheizten Atmosphäre, in der wir arbeiteten, war es enorm wichtig, sich auf diese Kollegen verlassen zu können.

Die Inspektionen begannen am 13. November 2002. Diese neue Irakmission zeichnete sich vor allem durch ihre Dringlichkeit aus, die sich aus der Drohung eines sofortigen Militärschlags ergab, für den Fall, dass der Irak nicht vollständig mit uns zusammenarbeitete und bewies, dass er die Programme zur Produktion von Massenvernichtungswaffen tatsächlich nicht wieder aufgenommen hatte. Diese Drohung, besonders wie sie sich in der Presse, in Aktionen hinter den Kulissen und in der Stimmungsmache westlicher – vor allem amerikanischer und britischer – Politiker darstellte, belastete die gesamte Inspektionsphase. Es war ein unablässiges Trommelfeuer: Jede Maßnahme der Iraker wurde als unzureichend bezeichnet, jede Verzögerung galt als Beweis für die mangelnde Kooperationsbereitschaft. Jede Anschuldigung im Zusammenhang mit Massenvernichtungswaffen – der Versuch des Irak, Aluminiumrohre zu beschaffen, seine vermeintlichen mobilen Laboratorien und sein angeblicher Versuch, im Niger Uran zu kaufen – wurde in sensationellen Schlagzeilen als Beweis für Saddam Husseins hinterhältige Absichten verkauft. Aber wenn die Inspektionen ergaben, dass diese Vorwürfe haltlos waren, dann wurde diese Nachricht angezweifelt oder als unwichtig beiseitegewischt.

Die Drohung hing natürlich auch wie eine Gewitterwolke über unseren Gesprächen mit hochrangigen irakischen Beamten in Bagdad, New York oder Wien. Während unseres ersten Gesprächs in New York war Dr. Jafar Dhia Jafar, der in der Vergangenheit das irakische Atomprogramm geleitet hatte, sichtlich verärgert. Jafar hatte schon immer arrogant gewirkt und war nicht mit dem Überprüfungsprozess einverstanden. Doch in diesem Fall ging er zu weit. Er beschuldigte die IAEO, parteiisch und ein Instrument des Westens zu sein, weil wir die Irak-Akte nicht einfach schlossen. Gegenüber Jacques Baute wurde er ausfallend und scheute sich nicht, dessen sprachliche Kompetenzen zu kritisieren, als er sagte: »Ihr Englisch ist erst besser geworden, seit Sie eine britische Frau geheiratet haben.«

Ich unterbrach ihn scharf. »Vergessen Sie nicht, dass Sie und Ihre Kollegen die IAEO jahrelang betrogen haben und nicht glaubwürdig sind.«

General Amir al-Saadi, der oberste Wissenschaftsberater Saddam Husseins und unser wichtigster Ansprechpartner, versuchte, die Wogen zu glätten. »Es war kein Betrug«, sagte er mit dem Anflug eines Lächelns. »Es war Täuschung.«

Wie sich herausstellte, war Jafar schlecht gelaunt, weil er ohne Gepäck in New York angekommen war und bei unserem Treffen nicht den besten Eindruck machen konnte. Er war überzeugt, dass es sich um ein Einschüchterungsmanöver des amerikanischen Geheimdienstes handelte, der sämtliche führenden Wissenschaftler des Irak verfolgte. Al-Saadi und Jafar berichteten mir, wann immer sie das Land verließen, würden sie von westlichen Agenten angesprochen, die versuchten, sie anzuwerben.

Das Misstrauen hielt auch nach Beginn der Inspektionen an, und unsere Zusammenarbeit mit irakischen Beamten blieb angespannt, unter anderem weil es nicht leicht war, die irakische Kooperationsbereitschaft einzuschätzen. Erstens war die Zusammenarbeit in der Vergangenheit von Betrug oder Täuschung geprägt gewesen, weshalb wir die Angaben der Iraker immer skeptisch betrachteten. Blix und ich wiederholten mehrfach, wir seien immer noch nicht überzeugt, dass uns der Irak sämtliche Informationen über seine früheren Programme zur Herstellung von Massenvernichtungswaffen zur Verfügung gestellt hatte. Einmal antwortete mir Al-Saadi, er bekomme Magenschmerzen, wenn ich dies sage, weil er mir keine Informationen geben könne, die er nicht habe. Die IAEO müsse ihren Aussagen glauben. Doch unsere Erfahrungen aus der Zeit vor dem Golfkrieg des Jahres 1991 waren nicht dazu angetan, Vertrauen zu stiften. Wir konnten sie nicht einfach beim Wort nehmen.

Zweitens wurden unsere irakischen Gesprächspartner durch ein sehr autoritäres und zentralisiertes System behindert. Dies verlangsamte in den Gesprächen ihre Entscheidungen und Reaktionen und ließ sie weniger transparent erscheinen, als sie es möglicherweise waren. Weder Al-Saadi noch General Husam Amin, der Leiter der UNO-Kontaktgruppe des Irak, konnten ohne Rücksprache Entscheidungen treffen. Sie konnten auch nicht offen über Saddam Hussein und dessen Regime sprechen. Was auch immer sie persönlich gedacht haben mögen, sie wussten, welche Folgen es hatte, wenn sie sich negativ äußerten, und sie wussten, dass jedes unserer Gespräche abgehört wurde.

Naji Sabri, der irakische Außenminister, schien sich bewusst aus den Inspektionen herauszuhalten. Er war durchweg freundlich, wahrte jedoch Distanz. Am Ende jedes unserer Besuche in Bagdad lud er uns zum Essen ein. Wenn wir das Gespräch jedoch auf ein ernstes Thema lenken wollten, reagierte er ausweichend.[5]

Sabris Distanz stand in krassem Gegensatz zum Verhalten des irakischen Vizepräsidenten Taha Yassin Ramadan, der den Inspektionsprozess genauestens verfolgte. Als wir ihn am 20. Januar 2003 zu einem ersten Gespräch in seinem Büro trafen, wirkte er düster und förmlich. Er trug eine Uniform und war bewaffnet. Außer Hans Blix und mir war nur noch ein Dolmetscher anwesend.

Ramadan war von Anfang an aggressiv. Er erklärte uns, die Inspektoren verursachten unnötig Ärger und gössen Öl ins Feuer der internationalen Verdächtigungen, statt die Fragen zu klären. Er warf uns vor, wir seien nicht objektiv. In einem Redeschwall beschimpfte er den gesamten Inspektionsprozess.

Ich antwortete ihm deutlich und auf Arabisch, um kein Missverständnis aufkommen zu lassen: »Wir sind hier, um Ihnen zu helfen. Aber das können wir nur, wenn Sie bereit sind, sich selbst zu helfen. Sie müssen Ihre Kooperationsbereitschaft beweisen, und Sie müssen Ihre Transparenz beweisen, denn diese Fragen lassen sich nur beilegen, wenn Sie offensiv damit umgehen.« Ich erwähnte, dass Regierungsmitglieder die Mitarbeiter der Vereinten Nationen wiederholt als Spitzel bezeichnet hatten. »Es hilft Ihnen nicht weiter, wenn Sie die UN-Inspektoren als Spione bezeichnen.«

Zu meiner Überraschung beruhigte sich Ramadan. Vielleicht begriff er, was ich ihm mitteilen wollte: Dass wir als Inspektoren nicht von einer persönlichen Vendetta getrieben waren, sondern einen internationalen Auftrag ausführten, und dass sie nur durch Kooperation aus dem Schlamassel herauskamen, in dem sie sich befanden.[6]

Dies blieb während des gesamten Inspektionsprozesses meine Haltung, auch wenn meine Herkunft andere Erwartungen weckte. Zu Beginn hatte ich oft das Gefühl, die arabische und die westliche Welt gingen davon aus, dass ich als ägyptischer Araber und Muslim Partei für den Irak ergreifen würde. Andererseits hörte ich, dass ich mit dem Irak besonders unnachgiebig sei, um meine Unvoreingenommenheit unter Beweis zu stellen. Aber meine Parteilichkeit war die eines internationalen Beamten: Ich bestand auf Unabhängigkeit, Professionalismus und Respekt für alle Beteiligten. Die Iraker verstanden schnell, dass ich ihnen weder Gefälligkeiten erweisen würde noch gegen sie voreingenommen war. Obwohl am Ende alle Seiten meine Objektivität anerkannten, wurden mein Name und meine Herkunft immer wieder ins Feld geführt, um anzudeuten, ich könnte in meinem Urteil parteiisch sein.

Meine Unparteilichkeit könnte Anlass für eine Reihe sonderbarer Begegnungen gewesen sein. Bei unserem ersten Bagdadbesuch nach Wiederaufnahme der Inspektionen im November 2002 rief mich ein Mann in meinem Hotelzimmer an. Er sei Anwalt, erklärte er mir, und wolle das

Land verlassen. Er wolle wissen, ob Blix und ich ihm dabei behilflich sein könnten. Ich erklärte ihm, das sei nicht unsere Aufgabe, wir seien hier, um die Inspektionen durchzuführen. Er dankte mir und legte auf.

Bei meinem nächsten Besuch klingelte das Telefon wieder. Diesmal war eine Frau am Apparat. Sie erzählte mir, sie sei Kurdin, arbeite für eine Organisation der Vereinten Nationen in Kurdistan und habe ein Problem mit ihrem Arbeitsvertrag. »Ich sitze unten am Swimmingpool«, sagte sie. »Ich glaube, Sie könnten mir helfen und mir den Vertrag erklären. Könnten wir uns treffen?« Ich antwortete, ich könne sie nicht persönlich treffen, aber sie könne sich gern schriftlich an mich wenden. Natürlich hörte ich nie wieder von ihr.

Bei einer weiteren Gelegenheit wurde ich von Minister Sabri angesprochen. Er nahm mich beiseite und fragte, ob Verwandte oder Freunde von mir nicht Interesse an einem Geschäft im irakischen Ölsektor hätten. Wenn ja, sollte ich es ihn doch bitte wissen lassen. Der irakische UN-Botschafter in New York wiederholte dieses Angebot später und erklärte, er spreche im Namen des Außenministers. Ich machte deutlich, dass ich nicht an einer solchen »Gelegenheit« interessiert sei.

Vermutlich handelte es sich um Fallen, die mir gestellt wurden, um mich zu erpressen. Dahinter vermutete ich die Hand der irakischen Machthaber. Niemand sonst hätte es gewagt, mich im Hotel anzurufen. Die Iraker selbst hätten aus gutem Grund angenommen, dass die Zimmer und Telefone abgehört wurden.

*

Während der ersten beiden Monate der Inspektion machte die IAEO solide Fortschritte bei der Ermittlung der atomaren Ressourcen des Irak. Wir inspizierten überwiegend staatliche und private Industrieanlagen, Forschungszentren und Universitäten und besuchten Orte, wo der Irak unseres Wissens nach in der Vergangenheit wichtige Anlagen unterhalten hatte, neue Anlagen, von deren Existenz wir durch frei verfügbare Quellen erfuhren, oder durch Satellitenaufnahmen identifizierte Anlagen, die seit 1998 gebaut oder erweitert worden waren. Die Inspektionen wurden ohne vorherige Anmeldung durchgeführt.

Außerdem durchkämmten Inspektoren unserer Organisation das

Land mit diversen Instrumenten. Da radioaktives Material Spuren in der Umwelt hinterlässt, untersuchten sie die Flüsse, Kanäle und Seen auf bestimmte radioaktive Isotope. Sie nahmen Proben quer durch den Irak und analysierten diese in den Labors der IAEO. Mit hochsensiblen mobilen Geräten führten sie umfangreiche Strahlungsmessungen durch und untersuchten Industrieanlagen und andere Regionen auf Anzeichen von Radioaktivität. Sie befragten irakische Wissenschaftler, Manager und Techniker – überwiegend an ihrem Arbeitsplatz während der unangekündigten Inspektionen –, um weitere Einblicke in vergangene und laufende Programme zu erhalten.

Während vor Ort im Irak die Untersuchungen durchgeführt wurden, analysierten Experten im IAEO-Hauptquartier in Wien die aus dem Irak eintreffenden Informationen und verglichen sie mit den Daten aus den Jahren zwischen 1991 und 1998 sowie Informationen, die wir während unserer vierjährigen Abwesenheit aus der Ferne gesammelt hatten. Die Aussagen der Iraker stimmten mit dem überein, was wir vom irakischen Atomprogramm vor 1991 wussten, doch es blieben einige Informationslücken, die wir noch schließen mussten.

Nachdem wir in den ersten 60 Tagen 139 Inspektionsbesuche an 106 Stätten durchgeführt hatten, gab es keinerlei Hinweise darauf, dass der Irak sein Atomwaffenprogramm wieder aufgenommen hatte. Die Inspektionen wurden unvermindert fortgesetzt. Doch zwei technische Themen beherrschten die Kernwaffendebatte und heizten die Kriegsrhetorik an: Der irakische Versuch, im Ausland speziell gehärtete Aluminiumrohre einzukaufen, und eine angebliche Uranbestellung im Niger.

Westliche Politiker führten die Aluminiumrohre immer wieder als unumstößlichen Beleg an, dass der Irak sein Atomprogramm wieder aufgenommen hatte. Beweisstück war eine Lieferung von Rohren, die für den Irak bestimmt und im Juni 2001 in Jordanien beschlagnahmt worden war. Kurz vor der Rückkehr der Inspektoren hatte beispielsweise Condoleezza Rice auf CNN erklärt, diese Rohre würden »ausschließlich in der Atomwaffenproduktion eingesetzt«.[7] Das stimmte so jedoch nicht: Experten aus dem amerikanischen Energieministerium hatten längst öffentlich erklärt, dass sich diese Rohre in erster Linie zum Bau von Artillerieraketen eigneten.

Ganz oben auf der Liste unserer Inspektoren stand die Nasser Metallverarbeitungsanlage, in welcher der Irak konventionelle Raketen in ähnlichen Größen herstellte. Die irakischen Ingenieure zeigten uns Tausende fertiger Raketen aus exakt derselben Aluminiumlegierung wie die in Jordanien beschlagnahmten Rohre. Die Ingenieure hatten eine einfache Erklärung dafür, warum sie die Rohre im Ausland einkaufen wollten: Sie hatten selbst keine Rohstoffe. Auf die Frage, warum sie genau diese Rohre haben wollten, antworteten sie ebenso direkt: Sie wollten präzise Raketen, sie wollten das Design beibehalten und sie wollten anodisierte Rohre, die nicht oxidierten.

Wir fanden keinerlei Hinweis darauf, dass der Irak sein Zentrifugen-Anreicherungsprogramm wieder aufgenommen hatte. Als wir dem Weltsicherheitsrat am 27. Januar einen Zwischenbericht übergaben, legte ich unsere Erkenntnisse zu den fraglichen Rohren dar: »Nach dem Stand unserer gegenwärtigen Analyse passen die Rohre zu dem vom Irak genannten Nutzungszweck. In dieser Form eignen sie sich nicht zur Herstellung von Zentrifugen.«

Die Reaktion der Vereinigten Staaten war bemerkenswert: Es gab keine. Am nächsten Tag gab Präsident Bush seine Regierungserklärung ab. In einer der meistverfolgten Reden des Jahres behauptete er erneut, der Irak wolle Aluminiumrohre kaufen, »die zur Produktion von Atomwaffen geeignet« seien. Mit keinem Wort ging er darauf ein, dass die IAEO nach einer Überprüfung der Fakten vor Ort zu dem gegenteiligen Schluss gekommen war. Auch die abweichenden Meinungen aus dem eigenen Energieministerium ließ er unerwähnt.

Eine Woche später, am 5. Februar, folgte Colin Powells dramatischer Auftritt vor dem Sicherheitsrat der Vereinten Nationen. Das Publikum erwartete eine eindeutige Darstellung der geheimdienstlichen Erkenntnisse über die irakischen Massenvernichtungswaffen. Mit dem für ihn typischen Charisma versicherte Powell den Anwesenden: »Meine Kollegen, was ich Ihnen heute präsentiere, wird von Quellen gestützt, von soliden Quellen. Dies sind keine bloßen Behauptungen.« Als er auf die Aluminiumrohre zu sprechen kam, räumte er ein, dass es »Meinungsverschiedenheiten« gebe, doch er erklärte: »Die meisten Experten in den Vereinigten Staaten sind der Ansicht, dass diese Rohre als Rotoren in Zentrifugen dienen sollten, wie sie zur Urananreicherung verwendet werden.«

Später berichtete mir Powell, er habe eine Woche im Hauptquartier der CIA zugebracht und die Agenten ausführlich zu jedem »Beweisstück« befragt, um die Verlässlichkeit der Information zu überprüfen. Witzelnd fügte er hinzu, wenn er alle Beweisstücke der CIA mitgebracht hätte, dann hätte sein Vortrag vor dem Weltsicherheitsrat einige Stunden gedauert.

Zu dem privaten Essen, das der UN-Generalsekretär im Anschluss an Powells Rede ausrichtete, war auch der französische Außenminister Dominique de Villepin eingeladen, ein vollendeter Diplomat und Historiker mit einer Präsenz, die Powell das Wasser reichen kann. Was er zu Powell sagte, sollte sich rückblickend als Prophezeiung herausstellen: »Ihr Amerikaner versteht den Irak nicht. Das ist das Land von Harun al-Raschid.[8] Ihr könnt es vielleicht in einem Monat zerstören, aber ihr werdet eine ganze Generation benötigen, um Frieden zu schaffen.«

Powell war sichtlich verärgert. »Wer spricht denn von Krieg?«, erwiderte er. Es war ein merkwürdiger Kommentar, denn sein gesamter Vortrag hatte nur in diese eine Richtung gezielt.

Im zweiten Kriegsjahr erschien schließlich eine umfassend recherchierte Analyse des Falls der Aluminiumrohre in der *New York Times*. Nach Informationen der Autoren wurde Powell zwei Tage vor seiner Rede von seinen Sicherheitsexperten darauf hingewiesen, dass die Vereinigten Staaten über eine taktische 70-Millimeter-Rakete verfügten, die aus exakt demselben Material hergestellt wurde.[9] Powell hatte jedoch behauptet, die Qualität der Rohre, die der Irak erwerben wollte, »übersteige die amerikanischen Anforderungen für vergleichbare Raketen bei weitem«.

Ein weiteres entscheidendes Beweisstück für die Anschuldigungen gegen den Irak war die Behauptung, Saddam Hussein habe versucht, Uran aus dem Niger zu importieren. In seiner Regierungserklärung vom Januar 2003 hob George W. Bush dieses Detail besonders hervor: »Die britische Regierung hat in Erfahrung gebracht, dass Saddam Hussein vor kurzem erhebliche Mengen Uran aus Afrika erwerben wollte.« Angeblich hatten Mittelsmänner Saddam Husseins zwischen 1999 und 2001 versucht, im Niger 500 Tonnen Uranoxid zu kaufen. Ende September 2002 hatte die Blair-Regierung ein Geheimdienstdossier veröffentlicht, in dem diese Behauptung nachzulesen war. Daraufhin forderte die IAEO die entsprechenden Informationen an, um dieser Behauptung nachgehen zu können. Nach wiederholten Aufforderungen erhielten wir schließlich Monate später, am 5. Februar 2003, dem Tag von Powells Rede vor dem Weltsicherheitsrat, Kopien der entsprechenden Papiere.

Nachdem sich Großbritannien und die Vereinigten Staaten mehr als ein Vierteljahr Zeit gelassen hatten, um uns die »Beweise« zur Verfügung zu stellen – ein kleines Bündel von Briefen und Schriftwechseln zwischen Beamten im Niger und dem Irak –, benötigten Jacques Baute und sein Team nur ein paar Stunden, um zu erkennen, dass es sich bei den Dokumenten um Fälschungen handelte. Ein Brief, der angeblich von Tandja Mamadou, dem Präsidenten des Niger, stammte, war voller unrichtiger Angaben und trug eine offensichtlich gefälschte Unterschrift. Ein anderer Brief, der angeblich im Oktober 2000 vom Außen- und Handelsminister des Niger geschrieben worden war, trug die Unterschrift »Allele Habibou«, doch der war schon seit 1989 nicht mehr im Amt.

Der Handel schien außerdem unlogisch. Der Niger ist einer der wichtigsten Uranproduzenten der Welt. Die Erze aus seinen beiden Bergwerken sind äußerst wertvoll und eine wichtige Bezugsquelle für japanische, spanische und französische Atomstromerzeuger. Produktion und Handel stehen unter ständiger Überwachung, nicht nur durch den Niger, sondern auch durch ausländische Unternehmen. Die Vorstellung, dass man unerkannt 500 Tonnen Yellowcake – das zum Bau von 100 Atombomben ausreichen würde – in den Irak schaffen könnte, war einfach absurd.

Noch merkwürdiger war die Tatsache, dass eine Fälschung, die den führenden Geheimdiensten der Welt selbst nach einer dreimonatigen Überprüfung nicht als solche aufgefallen war, sofort von einem Physiker der IAEO erkannt wurde, und zwar mithilfe von Google und gesundem Menschenverstand. Baute sprach mit einigen westlichen Politikern über die Dokumente, doch denen fiel nichts dazu ein. In den nächsten Tagen widersprach nicht ein einziger amerikanischer oder britischer Offizieller den Schlussfolgerungen der IAEO.

Ich überlegte, wie ich dem Weltsicherheitsrat diese peinliche Nachricht übermitteln konnte, ohne Washington oder London zu brüskieren. Auf einem Flug nach New York erörterte ich den Fall mit Jacques Baute und Laura Rockwood und entschloss mich, die Papiere weniger sensationslüstern als »nicht authentisch« zu beschreiben. Natürlich war die Botschaft klar: Die angeblichen Uranverkäufe, ein zentrales Beweisstück für die Wiederaufnahme des irakischen Atomwaffenprogramms, basierten auf einer Fälschung.

Die Vereinigten Staaten waren nicht sonderlich glücklich, als ich dem Weltsicherheitsrat unsere Schlussfolgerung mitteilte. Sie kam zu unserer früheren Bloßstellung des Falls der Aluminiumrohre hinzu. Colin Powell, der mir gegenüber wie immer gelassen und höflich blieb, reagierte vor dem Weltsicherheitsrat pikiert und wies darauf hin, dass die IAEO den Irak 1991 »übersehen« hatte.

Die Reaktionen in den Medien machten wenig Mut. Die meisten waren inzwischen auf die Linie der amerikanischen Regierung eingeschwenkt und behaupteten, der Irak produziere Massenvernichtungswaffen. Unsere Erkenntnisse wurden als unbedeutend abgetan. Die *Washington Post* bezeichnete die Niger-Dokumente am 1. März als »zweitrangiges Beweisstück« und behauptete, es sei »für die Ermittlungen gegen Saddam Hussein irrelevant«. Am 13. März veröffentlichte das *Wall Street Journal* einen Leitartikel mit dem Titel »Bush in Lilliput«, in dem es hieß: »ElBaradei wirbelte vergangene Woche eine Menge Staub um ein britisch-amerikanisches Beweisstück auf, das sich als falsch erwies, das jedoch in den Ermittlungen um die irakischen Massenvernichtungswaffen keine Rolle spielt.« Kein Artikel ging darauf ein, dass die Uranverkäufe aus dem Niger weniger als zwei Monate zuvor noch so wichtig gewesen waren, dass Präsident Bush sie ausdrücklich in seiner Regierungserklärung erwähnt hatte. Die *New York Times* reagierte ähnlich. Am 8. März erwähnte sie das Thema en passant in einer Titelgeschichte über interne Streitigkeiten der UNO. Am Tag darauf wurde die Geschichte ausführlicher dargestellt – allerdings versteckt auf Seite 13.

*

Auch den diplomatischen Bemühungen war kein Glück beschieden. Die arabischen Staaten trafen sich am 2. März in Scharm el-Scheich zu einer dringlichen Versammlung, die schließlich in kleinlichen Streitigkeiten und Beleidigungen endete. Es lag ein ernstzunehmender Vorschlag auf dem Tisch, eine Delegation in den Irak zu entsenden, um Lösungen für eine Vermeidung des Krieges zu erörtern. Einige wollten Saddam Hussein zum Rücktritt bewegen. Scheich Zayid, der damalige Präsident der Vereinigten Arabischen Emirate, wollte Saddam Hussein Asyl und damit einen Ausweg anbieten, mit dem er sein Gesicht wahren konnte.

Andere arabische Führer schienen den Krieg zu befürworten. Sie verabscheuten Saddam Hussein und hofften, ihn mit einer Invasion im Irak loszuwerden. Zu Beginn der Inspektionen hatte ich mich mit dem ägyptischen Präsidenten Hosni Mubarak getroffen, der für diese Haltung stand. Es war offensichtlich, dass Mubarak eine persönliche Scharte auszuwetzen hatte; er wiederholte mehrmals, Saddam Hussein habe ihn vor dem ersten Golfkrieg hinters Licht geführt und Kuwait besetzt, obwohl er ihm das Gegenteil versichert hatte. Ich erklärte Mubarak unsere Arbeit im Irak. Gleichzeitig versuchte ich, das Gespräch auf ein breiteres Thema zu lenken, und drängte ihn, eine Bewegung der Modernisierung und Mäßigung in der arabischen Welt anzuführen. »In diesem Fall würde Ägypten von allen Seiten unterstützt, politisch und wirtschaftlich«, sagte ich.

Dann wendeten wir uns wieder dem Irak zu, und ich bat ihn, bei Saddam Hussein zu intervenieren, um dessen Zusammenarbeit mit den Vereinten Nationen zu verbessern. Mubarak erwähnte, er habe einen Brief von Saddam erhalten, in dem dieser ihm versicherte, es sei alles in Ordnung und er solle sich keine Sorgen machen. Dann fügte Mubarak hinzu: »Ich weiß, dass Saddam biologische Waffen hat. Er versteckt sie auf den Friedhöfen.« Es war das erste und letzte Mal, dass ich dieses Gerücht hörte.[10]

Angesichts dieser und ähnlicher Einstellungen ist es kein Wunder, dass der arabische Gipfel im Streit endete. Der Vorschlag von Scheich Zayid, Saddam Hussein Asyl anzubieten, wurde aus unerfindlichen Gründen nicht auf die Tagesordnung gesetzt, weshalb der Scheich und seine Delegation wütend auf Amr Moussa, den Generalsekretär der Arabischen Liga, waren. Der Gedanke, eine Delegation in den Irak zu entsenden, wurde aufgegeben. Ohne eine einheitliche Position hatten die Führer der arabischen Welt am Ende so gut wie keinen Einfluss auf einen Krieg im Herzen ihrer Region – wenn man einmal davon absieht, dass sie den amerikanischen Truppen als Stützpunkte dienten.

Doch selbst die erfahrensten und pragmatischsten Politiker waren nicht in der Lage, ihren diplomatischen Einfluss geltend zu machen. Der französische Präsident Jacques Chirac hatte der Bush-Doktrin »Wer nicht für uns ist, der ist gegen uns« vehement widersprochen und hielt mit seiner Meinung nicht hinterm Berg, als Blix und ich ihn Mitte Januar im Élyséepalast trafen. Als wir klagten, dass die westlichen Geheimdienste ihre Informationen über die angeblichen Programme zur Produktion von Massenvernichtungswaffen nicht an uns weitergaben, war er erstaunlich offen: »Es ist doch klar, warum Sie keine Informationen bekommen. Es gibt keine.«

Französische Geheimdienstmitarbeiter hatten Blix und mir dagegen versichert, der Irak besitze nach wie vor »kleine Mengen« von chemischen und biologischen Waffen. Der Chef des französischen Geheimdienstes nahm an unserem Gespräch teil und machte ein langes Gesicht, als er Chiracs Bemerkung hörte. Der beachtete ihn gar nicht und ging noch einen Schritt weiter: Geheimdienste kämen für gewöhnlich erst zu ihren Schlussfolgerungen und suchten dann nach Beweisen, erklärte er uns. Währenddessen blickte sein Geheimdienstchef zu Boden und studierte das Teppichmuster.

Es war erfrischend zu hören, dass ein Staatsmann von Chiracs Format das aussprach, was wir bei der IAEO dachten. Er sagte, die Drohung, die Bush vor dem Weltsicherheitsrat ausgesprochen hatte – dass die Vereinten Nationen überflüssig werden würden, wenn sie sich gegen ein militärisches Vorgehen aussprachen –, sei völliger Unsinn. Wenn die Vereinigten Staaten im Alleingang handelten, so Chirac, »dann werden *sie* geächtet, nicht die Vereinten Nationen«. Leider wurde Chirac damals in den Vereinigten Staaten nicht gehört.[11]

Kurz nach diesem Treffen, Anfang Februar, trafen Blix und ich mit dem britischen Premierminister Tony Blair in seinem bescheidenen Büro in der Downing Street zusammen. Er führte getrennte Gespräche mit uns: erst mit Blix, dann mit mir. Das war ungewöhnlich, denn auf dieser Ebene führten wir die meisten unserer Gespräche gemeinsam. Blair war entspannt und informell und hatte sein Jackett ausgezogen.

Als er nach seinem Gespräch mit Blix aus seinem Büro kam, rief er: »Der Nächste bitte!«, als wäre ich beim Zahnarzt.

Der Ton unseres Gesprächs war positiv. Ich äußerte meine Sorge, dass ein Krieg gegen den Irak wegen Besitzes von Massenvernichtungswaffen die Spannungen in der Region zur Explosion bringen könnte. »Im Nahen Osten«, erklärte ich, »ist die Wahrnehmung verbreitet, dass es nicht um Massenvernichtungswaffen an sich geht, sondern darum, dass der Irak ein muslimisches und arabisches Land ist und deswegen keine solchen Waffen haben darf, im Gegensatz zu Israel.« Ich wiederholte Chiracs Meinung, dass sich eine Bestrafung des Irak nicht gut verkaufen würde, wenn gleichzeitig nichts im Konflikt zwischen Israel und den Palästinensern unternommen werde. Ich erwähnte auch die Kritik, dass der Irak und Nordkorea derart unterschiedlich behandelt würden.

Blair antwortete, er verstehe meinen Standpunkt und teile meine Sorge um die Untätigkeit in der Palästinenserfrage. Er berichtete, Bush habe zugesagt, er wolle sich dieser Situation annehmen, sobald die Irakfrage gelöst sei.

Der britische Außenminister Jack Straw erläuterte mir die Logik der Regierung Blair: In der Öffentlichkeit unterstützten sie die Amerikaner, um hinter verschlossenen Türen Einfluss auf deren Entscheidungen zu nehmen. Diesen Standpunkt hörte ich immer wieder: Es sei gefährlicher, wenn die Vereinigten Staaten allein handelten, und in der Umarmung hätten die Briten eine bessere Chance, sie zu kontrollieren. Offen gestanden wüsste ich nicht, worin dieser Einfluss der Blair-Regierung bestanden haben könnte. Die Beziehung schien mir vielmehr eine Einbahnstraße zu sein: Die Briten waren die Sprecher der Vereinigten Staaten und erklärten und entschuldigten deren Verhalten.

*

Obwohl die Vereinigten Staaten außer den Aluminiumrohren und den gefälschten Uranbestellungen nichts in der Hand hatten, um die Existenz des irakischen Atomwaffenprogramms zu beweisen, blieben viele ihrer Vertreter zuversichtlich, dass der Irak irgendwo ein paar chemische und biologische Waffen verbuddelt haben musste. Die Vorschläge nahmen gelegentlich groteske Züge an: Ich erinnere mich an ein Treffen mit dem stellvertretenden Außenminister John Wolf in Washington, in dem er mehrfach verlangte, unsere Inspektoren sollten sämtliche Festplatten der irakischen Wissenschaftler beschlagnahmen, um herauszufinden, was sie trieben. Bei einer anderen Gelegenheit traf ich mich mit dem Auslandsausschuss des Repräsentantenhauses unter der Leitung von Henry Hyde. Während wir den Verlauf unserer Inspektionen darstellten, unterbrach uns der Demokrat Tom Lantos: »Ich habe eine Lösung für Sie! Nehmen Sie alle irakischen Wissenschaftler auf eine zweiwöchige Schiffsreise, und Sie haben alle Informationen, die Sie brauchen.« Ich hoffte, dass das ein Witz war, und antwortete nicht.

Chirac hatte offenbar die Wahrheit gesagt: Weder die Vereinigten Staaten noch irgendein anderes Land verfügte über handfeste geheimdienstliche Beweise, dass der Irak Massenvernichtungswaffen produzierte. Während des gesamten Inspektionsprozesses erhielt die IAEO kaum Informationen von den Amerikanern, was in deutlichem Gegensatz zu den ausführlichen Auskünften stand, die IAEO und UNSCOM Anfang der neunziger Jahre erhalten hatten.

In Ermangelung dieser Information setzten die Amerikaner darauf, dass desertierte irakische Wissenschaftler Insiderinformationen über die Waffenverstecke und -programme preisgaben, die es nach ihrer festen Überzeugung geben musste. Dieser Gedanke steckte auch hinter dem Vorschlag, irakische Wissenschaftler und ihre Familien außer Landes zu bringen und dort zu befragen. Doch die irakischen Experten wollten gar nicht befragt werden, ohne dass ein Vertreter der irakischen Behörden daneben saß oder ein Tonbandgerät mitlief. Sie wollten jedes Missverständnis vermeiden, sowohl bei den irakischen Behörden als auch bei den Inspektoren. Wir konnten sie nicht dazu zwingen, ihr Land zu verlassen, und das wollten wir auch gar nicht angesichts der möglichen Folgen für ihre Großfamilie und ihre Freunde.

Außerdem reichten unsere Mittel unserer Ansicht nach auch ohne diese zusätzliche Maßnahme aus. Wir waren uns sicher, dass wir eine Produktion von Massenvernichtungswaffen aufdecken würden, wenn es sie gab und wir ausreichend Zeit hatten. Unsere Inspektoren kannten die wissenschaftlichen und technologischen Ressourcen des Irak und das Land selbst. Nach der vierjährigen Abwesenheit hatten die

IAEO-Inspektoren nicht lange gebraucht, um ein Gefühl für die kerntechnischen Ressourcen des Landes zu bekommen.

Doch diese Glaubwürdigkeit wurde vom Tisch gewischt. Die selbsternannte »Koalition der Willigen« hatte beschlossen, unsere Erfahrung zu ignorieren. Trotz ihrer vor Ort gewonnenen Erkenntnisse verloren die UN-Inspektoren die Informationsschlacht in der westlichen Presse und zum Teil auch in der Öffentlichkeit. Die Aussagen der IAEO und der UNMOVIC wurden entweder gar nicht oder nur sehr selektiv zitiert, obwohl wir den besten Zugang zu den Tatsachen hatten und obwohl wir die Augen und Ohren der internationalen Gemeinschaft waren.

Der Krieg schien unvermeidlich, ganz egal wie die Fakten aussahen. Im Persischen Golf marschierten die Truppen auf. Uns lief die Zeit davon.

*

Am 12. März legten Tony Blair und Jack Straw einen Resolutionsentwurf vor, der offenbar darauf zielte, den Krieg noch abzuwenden. Er enthielt einen aus sechs Punkten bestehenden »Test« für die Abrüstung. Wenn der Irak diesen Test bis zum 17. März bestand, sollten Saddam Hussein an der Macht und die Truppen in ihren Kasernen bleiben.

Diese sechs Punkte waren letztlich Zusagen, die der Irak abgeben sollte. Er sollte

1. eine Ansprache Saddam Husseins ausstrahlen, in der dieser den Besitz von Massenvernichtungswaffen gestand und deren Vernichtung versprach,
2. irakischen Wissenschaftlern erlauben, sich außer Landes befragen zu lassen,
3. die 10 000 Liter Anthrax herausgeben, die nach Ansicht der Briten im Irak lagerten,
4. alle verbotenen Raketen zerstören,
5. eine Liste aller unbemannten Flugzeuge und Drohnen vorlegen und
6. alle mobilen Labors zur Produktion von biologischen Waffen vernichten.

Der Entwurf fand keine Mehrheit. Aber selbst wenn er angenommen worden wäre, wären diese Auflagen nicht zu erfüllen gewesen, denn weder die Anthraxvorräte noch die mobilen Labors existierten, und Saddam Hussein konnte den Besitz von Massenvernichtungswaffen nicht gestehen, wenn er keine besaß. Das vielleicht Merkwürdigste war, dass die Briten Saddam Hussein an der Macht belassen wollten. Das steht im krassen Widerspruch zu der späteren Behauptung, der Regimewechsel im Irak sei allein schon Grund genug für die Invasion gewesen.

Als das Wochenende des 14. bis 16. März näher rückte, schienen die Briten plötzlich verzweifelt nach einer diplomatischen Lösung zu suchen. In einer letzten Anstrengung schlugen sie mehrere »Eckpunkte« vor: Der Irak sollte innerhalb eines festgelegten Zeitraums eine bestimmte Leistung erbringen und damit seine Kooperationsbereitschaft unter Beweis stellen. Ich schlug vor, dass Blix und ich nach Bagdad reisen und die Liste mit der irakischen Führung besprechen könnten. Die Briten schienen angetan.

Gleichzeitig hatte ich al-Saadi gedrängt, ein Treffen zwischen Blix, mir und Saddam Hussein zu arrangieren. Wir erhielten die Einladung am Samstag, dem 15. März. Ich sprach mit den Briten und Franzosen, um zu sehen, ob sie das Gespräch als diplomatischen Kanal unterstützen würden. Die Briten meinten, die Franzosen sollten die Initiative übernehmen.

Aber die Franzosen und Deutschen waren nicht begeistert. Sie hatten das Gefühl, in Washington sei die Entscheidung für den Krieg längst gefallen. Wenn sie eine diplomatische Mission bei Saddam Hussein unterstützten und diese scheiterte, dann könnte das allein schon als weiterer Vorwand für eine militärische Aggression dienen, und diesen Vorwand wollten sie nicht liefern. Also lehnten sie es ab, die Mission zu unterstützen. Aber auch Blix wollte nicht mehr nach Bagdad reisen, denn er meinte, es sei »zu spät«.

*

Blix und ich waren ein gutes Team, auch wenn wir nicht immer auf einer Linie waren. Unsere Meinungsverschiedenheiten kamen zwar selten an die Öffentlichkeit, aber hinter verschlossenen Türen prallten unsere unterschiedlichen Auffassungen bisweilen hart aufeinander. Vor allem wollte ich, dass Blix mich in der Forderung nach mehr Zeit für die Inspektionen unterstützte, zumal wir keinerlei Beweise für die Existenz von Massenvernichtungswaffen gefunden hatten, doch das lehnte er ab. Seine Haltung lässt sich möglicherweise mit den Unterschieden unserer jeweiligen Organisationen erklären. UNMOVIC war eine junge Einrichtung, ihre Inspektoren waren zwar technisch versiert, aber überwiegend neu – neu im Irak, neu bei UNMOVIC, neu in einer Inspektionsorganisation und neu für Blix. Außerdem fehlten Blix erfahrene technische Berater in Fragen der Chemie-, Bio- und Raketentechnologie. Demetrius Perricos, Blix' wichtigster technischer Berater, war ein ehemaliger hochrangiger Beamter der IAEO und ein vertrauter Mitarbeiter, doch er war ein Atomexperte. Im Gegensatz dazu bewegten sich viele Inspektoren der IAEO auf vertrautem Terrain, weshalb die Organisation die Lage mit mehr Selbstvertrauen beurteilen konnte.

Dazu kam jedoch, dass Blix noch vom Verhalten des Irak Anfang der neunziger Jahre enttäuscht war, als ihm die irakischen Behörden ins Gesicht gelogen hatten. Außerdem litt er unter einer unfairen Pressekampagne, die ihn als rückgratlos hinstellte, weil die IAEO unter seiner Führung vor dem ersten Golfkrieg das Atomprogramm des Irak nicht entdeckt hatte; die Presse verstand nicht, dass die Organisation damals nur eingeschränkte Handlungsmöglichkeiten gehabt hatte. Als Leiter der UNMOVIC konnte es sich Blix leisten, dem Irak gegenüber unnachgiebig zu bleiben.

Schon vor der Rückkehr der Inspektoren hatte der Irak um »technische Gespräche« mit der IAEO und der UNMOVIC gebeten, um zu erörtern, welche Abrüstungsfragen unserer Meinung nach noch offen waren und was der Irak tun konnte, um diese Fragen zufriedenstellend zu klären. Blix weigerte sich. Mir gegenüber sagte er, er befürchte, der Irak wolle diese Gespräche manipulieren und wichtige Fragen ausklammern. Vor der tatsächlichen Rückkehr der UNMOVIC in den Irak wollte er daher keine Gespräche führen.

Die IAEO hatte bereits ähnliche Gespräche mit unseren Gesprächspartnern geführt und gute Erfahrungen damit gemacht. Der Kontakt half uns bei unseren Vorbereitungen und trug dazu bei, die Arbeit der Inspektoren effizienter zu machen, als sich die Tür schließlich wieder öffnete. Der frühe Kontakt führte keineswegs dazu, dass die IAEO wichtige Themen außen vor ließ. »Sie sind der Chef von UNMOVIC«, sagte ich zu ihm. »Niemand kann ohne Ihre Zustimmung Themen der UNMOVIC ausklammern.«

Als wir uns im Rahmen unserer Vorgespräche im Wiener Hotel Sacher mit Generalsekretär Kofi Annan trafen, hielt Blix mir vor, Partei für den Irak zu ergreifen. »Dieser Vorwurf ist unfair«, warf Annan ein. »Warum treffen wir uns überhaupt mit den Irakern, wenn Sie nicht bereit sind, mit ihnen darüber zu sprechen, welche Abrüstungsfragen noch ausstehen?«

Man muss allerdings sagen, dass es für die UNMOVIC nicht einfach war, während der Überprüfung zu eindeutigen Schlussfolgerungen zu kommen, da die Iraker nicht genau Buch geführt hatten über die chemischen und biologischen Waffen, die in den neunziger Jahren zerstört worden waren. Außerdem erhielt Blix nicht immer korrekte Daten. Bei einem Treffen in Bagdad warf er den Irakern vor, sie hätten ihm eine unvollständige Liste der Wissenschaftler gegeben und stattdessen vier oder fünf neue Namen angeführt. Nachdem sich General al-Saadi mit seinem Team besprochen hatte, erklärte er, dass die betreffenden Wissenschaftler entweder verstorben waren oder das Land verlassen hatten beziehungsweise ihre arabischen Namen in einer leicht veränderten englischen Umschrift auf der Liste stünden.

In einem seiner Berichte an den Weltsicherheitsrat schrieb Blix schließlich einen Satz, der von den Vereinigten Staaten und Großbritannien später als Rechtfertigung für die Invasion missbraucht wurde. In der Regel tauschten wir am Abend vor den Sitzungen die Berichte aus und lasen sie gegen, doch dieses Mal versäumten wir es. In seinem Bericht schrieb Blix: »Der Irak hat noch immer keine strategische Entscheidung zur Abrüstung getroffen.« Ich glaubte zu verstehen, woher diese Bemerkung kam. In einem ihrer Briefe hatten die Iraker im Zusammenhang mit den Inspektionen von »sogenannten Abrüstungsfragen« gesprochen. Blix hatte diese Formulierung als Zeichen der Arroganz gelesen und als einen Hinweis, dass der Irak seine Verpflichtung zur Abrüstung nicht ernst nahm. In demselben Bericht schrieb Blix allerdings auch: »Mir liegt kein Hinweis vor, dass es weitere Waffen gibt.« Dieser Satz erhielt allerdings nicht dieselbe Aufmerksamkeit. Ironischerweise sollte sich herausstellen, dass es im Irak tatsächlich keine weiteren Abrüstungsfragen gab.

In den Wochen vor Kriegsbeginn bat ich Blix, mich vor dem Weltsicherheitsrat in der Forderung nach mehr Zeit zu unterstützen, doch er lehnte ab. Er sagte, das könne so verstanden werden, dass er bis zu einem bestimmten Zeitpunkt ein Resultat erzielen werde, und war sich nicht sicher, ob die UNMOVIC dazu imstande war. »Aber wenn mich jemand fragt, ob wir mehr Zeit benötigen, dann sage ich ja.«

*

Am 16. März, vier Tage vor Kriegsbeginn, trafen sich Präsident Bush und Premierminister Tony Blair mit dem spanischen Ministerpräsidenten José María Aznar auf den Azoren. Gastgeber war der portugiesische Ministerpräsident José Manuel Barroso. Nach meinen Informationen wurde der britische »Eckpunkte«-Vorschlag bei diesem Treffen nur am Rande besprochen. Im Mittelpunkt stand eine andere Frage: ob der sogenannte »Moment der Wahrheit« gekommen war. Blair und Aznar wollten der Diplomatie eine weitere Chance geben. Doch Bush wollte nicht länger warten; er bestand darauf, dass noch an diesem Tag über das Schicksal des Irak entschieden wurde.

Am gleichen Morgen gab Dick Cheney zu Hause in den Vereinigten Staaten ein Interview in der NBC-Nachrichtensendung *Meet the Press*. Gastgeber Tim Russert fragte ihn, was er davon hielt, dass die IAEO zu dem Schluss gekommen war, der Irak habe sein Atomwaffenprogramm nicht wiederaufgenommen. »Wir sind im Gegenteil der Ansicht, dass Saddam Hussein sein Atomwaffenprogramm wiederaufgenommen hat«, antwortete er. »Offen gestanden glaube ich, dass sich Mr. ElBaradei irrt.«

Ich erinnerte mich an Cheneys Warnung, er werde das Ergebnis der Inspektionen wenn nötig in Misskredit bringen. Genau das versuchte er nun. »Wenn Sie sich einmal die vergangenen Untersuchungen der Internationalen Atomenergiebehörde vor allem im Irak ansehen«, führte Cheney weiter aus, »dann stellen Sie fest, dass sie die Handlungen Saddam Husseins entweder unterschätzt oder übersehen haben. Ich habe keinen Grund zu der Annahme, dass ihre Schlussfolgerungen heute besser sind als in der Vergangenheit.«

Natürlich hatte und habe ich keine Ahnung, was Cheney wirklich über die irakischen Programme zum Bau von Massenvernichtungswaffen wusste oder zu wissen glaubte. Aber er wusste, dass die IAEO-Untersuchungen aus dem Jahr 2003 sehr viel korrekter waren als die aus dem Jahr 1991. Er wusste, dass wir im Jahr 1991 nur das überprüfen konnten, was uns die Regierung Saddam Husseins selbst gemeldet hatte. Wir hatten kein Recht, durch das Land zu reisen, um geheime Anlagen aufzuspüren oder Nachforschungen wegen des illegalen Handels mit radioaktivem Material anzustellen.

Cheney wusste sehr genau, dass die Situation inzwischen eine vollkommen andere war. Nach dem ersten Golfkrieg hatte die IAEO umfassende Befugnisse gehabt, Untersuchungen im Irak durchzuführen. Wir hatten das Land durchkämmt, jeden verfügbaren Atomwissenschaftler befragt, Anlagen zerstört, Berichte konfisziert, das verbleibende radioaktive Material versiegelt und die Atomfabrik in Al Atheer gesprengt. Ein Vergleich zwischen dem Jahr 1991 und dem Jahr 2003 war eine bewusste Irreführung. Die Würfel waren offenbar gefallen.

*

Der Anruf erreichte mich spätnachts, gegen ein Uhr morgens Wiener Zeit, am Montag, dem 17. März. Am Apparat war der amerikanische IAEO-Botschafter Ken Brill. Brill teilte mir mit, seine Regierung empfehle uns den unverzüglichen Abzug aus Bagdad, um unsere Mitarbeiter vor Ort in Sicherheit zu bringen.

Ich rief sofort Hans Blix an, der einen ähnlichen Anruf erhalten hatte, sowie Kofi Annan. Der Generalsekretär hatte versucht, den Krieg zu vermeiden und eine diplomatische Lösung zu finden. Ihm war es darum gegangen, die Legitimität der Vereinten Nationen zu wahren und zu verhindern, dass der Sicherheitsrat im Interesse einiger weniger Länder manipuliert wurde. Einen Monat zuvor hatte er in einer Rede am William and Mary College in Virginia erklärt: »Dieses Thema geht nicht nur einen einzigen Staat etwas an, sondern die gesamte internationale Staatengemeinschaft.« Später fügte er hinzu: »Wenn sich Staaten zum Einsatz von Waffengewalt entscheiden, und zwar nicht aus Gründen der Selbstverteidigung, sondern um einer Bedrohung des internationalen Friedens und der Sicherheit zu begegnen, dann gibt es keine Alternative zur einmaligen Legitimität des Sicherheitsrates.«

Im Jahr 1998 war Kofi Annan heftig kritisiert worden, nachdem er Saddam Hussein überzeugt hatte, Inspektoren zu acht Präsidentenpalästen zuzulassen, zu denen sie zuvor keinen Zutritt hatten. Damals hatte er gesagt: »Kann ich Saddam Hussein vertrauen? Ich denke, ich kann Geschäfte mit ihm machen ... Ich bin vermutlich nicht so pessimistisch wie einige von Ihnen.« Viele hatten den Generalsekretär damals als naiv hingestellt.

In dieser kritischen Stunde wünschte ich mir, der zurückhaltende Annan hätte in der Irakfrage sichtbarer Position bezogen, vor allem nachdem Bush die Vereinten Nationen im November als rückgratlos bezeichnet und gedroht hatte, sie werde in Zukunft keine Rolle mehr spielen. Ich war von Annans Bemühungen beeindruckt, die Zivilgesellschaft einzubeziehen, die Rolle der Vereinten Nationen zu erläutern, und weltweite Anstrengungen gegen Armut und AIDS zu unternehmen. Ich hatte mir dieselbe Entschlossenheit in der Irakfrage erhofft, wo wir vor einer großen Krise standen, auch wenn er in diesem Fall kein Mandat hatte. Annan hätte die überwältigende Mehrheit der Weltöffentlichkeit repräsentiert, wenn er sich stärker für die Verteidigung der Vereinten Nationen und der in der UN-Charta festgelegten Prinzipien der Weltordnung engagiert hätte. Aber er engagierte sich seinerzeit für die Wiedervereinigung des geteilten Zypern.

Als wir in diesen verzweifelten frühen Morgenstunden des 17. März telefonierten, wollte Annan die Entscheidung über einen Abzug des UN-Personals aus dem Irak bis zum nächsten Morgen New Yorker Zeit vertagen, um die Angelegenheit mit dem Vorsitzenden des Weltsicherheitsrats zu erörtern und mit dem amerikanischen Außenminister Powell zu sprechen. Außerdem informierte ich den Vorsitzenden des Weltsicherheitsrats über die Nachricht, die ich erhalten hatte. Auch dieser wollte die Frage am nächsten Morgen mit seinen Kollegen besprechen. Blix wollte seine Mitarbeiter dagegen umgehend aus Bagdad abziehen, um ihre Sicherheit nicht zu gefährden. Ich war der

Ansicht, dass wir noch warten und nicht einfach abziehen sollten, nur weil die Vereinigten Staaten uns dies gesagt hatten.

Ich legte auf. Nach diesen Gesprächen lag ich lange wach. Im Morgengrauen sprach ich mit meiner Frau Aida, meiner Lieblingsratgeberin. Gemeinsam überlegten wir, wie sich die Dinge wohl weiter entwickeln würden. Wie lang würde der Krieg dauern? Wie viele Menschenleben würde er fordern? Es gab nichts, was ich noch tun konnte. Meine Gefühle schwankten zwischen Zorn, Hilflosigkeit und Trauer angesichts der zu erwartenden Opfer. Wo war die Rechtfertigung?

Während der Inspektionen hatte ich zwar das Gefühl, dass die Iraker schneller handeln und mehr Transparenz an den Tag hätten legen können. Ich verstand nie so recht, warum sie es nicht taten. Es hatte sicherlich zum Teil mit ihrem Ehrgefühl zu tun: Bei Verhandlungen im Nahen Osten ist Respekt die wichtigste Währung, und die Iraker wollten auf keinen Fall den Eindruck erwecken, als ließen sie sich durch die Inspektionen einschüchtern oder demütigen. Vielleicht hegten die Iraker auch den Verdacht, dass die Inspektionen nichts anderes waren als Geheimdienstoperationen, die der Vorbereitung des Krieges dienten. Oder vielleicht nahmen sie auch einfach an, weil es keine Massenvernichtungswaffen gab, werde die Wahrheit schon irgendwann von selbst ans Licht kommen.

Außerdem spürten die Iraker, dass die Vereinigten Staaten Saddam Hussein diesmal nicht davonkommen lassen wollten. In diesem Zusammenhang hatten sie vermutlich den Eindruck, dass Transparenz und eine rückhaltlose Unterstützung der Inspektionen keine Lösung bringen würden. Und vielleicht nahmen viele auch einfach an, dass der Krieg nicht zu vermeiden war: Es gab kein Licht am Ende des Tunnels.

*

Am Montagmorgen telefonierten Hans Blix, Kofi Annan und ich in einer Konferenzschaltung. Wie betäubt machten wir einer Handlungsweise Platz, an die wir nicht glaubten. Annan beschloss, aus Sicherheitserwägungen dem Weltsicherheitsrat eine Unterbrechung aller UN-Aktivitäten zu empfehlen. Der Weltsicherheitsrat nahm die Entscheidung zur Kenntnis. Mitglieder wie Russland und Syrien waren verärgert, doch der Weltsicherheitsrat als solcher erkannte, dass es sinnlos gewesen wäre, das Leben und die Sicherheit der UN-Mitarbeiter aufs Spiel zu setzen, um gegen das Vorgehen der Koalition zu protestieren. Da die IAEO auf die logistische Unterstützung der UNMOVIC angewiesen war, blieb uns keine andere Wahl, als mit dieser abzuziehen. Also wies ich die Inspektoren an, nach Wien zurückzukehren.

Zufälligerweise fiel der Beginn einer der fünf jährlichen Sitzungen des Gouverneursrats der IAEO auf diesen Tag. An diesem Morgen sprachen uns zahlreiche Botschafter ihre Anerkennung aus. Die Vertreter Südafrikas, Japans, Frankreichs, Deutschlands und Brasiliens lobten die Professionalität und Integrität der Irak-Inspektionen.

Die Worte des südafrikanischen IAEO-Botschafters Abdul Minty sollten sich als prophetisch erweisen. Die Welt stehe nicht nur vor einem bedauerlichen Krieg mit weitreichenden Folgen, so Minty, auch die Missachtung der Rolle der Vereinten Nationen werde erhebliche Auswirkungen auf künftige internationale Beziehungen haben.

Die Worte des amerikanischen Botschafters standen in krassem Gegensatz zu diesen Stellungnahmen: Er erwähnte den Irak mit keinem Wort. Auch die Briten schwiegen sich aus. Die meisten der anwesenden Diplomaten verfolgten angespannt den Stand der Kriegsvorbereitungen.

Ich war nicht gesprächig, und als die Reihe an mir war, schloss ich meinen kurzen Bericht vor dem Rat mit einem Zitat: »Wenn ich mir alle unsere Aktivitäten betrachte, muss ich an die Worte von Adlai Stevenson aus dem Jahr 1952 denken: ›Das Böse ist nicht im Atom, sondern in den Seelen der Menschen.‹«

*

Die Aktivitäten der IAEO im Irak waren mit Kriegsbeginn im März 2003 keineswegs beendet. Das Mandat des Weltsicherheitsrats hatte nach wie vor Gültigkeit. Wir waren besorgt um die Sicherheit des radioaktiven Materials, das versiegelt im Irak zurückgeblieben war. Über unsere irakischen Kontaktleute hörten wir von Gerüchten, dass die zuvor streng kontrollierten Stätten geplündert würden.

Beispielsweise erhielten wir Berichte, im Kernforschungszentrum Tuwaitha seien Metallfässer mit Strahlenmaterial geleert und von Zivilisten zur Aufbewahrung von Trinkwasser, Milch und anderen Lebensmitteln oder zum Kleiderwaschen verwendet worden. Die Folgen für die Sicherheit waren nicht auszudenken. Wir erfuhren außerdem, dass nicht durch Strahlung sterilisierte Schraubenwurmfliegen, die eine Gefahr für Mensch und Tier darstellten, aus den Labors entwichen waren.[12] Wir wussten nicht, was wir glauben sollten und was nicht. Tuwaitha war eine weitläufige Anlage mit Hunderten Gebäuden; dort wurden mehrere Tonnen Yellowcake, kleinere Mengen schwachangereichertes Uran, verschiedene radioaktive Isotope und andere gefährliche Materialien gelagert. Die Vorstellung war entsetzlich, dass Tuwaitha und andere Atomanlagen ungesichert zurückgelassen worden waren und ungehindert von Zivilisten betreten werden konnten – ganz zu schweigen von militanten Gruppen, die das radioaktive Material zum Bau einer »schmutzigen Bombe«[13] verwenden oder auf dem internationalen Markt verkaufen konnten.

In Interviews und Leitartikeln drängte ich auf eine Rückkehr der Inspektoren in den Irak. Am 11. April gab ich eine Pressemitteilung heraus, in der ich erklärte, ich hätte die Amerikaner über die Sicherheitsbedenken um Tuwaitha informiert und mündliche Zusagen erhalten, man werde sich darum kümmern.

Bei jeder Gelegenheit machte ich klar, dass in dieser Situation das Expertenwissen der IAEO gefordert war. Nach einer Meldung der Nachrichtenagentur AP hatte eine Gruppe von Marinesoldaten der Vereinigten Staaten bei der Ankunft in Tuwaitha geglaubt, sie habe in »einem unterirdischen Netz von Labors, Lagern und Bunkern« Beweise für die Existenz des geheimen Atomwaffenprogramms von Saddam Hussein entdeckt. Tatsache ist: Die Marines hatten nichts entdeckt, was nicht längst bekannt war. Sie hatten die Siegel der IAEO aufgebrochen. Das Material war unter Kontrolle gewesen, doch die Soldaten hatten keine Ahnung, was sie vor sich hatten.[14]

Am 27. April erklärte ich in einem Interview mit Wolf Blitzer vom Nachrichtensender CNN, dass nur die IAEO die erforderliche Legitimation und Erfahrung hatte, um solche Suchaktionen durchzuführen. »Wir sind seit über zehn Jahren im Irak. Wir kennen die Menschen, wir kennen die Infrastruktur, wir kennen die Dokumente und wir wissen, wohin wir zu gehen haben. Warum sollte man das Rad neu erfinden?« Und außerdem verfügten wir als internationale Behörde über mehr Glaubwürdigkeit.

Der amerikanische IAEO-Botschafter Ken Brill rief David Waller, den stellvertretenden Verwaltungsleiter und ranghöchsten Amerikaner in der Atomenergieorganisationen an, um ihm mitzuteilen, Washington sei wenig erfreut, dass ich mich zu anderen als technischen Fragen äußerte. Bei meiner nächsten Begegnung mit Brill erwähnte ich dann mein Bedauern über diese Kritik an der Organisation. Er antwortete, es sei nicht meine Aufgabe, den Vereinigten Staaten oder der Koalition politische Ratschläge zu erteilen. Darauf erwiderte ich: »Solange ich der Ansicht bin, dass dieser politische Aspekt in meinen Aufgabenbereich fällt, und solange ich für diesen Aufgabenbereich zuständig bin, so lange werde ich Ihnen auch meine Meinung dazu sagen.«

Ende April traf ich mich zu einem Frühstück mit dem stellvertretenden Außenminister John Wolf, an dem auch Ken Brill teilnahm. Die beiden teilten mir mit, das Außenministerium sei nicht mehr für den Irak zuständig, stattdessen habe das Verteidigungsministerium nun die Kontrolle übernommen. Sie legten mir nahe, nicht auf eine Rückkehr der Inspektoren in den Irak zu drängen. Wenn ich trotzdem darauf bestand, »bekommen Sie eine Antwort, die Ihnen nicht gefallen wird«.

»Sie haben eine politische Agenda«, antwortete ich. »Aber als Generaldirektor der IAEO habe ich eine andere Agenda: Ich will der internationalen Gemeinschaft die Tatsachen präsentieren und technische Einschätzungen vornehmen, und zwar nicht politisch gefärbt.« Ich versprach, dass die Organisation im Falle ihrer Rückkehr so transparent und objektiv wie immer arbeiten würde.

Kurz nach dieser Unterredung schrieb ich einen Brief an die Regierung der Vereinigten Staaten und erklärte, wir müssten unsere Inspektionen im Irak wieder aufnehmen. Ich erhielt keine Antwort. Als ich mich am 12. Mai mit Jack Straw in London traf, wiederholte ich meine Forderung. Zu diesem Zeitpunkt lenkten Presseberichte die Aufmerksamkeit auf die humanitären und anderen Risiken durch ungesichertes radioaktives Material.[15] Ich erklärte Straw, angesichts der Sicherheitsrisiken vermittle die Koalition mit ihrer Tatenlosigkeit die Botschaft, ihr sei das Leben irakischer Zivilisten gleichgültig.

Straw erwiderte, er verstehe die Situation, und stimmte einer Rückkehr der Inspektoren vor allem nach Tuwaitha zu. Aber in Washington könne man sich in dieser Frage nicht einigen. Straw wollte noch am selben Tag Colin Powell anrufen und das Thema mit ihm besprechen. Außerdem ließ er Tony Blair durch einen seiner Assistenten informieren und bitten, das Thema mit George W. Bush anzusprechen, den er im Laufe des Tages anrufen wollte. Außerdem befand sich ein Entwurf für eine Resolution des Sicherheitsrats in Vorbereitung, der unter anderem die Aufhebung der Sanktionen gegen den Irak, die Beendigung des Oil-for-Food-Programms und die Umwandlung der Koalitionsarmee in eine Friedenstruppe vorsah. Die Resolution sah jedoch keine Rückkehr der IAEO-Inspektoren vor, da, wie ich später erfuhr, die Briten die Amerikaner nicht überzeugen konnten.[16]

Nach langem Hin und Her machte die Koalition ein Zugeständnis und bot den Inspektoren logistische Unterstützung bei einer »Bestandsaufnahme« in Tuwaitha an. Die Inspektion begann Mitte Juni und war begrenzt. Wir waren beispielsweise nicht in der Lage zu untersuchen, welches Gesundheitsrisiko die Plünderungen für die Zivilbevölkerung bedeuteten. Auch unser umfassenderes Mandat im Irak konnten wir nicht wahrnehmen. Zu diesem Zeitpunkt hatten die Vereinigten Staaten und ihre Verbündeten bereits eine eigene Einheit gebildet, die den Irak nach den »versteckten« Massenvernichtungswaffen durchkämmen sollte: die Iraq Survey Group.

*

Vor dem Krieg war die IAEO dafür kritisiert worden, weil sie erklärt hatte, dass es keinen Hinweis auf eine Wiederaufnahme des Atomwaffenprogramms durch das Regime von Saddam Hussein gab. Auch die UNMOVIC wurde mit Misstrauen überhäuft, weil sie keine biologischen und chemischen Waffen fand. Die Koalition der Willigen war entschlossen, zumindest nachträglich zu beweisen, dass die Arsenale von Massenvernichtungswaffen und die damit zusammenhängende Infrastruktur – also der Kriegsgrund – tatsächlich existierten. Dieser

Auftrag fiel der Iraq Survey Group zu, einer Gruppe von mehr als tausend amerikanischen, britischen und australischen Experten und Mitarbeitern. Sie war direkt dem amerikanischen Verteidigungsminister Donald Rumsfeld unterstellt.

David Kay wurde als Leiter der Iraq Survey Group reaktiviert. Kay hatte die IAEO nach seinen Irakmissionen Anfang der neunziger Jahre verlassen, angeblich weil er keine Führungsposition in der Organisation erhalten hatte. Er hatte eine Stelle im Uranium Institute[17] angenommen, einer Lobbyorganisation der Atomenergie; doch auch dort blieb er nicht lange, angeblich aufgrund seiner fortgesetzten Kritik an der IAEO, die dort als unangemessen wahrgenommen wurde. In den Monaten vor dem Krieg wurde er als Irakexperte interviewt und hielt mit seiner Meinung zu den Massenvernichtungswaffen nicht hinterm Berg: »Der Irak verstößt eindeutig gegen die internationalen Auflagen, nach denen er diese Waffen abliefern muss.«

Natürlich fand die Iraq Survey Group keinerlei Beweise für diese Behauptung. Als Kay im Januar 2004 von seinem Amt zurücktrat, war er ehrlich genug, vor dem Militärausschuss des amerikanischen Senats auszusagen: »Heute wissen wir, dass wir alle Unrecht hatten.« Sein Nachfolger war Charles Duelfer, der ehemalige stellvertretende Leiter von UNSCOM, der die Suche hartnäckig fortsetzte. Nachdem die Iraq Survey Group zwei Jahren lang erfolglos ermittelt und 3 Milliarden US-Dollar verschlungen hatte, wurde sie Anfang 2005 schließlich aufgelöst. Sie hatte nichts gefunden, was den Erkenntnissen der IAEO und UNMOVIC widersprochen hätte. Zum Vergleich: 3 Milliarden Dollar entspricht ungefähr dem Etat, den die IAEO in 25 Jahren für ihre Inspektionen zur Verfügung hat – weltweit, wohlgemerkt.

*

Im Laufe der Monate nahmen die Tragödien und Ironien des Irakkriegs weiter zu. Am 14. August 2003 richtete die Unterstützungsmission der Vereinten Nationen für den Irak, die unter anderem die humanitäre Hilfe für die Zivilbevölkerung koordinieren sollte, ihr Hauptquartier im Canal Hotel von Bagdad ein, in dem zuvor auch die IAEO und die UNSCOM untergebracht worden waren. Fünf Tage später verübte ein

Selbstmordattentäter mit einer gewaltigen Autobombe einen Anschlag auf das Hotel. Mehr als zwanzig Menschen wurden getötet, unter ihnen der UN-Menschenrechtskommissar Sérgio Vieira de Mello, der als Sonderbeauftragter der Vereinten Nationen in den Irak gekommen war. Vieira de Mello war ein Star: charismatisch und intelligent, aber auch pragmatisch und ergebnisorientiert. Viele hatten in ihm einen möglichen Nachfolger für Generalsekretär Kofi Annan gesehen.

Der Anschlag war ein Schock. Wir verloren geschätzte Kollegen: Ich kannte nicht nur Vieira de Mello, sondern auch viele andere Opfer persönlich. Gleichzeitig markierte der Vorfall eine Wende in der Wahrnehmung der Vereinten Nationen. Jahrzehntelang hatte der blaue Helm der Friedenstruppen politische Unabhängigkeit symbolisiert, und damit Immunität. Nun wurden wir als Anhängsel einer Besatzungstruppe und Marionette der Großmächte wahrgenommen.

Einen Monat später explodierte eine weitere Bombe vor dem Canal Hotel, sie tötete einen irakischen Polizisten und verletzte zahlreiche UN-Mitarbeiter. Daraufhin zog die UN ihre rund 600 Mitarbeiter aus Bagdad ab, und zahlreiche Hilfsorganisationen folgten ihrem Beispiel. Als die Generaldirektoren der Organisationen der Vereinten Nationen zu ihrer nächsten Versammlung in New York zusammentrafen, betonte ich gegenüber meinen Kollegen die Dringlichkeit, auf der politischen Unabhängigkeit der UN und ihrer Organe zu bestehen.

Ende Oktober 2004, kurz vor den amerikanischen Präsidentschaftswahlen, kam es zu einer neuen Kontroverse. Am 10. Oktober hatte der irakische Wissenschaftsminister der Internationalen Atomenergieorganisation mitgeteilt, dass aus einer unbewachten und zuvor von der IAEO versiegelten Anlage in Al Qa Qaa riesige Mengen von HMX- und RDX-Sprengstoffen[18] gestohlen worden waren – genug, um 700 000 Autobomben herzustellen. Ich informierte zuerst die Vereinigten Staaten, dann den Weltsicherheitsrat. Die Nachricht wurde den Medien in Bagdad zugespielt und in der *New York Times* und der Nachrichtensendung *60 Minutes* ausführlich dargestellt.[19] Zu diesem Zeitpunkt hatte ich, wie es das Mandat der IAEO verlangte, einen Brief an den Weltsicherheitsrat geschrieben und dargestellt, was die Organisation zu diesem Thema wusste.

Es folgte ein politischer Aufschrei. Ich wurde beschuldigt, die amerikanischen Präsidentschaftswahlen manipulieren zu wollen – als hätte ich den Zeitpunkt der Enthüllungen gewählt. William Safire meldete sich zu Wort, stellte mich fast auf eine Stufe mit Osama bin Laden und beschuldigte mich, zugunsten des demokratischen Präsidentschaftskandidaten John Kerry Einfluss auf die Wahlen zu nehmen, weil ich den »Al Qa Qaa«-Bericht an den Sicherheitsrat geschickt hatte.[20] Sein Artikel war ein Schlag unter die Gürtellinie. Wörtlich schrieb Safire: »Bin Laden war der zweite Ausländer, der versuchte, unsere Wahlen mit einer ›Überraschung im Oktober‹ zu beeinflussen. Ich habe den Verdacht, der erste war Mohamed ElBaradei, der Chef der UNO-Waffeninspektoren.«

Colin Powell rief mich in New York an, wo ich an der Vollversammlung der Vereinten Nationen teilnahm. Er beschuldigte mich, Informationen weitergegeben zu haben, und warnte mich freundschaftlich, ich solle während des Wahlkampfs vorsichtig antworten, wenn die Presse mich nach diesem Thema fragte.

Ich erklärte Powell, wie sich die Ereignisse tatsächlich abgespielt hatten, und wies ihn darauf hin, dass ich nach Erhalt des Briefes erst die Vereinigten Staaten informiert hatte. Ich brachte meine Hoffnung zum Ausdruck, dass die Truppen der Koalition wenigstens einen Teil der Sprengstoffe wiederfanden, ehe die Nachricht an die Öffentlichkeit gelangte. Natürlich war mir bewusst, wie sensibel der Zeitpunkt war. Aber nachdem die Nachricht vom Irak an die amerikanischen Medien durchgesickert war, hatte ich keinen Handlungsspielraum mehr. Der britische UN-Botschafter Sir Emyr Jones-Parry hatte unser Büro in New York angerufen, um sich über die Hintergründe zu informieren. Rein rechtlich gesehen befanden sich die Sprengstoffe in Al Qa Qaa in unserer Obhut. Uns blieb keine andere Wahl, als den Weltsicherheitsrat über ihr Verschwinden zu informieren.

Ich sagte Powell, meiner Ansicht nach sei die Frage interessanter, warum die Iraker ausgerechnet diesen Zeitpunkt gewählt hatten, um das Verschwinden der Sprengstoffe zu melden. Das entscheidende Problem war jedoch die Unsicherheit im gesamten Irak; Al Qa Qaa war nur eine von zahlreichen kritischen Einrichtungen, die nicht von der Koalition gesichert worden waren. Ich erinnerte mich an die Powell-Doktrin: Wenn man in den Krieg ziehe, müsse man sicherstellen, dass man ausreichend Truppen zur Verfügung habe.

Der irakische Geschäftsträger in Wien erklärte mir später, man habe im Irak lange darüber diskutiert, ob man das Verschwinden der Sprengstoffe an die IAEO melden solle. Der politische Berater der amerikanischen Botschaft im Irak hatte den Irakern geraten, uns nicht zu informieren, da seiner Ansicht nach unser UN-Mandat keine Gültigkeit mehr hatte. Doch nach einem Gespräch mit dem Wissenschaftsminister Dr. Rashad Omar hatten sie beschlossen, uns Meldung zu machen. Es ist unklar, warum sie den Brief wenige Wochen vor den Wahlen abschickten und ob sie sich dieses Timings überhaupt bewusst waren.

David Sanger von der *New York Times* informierte mich, George W. Bushs Chefberater Karl Rove sei überzeugt, ich selbst habe die Geschichte um den Sprengstoffdiebstahl von Al Qa Qaa der Presse zugespielt. Rove sei auch erbost gewesen, weil ich wenige Tage vor den Wahlen in einem Vortrag an der Stanford University am 4. November kein Blatt vor den Mund genommen hätte. In meiner Rede zog ich Lektionen aus dem Irak-Debakel und betonte die Notwendigkeit, kollektiv und durch multinationale Einrichtungen zu handeln. Ich erklärte, meiner Ansicht nach seien die Inspektionen ein Erfolg gewesen, und stellte die Frage, ob ein Präventivkrieg nach den in der UN-Charta festgeschriebenen Prinzipien zulässig sei. Außerdem vertrat ich den Standpunkt, dass alle Beteiligten nur verlieren können, wenn sich die internationale Gemeinschaft in der entscheidenden Frage des Friedens und der Sicherheit nicht einig sei:

In den Augen vieler Menschen hat die Koalition an Glaubwürdigkeit verloren, weil sie ohne Mandat des Weltsicherheitsrats Waffengewalt angewendet hat. Die Vereinten Nationen haben an Glaubwürdigkeit verloren als dasjenige Organ, das im Namen der internationalen Legitimität die Maßnahmen gegen den Irak ergreift; deshalb werden sie in einigen Kreisen – vor allem im Irak – als Anhängsel der Koalitionsstreitkräfte wahrgenommen und nicht als unabhängige und unparteiische Institution. Aber den größten Schaden hat vermutlich das irakische Volk davongetragen: Nach Jahren des Leids unter einer brutalen Diktatur, nach Jahren der Not durch die lange Periode der Sanktionen wurde das Elend noch vergrößert durch die Verheerungen des Krieges und die nicht vorhergesehene lange Periode der Aufstände und Unruhen.

Angesichts dessen, was eine Vielzahl politischer Analysten seither gesagt hat, waren diese Ausführungen alles andere als skandalös. Das Problem war lediglich, dass es damals kaum ein prominenter Diplomat wagte, öffentlich die Vorgehensweise der amerikanischen Regierung zu hinterfragen. Es half nicht, dass der *San Francisco Chronicle* am nächsten Tag mit der Schlagzeile aufmachte: »UN-Waffeninspektor greift Bush-Regierung an.«

*

Die schmerzhafteste Realität des Irakkriegs und seines langen Nachspiels – und ein Aspekt, der in den westlichen Medienberichten in beunruhigender Weise vernachlässigt wurde – sind die Opfer der irakischen Zivilbevölkerung. Schätzungen gehen davon aus, dass in den ersten drei Kriegsjahren bis zu 800 000 Menschen ums Leben kamen; dazu kommen Millionen, die verwundet und verkrüppelt wurden, und Millionen, die ihr Zuhause und ihre Lebensgrundlage verloren haben. Die Vereinigten Staaten und ihre westlichen Verbündeten führen genauestens Buch über jeden einzelnen getöteten Soldaten, doch die irakische Zivilbevölkerung bleibt in den Medienberichten gesichtslos und anonym. Das Gleiche gilt in etwas geringerem Maße für Afghanistan.

Wie können westliche Führer nicht verstehen, welchen Zorn – welches Gefühl des Unrechts, der Erniedrigung und der Verbitterung – diese Tragödie provoziert? Wie können sie nicht verstehen, dass die kulturellen Narben mindestens eine Generation lang nicht verheilen werden?

Auf dem Weltwirtschaftsforum in Davos lernte ich im Januar 2005 Mowaffak Al-Rubaie kennen, den Sicherheitsberater des Irak. Obwohl er eng mit der Regierung der Vereinigten Staaten zusammenarbeitete, beschrieb er den Umgang der Amerikaner mit dem Irak als »verbrecherisch«. Al-Rubaie berichtete mir, er habe, nachdem die amerikanischen Streitkräfte bei der Eroberung von Fallujah Hunderte Zivilisten getötet hatten, bei General George Casey, dem damaligen Oberbefehlshaber der amerikanischen Truppen im Irak, Beschwerde gegen das unmenschliche Vorgehen eingelegt. Caseys Antwort, wie sie mir Al-Rubaie wiedergab, war gelinde gesagt ohne jedes Mitgefühl: »Ich bin Marinesoldat, und so gehe ich eben vor.«

Das Vorgehen der Vereinigten Staaten und der Koalition der Willigen sowie der sogenannte »Krieg gegen den Terror« wurden von vielen als Vorläufer eines »Kampfs der Kulturen« gedeutet und als probates Mittel zur Abwerbung von Extremisten. Die extremsten Auswüchse waren vermutlich die CIA-Überführungen,[21] das Gefängnis von Guantánamo und die Misshandlung der Gefangenen von Abu Ghraib. In diesen und anderen Bildern und Ereignissen – der täglichen Kost von Unterdrückung und Gewalt vor allem gegen Zivilisten, die in Afghanistan und dem Irak gefilmt und im arabischen Fernsehen ausgestrahlt wurde – zeigten sich eine tiefe Verachtung für Menschenrechte, eine krasse kulturelle Diskriminierung und ein eklatanter Verstoß gegen das internationale Kriegsrecht (das zum Beispiel den Schutz der Zivilbevölkerung vorsieht und die willkürliche Gewaltanwendung verbietet).

Tragischerweise schadet dieses Vorgehen auch dem Ansehen der Demokratie in der arabischen und muslimischen Welt. Die Vereinigten Staaten und ihre Verbündeten waren weit davon entfernt, amerikanische Werte wie Freiheit und Achtung der Menschenwürde zu fördern – Werte, die ich während meines Studiums in New York sehr zu schätzen gelernt hatte. Stattdessen standen sie für ein Ethos der Gewalt und kulturellen Konfrontation, die an frühere Epochen der Menschheitsgeschichte erinnerte.

Als Generaldirektor der Internationalen Atomenergieorganisation machte ich mir große Sorgen, dass der Ruf der internationalen Organisationen, darunter auch unserer, durch die Verbindung mit diesen Ereignissen Schaden nehmen und wir als Erfüllungsgehilfen der Vereinigten Staaten und anderer westlicher Mächte wahrgenommen werden könnten. So schwer es mir fiel, ich musste mir eingestehen, dass die Inspektionen im Irak im Grunde eine Farce gewesen waren: Die Vereinigten Staaten und ihre Verbündeten hatten nie beabsichtigt, die Ergebnisse der Inspektionen ernst zu nehmen, es sei denn, sie rechtfertigten den Umsturz des Regimes durch Waffengewalt.

Mir war bewusst, dass die Atomwaffenkontrolle seit Anfang der neunziger Jahre in eine neue Phase getreten war: Einige Länder entwickelten geheime Aktivitäten und arbeiteten in großem Stile mit Täuschungen, um ihre politischen und militärischen Ziele zu erreichen; es war ein Klima entstanden, das diese Täuschungen beförderte. Im Irakkrieg musste ich allerdings erkennen, dass nicht nur kleine Nationen mit skrupellosen Diktatoren zu dieser bewussten Täuschung greifen. Die ethischen Prinzipien der Unabhängigkeit und Objektivität – oder »überprüfen, überprüfen, überprüfen«, wie unsere Inspektoren es ausdrückten – waren für die IAEO wichtiger denn je, um die Integrität unserer Organisation zu wahren.

*

Nach den Erfahrungen des Irakkriegs stellt sich eine Reihe schmerzhafter Fragen. Vorausgesetzt, die internationale Staatengemeinschaft will nach den Gesetzen der Rechtsstaatlichkeit leben: Welche Schritte muss sie dann unternehmen, wenn ein Verstoß gegen internationales Recht in massivem Umfang zivile Opfer fordert? Wer muss verantwortlich gemacht werden, wenn gegen die in der Charta der Vereinten Nationen formulierten Gesetze ein Präventivkrieg geführt wurde, und schlimmer noch, wenn dieser Präventivkrieg auf Grundlage falscher Informationen, selektiver Darstellung der Informationen oder gar bewusster Fehlinformation geführt wurde?

Die UN-Charta verbietet den einseitigen bewaffneten Angriff eines Staates gegen einen anderen, es sei denn, es handelt sich um einen Akt der Selbstverteidigung. Gelegentlich wurde argumentiert, dass angesichts einer unmittelbaren Bedrohung auch eine »präventive Selbstverteidigung« gerechtfertigt sei, vor allem im Atomzeitalter. Der Umsturz einer Regierung ist jedoch kein legaler Kriegsgrund. Genauso wenig ist es legitim, einen Kriegsgrund zu erfinden, um einen Umsturz herbeizuführen. Wenn es schließlich zum Krieg kommt, macht die Vierte Genfer Konvention unmissverständliche Vorgaben zum Schutz der Zivilbevölkerung, und die internationalen Menschenrechte verbieten eindeutig jede willkürliche Gewaltanwendung.[22]

In einem Artikel im Nachrichtenmagazin *Newsweek* und in seinem jüngsten Buch schreibt Richard Haass, schon im Juli 2002 habe er gegenüber Condoleezza Rice seine Sorge über die Vorbereitungen eines Krieges gegen den Irak zum Ausdruck gebracht. Haass erinnert sich, dass Rice ihn rasch unterbrach. »Sie können sich die Worte sparen, Richard. Der Präsident hat seine Meinung über den Irak bereits gefällt.« Haass fügte hinzu: »Wie sie es sagte, machte mir klar, dass er den Krieg bereits beschlossen hatte.«[23]

Andere Insiderquellen lassen ähnliche Schlüsse zu. Sir Christopher Meyer, der britische Botschafter in Washington, behauptete, George W. Bush und Tony Blair hätten den Krieg bei einem Treffen in Camp David im Jahr 2002 verabredet. Zahlreiche andere Kommentatoren vermuten, nach den Terroranschlägen vom 11. September 2001 seien neokonservative Kreise besessen gewesen von dem Gedanken, ein muslimisches oder besser noch arabisches Land zu bestrafen, vorzugsweise den Irak. Nach diesen Darstellungen handelte es sich beim Irakkrieg um einen ideologischen Feldzug, der von der Fantasie getragen wurde, im Irak eine Oase der Demokratie zu errichten, von der aus sich die geopolitische Landschaft des Nahen Ostens verändern ließe.

Bush und Blair haben Andeutungen gemacht, dass der eigentliche Kriegsgrund der Sturz Saddam Husseins war, unabhängig von der angeführten Rechtfertigung. Zusammen mit einigen weiteren Verbündeten übertrieben Bush und Blair die unmittelbare Bedrohung, die von Saddam Husseins angeblichen Massenvernichtungswaffen ausging, obwohl diese Waffen nicht einmal existierten.[24] In einem Interview in der Nachrichtensendung *Meet the Press*, das im September 2003 stattfand, musste Dick Cheney nach einigen pointierten Fragen einräumen, sich vor dem Krieg »versprochen« zu haben. »Wir hatten nie einen Beweis, dass Saddam Hussein Atomwaffen hatte.«

Bush und Blair verbreiteten ähnliche Aussagen, die jeder Grundlage entbehrten, etwa als Bush eine durchsichtige Fälschung anführte, um zu beweisen, dass der Irak im Niger Uran bestellt habe, oder als Blair erklärte, der Irak sei in der Lage, innerhalb von 45 Minuten einen Angriff mit Chemiewaffen durchzuführen. Beide gingen in der Auswahl der verfügbaren Informationen bewusst selektiv vor. Und beide führten einen Krieg mit Bomben- und Bodenangriffen, in denen nichts unternommen wurde, um die Zivilbevölkerung vor willkürlicher Gewaltanwendung zu schützen; im Gegenteil, die Toten und Verwundeten unter der Bevölkerung wurden beschönigend als »Kollateralschäden« bezeichnet.

Was kann die internationale Staatengemeinschaft angesichts dieser schrecklichen Bilanz tun? Sollten die Vereinten Nationen die Rechtmäßigkeit dieses Krieges vom Internationalen Gerichtshof überprüfen lassen? Und wenn der Krieg tatsächlich nicht rechtmäßig war, sollte dann nicht der Internationale Gerichtshof entscheiden, ob es sich bei dem Krieg mit seinen zahlreichen zivilen Opfern um ein Kriegsverbrechen handelt, und die Schuldigen ermitteln?[25] Sollte der Irak die Koalition der Willigen nicht vor dem Internationalen Gerichtshof oder einem anderen Forum auf Schadenersatz für einen Krieg verklagen, der gegen das internationale Recht verstieß und auf Grundlage von falschen Behauptungen geführt wurde?

Wenn uns an der Rechtsstaatlichkeit gelegen ist, dann dürfen wir nicht nur die Verlierer – die Slobodan Miloševićs dieser Welt – wegen Kriegsverbrechen anklagen, und nicht nur die Omar al-Bashirs aus den armen und unterdrückten Regionen der Welt. Wenn unsere Rechtsnormen legitim sein sollen, dann müssen sie auf alle gleichermaßen angewendet werden, da wir sonst mit zweierlei Maß messen.

Werden wir als internationale Staatengemeinschaft die Weisheit und den Mut haben, die erforderlichen Maßnahmen zu ergreifen, um zu garantieren, dass es nie wieder zu einer solchen Tragödie kommt?

4

NORDKOREA

Der Club der Kernwaffenstaaten bekommt Zuwachs

Gegen Ende des Jahres 2002, weniger als einen Monat nach der Rückkehr der UN-Inspektoren in den Irak, nahm das Drama um Nordkorea eine bedrohliche Wendung. In den folgenden Jahren sollten die beiden Protagonisten – Nordkorea und die Vereinigten Staaten – ein vertrautes Drehbuch aus Provokation und Gegenprovokation, Risikopolitik und Befriedung, Aufnahme und Abbruch von Verhandlungen durchspielen, während dem Rest der internationalen Staatengemeinschaft keine andere Möglichkeit blieb, als tatenlos zuzusehen.

Inzwischen war die atomare Fackel von Kim Jong-Il an seinen Sohn Kim Il-Sung übergegangen. Das Genfer Rahmenabkommen zwischen Nordkorea und den Vereinigten Staaten, das eine Abfolge von Maßnahmen zum Abbau der atomaren Spannungen vorsah, war nach wie vor in Kraft. Doch beide Seiten waren frustriert: Nordkorea, weil sich der Bau der beiden versprochenen Leichtwasserreaktoren verzögerte, die es im Gegenzug für die Einstellung seines Atomprogramms erhalten sollte; und die Vereinigten Staaten, weil das nordkoreanische Regime weder wie erwartet in sich zusammenfiel, noch weitere Einblicke in seine vergangenen atomaren Aktivitäten zuließ. Währenddessen versuchte die IAEO, in Nyöngbyön die Einstellung des Atomprogramms zu überwachen, ohne jedoch im Rest des Landes sinnvolle Überprüfungen vornehmen zu können.[1]

In den letzten Monaten des Jahres 2000 schien die Beziehung zwischen den Vereinigten Staaten und Nordkorea allmählich aufzutauen. Die scheidende Außenministerin Madeleine Albright hatte Kim Jong-Ils Abgesandten[2] in Washington empfangen und Pjöngjang hatte den amerikanischen Präsidenten zu einem Staatsbesuch eingeladen. Albright selbst war herzlich von Kim Jong-Il empfangen worden. Der neue Außenminister Colin Powell hatte angedeutet, er wolle den Dialog fortführen: »Wir werden den Kontakt mit Nordkorea fortsetzen und dort weitermachen, wo die Clinton-Regierung aufgehört hat«, sagte Powell. »Es liegen einige vielversprechende Dinge auf dem Tisch, und wir werden uns diese Dinge ansehen.«[3]

Doch Präsident Bush war anderer Auffassung. Als er wenige Wochen später mit dem südkoreanischen Präsidenten Kim Dae-Jung zusammentraf, der im Jahr 2000 für seine »Sunshine Policy« gegenüber seinem nördlichen Nachbarn den Friedensnobelpreis erhalten hatte, machte Bush klar, dass er nicht gewillt war, mit dem nordkoreanischen Regime zu verhandeln. Im Januar 2002 hatte er Nordkorea neben dem Iran und dem Irak in seine »Achse des Bösen« eingereiht. Es hieß, er habe Kim Jong-Il als »verwöhntes Kind« und »Pygmäen« bezeichnet.[4]

Die letzten schwachen Zeichen des Fortschritts waren Ende des Sommers zu erkennen, als mit mehrjähriger Verspätung endlich die ersten Betonfundamente der versprochenen Leichtwasserreaktoren gegossen wurden, die der Eckstein des neuen zivilen Atomprogramms Nordkoreas werden sollten. Im September wurde nach einem diplomatischen Durchbruch der japanische Premierminister Junichiro Koizumi in Pjöngjang von Kim Jong-Il empfangen, und die beiden Länder kündigten an, ihre Beziehungen normalisieren zu wollen.[5]

Doch dann kam alles anders. Auslöser war ein Bericht des Unterstaatssekretärs für Ostasien und den Pazifik, James A. Kelly, nach einem Gespräch mit nordkoreanischen Regierungsvertretern. Bis heute ist unklar, was während dieses Treffens geschah. Anscheinend beschuldigte Kelly seine Gesprächspartner, ein geheimes Programm zur Urananreicherung zu unterhalten. In seinem Bericht schrieb er, die Nordkoreaner hätten die Existenz dieses Programms bestätigt; weitere Einzelheiten wurden damals nicht genannt.

Die Vereinigten Staaten forderten eine Inspektion dieses angeblichen Anreicherungsprogramms. Die Nachricht wurde der Presse zugespielt, und sofort erschienen Artikel, in denen es hieß, Nordkorea habe gegen das Genfer Rahmenabkommen verstoßen. Statt den Dialog fortzusetzen und diesen vermeintlichen »Enthüllungen« auf den Grund zu gehen, ordneten die Vereinigten Staaten an, die KEDO (Korean Peninsula Energy Development Organisation), die zur Umsetzung des Genfer Rahmenabkommens ins Leben gerufen worden war, solle die Lieferungen von Schweröl an Nordkorea einstellen.[6] Damit wurden die Öllieferungen, auf denen Nordkoreas Energieversorgung beruhte, von einem Tag auf den anderen unterbrochen.

Pjöngjang reagierte prompt, erklärte das Genfer Rahmenabkommen für nichtig und kündigte an, der Reaktor Nyöngbyön werde die Energieproduktion wieder aufnehmen. Nordkorea drohte damit, die Inspektoren der IAEO auszuweisen, seine Wiederaufarbeitungsanlagen wieder in Betrieb zu nehmen und aus dem Atomwaffensperrvertrag auszutreten.

Das war kein Bluff. Am nächsten Tag forderten Regierungsvertreter die IAEO auf, in der Anlage von Nyöngbyön alle Siegel und Überwachungskameras zu entfernen. Einige Tage lang verhandelten wir mit unseren nordkoreanischen Gesprächspartnern. Es war Weihnachten, und ich hielt mich gerade in Sri Lanka auf, wo ich mit meiner Familie Urlaub machte. Vom Hotelzimmer aus gab ich dem Nachrichtensender CNN telefonisch Interviews, und mein Sohn Mostafa fungierte als mein Assistent. Außerdem hielt ich den Gouverneursrat der IAEO über die sich zuspitzende Situation auf dem Laufenden. Mein Team in Wien und ich versuchten mit allen erdenklichen Argumenten, Pjöngjang von unüberlegten Entscheidungen abzubringen.

Aber keine Seite wollte nachgeben. In den nächsten Wochen entfernten und zerstörten nordkoreanische Techniker die Überwachungseinrichtungen der IAEO. Sie nahmen Reparaturen vor, um den Reaktor wieder hochzufahren, setzten Brennelemente ein und bereiteten die Wiederaufarbeitung verbrauchter Brennstäbe vor.

Am 26. Dezember kritisierte ich diese Aktivitäten in einer Stellungnahme, weil ich einen Verstoß gegen den Atomwaffensperrvertrag befürchtete, und warf Nordkorea »atomare Risikopolitik« vor. Die Antwort kam postwendend. Ri Je-Son, der Generaldirektor der nordkoreanischen Atomenergiebehörde, forderte uns auf, unsere Inspektoren unverzüglich abzuziehen. Wir hatten keine andere Wahl, als sie zurück nach Wien zu beordern.

In einer außerordentlichen Sitzung verabschiedete der Gouverneursrat der IAEO eine Resolution, in der er die einseitigen Maßnahmen bedauerte und Nordkorea aufforderte, die Zusammenarbeit mit der Internationalen Atomenergieorganisation wieder aufzunehmen und weitere Überprüfungen zuzulassen. Vier Tage später, am 10. Januar 2003, erklärte Nordkorea seinen Austritt aus dem Atomwaffensperrvertrag.

Ich forderte die Regierung in Pjöngjang öffentlich auf, diese Entscheidung zurückzunehmen, da dieser Schritt die Bemühungen um Frieden und Stabilität auf der koreanischen Halbinsel gefährde. Aus diesem Grund trafen sich noch im Januar Minister aus Nord- und Südkorea, um nach einem diplomatischen Ausweg zu suchen. Doch der Schaden war nicht wieder rückgängig zu machen, zumindest nicht so schnell.

*

Die Hardliner in den Vereinigten Staaten waren offensichtlich nicht unglücklich darüber, dass der Dialog mit Nordkorea zum Erliegen gekommen war. Allein der Gedanke einer Annäherung an den nordkoreanischen Diktator erschien ihnen anstößig. Genauso wenig gefiel ihnen das Genfer Rahmenabkommen, das ihrer Ansicht nach Nordkorea auch noch dafür belohnte, dass es gegen den Atomwaffensperrvertrag verstieß. Das Genfer Rahmenabkommen war zwar in der Tat ungenügend, aber die Alternative wäre weitaus schlimmer gewesen.

Der Gouverneursrat der IAEO verwies die Frage an den Weltsicherheitsrat, doch der unternahm nichts. Natürlich waren die Augen des Sicherheitsrats – genau wie die der übrigen Welt – in diesem Moment auf die Katastrophe gerichtet, die sich auf der anderen Seite des Kontinents im Irak anbahnte. Doch der eigentliche Grund war China, das als ständiges Mitglied im Weltsicherheitsrat ein Vetorecht hat und sich mit seiner Vorstellung durchsetzte. China hielt an seiner bekannten – und gerechtfertigten – Haltung fest, dass sich die Krise um Nordkorea, genau wie jede andere Krise, nur durch Verhandlung und Dialog beilegen ließ. Daher holte Peking im April 2003 die Vereinigten Staaten und Nordkorea an einen Tisch, doch die Gespräche kamen nicht voran und auf Versuche einer Diplomatie hinter verschlossenen Türen folgten öffentliche Anschuldigungen, Forderungen und Zurückweisungen.

Wenig später kündigte Nordkorea schließlich auch das Abkommen mit Südkorea über eine atomwaffenfreie koreanische Halbinsel auf, das die beiden Staaten im Jahr 1992 unterzeichnet hatten. Unbeirrt drängte China weiter auf eine diplomatische Lösung und lud zu den ersten sogenannten Sechs-Parteien-Gesprächen, einer langen Abfolge von Verhandlungen, an denen neben Nordkorea und den Vereinigten Staaten auch Japan, Russland und Südkorea teilnahmen.

Zu diesen Verhandlungen wurde die IAEO nicht eingeladen. Aus praktischer Sicht waren die Jahre nach dem Austritt Nordkoreas aus dem Atomwaffensperrvertrag im Jahr 2003 für die IAEO eine Blackbox. Wir wurden nicht informiert und führten keine Inspektionen durch.

Ich unterstützte zwar die Bemühungen, Nordkorea in den Sechs-Parteien-Gesprächen an den Verhandlungstisch zurückzuholen, doch die unklare internationale Reaktion auf die Eskalation gab in meinen Augen ein gefährliches Vorbild ab. Auf der einen Seite hatte ein Land, nämlich der Irak, internationale Waffeninspektionen zugelassen, die keinen Hinweis auf ein Programm zur Herstellung von Massenvernichtungswaffen gefunden hatten, doch diese Erkenntnisse wurden ignoriert, um eine Invasion durchzuführen, weil der Irak angeblich eine »Gefährdung des Weltfriedens und der internationalen Sicherheit« darstellte. Auf der anderen Seite hatte die nordkoreanische Regierung die Antwort auf unsere Fragen nach den geheimen Plutoniumvorräten und Atomanlagen verweigert, die Inspektoren des Landes verwiesen und den Austritt aus dem Atomwaffensperrvertrag verkündet, doch der Weltsicherheitsrat sprach keine Verurteilung aus und die Internationale Atomenergieorganisation, die den Auftrag hat, die Verbreitung von Atomwaffen zu verhindern, wurde von den Gesprächen ausgeschlossen.[7]

Auf jeder Sitzung des Gouverneursrats brachte ich meine Sorge zum Ausdruck und wiederholte unsere Bereitschaft, gemeinsam mit allen Parteien auf eine umfassende Lösung hinzuarbeiten, die Nordkoreas Sicherheitsinteressen genauso einbezog wie das internationale Interesse der Atomwaffenkontrolle. Hinter den Kulissen fragte ich verschiedene Teilnehmer der Sechs-Parteien-Gespräche nach dem Fortgang der Verhandlungen, aber sie hatten offenbar wenig zu berichten.

Ich nutzte auch öffentliche Foren, um meiner Unzufriedenheit Ausdruck zu verleihen. In einer Diskussionsrunde des Council on Foreign Relations sagte ich: »Ich mache mir Sorgen, weil Nordkorea für potenzielle Kernwaffenstaaten eine denkbar gefährliche Botschaft darstellt: ›Wenn Sie sich schützen wollen, sollten Sie Ihr [Atom-]Programm möglichst schnell aufbauen, weil Sie dann immun sind und sich die anderen mit Ihnen an einen Tisch setzen. Aber wenn Sie nicht schnell genug handeln, dann könnten Sie das Opfer eines Präventivkriegs werden‹« – womit ich natürlich die Invasion des Irak meinte.[8]

Im Juni 2004 traf ich mich mit Colin Powell in Washington. Die sechs Parteien standen vor dem Abschluss ihrer dritten Gesprächsrunde, ohne dass sich ein Durchbruch abzeichnete. Powell erklärte mir, er sei für einen flexibleren Ansatz offen, er nahm jedoch an, die Nordkoreaner würden ein Ergebnis bis November hinauszögern: »Wenn ich Nordkorea wäre, dann würde ich das Ergebnis der Wahlen abwarten. Denn wenn die Demokraten ins Weiße Haus einziehen, dann wählen sie mit großer Wahrscheinlichkeit einen flexibleren Ansatz.«

Nach allem, was ich in Erfahrung bringen konnte, verlangte Nordkorea für die Einstellung seines Atomprogramms nicht nur die beiden versprochenen Leichtwasserreaktoren, sondern zusätzliche Hilfen, Sicherheitsgarantien und die Aussicht auf eine Normalisierung ihrer Beziehungen mit den Vereinigten Staaten. Die Vereinigten Staaten und zum Teil auch Japan hielten dagegen. Sie verlangten einen vollständigen Abbau aller Atomanlagen, um jede Wiederaufnahme eines Brennstoffkreislaufs unmöglich zu machen. Außerdem wollten die Vereinigten Staaten internationale Hilfen aussetzen, bis Nordkorea erkennbare Fortschritte gemacht hatte. China, Russland und Südkorea befürworteten einen gemäßigteren Ansatz.

Keine Seite gab nach.

Die Aussichten auf einen Verhandlungserfolg schwanden zusehends. Nordkorea verweigerte die Teilnahme an einer vierten Gesprächsrunde und warf den Vereinigten Staaten vor, eine feindselige Haltung einzunehmen. Als ich im Herbst nach Südkorea und Japan reiste, erfuhr ich, dass auch andere Teilnehmer der Sechs-Parteien-Gespräche nicht besonders glücklich über den kompromisslosen Ansatz der Vereinigten Staaten waren. Südkoreas stellvertretender Außenminister meinte, das Problem sei die unterschiedliche Perspektive: Für die Vereinigten Staaten sei Nordkorea lediglich einer von vielen Fällen von Massenvernichtungswaffen; aber »für uns sind die Nordkoreaner unsere Feinde und unsere Brüder«. Japan wollte lieber zunächst über die nordkoreanische Plutoniumgewinnung sprechen und die angebliche Urananreicherung hintanstellen. Nachdem die Inspektoren der IAEO das Land verlassen hatten, konnte Nordkorea ungehindert seine abgebrannten Brennstäbe aufarbeiten, Plutonium abtrennen und Atomwaffen bauen.

Gegen Ende des Jahres nahm Bill Richardson, der Gouverneur des Bundesstaates New Mexico, mit mir Kontakt auf. Ich kannte Richardson, der von 1997 bis 1998 UN-Botschafter der Vereinigten Staaten und danach Energieminister gewesen war. Er wollte vorfühlen, ob er eine Vermittlerrolle übernehmen könne, und bot mir an, als mein Abgesandter nach Nordkorea zu reisen – ein ungewöhnlicher, aber annehmbarer Vorschlag. Er fügte hinzu, er wolle gern weiter in der Außenpolitik mitmischen, wozu er in seiner Rolle als Gouverneur eines amerikanischen Bundesstaats natürlich selten Gelegenheit bekam.

Richardson hatte bereits Erfahrungen in der Nordkorea-Diplomatie gesammelt. Als Kongressabgeordneter hatte er 1996 die Befreiung von Evan Hunziker erwirkt, der in Nordkorea inhaftiert war. Und als sich der Konflikt Anfang Januar 2003 zuspitzte, hatte Nordkorea selbst Abgesandte nach New Mexico geschickt, um mit Richardson zu sprechen und ihn als Vermittler zu gewinnen. Präsident Clinton hatte ihn nach Bagdad geschickt, um die Freilassung zweier Piloten zu verhandeln, außerdem war er 1996 nach Bangladesch gereist, um dort die Befreiung einer amerikanischen Staatsbürgerin zu erwirken, die wegen Heroinschmuggels angeklagt war. Er konnte auf eine lange Liste von Vermittlungserfolgen zurückblicken und hatte erhebliche Beachtung in den Medien gefunden.

Ich unterstützte Richardsons Mission. Er fragte auch beim Außenministerium an und erhielt die Zusage eines Transports in einem Militärflugzeug, doch er sollte nicht im Namen der amerikanischen Regierung sprechen. Wenig später schickte mir Richardson ein Fax: Die Nordkoreaner, die zunächst für eine Vermittlung offen gewesen waren, hatten ihre Meinung geändert.

In einer weiteren sonderbaren Wende baten mich Freunde aus Süd-korea, die ich aus Pugwash kannte,[9] mich mit einem schwedischen Bankier namens Peter Castenfelt zu treffen, der angeblich Berater eines führenden nordkoreanischen Regierungsmitglieds war. Ich war skeptisch, stimmte aber zu. Als Castenfelt mich in Wien aufsuchte, bestätigte sein Äußeres meine Zweifel: Er erschien ungekämmt und in zerknittertem Anzug. Als er mir die Hand schüttelte, grinste er und beäugte mich durch riesige Brillengläser.

Castenfelt kam sofort zur Sache. Kim Jong-Il stecke in einem Dilemma. Er wollte das Land öffnen und Nordkorea aus der Isolation führen. Viele junge Unternehmer in Nordkorea unterstützten ihn. Doch die alten Generäle aus der Generation seines Vaters waren gegen jede Annäherung mit dem Ausland. Castenfelt behauptete, die Nordko-reaner seien sich bewusst, wie wichtig eine Wiederaufnahme der Bezie-hungen zur IAEO war. Sie hätten sogar schon einen Brief mit einer Ein-ladung an mich vorbereitet, diesen aber nicht abgeschickt, da ich etwas gesagt habe, das ihnen missfiel. Castenfelt versprach, bei meiner bevor-stehenden New-York-Reise ein Treffen mit dem nordkoreanischen UN-Botschafter zu arrangieren. Dieses Treffen kam jedoch nie zustande.

Peter Castenfelt war eine undurchsichtige Gestalt, eine Art poli-tischer Unternehmer in Diensten verschiedener Regierungen. Nach allem, was ich in Erfahrung bringen konnte, war er zu Boris Jelzins Zeiten in Russland aktiv gewesen und damals beim Internationalen Währungsfonds vorstellig geworden, um Kredite für Russland zu ver-handeln. Später hatten ihn Deutschland und Russland als Unterhändler nach Serbien geschickt, um Slobodan Milošević zu einer Beendigung der Bombardierung des Kosovo zu bewegen. Er schien Beziehungen zu höchsten Kreisen in aller Welt zu haben, auch in den Vereinigten Staaten und im Iran. Mir war nicht klar, was er aus seiner Rolle als Ad-hoc-Vermittler gewann, und er verließ die nordkoreanische Bühne so plötzlich, wie er sie betreten hatte.

*

Plötzlich riss der Himmel auf. Im August 2005 war die vierte Runde der Sechs-Parteien-Gespräche festgefahren, doch als sie im September wieder aufgenommen wurde, fanden die Beteiligten zu einer Einigung in der sogenannten »gemeinsamen Erklärung«, in der sie die Eckpunkte für die weitere Diskussion festlegten. Darin erklärte sich Nordkorea bereit, sein Atomwaffenprogramm einzustellen, in den Atomwaffensperrvertrag zurückzukehren und Inspektionen zuzulassen.

Was war passiert? Meiner Ansicht nach war der Erfolg vor allem der neuen Außenministerin Condoleezza Rice zu verdanken, die Bush (gegen den Widerstand ihrer Kollegen, allen voran Dick Cheney) überzeugt hatte, dass ein Kurswechsel nötig war. Ihr Einfluss war in der Ernennung von Christopher Hill erst zum amerikanischen Verhandlungsführer der Sechs-Parteien-Gespräche und wenige Monate später zum stellvertretenden Unterstaatssekretär für Ostasien und den Pazifik zu spüren. Hill war Pragmatiker. Er glaubte an vertrauensbildende Maßnahmen und Dialog und nahm, anders als seine Vorgänger, direkten Kontakt mit seinen Gesprächspartnern in Pjöngjang auf. Hill war eine seltene Ausnahme: ein hochrangiges Mitglied der Bush-Regierung mit einem nicht-ideologischen, auf gesundem Menschenverstand basierenden Ansatz im Umgang mit geopolitischen Krisen. In den Gesprächen mit den Nordkoreanern bewies er bemerkenswertes diplomatisches Geschick, weshalb ihn die Japaner unter sich »Chris Jong-Hill« nannten.

Hill hatte erkennbar wenig Verständnis für die Hardliner in Washington. In einem Gespräch unter vier Augen sagte er mir einmal: »John Bolton ist zwar nicht mehr da, aber er hat seine Finger immer noch im Spiel«; damit bezog er sich auf den Einfluss, den der Hardliner Bolton nach wie vor in Washington hatte. Wir stimmten in vielen Punkten überein: der Notwendigkeit des Dialogs, der Kurzsichtigkeit kompromissloser Haltungen und der Bedeutung eines pragmatischen, engagierten und schrittweisen Vorgehens gegenüber Nordkorea. Leider wurden ihm immer wieder Hindernisse in den Weg gelegt. Einmal meinte ich zu ihm, im amerikanischen Außenministerium seien die Abrüstungsexperten erstaunlich dünn gesät. Hill grinste nur und meinte, deshalb würde er dort so schlecht beraten.

Anders als das Genfer Rahmenabkommen sah die gemeinsame Erklärung keinen Zeitplan vor. In den Vereinigten Staaten bezeichneten einige Beobachter diese verächtlich als »Sohn des Rahmenabkommens« und meinten damit, nachdem die amerikanische Regierung erst drei Jahre auf das Genfer Abkommen eingeprügelt hatte, ersetzte sie es schließlich durch eine schlechte Kopie. Aber es war immerhin ein wichtiger Schritt. Nordkorea machte Zugeständnisse und sollte Energielieferungen erhalten. Die Vereinigten Staaten erklärten, sie hätten nicht die Absicht, militärisch gegen Nordkorea vorzugehen, und versprachen, die Souveränität des Landes zu respektieren.

Doch dann gerieten die Verhandlungen erneut ins Stocken. Mit Hinweis auf eine Untersuchung des Finanzministeriums froren die Vereinigten Staaten rund 25 Millionen Dollar aus nordkoreanischem Staatsvermögen ein, die sich auf einem Konto der Banco Delta Asia in Macao befanden, und begründeten dies mit dem Verdacht auf Geldwäsche und Geldfälschung. Die Regierung in Pjönjang reagierte empört, doch sie bot an, die Sechs-Parteien-Gespräche wieder aufzunehmen, wenn das Geld freigegeben würde. Die Amerikaner weigerten sich und behaupteten, die Verhandlungen hätten nichts mit dem eingefrorenen Konto zu tun.

Nachdem die Gespräche erneut in eine Sackgasse geraten waren, kündigte die nordkoreanische Regierung an, einen ersten Atomwaffentest durchzuführen. Sechs Tage später, am 9. Oktober 2006, machte sie ihre Drohung wahr. Es handelte sich um eine verhältnismäßig schwache Explosion, doch Experten zweifelten nicht daran, dass die nordkoreanische Technologie funktionierte. Es gab nichts daran zu rütteln: Der exklusive Club der Kernwaffenstaaten hatte ein weiteres Mitglied – ein isoliertes und verarmtes Land, das sich von den Vereinigten Staaten in seiner Existenz bedroht sah und Widerstand leistete.

Wenn es den Nordkoreanern mit dem Test darum gegangen war, Aufmerksamkeit zu erregen, dann ging ihre Rechnung auf. Die Reaktionen ließen nicht auf sich warten. Der Weltsicherheitsrat verabschiedete eine Resolution, in der er den Test verurteilte und Sanktionen verhängte, die jedoch keinen Biss hatten und zum Teil nur die bereits bestehenden Sanktionen bekräftigten. In einem Kommentar in der *Washington Post* bezeichnete der ehemalige amerikanische Verteidigungsminister William Perry den Test als Beweis für das »völlige Scheitern der Nordkorea-Politik der Bush-Regierung«.[10] Der ehemalige Präsident Jimmy Carter gab sich versöhnlicher und wies darauf hin, dass es immer noch möglich war, zur gemeinsamen Erklärung aus dem Jahr 2005 zurückzukehren. Er schrieb: »Diese belagerte Atomnation darf nicht zu der Überzeugung gelangen, dass sie dauerhaft aus der internationalen Gemeinschaft ausgeschlossen wird, in ihrer Existenz bedroht ist, ihre Bevölkerung schreckliche Entbehrungen leiden muss und die Hardliner das militärische und politische Geschehen kontrollieren.«[11]

Den entgegengesetzten Standpunkt der Falken in der amerikanischen Regierung vertrat David Frum, ein Kanadier, früherer Redenschreiber von Präsident Bush und Erfinder der »Achse des Bösen«. Einen Tag nach dem Test forderte er in der *New York Times* drastische Konsequenzen: eine rasche Stationierung amerikanischer Raketenabwehrsysteme, ein Ende der humanitären Hilfe für Nordkorea und die Aufnahme einer Reihe ostasiatischer Staaten in die NATO. Frum hatte noch einen weiteren Einfall: Die Vereinigten Staaten »sollten Japan ermuntern, den Atomwaffensperrvertrag zu verlassen und seine eigene atomare Abschreckung zu schaffen«.[12] Ich war froh, dass Frum nicht mehr in der Regierung saß.

Angesichts dieser neuen Dringlichkeit wurden die Sechs-Parteien-Gespräche rasch wieder aufgenommen. Bei einem Treffen Ende Oktober fragte mich Condoleezza Rice, ob die IAEO meiner Ansicht nach etwas dazu beitragen könne, um die festgefahrenen Gespräche wieder in Gang zu bringen. »Es reicht nicht, dass sich die Nordkoreaner bereiterklären, die koreanische Halbinsel zur atomwaffenfreien Zone zu machen«, sagte sie. »Sie müssen auch konkrete Schritte unternehmen.«

Natürlich waren wir bereit, uns einzubringen und an der Beilegung der Krise mitzuwirken. »Wir könnten mit ausgewählten Inspektionen beginnen und diese schrittweise ausweiten«, antwortete ich. Rice stimmte zu. Unwillkürlich kam mir der Gedanke, dass wir nach so langer Zeit im Grunde nur wieder zum schrittweisen Vorgehen des vielgescholtenen Genfer Rahmenabkommens zurückkehrten. Noch seltsamer, vor allem vor dem Hintergrund der Ereignisse im Irak, erschien es mir, dass die Vereinigten Staaten an den Verhandlungstisch zurückkehrten und offenbar bereit waren, Pjöngjang gegenüber nachzugeben, und zwar unmittelbar nachdem Nordkorea seine erste Atombombe gezündet hatte.

Um die Spannungen zu beseitigen, tauten die Anwälte der amerikanischen Regierung die eingefrorenen nordkoreanischen Gelder in Macao wieder auf. Im Februar 2007 erklärte sich Nordkorea bereit, im Gegenzug für wirtschaftliche Hilfe den Reaktor in Nyöngbyön abzuschalten und die Inspektoren der IAEO wieder ins Land zu lassen. Es war der erste Schritt zu einem neuen Abrüstungsabkommen. Am 23. des Monats erhielt ich eine Einladung nach Nordkorea. Der Brief zitierte meine Bemerkung, dass sich die Krise um Nordkorea nur im friedlichen Dialog beilegen lasse, nicht durch Druck. Es war eine willkommene Geste. Ich machte die Einladung publik und erklärte, es sei »ein Schritt in die richtige Richtung«.

Als ich am nächsten Tag mit Rice telefonierte, unterhielten wir uns über den bevorstehenden Besuch. »Ihnen habe ich es zu verdanken, dass ich im Winter nach Nordkorea reisen darf«, sagte ich lachend. Dann erzählte ich ihr, wie kalt es während meines Besuchs im Jahr 1992 gewesen war und wie ich in meinem Hotelzimmer gebibbert hatte.

✳

Meiner Abreise nach Pjönjang ging ein erstaunliches Bekenntnis voraus. In einem Artikel über eine Kongressanhörung berichtete die französische Nachrichtenagentur Agence France Presse,[13] die Geheimdienstinformationen über die vermeintliche Urananreicherung in Nordkorea – die im Jahr 2002 das Genfer Rahmenabkommen zu Fall gebracht hatte – werde als »bedingt zuverlässig« eingeschätzt, das heißt, es gab Zweifel und widersprüchliche Informationen.

Ich war verblüfft. Das geheime Programm zur Urananreicherung war die Begründung gewesen, mit der die Vereinigten Staaten die Öllieferungen an Nordkorea eingestellt hatten. Diese Provokation wiederum hatte das gesamte politische Hin und Her der folgenden vier Jahre zur Folge gehabt: die Ausweisung der IAEO-Inspektoren, den Austritt Nordkoreas aus dem Atomwaffensperrvertrag, den beschleunigten Aufbau des Atomwaffenprogramms, die komplizierten Verhandlungen, die Drohungen und Sanktionen und schließlich den Atombombentest. Das alles aufgrund einer unsicheren Information. Diese Enthüllung war ein weiterer Schlag für die Glaubwürdigkeit

112

der amerikanischen Geheimdienste und deren Umgang mit Informationen.

Später berichtete mir Christopher Hill, er habe den Bericht über das Treffen gelesen, in dem die Nordkoreaner angeblich seinem Vorgänger James Kelly ihre geheimen Aktivitäten eingeräumt hätten. Er verzog das Gesicht und zuckte mit den Schultern; offensichtlich war er nicht überzeugt, dass es je ein solches Bekenntnis gegeben habe.

Als Chef der Internationalen Atomenergieorganisation konnte ich meine Missbilligung nicht offen zum Ausdruck bringen. Aber das war auch nicht nötig. Es meldeten sich zahlreiche Kritiker zu Wort, auch solche, die während des Irakkriegs noch geschwiegen hatten. Aufgrund dieser unangebrachten Reaktion auf fragwürdige geheimdienstliche Informationen war ein isoliertes Land noch weiter in die Isolation getrieben worden. Und diese Isolation hatte den nordkoreanischen Militärs und Wissenschaftlern mehr Zeit und Motivation gegeben, eine Atombombe zu bauen und zu testen.

Die Folge war, dass Pjönjang nun eine sehr viel stärkere Verhandlungsposition hatte als zuvor. Es war ein unglückliches Beispiel dafür, was passiert, wenn Ideologie, Arroganz und Absolutismus den Weg für gesunden Menschenverstand, Logik und Pragmatismus versperren.

*

Mein zweiter Besuch in Nordkorea im März 2007 begann mit einer Panne. Ich hatte die Nordkoreaner vorab über die chinesische Regierung um ein Gespräch auf höchster Ebene gebeten. Auf meinem Zwischenstopp in Peking hörte ich, die Nordkoreaner seien verschnupft, weil ich sie nicht direkt kontaktiert hätte, denn schließlich waren sie es ja gewesen, die mich zu dem Besuch eingeladen hatten. Ich wies darauf hin, dass Nordkorea keinen Botschafter bei der IAEO und damit keinen direkten Kommunikationskanal mehr hatte. Aber die Stoßrichtung war klar: Nordkorea wollte nicht als chinesischer Satellit gelten.

Die einzige Fluggesellschaft, die von Peking nach Pjöngjang flog, war noch immer die staatliche Fluglinie Air Koryo. Da ich mich noch zu gut an meine Erfahrung fünfzehn Jahre zuvor erinnerte, flogen wir mit einem kleinen chinesischen Privatjet nach Nordkorea. Bei unserer

Ankunft wirkte der Flughafen von Pjöngjang vollkommen verlassen. Kein weiteres Flugzeug schien zu starten oder zu landen. Wir waren die einzigen Passagiere im ganzen Terminal. Später erfuhr ich, dass der gesamte Flugverkehr nur aus einem Flug bestand, der jeden zweiten Tag nach Peking ging.

An der orwellhaften Stimmung in der Stadt hatte sich seit 1992 nichts geändert. Auf den Straßen waren keine privaten Autos, Motorräder oder Fahrräder zu sehen, die wenigen Fahrzeuge waren staatlich. Die Menschen gingen zu Fuß. Auf verschiedenen Plätzen der Stadt, auch vor unserem Hotel, dröhnte patriotische Musik aus Lautsprechern.

Das Hotel Koryo war ausgestorben, die einzigen Besucher waren eine Handvoll Ausländer, darunter eine australische Delegation, die über humanitäre Hilfe sprechen wollten. Ich bekam das beste Zimmer, eine abgewetzte, graue Suite, die aus einem Schlaf- und einem Wohnzimmer bestand. Die Möbel waren bunt zusammengewürfelt und stammten augenscheinlich noch aus den fünfziger Jahren. Auch das Bad war alt. Zimmerservice gab es keinen. Eine Übernachtung kostete rund 200 US-Dollar.

Die finanzielle Lage des Landes war offenkundig trostlos. Selbst als Gäste der Regierung mussten wir alles selbst bezahlen, den Fahrdienst eingeschlossen, der uns von einem offiziellen Gespräch zum anderen brachte. Das Essen im Hotel war zwar angemessen, doch der Leiter der australischen Delegation berichtete mir, aufgrund der Mangelernährung wiesen 60 Prozent aller Kinder unter zwei Jahren Wachstumsstörungen auf. Der ägyptische Geschäftsträger in Nordkorea berichtete mir, dass selbst die Diplomatenwohnungen nur an wenigen Stunden am Tag Strom und Wasser hatten.

Mit meinem Kurzbesuch wollte ich die Grundlage für eine Wiederaufnahme der Beziehung zwischen der IAEO und Nordkorea legen. Ich hatte ein kleines Team von Mitarbeitern mitgebracht und war darauf vorbereitet, technische Fragen zu erörtern, wenn die Regierung dies wollte. Die Liste der geplanten Treffen mit den Vertretern der verschiedensten Regierungsebenen schien vielversprechend.

Doch der warme Ton der Begrüßung kühlte sich rasch ab, und Pjöngjang gab uns eine Reihe seiner typisch widersprüchlichen politischen Signale. Unser Treffen mit dem stellvertretenden Minister, der Nordkorea bei den Sechs-Parteien-Gesprächen vertrat, wurde in letzter Minute abgesagt. Es hieß, er sei erkrankt, aber in den Medien wurde dies als bewusster Affront gewertet.

Vor unserem Treffen mit dem stellvertretenden Parteiratsvorsitzenden erhielten wir eine kleine Führung. Im Parlamentsgebäude verrenkten wir uns die Hälse vor einer 15 Meter hohen Statue von Kim Il-Sung, dem »ewigen« Präsidenten. Es erinnerte mich an eine Begegnung mit dem Emir von Zaria im Norden Nigerias, der seinen Untertanen befahl, vor ihm zu kriechen, um ihm ihren Respekt zu erweisen. Hier wurde ein toter politischer Führer als Gott verehrt. »Gehen wir zu unserem Treffen«, sagte ich und konnte meine Ungeduld nicht verbergen.

Bei einer traditionellen Tasse Ginsengtee erläuterte uns der stellvertretende Vorsitzende die »streitkräftezentrierte« Politik Nordkoreas und erklärte uns, das ganz Land spreche mit einer Stimme. Ich erwiderte, Länder und Regierungen würden letztlich danach beurteilt, ob ihre Bürger in Freiheit und Würde lebten. Kein Land könne es sich leisten, sich gegen den Rest der internationalen Gemeinschaft abzuschotten. Der Dolmetscher lachte nervös ob meiner kritischen Anmerkungen, und ich bin nicht sicher, ob meine Botschaft bei meinem Gegenüber ankam.

Auch unser nächstes Treffen mit dem stellvertretenden Außenminister schien einem gut einstudierten Drehbuch zu folgen. Nordkorea habe in der Vergangenheit unangenehme Erfahrungen mit Vorurteilen der Internationalen Atomenergieorganisation gemacht, so der Minister. Ich versicherte ihm, wir versuchten stets, unserer Verantwortung so objektiv wie möglich nachzukommen. Alle nickten, und die Nordkoreaner erklärten uns, sie wollten lieber in die Zukunft blicken. Ich schlug ihnen vor, sich erneut der IAEO anzuschließen. Der stellvertretende Außenminister erwiderte, man müsse das Verhalten der Vereinigten Staaten abwarten, doch er dankte mir, weil ich mich öffentlich für eine friedliche Beilegung der Atomfrage Nordkoreas ausgesprochen und betont hatte, dass die Sicherheits- und Wirtschaftsinteressen des Landes einbezogen werden müssten.

Unsere angenehmste Begegnung hatten wir mit Ri Je-Son, dem Generaldirektor der nordkoreanischen Atomenergiebehörde. Wir trafen uns in unserem Hotel zu einem leckeren Essen: ein traditionelles koreanisches Gericht mit Fleisch, Fisch, Gimchi und Gemüse, dazu Wein und Reisschnaps. Als ich ihn auf das Essen ansprach, gestand Ri Je-Son mit erstaunlicher Offenheit, dass die Nordkoreaner nicht jeden Tag Fleisch essen konnten. Politisch hielt er sich jedoch strikt an die Parteilinie und sprach von den »schlechten Erfahrungen« der Vergangenheit und dem Wunsch, in die Zukunft zu blicken.

Wieder in meiner frostigen Suite, musste ich jedoch anerkennen, dass trotz aller Floskeln und fehlenden Zugeständnisse die Wiederaufnahme des Dialogs allein schon ein wichtiger Schritt gewesen sein könnte, der in den kommenden Monaten die Kommunikation erleichtern würde. Ich schaltete den Fernseher ein und sah die unvermeidlichen Kriegsfilme über die Gräueltaten, die amerikanische und japanische Soldaten an der nordkoreanischen Zivilbevölkerung verübt hatten. Ich war froh, dass mein Besuch nur kurz war.

*

Am 19. März 2007 kündigte Christopher Hill an, nach den positiven Zeichen aus Pjöngjang würden die nordkoreanischen Konten in Macao »aufgetaut«. Der Transfer zog sich allerdings noch bis Juni hin, bis die Russen das Geld in Macao in bar abhoben und nach Nordkorea brachten. Auch Südkorea hielt sich an seinen Part und schickte im Juli eine große Öllieferung in den Norden. Etwa um diese Zeit traf ich mich mit dem südkoreanischen Präsidenten Roh Moo-hyun, der bedauerte, wie ineffizient die Verhandlungen verliefen und wie viel Zeit man verloren habe: »Wir haben fünf Jahre gebraucht, um die Amerikaner zu überzeugen, bilateral mit Pjöngjang zu verhandeln«, klagte er.

Nach dem Transfer des Geldes machten die Verhandlungen rasche Fortschritte. Die Nordkoreaner begannen wie versprochen mit der Abschaltung ihres Reaktors in Nyöngbyön. Auch die IAEO reagierte prompt. Am 17. Juli hatten zehn Inspektoren die Abschaltung aller bekannten Atomanlagen bestätigt, IAEO-Siegel angebracht und mit der Installation der Überwachungseinrichtungen begonnen.

In der Zeit bis Ende 2008 machte die Lösung der Probleme um das nordkoreanische Atomprogramm so große Fortschritte wie seit Ende

2000 nicht mehr. Die Sechs-Parteien-Gespräche wurden fortgeführt und traten in die »zweite Phase« der gemeinsamen Erklärung. Öllieferungen trafen wie versprochen ein. Japan und Nordkorea beschlossen eine Normalisierung ihrer Beziehungen. Nordkorea erklärte sich bereit, seine Atomanlagen und radioaktiven Materialien vollständig und korrekt zu deklarieren. Der Abbau der Einrichtungen verlief nach Plan. Experten aus den Vereinigten Staaten, China und Russland durften Nyöngbyön besuchen. Als Christopher Hill zu weiteren Gesprächen nach Pjöngjang kam, brachte er einen freundlichen Brief von Präsident Bush an Kim Jong-Il mit.

Westliche Medien wurden zu Besichtigungen der abgeschalteten Atomanlage eingeladen. Im Februar 2008 berichtete Christiane Amanpour für CNN aus Nyöngbyön und verkündete, Nordkorea habe den »atomaren Schleier« gelüftet. Dort traf sie Techniker des amerikanischen Energieministeriums, die vor Ort beim Abbau der Atomanlagen mitwirkten, und kam zu dem Schluss: »Das ist weit entfernt von den Feindseligkeiten, die mit der Achse des Bösen verbunden werden.« Die New Yorker Philharmoniker unter Leitung von Lorin Maazel hielten sich ebenfalls in Pjöngjang auf. Es war »ein kleiner Schritt auf dem langen Weg zur Normalität«, wie Amanpour es formulierte.[14]

Trotzdem war der Status der Internationalen Atomenergieorganisation in Nordkorea alles andere als klar. Als wir von den sechs Parteien gebeten wurden, die Abschaltung der Anlage von Nyöngbyön zu überprüfen, hatten wir prompt reagiert. Doch unter den Bedingungen der gemeinsamen Erklärung hatten die Vereinigten Staaten ohne Beteiligung der IAEO mit dem Abbau der nordkoreanischen Anlagen begonnen. Ich wollte mich nicht allzu laut beschweren, denn der Prozess schien ermutigend. Die Vereinigten Staaten hatten sich stillschweigend bereiterklärt, den Prozess zu »beobachten« und zu dokumentieren, um auf diese Weise zu gewährleisten, dass wir auf dem Laufenden blieben. Doch unsere Inspektoren waren besorgt, dass ihnen entscheidende Informationen entgingen, wenn sie bei der Demontage nicht vor Ort waren, und dass sie später nicht mehr in der Lage sein würden, den Verbleib des radioaktiven Materials nachzuvollziehen.

John Rood, der als Staatssekretär im Außenministerium für Rüstungskontrolle und internationale Sicherheit zuständig war, besuchte mich am 6. Mai 2008 in Wien. Er brachte die Hoffnung der Vereinigten Staaten zum Ausdruck, Nordkorea werde sein radioaktives Material den Chinesen melden und die Erklärung von der IAEO überprüfen lassen, um zu unterstreichen, dass es sich bei der Wiederannäherung mit Nordkorea nicht um einen bilateralen, sondern um einen multilateralen Prozess handelte. Das würden wir gern tun, antwortete ich, doch ich gab ihm weiter, was ich von den Nordkoreanern gehört hatte: Die Vereinigten Staaten wollten die IAEO nicht beteiligen.

Wir konnten die Überprüfungen natürlich trotzdem durchführen, doch ich wollte, dass Rood die unklare Rolle der Internationalen Atomenergieorganisation verstand. Einige Länder, allen voran die Europäer und Japan, waren der Ansicht, dass Nordkorea nach wie vor dem Atomwaffensperrvertrag angehörte, weshalb die IAEO die Verpflichtung hatte, ihre Deklaration zu überprüfen. Andere, wie die Vereinigten Staaten, standen jedoch auf dem Standpunkt, dass Nordkorea aus dem Atomwaffensperrvertrag ausgetreten war. Als Anwalt war für mich klar, dass Nordkorea im Januar 2003 seinen Austritt aus dem Atomwaffensperrvertrag erklärt hatte und somit nicht mehr seinen Regeln unterlag.

Ich drängte den Gouverneursrat, die Position der IAEO zu klären. Die Mitgliedsstaaten des Atomwaffensperrvertrags mussten klären, ob Nordkorea dem Vertrag nach wie vor angehörte, und der Organisation entsprechende Anweisungen erteilen. Ich für meinen Teil wollte sicherstellen, dass uns nicht der Vorwurf gemacht wurde, wir würden unseren Pflichten nicht nachkommen. Ich erhielt keine Antwort, und die Frage wurde bis heute nicht geklärt.

Am 26. Juni übergab Nordkorea seine Erklärung an China und dokumentierte damit das vergangene und laufende Atomprogramm des Landes. Einen Tag später durfte eine kleine Gruppe internationaler Journalisten und Diplomaten beobachten, wie in einer symbolischen Geste der 20 Meter hohe Kühlturm des Reaktors von Nyöngbyön eingerissen wurde. Kurz darauf besuchte mich Christopher Hill in Wien, um mich über den Stand der Verhandlungen zur Überprüfung in Kenntnis zu setzen. Die sechs Parteien wollten die IAEO einbeziehen, doch Nordkorea weigerte sich. Diese Entscheidung kam von höchster Regierungsebene; einige Nordkoreaner hatten offenbar die Inspektionen des Jahres 1993 in unguter Erinnerung behalten. Ich hatte auch gehört, dass Nordkorea darauf spekulierte, mit einer »Inspektion light« durch die sechs Parteien davonzukommen und sich nicht der strengen Überprüfung durch die IAEO unterziehen zu müssen. Was auch immer dahinterstecken mochte, Hill zeigte mir einen Entwurf, nach dem die IAEO als »Berater« der sechs Parteien dienen sollte. Die Überprüfung und Überwachung sollten die sechs Parteien selbst übernehmen, und wir sollten in deren Auftrag handeln.

Diese Bedingungen lehnte ich ab. Ich erklärte Hill, es sei nicht hinnehmbar, dass die Autorität der IAEO auf diese Weise ausgehöhlt würde. Natürlich verstand ich, dass die sechs Parteien dem Prozess durch die Beteiligung der Agentur die nötige Glaubwürdigkeit verleihen wollten, aber ich befürchtete, dass das genaue Gegenteil eintreten würde: Die Inspektionen konnten nicht glaubwürdig sein, wenn sie unter der Oberhoheit einer improvisierten Gruppe von Ländern durchgeführt wurden. Entweder überprüften wir die Anlagen im Auftrag der internationalen Staatengemeinschaft, wie wir dies seit fünfzig Jahren getan hatten, oder die sechs Parteien mussten sich jemand anders suchen, der die Inspektionen durchführte. Ich bat meine Kollegen bei der IAEO, diese Botschaft auch an die übrigen Beteiligten der Sechs-Parteien-Gespräche zu kommunizieren.

Als ich eine Kopie der nordkoreanischen Deklaration sah, die sämtliche atomaren Aktivitäten der Vergangenheit und Gegenwart hätte darstellen sollen, war mir sofort klar, dass das Dokument nicht vollständig sein konnte. Dieses gab zwar die Menge des produzierten Plutoniums an, aber es enthielt weder Informationen über vergangene Atomwaffenprogramme noch über die Urananreicherungen oder die Anzahl der vorhandenen Waffen. Hill sah das genauso: Nordkorea werde so lange wie möglich an seinen geheimen Atomwaffen festhalten wollen. Trotzdem stelle das Dokument einen großen Fortschritt dar, denn die Waffenbestände seien zumindest auf dem bestehenden Niveau eingefroren, da die Anlagen demontiert wurden. Eine abschließende Lösung erfordere viel Zeit und Geduld. Selbst die Überprüfung des deklarierten Plutoniums werde vermutlich ein langwieriger und komplexer Prozess werden.

Allerdings horchte ich auf, als Hill meinte, es sei nicht auszuschließen, dass Japan aufgrund der neuen Sicherheitslage nun seinerseits mit der Entwicklung von Atomwaffen beginnen könnte. Er ging nicht weiter darauf ein, und ich hakte nicht nach. Doch ich erinnerte mich, dass der japanische Außenminister Taro Aso und der Generalsekretär der Liberaldemokraten, Shiochi Nakagawa, im Oktober 2006 wiederholt gefordert hatten, über die Möglichkeit eines japanischen Atomwaffenprogramms zu diskutieren.[15] Für Japankenner war dies eine erstaunliche Entwicklung. Japan war ein entschiedener Verfechter des Atomwaffensperrvertrags, und es galt lange als tabu, überhaupt öffentlich über ein japanisches Atomwaffenprogramm nachzudenken. Das bestätigte nur meine Wahrnehmung, dass Länder ihre Einstellung zu Herstellung, Besitz und Einsatz von Kernwaffen jederzeit und je nach Einschätzung ihrer Sicherheitslage ändern konnten. Solange die Option besteht, lässt sie sich nie ganz ausschließen. Eine neue Wahrnehmung der nationalen oder regionalen Sicherheit kann ausreichen, um eine weit zurückreichende Haltung zu revidieren.

Im Sommer 2008 schlug das Pendel wieder in die Gegenrichtung aus. Pjöngjang protestierte, weil die Vereinigten Staaten Nordkorea nicht von ihrer Liste der Staaten genommen hatte, die den Terrorismus unterstützten. Nach der gemeinsamen Erklärung wäre dieser Schritt nach der Demontage der Anlage in Nyöngbyön fällig gewesen. Doch die Hardliner in Washington erwarteten ein weiteres Zugeständnis, ehe sie das Land von der Liste nahmen, insbesondere weitere Fortschritte bei der Überprüfung der nordkoreanischen Erklärung.

Darin sah Nordkorea Anzeichen, dass die Vereinigten Staaten ihre Zusagen ein weiteres Mal nicht einhalten würden. Prompt erhielten nordkoreanische Kerntechnikexperten den Auftrag, mit dem Wiederaufbau der demontierten Anlagen zu beginnen. Am 8. Oktober 2008 wurde den IAEO-Inspektoren jeder weitere Zutritt zu den Anlagen in Nyöngbyön verweigert.

Drei Tage später knickten die Vereinigten Staaten ein und nahmen Nordkorea von der Liste der Staaten, die den Terrorismus unterstützten. Am nächsten Tag nahm Nordkorea die Demontage wieder auf und die IAEO erhielt ein weiteres Mal Zugang zu der Anlage.

Im Frühjahr 2009 folgte ein neuer Rückschlag. Trotz internationalen Einspruchs schoss Nordkorea am 5. April einen Satelliten ins All, was allgemein als Test einer Langstreckenrakete gewertet wurde. Präsident Barack Obama nannte den Raketentest eine Provokation und appellierte an den Weltsicherheitsrat, Maßnahmen zu ergreifen. Am 13. April verurteilte dieser Nordkorea. Pjöngjang reagierte erwartungsgemäß verärgert und kündigte an, sich aus den Sechs-Parteien-Gesprächen zurückzuziehen. Ein weiteres Mal wurden unsere Inspektoren aufgefordert, das Land zu verlassen.

Nordkorea befand sich inzwischen in einer permanenten Krise. Die Armut nahm extreme Ausmaße an: Die tägliche Reisration war auf 200 Gramm gesunken, eine nicht einmal mehr lebenserhaltende Menge. Der schlechte Gesundheitszustand von Kim Jong-Il führte zu Auseinandersetzungen zwischen dem alternden Diktator, der seinen Sohn Kim Jong-Un als Nachfolger in Position bringen wollte, und hochrangigen Generälen der Armee, die eine Möglichkeit sahen, die Macht an sich zu reißen. Eine Konfrontation mit dem Ausland war den Hardlinern ein willkommener Vorwand, drastische Reaktionen zu fordern.

Noch war das Pendel nicht vollständig in die Gegenrichtung ausgeschlagen. Am 25. Mai 2009 führte Nordkorea einen zweiten erfolgreichen Atomwaffentest durch. Wieder war die Explosion vergleichsweise klein, aber immerhin deutlich stärker als die erste. Der Weltsicherheitsrat und die fünf anderen Beteiligten der inzwischen ruhenden Sechs-Parteien-Gespräche verurteilten den Test.

Auch das Anreicherungsprogramm, über dessen Existenz so lange spekuliert worden war, tauchte wieder auf, und zwar in Form einer funktionsfähigen Anreicherungsanlage, die Nordkorea dem amerikanischen Kernforscher und früheren Leiter der nationalen Labors in Los Alamos, Siegfried S. Hecker, im November 2010 präsentierte.[16] Hecker und seine Kollegen sahen ein modernes Kontrollzentrum und eine Fabrikhalle, in der nach Angaben der Nordkoreaner 2000 Zentrifugen schwachangereichertes Uran herstellten. Die Anlage befand sich in einer früheren Brennstofffabrik, was bedeutete, dass sie nach dem letzten Besuch der Inspektoren im April 2009 errichtet worden sein musste. Aufgrund der Geschwindigkeit, mit der diese Anlage aufgebaut wurde, äußerten einige Beobachter die Vermutung, Nordkorea verfüge über eine weitere Urananreicherungsanlage.[17] Diese Enthüllung war ein weiterer Beweis dafür, wie sinnlos es ist, die Verbreitung von Kernwaffen durch Konfrontation, Sanktionen und Isolierung verhindern zu wollen.

*

Der zweite Atombombentest der Nordkoreaner war weitaus frustrierender als der erste. In den vorangegangenen zwei Jahren hatte sich in der nordkoreanischen Akte viel getan. Der Test erfolgte zu einem Zeitpunkt, als die Aussichten auf weltweite atomare Abrüstung dank der Politik der neuen amerikanischen Regierung sehr viel besser standen als in den Jahren der Bush-Regierung.

Noch frustrierender war es jedoch, dem endlosen Auf und Ab der Beziehungen zwischen Nordkorea und dem Westen zuzusehen. Die Aktionen und Reaktionen des Landes waren weitgehend unberechenbar. Wenn ein sinnvoller Dialog geführt wurde, verbesserte sich die Situation. Und wenn der Dialog aufgrund vermeintlicher Beleidigungen abgebrochen und eine Politik der Isolation verfolgt wurde, verschlechterte sie sich. Es war so einfach wie ärgerlich.

Die Verurteilung des Raketenstarts durch den Weltsicherheitsrat hatte die Situation natürlich wieder verschlechtert. Es ist durchaus denkbar, dass die nordkoreanische Regierung nach dem Regierungswechsel in den Vereinigten Staaten eine bewusste Provokation lancieren wollte, in der Hoffnung, von Präsident Obama besser behandelt zu werden als von Präsident Bush. Es war jedoch klar, dass die Nordkoreaner auf die Verurteilung überreagieren würden, wie bei jeder früheren Gelegenheit. Konnte es sein, dass die Diplomaten und Politiker derart auf ihr Tagesgeschäft fixiert waren, dass sie das übergeordnete Ziel der Abrüstung aus den Augen verloren?

Im Umgang mit Nordkorea oder jedem anderen Fall der Verbreitung von Atomwaffen ist der Weltsicherheitsrat unweigerlich zu zerstritten oder hat zu wenig Handlungsspielraum, um mehr als zahnlose Stellungnahmen abzugeben oder Handlungen mit unbeabsichtigten Nebenwirkungen zu veranlassen.

Wieder und wieder haben sich die Reaktionen des Weltsicherheitsrats auf die drohende Verbreitung von Kernwaffen als hohl und wirkungslos erwiesen. Um das Organ effektiver zu machen, sind verschiedene Anpassungen erforderlich: eine Konzentration auf die Ursachen der Bedrohung, nicht auf deren Symptome; mehr Flexibilität und Realismus im Umgang mit Verstößen, um frühzeitig einzugreifen und nicht erst, wenn es zu spät ist; effektive Durchsetzungsmaßnahmen, die das entsprechende Regime treffen und nicht die Zivilbevölkerung sowie gleiche Behandlung von gleichen Situationen.[18]

Nirgends wird die Notwendigkeit für eine neue Politik des Weltsicherheitsrats deutlicher als im Umgang mit dem Atomprogramm der Islamischen Republik Iran.

5

IRAN

Taqqiya

Als wären diese beiden Inspektionsdramen noch nicht genug, zeichnete sich Mitte 2002 ein drittes ab. Die IAEO erhielt Satellitenbilder von der Kleinstadt Natanz in der zentraliranischen Provinz Isfahan, auf denen der Bau einer Industrieanlage zu erkennen war. Die Details deuteten auf eine Anlage zur Urananreicherung hin. Mitte August hielt der Nationale Widerstandsrat des Iran[1] in Washington eine Pressekonferenz ab und behauptete, der Iran errichte in Natanz eine geheime Atomanlage.

Die Internationale Atomenergieorganisation nahm die Untersuchungen auf. Auf der alljährlichen Generalversammlung, die im September in Wien stattfand, suchte ich nach Gholamreza Aghazadeh, einem kleinen, ernsten Mann mit zwei Titeln: Vizepräsident des Iran und Leiter der AEOI, der Nationalen Atomenergiebehörde des Iran. Ich nahm ihn beiseite: »Erzählen Sie mir von dieser Anlage in Natanz«, bat ich ihn. »Ist das eine Urananreicherungsanlage, wie die Satellitenbilder vermuten lassen? Vielleicht sollten wir sie besuchen.«

Aghazadeh lächelte. »Natürlich werden wir Sie bald einladen«, erwiderte er freundlich. »Dann klären wir alles auf.«

Diese ausweichende Antwort war wenig geeignet, um mich zu beruhigen. Noch besorgniserregender war die lange Liste von Ausflüchten, mit denen die Iraner den versprochenen Besuch immer wieder aufschoben: Präsident Chatami sei »verreist«, Präsident Chatami sei »erkrankt«, der genannte Termin sei »unpassend«. So ging das einige Monate lang.

Währenddessen erklärte ich dem amerikanischen Außenminister Colin Powell und seinem Stellvertreter Richard Armitage bei einem

Treffen in Washington, dass ihre Iranpolitik der Sanktionen und Boykotte zur Verhinderung der Waffenentwicklung nicht zu greifen schien. Meiner Ansicht nach stellten Strafen – Maßnahmen, die nicht auf die Gründe eingehen, aus denen ein Land ein Atomprogramm entwickelt – keine Strategie dar und konnten die Entwicklung bestenfalls verzögern. Wenn ein Land wie der Iran Atomwaffen bauen wollte, dann reichte der Ansatz der Vereinigten Staaten nicht aus, um dies zu verhindern. Powell schwieg, doch Armitage stimmte mir zu, was mir Mut machte.

Ich hatte meine Lektionen aus unseren Erfahrungen mit Argentinien, Brasilien und Südafrika gelernt. Trotz der jahrelangen Exportbeschränkungen hatten die ersten beiden das Know-how für den Aufbau eines Brennstoffkreislaufs und Letzteres sogar für den Bau von Atomwaffen erworben (und später wieder aufgegeben).[2] Wiederholt hatten wir beobachtet, dass eine Politik der Isolierung und Sanktionierung nur dazu diente, den Stolz eines Landes anzustacheln; im schlimmsten Fall wurde auf diese Weise das Atomprojekt zu einer nationalen Priorität erhoben.

Als die Iraner schließlich für die dritte Februarwoche des Jahres 2003 einen Inspektionsbesuch zuließen, war das Timing alles andere als ideal. Nordkorea hatte gerade seinen Austritt aus dem Atomwaffensperrvertrag erklärt. Der Weltsicherheitsrat debattierte über einen Militäreinsatz im Irak, und die Invasion stand unmittelbar bevor. Wir hatten kaum Inspektoren zur Verfügung.

Aber wir benötigten Klärung im Fall Natanz. Ich nahm die Einladung an und bat Olli Heinonen und Pierre Goldschmidt, den belgischen Kernforscher und Direktor für Safeguard-Abkommen, mich zu begleiten.

Bei unserem ersten Gespräch in Teheran gaben Aghazadeh und seine Kollegen von der AEOI sofort zu, dass es sich bei dem Gebäude in Natanz um eine große Anlage zur Urananreicherung handelte. Sie bestanden jedoch darauf, dass es nicht ihre Absicht gewesen sei, sie zu verbergen.[3] Laut Safeguard-Abkommen musste der Iran die Internationale Atomenergieorganisation 180 Tage vor der Inbetriebnahme der Anlage mit radioaktivem Material von deren Existenz informieren. Sie versicherten uns, dass sie in diesem Punkt eine weiße Weste hätten:

Bislang sei kein radioaktives Material verwendet und keine Urananreicherung vorgenommen worden.

Am nächsten Tag fuhren wir nach Natanz, eine Kleinstadt, die für ihre Obstgärten bekannt ist und zwischen religiösen Schreinen in den Bergen liegt. Begleitet wurden wir von Aghazadeh und seinem Stellvertreter Mohammad Saidi sowie einer Gruppe von iranischen Technikern und Ingenieuren. Unsere erste Station war ein unscheinbares, sandfarbenes Gebäude, das von außen wie eine Lagerhalle wirkte. Innen war die Halle mit Betonwänden in sechs Blöcke eingeteilt. Aghazadeh erklärte uns, es handele sich um eine Pilotanlage zur Urananreicherung. Rund 20 Zentrifugen waren fertiggestellt worden. In jedem Block sollten schließlich 164 Zentrifugen untergebracht werden, im Ganzen etwas weniger als 1000.

Dann gingen wir hinunter in den Keller. Obwohl wir eine Ahnung von dem hatten, was uns erwartete, verschlug uns die Halle den Atem. Sie war leer, sollte jedoch schließlich mehr als 50 000 Zentrifugen beherbergen – ein weitaus ambitionierteres Projekt. Aghazadeh und seine Kollegen plauderten gut gelaunt, führten uns stolz herum und beantworteten bereitwillig alle technischen Fragen von Heinonen und Goldschmidt.

Zwei Dinge fielen uns bei diesem Besuch besonders auf. Erstens das Ausmaß der iranischen Atomambitionen, das eine erhebliche Korrektur unserer Einschätzungen erforderlich machte. Bis dahin hatte das iranische Atomprogramm aus einem im Bau befindlichen Reaktor in Buschehr bestanden, der mit Kernbrennstäben aus Russland betrieben werden sollte.[4] Die Fabrik in Natanz wäre jedoch nach ihrer Inbetriebnahme in der Lage, Brennstoffe für zwei oder drei 1000-Megawatt-Reaktoren zu produzieren. Welche Anlagen plante oder baute die AEOI noch?

Eine zweite Frage war noch beunruhigender. Aghazadeh hatte uns versichert, die Zentrifugenanlage stamme vollständig aus iranischer Produktion. Außerdem behauptete er, beim Test der Anlage sei kein radioaktives Material verwendet worden. Unsere Experten waren jedoch skeptisch.

Unsere Begegnung mit dem iranischen Präsidenten Mohammad Chatami verstärkte unsere Skepsis eher noch. Der charmante und mehrsprachige Chatami, ein Geistlicher und früherer Leiter der Nationalbibliothek, war 1997 mit einem sozialen Reformprogramm ins Amt gewählt worden. Er hatte sich für Meinungsfreiheit ausgesprochen, die Stärkung der Zivilgesellschaft gefördert und war auf internationalem Parkett für den »Dialog zwischen Orient und Okzident« bekannt geworden. Er hatte zwar nicht alle versprochenen Reformen durchgeführt, doch er erfreute sich großer Beliebtheit unter den Gemäßigten und vor allem unter jungen Menschen, die ihn als »Mann mit der schokoladenfarbenen Robe« bezeichneten, weil er braune Kleidung bevorzugte.

Chatami wurde nur von Ali Akbar Salehi[5] begleitet, dem iranischen IAEO-Botschafter, der als Übersetzer fungierte. Chatami begrüßte mich herzlich mit dem traditionellen doppelten Wangenkuss. Als Korangelehrter sprach er fließend Arabisch, weshalb wir uns eine Weile unterhielten, ehe er ins Persische wechselte und Salehi übersetzte. »Sie sollten sich wegen unseres Programms keine Sorgen machen«, sagte Chatami. »Wir haben unsere Zentrifugen bisher nur mit Inertgasen betrieben.«

Dieses Detail machte mich stutzig. Präsident Chatami, ein Geistlicher, hatte gerade einen kalten Test einer Zentrifuge ohne radioaktives Material beschrieben. Ihm ging es darum, mir zu demonstrieren, dass der Iran nicht gegen die Meldepflicht verstoßen hatte. Aber woher wusste er von dieser Testmethode mit Inertgas?

In den folgenden Monaten stieß die IAEO auf erste Antworten.

*

Aus geheimdienstlichen Informationen erfuhren wir von der Existenz des Stromerzeugers Kalaye in einem südlichen Vorort von Teheran, wo eine kleine Zahl von Zentrifugen derselben Bauart wie in Natanz getestet worden war. Kalaye war uns nicht als Atomanlage gemeldet worden. Doch unsere iranischen Gesprächspartner versicherten uns, dass dort nur Simulationen ohne radioaktives Material durchgeführt worden seien. Wenn diese Angaben stimmten, dann mussten diese Aktivitäten tatsächlich nicht gemeldet werden. Aber woher sollten wir das wissen, wenn wir keine Erlaubnis erhielten, diese Aussage zu überprüfen? Es war das klassische Dilemma des Atomwaffensperrvertrags: Die Iraner hatten uns Kalaye nicht im Rahmen des Safeguard-Abkommens gemeldet, weshalb wir kein Recht hatten, die Anlage zu überprüfen, da ja keine eindeutige Verbindung zu kerntechnischen Aktivitäten vorlag. Dieses Schlupfloch war der Anlass für die Formulierung des Zusatzprotokolls gewesen, das der Iran jedoch nicht unterzeichnet hatte.

Wir entschieden uns, es darauf ankommen zu lassen. Mit einem Verweis auf das Bekenntnis des Iran zu vollkommener Transparenz im Umgang mit der IAEO baten wir um Erlaubnis, Kalaye besuchen und Proben nehmen zu dürfen.

Die Antwort kam zögernd und häppchenweise. Schließlich erlaubte der Iran unseren Inspektoren den Zugang zu Kalaye, aber sie sollten keine Proben nehmen dürfen. Später gaben die Verantwortlichen nach und erlaubten den Inspektoren bei einem weiteren Besuch, Oberflächenproben zu nehmen. Die Inspektoren stellten fest, dass die Anlage zwischen beiden Besuchen in erheblichem Umfang verändert worden war, und fürchteten, dass dies die Analyse beeinträchtigen könnte. Aber bei der Auswertung der Proben (in einer Doppelblind-Anordnung, um die Herkunft zu verschleiern) waren die Ergebnisse eindeutig: Das Spektrum angereicherter Uranpartikel zeigte, dass beim Test der Zentrifugen tatsächlich radioaktives Material verwendet worden war. Wir hatten den Iran ertappt.

Allmählich änderte sich die Darstellung. Obwohl die AEOI behauptete, die Zentrifugen stammten aus eigener Entwicklung, erkannten unsere Experten eine große Ähnlichkeit zu europäischen Geräten. Als die Mitarbeiter der AEOI mit den Ergebnissen unserer Untersuchungen in Natanz konfrontiert wurden – die schwach- und hochangereicherte Uranpartikel nachwiesen –, räumten sie ein, dass die Anlage importiert worden war, und spekulierten, die Bauteile könnten im Herkunftsland kontaminiert worden sein. Nach und nach sollten wir feststellen, dass die iranische Zentrifugentechnologie fast vollständig aus dem Ausland importiert worden war.

Die Frage, ob die Zentrifugen aus dem In- oder Ausland stammten, war wichtig. Die Antwort würde uns Informationen liefern, die wir dringend benötigten. Wenn der Iran seine Zentrifugen selbst produ-

ziert hatte, dann waren dazu sehr viel umfangreichere Forschungsein-
richtungen und Fertigungsstätten erforderlich, als uns bislang bekannt
waren, was wiederum bedeutete, dass der Iran mit ziemlicher Sicherheit Tests mit radioaktivem Material durchgeführt hatte. Wenn die
Bauteile jedoch aus dem Ausland stammten, dann hatten andere diese
Technologie zur Verfügung gestellt.

Wir fanden auch nicht deklariertes radioaktives Material. In den
Jabr Ibn Hayan-Labors (JHL) des Teheraner Kernforschungszentrums
fanden wir Natururan, das aus China importiert worden war. Weder
das Material noch das JHL waren uns bislang gemeldet worden. Ein
Teil des Urans war in Uranmetall umgewandelt worden, für das es
relativ wenige zivile Nutzungszwecke gibt. Außerdem fanden wir drei
Tanks mit Urangas UF_6, wie es zur Anreicherung verwendet wird; in
einem kleineren Tank fehlte Gas. Unsere iranischen Gesprächspartner
meinten, es müsse wohl ausgetreten sein.

Mir wurde schnell klar, dass wir es mit Menschen zu tun hatten,
die auch zu Täuschungen griffen, um ihre Ziele zu erreichen, und dass
wir jede Zusicherung vor Ort überprüfen mussten. Diese Überprüfung
ist natürlich ein entscheidender Teil jeder Inspektion durch die IAEO,
doch in diesem Fall war sie doppelt wichtig, denn die Täuschungsmanöver kamen von höchster Regierungsstelle. Schon im Mai 2003 hatte
Aghazadeh in einer Rede vor den diplomatischen Missionen in Wien
rundweg bestritten, dass der Iran bei den Tests der Zentrifugen radioaktives Material verwendet hatte.

Sämtliche iranische Führer, die ich traf – Präsident Chatami, AEOI-
Chef Aghazadeh, Parlamentssprecher Mehdi Karroubi oder der Ex-
Präsident und nun Vorsitzende des Wächterrats Ali Akbar Haschemi
Rafsandschani –, bestanden darauf, dass das iranische Atomprogramm
ausschließlich friedlichen Zwecken diente. Sie klangen überzeugt und
überzeugend, und ihre makellos gestärkten weißen Hemden und maß-
geschneiderten Roben verliehen ihnen einen Hauch der Überlegenheit
und Frömmigkeit. Und alle wirkten sie, als seien sie bestens über die
Einzelheiten des Anreicherungsprogramms informiert.

Rafsandschani, den ich in seinem Palast[6] besuchte und der von allen
Politikern am besten informiert zu sein schien, hatte mir leidenschaft-
lich erklärt: »Ich habe gesehen, wie viele Angehörige unseres Volkes im

Krieg mit dem Irak durch chemische Waffen getötet wurden. Ich kann nicht auf der einen Seite den Dialog der Kulturen fordern und auf der anderen Seite Kernwaffen bauen.«

Viele Menschen, darunter der ägyptische Präsident Mubarak, erklärten mir dagegen, nach der schiitischen Theologie seien Täuschungen erlaubt, wenn sie der guten Sache dienten. Diese Vorstellung nennt sich *taqqiya* und bedeutet, Schaden von sich und seinen Angehörigen abzuwenden. Ich machte meinen iranischen Gesprächspartnern klar, dass sie mit ihren Leugnungen und Täuschungen – egal wodurch sie motiviert waren – nur ihre internationale Glaubwürdigkeit beschädigten. Von Beginn an hatten sie damit ihre eigenen diplomatischen Bemühungen untergraben, weshalb ich von einem Vertrauensdefizit sprach.

Doch selbst die Beweise dafür, dass sie die Unwahrheit gesagt hatten, schienen sie nicht aus der Fassung zu bringen. Vielmehr verwiesen sie auf eine lange Geschichte der Täuschungen durch den Westen. Unter dem Schah hatte der Iran den Bau von 23 großen Atomreaktoren angekündigt und war dabei lautstark von den Vereinigten Staaten, Deutschland, Frankreich und anderen unterstützt worden. Im Jahr 1975 hatte das deutsche Unternehmen Kraftwerk-Union AG (KWU) den Vertrag zum Bau des ersten Reaktors in Buschehr unterzeichnet. Der Iran hatte außerdem 10 Prozent der Anteile von Eurodif erworben, einem multinationalen Unternehmen, das in Frankreich eine Anlage zur Urananreicherung unterhielt. Doch nach der Revolution des Jahres 1979 änderte sich alles. Die KWU weigerte sich, den Bau der Anlage in Buschehr fortzusetzen. Die Vereinigten Staaten unterbanden die Lieferung von Brennelementen für einen Forschungsreaktor. Und Frankreich weigerte sich, angereichertes Uran zu liefern, obwohl der Iran Miteigentümer von Eurodif war.

Angesichts dieser Vorgeschichte hielten die Iraner ihr Verhalten für gerechtfertigt. Die friedliche Nutzung der Kernenergie war nach wie vor eines der zentralen nationalen Ziele des Iran. Dazu benötigten sie ihrer Ansicht nach einen Brennstoffkreislauf, da der einzige iranische Brennstofflieferant, Russland, als unzuverlässig und teuer galt. Ihre Täuschungsmanöver seien eine notwendige Taktik: Die von den Vereinigten Staaten und ihren Verbündeten verhängten Sanktionen verhinderten die legale Einfuhr selbst von ziviler Technologie. Da sie unbemerkt vorgehen mussten, hatten sie das Doppelte und Dreifache für die im Ausland erworbenen Anlagen und Materialien bezahlt. Es sei jedoch eine politische Notwendigkeit gewesen, das Programm so lange wie möglich geheim zu halten.

Die amerikanischen Diplomaten in Wien wollten von den iranischen Argumenten nichts wissen, obwohl sie selbst seit zwei Jahrzehnten die Isolierung des Iran betrieben hatten. Die Tatsache, dass die Iraner gelogen hatten, war in ihren Augen ein Beweis, dass sie in Wirklichkeit vorhatten, Kernwaffen herzustellen. Diese Schlussfolgerung war natürlich voreilig, denn dafür hatte die IAEO keinerlei Beweise. Doch schon bald schlossen sich auch andere westliche Vertreter den amerikanischen Anschuldigungen an, der Iran wolle Atomwaffen bauen. Vertreter von Entwicklungsländern waren dagegen eher bereit anzuerkennen, dass der Iran im Stillen vorgehen müsse, um Sanktionen zu vermeiden.

Der iranische Präzedenzfall beunruhigte mich: Der Gouverneursrat der IAEO wurde in Nord-Süd-Richtung gespalten.

*

Im Sommer und Herbst des Jahres 2003 stießen wir auf weitere Unstimmigkeiten und Fragen. Neue Proben der Inspektoren ließen die iranischen Darstellungen immer unwahrscheinlicher werden. Die Inspektoren gelangten zunehmend zu der Überzeugung, dass zum Aufbau eines derart fortgeschrittenen Programms weit mehr Experimente und Tests nötig gewesen waren, als die Iraner zugaben.

Bei Besuchen in der Laseranlage von Laschkar Abad sahen sie beispielsweise fortschrittliche Dampflaser,[7] die bei der Urananreicherung zum Einsatz kommen konnten; trotzdem behaupteten die Iraner, sie hätten keine Laseranreicherung durchgeführt. Die Inspektoren stellten außerdem fest, dass in den Plänen für den Schwerwasserreaktor IR-40, der im folgenden Jahr in Arak errichtet werden sollte, keine »heiße Zellen« vorgesehen waren – spezielle Kammern mit ferngesteuerten Geräten, in denen ohne Strahlungsrisiko radioaktives Material verarbeitet und beispielsweise Plutonium abgetrennt werden kann.

Andererseits hatten wir Beweise, dass der Iran versucht hatte, im Ausland die ferngesteuerten Geräte und bleiverglasten Fenster zu erwerben, die beim Bau von heißen Zellen verwendet wurden.[8] Und obwohl die Anlagen zur Urankonversion in Isfahan und anderen Labors bestens ausgestattet waren, bestanden die Iraner darauf, dass sie dort noch keine Probeläufe durchgeführt hatten. Erst als wir ihnen das Gegenteil nachweisen konnten, gaben die Behörden widerwillig zu, dass die iranischen Wissenschaftler nahezu jede Phase der Urankonversion in Experimenten getestet hatten.

Der Moment war gekommen, die Iraner zur Rede zu stellen. Am 16. Oktober flog ich wieder nach Teheran, diesmal zu einem Treffen mit Hassan Rowhani vom iranischen Sicherheitsrat. Es war eine entscheidende Begegnung. Nach dem üblichen Austausch von Höflichkeiten redete ich Klartext und nannte ihm eine Liste von wichtigen Themen: Zentrifugentests, Laser-Isotopentrennung, Urankonversion, der Schwerwasserreaktor und die Ergebnisse unserer Untersuchungen. Das Spiel von Täuschung und Widerruf konnte so nicht weitergehen.

Rowhani war gut vorbereitet. Ohne sich für die falschen Angaben der Vergangenheit zu entschuldigen, erklärte er, der Iran sei bereit, ein neues Kapitel in der Beziehung zur IAEO aufzuschlagen. Die iranische Führung wolle der Organisation in der kommenden Woche eine vollständige Darstellung der vergangenen und gegenwärtigen kerntechnischen Aktivitäten übergeben. Der Iran war außerdem bereit, ein Zusatzprotokoll zu unterzeichnen und der IAEO nach dessen Inkrafttreten weitreichende Inspektionen zu ermöglichen.

Hinter den Kulissen hatte Rowhani mit den Außenministern von Frankreich, Deutschland und Großbritannien (der sogenannten Gruppe der EU-3) verhandelt. Am 21. Oktober veröffentlichten diese vier Regierungen die sogenannte »Teheraner Erklärung«, in denen sie die Absicht des Iran bekräftigten, das Zusatzprotokoll zu unterzeichnen und umfassend mit der IAEO zusammenzuarbeiten. In der Erklärung kündigte der Iran außerdem an, während der weiteren Verhandlungen mit den EU-3 als vertrauensbildende Maßnahme seine Aktivitäten zur Urananreicherung und Wiederaufarbeitung auszusetzen. Im Gegenzug erkannten die EU-3 das Recht des Iran auf den Erwerb von ziviler Kerntechnik an und skizzierten konkrete Wege, auf denen der Iran die friedliche Natur seines Atomprogramms »objektiv garantieren« konnte. Waren diese Garantien erbracht, wollten die EU-3 dem Iran Zugang zu moderner Technologie, auch zur Atomtechnologie, gewähren.

Zwei Tage später erhielt die IAEO ein Schreiben von Aghazadeh, in dem dieser »eine neue Phase des Vertrauens und der Zusammenarbeit« versprach. In dem Brief erwähnte er zahlreiche kerntechnische Aktivitäten, die der Iran bis dahin abgestritten hatte, und fügte unserem Bild des iranischen Atomprogramms wichtige neue Informationen hinzu. Es stellte sich heraus, dass die Zentrifugen in Kalaye tatsächlich mit radioaktivem Material getestet worden waren, und zwar mit dem UF_6, das in einem der Gastanks des JHL gefehlt hatte. Die gesamten neunziger Jahre hindurch hatte der Iran mit Laseranreicherung experimentiert. Außerdem hatten Wissenschaftler am Teheraner Kernforschungszentrum Experimente mit der Wiederaufarbeitung durchgeführt und dabei eine kleine Menge Plutonium gewonnen. Weiteres, bislang nicht gemeldetes radioaktives Material war bei umfangreichen Experimenten zur Urankonversion verwendet worden. Keine dieser Aktivitäten deutete explizit auf ein Atomwaffenprogramm hin, doch zusammengenommen ergaben sie einen fast vollständigen Brennstoffkreislauf, der weitgehend im Geheimen aufgebaut worden war.

Am 10. November 2003 legte ich dem Gouverneursrat der IAEO meinen Bericht vor. Er war detailliert und gründlich und enthielt eine Menge Informationen. Ich umriss die zahlreichen Versäumnisse des Iran, seine kerntechnischen Anlagen und Materialien der IAEO zu melden, und sprach von einer »Verschleierungspolitik«, die von »eingeschränkter« und »reaktiver« Zusammenarbeit gekennzeichnet war. Andererseits vermerkte ich positiv, dass sich der Iran zu einer vollständigen Zusammenarbeit mit der IAEO bereiterklärt hatte, erste Schritte zur Transparenz unternommen und seine Anreicherung und Wiederaufarbeitung ausgesetzt hatte und dass er das Zusatzprotokoll unterzeichnen wollte.

Keine dieser Aussagen war kontrovers. Doch am Ende des Berichts fügte ich das vorläufige Urteil der IAEO zu möglichen Verstößen gegen den Atomwaffensperrvertrag an: »Bislang liegen uns keine Beweise vor, dass die erwähnten, nicht gemeldeten kerntechnischen Materialien und Aktivitäten in Zusammenhang mit einem Atomwaffenprogramm stehen. Angesichts der Verschleierungen der Vergangenheit wird die IAEO jedoch einige Zeit benötigen, um bestätigen zu können, dass das iranische Atomprogramm ausschließlich friedlichen Zwecken dient.«

Es handelte sich um eine leidenschaftslos formulierte Tatsache. Doch die Reaktion war heftig. John Bolton, Staatssekretär für Rüstungskontrolle und internationale Sicherheit im amerikanischen Außenministerium, war erbost, dass die IAEO keine härtere Haltung gegenüber dem Iran eingenommen hatte. Daraufhin wurde in den Fluren der Diplomatie eine sinnlose Debatte über die juristische Bedeutung des Begriffs »Beweis« geführt, wie ich ihn in meinem Bericht verwendet hatte. Bolton sorgte für eine schroffe Antwort. Der amerikanische IAEO-Botschafter Ken Brill musste eine Stellungsnahme verlesen, in der es unter anderem hieß: »Die Einrichtung, die von der internationalen Gemeinschaft damit beauftragt wurde, das Risiko zur Verbreitung von Atomwaffen zu untersuchen, nimmt entscheidende Tatsachen nicht zur Kenntnis, die sie in ihrer eigenen Untersuchung veröffentlicht hat.« Es werde einige Zeit dauern, so die Stellungnahme, »um die beschädigte Glaubwürdigkeit der Organisation wiederherzustellen«.

Brill war so freundlich, mir vorab eine Kopie der Stellungnahme zukommen zu lassen. Trotzdem war ich wütend, als er sie vor dem Gouverneursrat verlas. Ich bat den Vorsitzenden um das Wort und antwortete ohne vorbereiteten Text, um die Integrität der Inspektoren und der Organisation in Schutz zu nehmen. Zunächst verwies ich auf die großen Fortschritte, die wir in unseren Ermittlungen zum iranischen Atomprogramm gemacht hatten: In zehn Monaten hatten wir mehr herausgefunden als die besten Geheimdienste der Welt in zehn Jahren. Außerdem wies ich die vermeintlichen »Beweise« für die Existenz eines Atomwaffenprogramms im Iran scharf zurück. Dabei leistete mir mein *Blackstone*, das juristische Lexikon aus meinen Studienzeiten an der Law School der New York University, einmal mehr wertvolle Dienste.

»Offen gestanden empfinde ich es als unredlich, wenn das Wort ›Beweis‹ plötzlich zum Streitpunkt gemacht wird. Dank ihrer Objektivität hat die Organisation seit dem Irak an Glaubwürdigkeit gewonnen.« Der Seitenhieb war klar: Wenn jemand durch den leichtfertigen

Umgang mit dem Wort »Beweis« an Glaubwürdigkeit verloren hatte, dann waren das die Amerikaner und ihre Verbündeten, die sich auf verantwortungslose Weise in den Irakkrieg gestürzt hatten. Im Irak konnten wir täglich sehen, welche Konsequenzen es hatte, dass die Vereinigten Staaten und Großbritannien unbestätigte Geheimdienstinformationen als »Beweise« verkauft hatten. Die IAEO dafür anzugreifen, dass sie sich an die Tatsachen hielt, war eine dreiste Heuchelei.

Im Konferenzraum hätte man eine Stecknadel fallen hören können. Die Anwesenden waren erschrocken über diesen undiplomatischen Schlagabtausch zwischen den Amerikanern und dem Generaldirektor der Internationalen Atomenergieorganisation. Ich war sitzen geblieben und nicht laut geworden, doch meine Antwort war unmissverständlich. Als der Vorsitzende den nächsten Redner aufrief, musste ich den Raum verlassen, um die Fassung wiederzugewinnen. Nach der Sitzung kamen einige Botschafter auf mich zu und sagten mir, es sei ein »historischer Moment« gewesen, mitzuerleben, wie ein internationaler Beamter den Drangsalierungen durch die Vereinigten Staaten die Stirn bot – eines Landes, aus dessen Beiträgen immerhin ein Viertel unseres Etats finanziert wurde.

*

Kurz nach der Veröffentlichung der nicht gemeldeten Aktivitäten des Iran schrieb ich einen Kommentar im *Economist* und forderte, atomare Brennstoffkreisläufe unter multinationale Kontrolle zu stellen. Der Gedanke war nicht neu und bereits seit Mitte der siebziger Jahre in Untersuchungen und Ausschüssen erörtert worden. Schon der amerikanische Präsident Eisenhower hatte in seiner Rede »Atome für den Frieden« eine solche Möglichkeit angedeutet.

Aber angesichts der raschen Ausbreitung der Atomtechnologie, sei es auf legitimem Weg oder heimlich, erhielt das Thema neue Brisanz. Wenn jedes Land seinen eigenen Brennstoffkreislauf hatte, bedeutete dies ein kaum noch kontrollierbares Risiko der Verbreitung von Atomwaffen. Mit einem multinationalen Ansatz – der Einrichtung zentralisierter Brennstoffkreisläufe, die von mehreren Nationen kontrolliert und genutzt wurden – ließ sich dieses Risiko eindämmen. Legitime

Nutzer der Kernenergie erhielten damit eine verlässliche Brennstoffversorgung. Die wirtschaftlichen Vorteile wären beträchtlich, denn auf diese Weise musste nicht mehr jedes einzelne Land extrem teure Anlagen zur Urananreicherung und Wiederaufarbeitung errichten. Vor allem verringerte sich das Risiko, dass radioaktives Material zum Bau von Atomwaffen abgezweigt wurde.

Der Artikel wurde weithin kommentiert, und der Gedanke entwickelte ein Eigenleben. Die Vereinigten Staaten und ihre Verbündeten drängten auf eine »globale Atomenergiepartnerschaft«. Der russische Präsident Wladimir Putin schlug ein internationales Netzwerk von Brennstoffzentren vor. Deutschland wollte eine von der IAEO kontrollierte internationale Anlage zur Urananreicherung schaffen.

Ted Turner und Sam Nunn,[9] Leiter der Nuclear Threat Initiative (NTI),[10] taten sich durch einen kreativen Vorschlag hervor und überzeugten den amerikanischen Investor und Philanthrop Warren Buffett, 50 Millionen Dollar zur Errichtung einer Brennstoffreserve unter IAEO-Kontrolle zu spenden. Voraussetzung für die Einrichtung von Buffetts Fonds war, dass die nationalen Regierungen ihrerseits 100 Millionen Dollar als symbolischen ersten Schritt zur Schaffung eines multinationalen Brennstoffkreislaufs beisteuerten.

Doch schnell kam Misstrauen auf. Die Vereinigten Staaten, Russland, Frankreich, Deutschland, die Niederlande und Großbritannien unterbreiteten dem Gouverneursrat einen Vorschlag, der auf den ersten Blick großzügig wirkte und die Bereitstellung von Kernbrennstoffen garantierte – aber nur, wenn die Empfängerländer auf ihr unter dem Atomwaffensperrvertrag garantiertes Recht zur Urananreicherung und Wiederaufarbeitung verzichteten.

Dies war ein vollkommen anderer Ansatz. Aus meiner Sicht war die Schaffung eines multinationalen Brennstoffkreislaufs der erste Schritt eines mehrstufigen Prozesses, der die Kluft zwischen den Staaten mit und ohne Kerntechnologie schließen, das Risiko der Verbreitung von Atomwaffen reduzieren und den Weg zur atomaren Abrüstung ebnen sollte. Der Vorschlag dieser sechs Nationen beschränkte sich jedoch darauf, die weitere Verbreitung von Atomwaffen zu verhindern, und vergrößerte die bestehende Kluft nur noch: *Wir behalten die Technologie und sorgen dafür, dass sie außer uns niemand bekommt.* Es war ein plumper Versuch, Länder ohne Kernenergie zu bewegen, auf ein wertvolles Recht zu verzichten.

Das Scheitern der Initiative war vorprogrammiert, und ich bat die sechs Nationen dringend, den Plan nicht davon abhängig zu machen, dass andere Länder ihre Rechte aufgaben. Doch die Vereinigten Staaten blieben hart: Die Bedingung blieb.

Der Vorschlag wurde an alle Mitglieder des Gouverneursrats weitergeleitet und stieß dort wie erwartet auf breite Ablehnung, und zwar nicht nur unter den Entwicklungsländern, sondern auch bei Ländern wie Kanada, Italien oder Australien, die zwar keinen eigenen Brennstoffkreislauf hatten, sich diese Möglichkeit aber für die Zukunft offenhalten wollten. Andere Länder wie Japan, Deutschland, die Niederlande, Brasilien und Argentinien waren unschlüssig: Sie hatten zwar keine Atomwaffen, aber sie verfügten über die Technologie zu deren Bau und damit über einen Sonderstatus. Keines dieser Länder war bereit, seinen Status zugunsten eines multinationalen Programms aufzugeben, mit dem das Risiko der Verbreitung von Atomwaffen verringert werden sollte.

Nach diesem ersten Vorschlag war der Brunnen vergiftet. Länder ohne Kerntechnik nahmen die weiteren Vorschläge mit Skepsis auf und vermuteten Täuschungsmanöver, mit denen ihre Rechte beschnitten werden sollten. Dieses Misstrauen zwischen den Staaten mit und ohne Kerntechnologie begann, die Flure der internationalen Atomdiplomatie zu beherrschen.

Seit dem Abwurf der ersten Atombombe auf Hiroshima war die Tatsache, dass nur einige wenige Länder im Besitz von Kernwaffen waren, vielen anderen Ärgernis und Ansporn zugleich. Dass die Kernwaffenstaaten diesen Zusammenhang nicht sehen wollten, machte ihn nicht weniger real. Der Atomwaffensperrvertrag hatte zwar klargemacht, dass der Atomwaffenbesitz durch fünf Nationen nur einen Übergang auf dem Weg zur atomaren Abrüstung darstellte, doch mehr als drei Jahrzehnte nach dessen Unterzeichnung befand sich die atomare Abrüstung an einem toten Punkt. Jede Aussage, mit der die Kernwaffenstaaten die »Abschreckung« betonten, die von diesen Waffen ausging, und jede Maßnahme zur Erneuerung oder Modernisierung des Atomwaffenarsenals wurde von den Nichtkernwaffenstaaten als ein weiteres Zeichen mangelnder Redlichkeit gewertet.

Dieser Umstand wurde zunehmend zum Hintergrund der Debatte der Mitglieder des Gouverneursrats um die Kerntechnologie des Iran. Niemand wollte über die geheimen Aktivitäten hinwegsehen, auch wenn alle die Gründe dafür nachvollziehen konnten. Alle hatten den Iran gedrängt, die Karten auf den Tisch zu legen. Gleichzeitig widerstrebte vielen Ländern die Exklusivität des Atomclubs und sie verstanden den Wunsch des Iran, die Technologie zum Aufbau eines Brennstoffkreislaufs zu erwerben. Solange es keine Beweise gab, dass der Iran tatsächlich ein Atomwaffenprogramm verfolgte, waren diese Länder nicht bereit, die iranischen Aktivitäten zu verurteilen. Der Druck der westlichen Regierungen vertiefte die Kluft nur noch.

*

Die Zeit zwischen dem Ende des Jahres 2003 und dem Herbst des Jahres 2005 markierte eine eigenständige Phase in der Auseinandersetzung zwischen dem Iran und der internationalen Gemeinschaft über das iranische Atomprogramm. Sie begann mit dem Optimismus der Teheraner Erklärung und dem Bekenntnis des Iran zur Transparenz und endete mit dem Scheitern der internationalen Zusammenarbeit in der Iranfrage. Dazwischen wurde bereits alles erkennbar, was die außerordentlich komplexen Auseinandersetzungen um das iranische Atomprogramm seither auszeichnet: Der Pragmatismus wurde schwammigen Prinzipien geopfert, die Strategien der Hardliner erwiesen sich als kontraproduktiv und mit jedem Streit stand mehr auf dem Spiel.

In dieser Zeit verwandelten sich die Sitzungen des Gouverneursrats in ein Schlachtfeld, auf dem die gegensätzlichen Positionen zum Irak unversöhnlich aufeinanderprallten. Ein frühes Beispiel war die Sitzung vom März 2004, vor der wir uns Sorgen wegen einiger Auskünfte des Iran machten. Ein Thema war die Zentrifugentechnologie. Die Geräte, die der Iran erworben hatte, entsprachen dem pakistanischen Modell P-1. Aufgrund von Inspektionen und Nachforschungen außerhalb des Iran begannen wir jedoch zu vermuten, dass der Iran auch das neuere Modell P-2 erworben haben könnte. Beide Modelle basierten offenbar auf älteren europäischen Zentrifugen und waren von dem pakistanischen Atomwissenschaftler Abdul Kadir Khan während seines Aufenthalts in der niederländischen Urananreicherungsanlage URENCO kopiert worden.

Bis dahin hatten die Inspektoren der IAEO keinen Hinweis erhalten, dass der Iran auch über Geräte vom Typ P-2 verfügen könnte. Wir wussten jedoch, dass der Iran versucht hatte, in möglichst vielen Bereichen des Brennstoffkreislaufs zu forschen. Zentrifugen vom Typ P-2 waren effektiver als das Vorgängermodell, und es schien uns unwahrscheinlich, dass der Iran die Möglichkeit ausgeschlagen hätte, mit diesem Modell zu arbeiten.

Die Inspektoren hakten nach, und im Januar 2004 gaben die Iraner zu, im Jahr 1994 Baupläne einer P-2-Zentrifuge erhalten zu haben. Ingenieure eines privaten Unternehmens in Teheran hätten im Auftrag der Atomenergiebehörde des Iran mit einem modifizierten P-2-Modell einige Tests durchgeführt. Diese waren jedoch im Bericht vom Oktober 2003 nicht erwähnt worden.

Ein weiteres Thema war das technische Forschungszentrum Lavizan-Shian in einem Vorort von Teheran. Dieses Zentrum war als mögliche Anlage zur Herstellung von Massenvernichtungswaffen genannt worden. Die IAEO hatte Informationen erhalten, dass für diese Anlage Strahlungsmessgeräte angeschafft worden waren. Auf Satellitenfotos war zu erkennen, dass das Gebäude nach dem August 2003 abgerissen worden war, was auf eine Verschleierung hinzudeuten schien.

Die Iraner erklärten uns dagegen, Lavizan-Shian sei eine Einrichtung des Verteidigungsministeriums gewesen, das dort Forschungen zum Schutz vor Atomwaffenangriffen und Atomunfällen durchgeführt habe. Das Gebäude sei abgerissen worden, da das Grundstück der Stadt Teheran gehört habe und das Ministerium das Gelände nach einem Streit mit der Stadtverwaltung habe räumen müssen.

Angesichts der Täuschungen der Vergangenheit erregten die nicht gemeldeten Zentrifugentests und der Abbruch einer angeblichen Waffenfabrik natürlich Verdacht. Die Situation war kompliziert. Insgesamt hatte der Iran erhebliche Schritte in Richtung einer Zusammenarbeit mit der IAEO unternommen. Nach der vorläufigen Unterzeichnung des Zusatzprotokolls im Oktober 2003 hatten wir Anreicherungsanlagen und andere Einrichtungen besucht, ohne dass es zu Diskussionen gekommen wäre, ob dort radioaktives Material verwendet worden war oder nicht. Wir hatten den Eindruck, dass wir nun einen umfassenderen Eindruck von den kerntechnischen Aktivitäten des Iran erhielten.

Doch der Iran tat sich keinen Gefallen mit Maßnahmen, die den Eindruck einer sporadischen Kooperation erweckten. Die IAEO hatte für Mitte März eine Inspektion einer Pilot-Anreicherungsanlage in Natanz sowie von Anlagen im Zusammenhang mit P-2-Tests angekündigt. Am 5. März verschoben die iranischen Behörden den Besuch plötzlich aufgrund des anstehenden Neujahrsfests. Das war natürlich wenig glaubwürdig, denn der Zeitpunkt des Neujahrsfests kam schließlich nicht ganz unvorhergesehen. Aber Teheran schien nicht gewillt, den wahren Grund für den Aufschub zu nennen. Wieder erweckten die Iraner den Eindruck, als hätten sie etwas zu verbergen.

Vor diesem Hintergrund stattete mir Hassan Rowhani zwei Besuche ab, um mich zu bitten, das iranische Atomprogramm von der Tagesordnung der Sitzung des Gouverneursrats im März zu nehmen. Dies könne als Zeichen gewertet werden, so seine Hoffnung, dass sich die Besorgnis um das iranische Atomprogramm gelegt habe. Die Europäer unterstützten diese Bitte. Die französische Delegation fragte, warum wir überhaupt einen neuen Bericht zur Situation im Iran vorlegten. Die Amerikaner, die den Weltsicherheitsrat anrufen wollten, bestanden jedoch darauf, dass der Iran auf der Tagesordnung blieb.

Jeder Delegation legte ich meine Position dar: Die Tagesordnung der Sitzung war nicht Gegenstand politischer Verhandlungen, sondern gab unsere technischen Einschätzungen wider. »Ich nehme den Iran gern sofort von der Tagesordnung, wenn alle offenen Fragen beantwortet sind«, erklärte ich den Europäern und Iranern. »Aber solange einige Fragen noch nicht geklärt sind, bleibt der Iran auf der Tagesordnung.«

Ohnehin war das Instrument, mit dem die Mitgliedsstaaten der IAEO ihre Position zum iranischen Atomprogramm klarmachen konnten, nicht die Tagesordnung, sondern die Resolution des Gouverneursrats. In der Regel werden Resolutionen von den Delegierten der Mitgliedsstaaten entworfen und verhandelt, und zwar ohne Beteiligung des Sekretariats. Im Falle des Iran wurden die Resolutionsentwürfe überwiegend von der Gruppe der EU-3 eingebracht, die bei der Suche nach einer Lösung des Konflikts die Führung übernommen hatten.

Aber auch hier war der Prozess kompliziert. Zwischen den westlichen Ländern tat sich ein nie dagewesener Graben auf. Die Amerikaner, unterstützt durch die Kanadier und Australier, forderten eine Verurteilung des Iran, während die EU-3 um moderate Formulierungen bemüht waren. Iranische Politiker hatten sich in der iranischen Öffentlichkeit für eine erweiterte Zusammenarbeit mit der IAEO stark gemacht und liefen Gefahr, an Unterstützung zu verlieren, wenn der Gouverneursrat das Land verurteilte. Auch die Entwicklungsländer waren unzufrieden mit dem ersten Entwurf.

In einem ungewöhnlichen Schritt baten mich die Iraner um meine Unterstützung. Auch der amerikanische Abgesandte ersuchte mich im Namen von Colin Powell um meine Mitwirkung. Am Ende stand ein Kompromiss, mit dem sowohl der Iran als auch die Vereinigten Staaten leben konnten. Die Sitzung verlief ohne weitere Zwischenfälle, doch das Tauziehen machte deutlich, dass der Gouverneursrat zum Aufmarschgelände für Auseinandersetzungen um den Iran werden würde, und ließ einen tieferen Zwist ahnen.

*

Wenige Tage nach der Ratssitzung reiste ich nach Washington zu einem Treffen mit Präsident Bush. Die Einladung hatte mich ein wenig überrascht. Kurz zuvor hatte ich in der *New York Times* einen Kommentar zu Abrüstungsthemen geschrieben, zu denen sich auch Bush geäußert hatte.[11] Kurz danach hatte mich Colin Powell angerufen und mir mitgeteilt, dass Bush mich treffen wolle. Natürlich sagte ich zu, doch ich schob den Besuch bis nach der März-Sitzung auf, um den Eindruck zu vermeiden, mein Bericht an den Gouverneursrat sei von den Vereinigten Staaten beeinflusst worden.

Vor meinem Treffen mit Bush sprach ich mit dem stellvertretenden Außenminister Richard Armitage. Er erinnerte mich an die Geste des guten Willens der Vereinigten Staaten nach dem verheerenden Erdbeben in Bam im Dezember 2003.[12] Das Weiße Haus hatte eine Hilfslieferung angeboten, doch der Iran hatte zunächst abgelehnt, nur um das Angebot ein paar Tage später doch anzunehmen. Zufällig ereignete sich das Beben, eine Woche nachdem der Irak das Zusatzprotokoll unterzeichnet hatte, was ein deutliches Zugeständnis gewesen war. Einige Beobachter hofften, das Zusammentreffen sei eine Möglichkeit für eine Annäherung zwischen dem Iran und den Vereinigten Staaten, vor allem nachdem sich Colin Powell positiv über die Möglichkeit eines künftigen Dialogs geäußert hatte.[13] Doch bislang gab es keine Anzeichen für ein solches Tauwetter.

»Ich habe gehört, Sie sind Yankees-Fan«, sagte Bush zur Begrüßung. Wir trafen uns im Oval Office. Außer Bush waren Armitage, Rice, Energieminister Spencer Abraham sowie Bob Joseph vom Sicherheitsrat anwesend. Ich wurde von IAEO-Verwaltungsleiter David Waller begleitet.

»Stimmt«, grinste ich, »und ich fürchte, wir haben ein bisschen zu viel für Alex Rodriguez bezahlt.« Die Yankees hatten den Spieler gerade von den Texas Rangers gekauft, und Bush war bekanntlich einer der Miteigentümer der Rangers. Er plauderte ein bisschen über den Spielerverkauf, und dann wandten wir uns dem Geschäft zu. »Ich habe gehört, dass Sie Ideen für eine Verbesserung der Atomwaffenkontrolle haben«, fing er an.

Ich spulte einige der Überlegungen ab, die ich in meinem Artikel formuliert hatte. »Zuerst müssen wir das hochangereicherte Uran aus den zivilen Brennstoffkreisläufen loswerden«, meinte ich und erklärte, dass es weltweit in vierzig Ländern rund hundert Anlagen gab, in denen hochangereichertes Uran hergestellt wurde. Viele dieser Anlagen waren Forschungsreaktoren, die auch auf schwachangereichertes Uran umgerüstet werden konnten, was das Risiko der Verbreitung von Kernwaffen verringern würde. Das hochangereicherte Uran aus dem Verkehr zu ziehen würde vier oder fünf Jahre dauern und pro Jahr rund 50 Millionen Dollar kosten.

»Das klingt nicht sonderlich viel«, erwiderte Bush und sah Spencer Abraham an. »Spence, ist das machbar?«

»Natürlich schaffen wir das«, antwortete Abraham. Später erfuhr ich, dass das Energieministerium bereits an einem entsprechenden Plan arbeitete. Nach unserem Gespräch gab der Präsident grünes Licht für dessen Umsetzung.

Dann ging ich auf die Notwendigkeit ein, die Verbreitung von Brennstoffkreisläufen zu kontrollieren, und erwähnte, dass 13 Länder über Anreicherungs- oder Wiederaufarbeitungsanlagen verfügten. »Wenn wir versuchen zu verhindern, dass andere dem Club beitreten, dann werden diejenigen, die kurz vor der Schaffung dieser Ressourcen stehen, nicht sonderlich glücklich sein«, meinte ich. Damit kamen wir zur Iranfrage. Da unser Gespräch positiv verlief, entschied ich mich zu einer mutigen Aussage. »Theologie hin, Ideologie her, wir müssen den Iran kaufen und ihm ein Paket anbieten, das er nicht ausschlagen kann, und dann andere Länder, die am Aufbau eines Brennstoffkreislaufs arbeiten, zu einem freiwilligen Moratorium bewegen.«

»Ich mag diesen Pragmatiker«, sagte Bush zu meiner Überraschung. Er dachte an einen Stichtag, ab dem Länder mit Brennstoffkreislauf ihre Anlagen behalten und keine neuen mehr hinzukommen sollten. Ich wies darauf hin, dass damit die Mitglieder des Atomwaffensperrvertrags auf ihre Rechte verzichten müssten. Eine Kombination aus einem freiwilligen Moratorium und der Garantie von Brennstofflieferungen schien mir mehr zu versprechen – nicht zu vergessen ein Bekenntnis der Kernwaffenstaaten zur atomaren Abrüstung.[14] Hinsichtlich des Iran betonte ich, wie wichtig es war, nicht nur mit Drohungen, sondern auch mit Belohnungen zu arbeiten. »Eine Mischung aus Diplomatie und Überprüfung ist die beste Lösung für die Iranfrage«, schloss ich.

Wieder überraschte mich Bush. »Das ist nicht nur die beste Lösung, es ist die einzige«, sagte er. »Abgesehen von der israelischen Lösung. Sie wissen, dass die Sorge herrscht, die Israelis könnten einen Militärschlag ausführen.«

Ich hoffte, dass Bush näher auf die israelische Drohung einging, aber er blieb vage und schien nicht zu wissen, ob oder wann Israel den Iran angreifen würde, oder zumindest schwieg er sich aus. Er deutete an, dass die Amerikaner auch deshalb Druck auf den Iran ausübten, um den Israelis den Wind aus den Segeln zu nehmen. Ich erinnerte mich an ein Gespräch, das ich mit Jack Straw und dem deutschen Außenminister Joschka Fischer geführt hatte; die beiden hatten gesagt, die Gruppe der EU-3 wolle durch ihren Dialog mit dem Iran die Rolle eines »menschlichen Schutzschilds« übernehmen, um das Risiko eines Angriffs durch Israel oder die Vereinigten Staaten zu verringern.

Damals herrschte in der amerikanischen Regierung große Uneinigkeit: Die Falken schienen nichts aus dem Irakkrieg gelernt zu haben und einen Militärschlag und Umsturz im Iran zu befürworten. In ihren Augen war der Iran eine potenzielle Bedrohung für Israel, weshalb sie jeden Dialog mit dem Iran ablehnten, der das Regime »legitimieren« könnte. Andere – offenbar Präsident Bush und Condoleezza Rice – schienen trotz ihrer Stimmungsmache in der Öffentlichkeit eine diplomatische Lösung zu bevorzugen, forderten aber, dass vor einer Verhandlung bestimmte Bedingungen erfüllt sein müssten. Eine dritte Fraktion, darunter Powell und Armitage, wollten eine diplomatische Lösung durch Verhandlung und Dialog ohne Vorbedingung.

Ich hatte eine schriftliche Botschaft von Hassan Rowhani mitgebracht, der Bush im Namen der iranischen Regierung mitteilte, der Iran sei bereit, sämtliche Fragen mit den Vereinigten Staaten zu erörtern, einschließlich das iranische Atomprogramm und Fragen der regionalen Sicherheit. Die Botschaft stand auf einem einfachen Blatt Papier, ohne Briefkopf und Unterschrift, so wie sie mir übergeben worden war. Ich reichte sie Bush weiter und versicherte ihm, sie sei echt. Dann erklärte ich ihm, wie wichtig es meiner Ansicht nach war, dass die Vereinigten Staaten den Dialog mit dem Iran aufnahmen.

»Ich würde gern von Staatschef zu Staatschef sprechen«, erwiderte Bush, »aber ich bin mir nicht sicher, ob der iranische Staatschef dazu bereit ist.« Er meinte Ajatollah Chamenei, den Obersten Rechtsgelehrten des Iran. »Ich glaube, er will Israel zerstören.«

Er schnitt einige andere Themen an und kam auf die rund vierzig saudiarabischen und ägyptischen Mitglieder der al-Qaida zu sprechen, die im Iran inhaftiert waren und an denen die Vereinigten Staaten interessiert waren. Bush war der Ansicht, der Iran hielte diese als Joker für die Verhandlungen zurück.

Auf seine Weise schien Bush meine Ansicht zu teilen, dass der Dialog zwischen den Vereinigten Staaten und dem Iran für beide Seiten zahlreiche Vorteile hätte, nicht zuletzt für eine Entspannung im Irak, über die Verbindung zur schiitischen Bevölkerung des Nachbarlandes. Ich betonte, dass Dialog ein Zeichen des Respekts war und dass Respekt vor allem in der Kultur des Nahen Ostens ein erster Schritt zu einer friedlichen Lösung der Spannungen war. Viele Angehörige des politischen Establishments im Iran wollten die Beziehungen zu den Vereinigten Staaten wieder aufnehmen, vorzugsweise im Rahmen eines umfassenden Arrangements, das Sicherheit, Handel, Israels Wahrnehmung der militärischen Bedrohung durch den Iran und andere Themen beinhaltete, die zu einer vollständigen Normalisierung der Beziehungen gehörten. Das war zumindest Rowhanis Brief zu entnehmen. Aber weder Bush noch Rice schienen zu diesem Zeitpunkt offen für eine solche Möglichkeit.

Gegen Ende unseres Gesprächs schlug ich ein internationales Gipfeltreffen vor, um eine verbesserte Atomwaffenkontrolle zu erörtern. Rice strahlte. »Ich war schon immer der Ansicht, dass wir so einen Gipfel brauchen«, sagte sie. Die Vereinigten Staaten suchten offenbar nach Möglichkeiten, Führungsstärke zu demonstrieren, vor allem in einem Wahljahr, in dem Massenvernichtungswaffen und Terrorismus eine so wichtige Rolle spielten.[15]

Das Gespräch mit Bush machte mir Mut, denn es hatte sehr viel mehr Substanz, als ich erwartet hatte. Dieses Gefühl verstärkte sich nach einem Treffen mit CIA-Chef George Tenet, der Klartext redete. Er schien vorsichtig bedacht, Übertreibungen zu vermeiden, was einen deutlichen Wandel gegenüber den Aussagen des Geheimdienstes aus der Zeit vor dem Irakkrieg zeigte.

Tenet selbst war überzeugt, dass das iranische Atomprogramm auf den Bau von Atomwaffen hinauslief, doch er gab zu, dass er keinen Beweis dafür hatte. Er hoffte nur, dass der Iran im Inspektionsprozess auffliegen würde.

Tenets Ansichten eröffneten mir einen Einblick in die politische Rhetorik und Medienkampagne der Vereinigten Staaten, in der es immer wieder hieß, die Vereinigten Staaten »wüssten«, dass der Iran ein Atomwaffenprogramm habe, ohne jedoch konkrete Beweise vorzulegen. Nach allem, was ich sah, hatte die CIA vielleicht durch Abhörmaßnahmen Hinweise, dass die Revolutionsgarden bei der Beschaffung und anderen Aspekten des Atomprogramms beteiligt waren, aber sie hatten keinen Hinweis auf ein Atomwaffenprogramm. Die Strategie der Vereinigten Staaten bestand also darin, durch die IAEO und die Presse Druck auf den Iran auszuüben in der Hoffnung, dass Beweise ans Licht kämen oder Informanten einen »rauchenden Colt« präsentierten.

Der Iran machte sich die Sache nicht leichter. Die Verschleierung der Experimente mit den P-2-Zentrifugen und die kurzfristige Absage der Inspektion in Natanz und anderen Einrichtungen waren kein gutes Signal. Es waren einige deutliche Worte angesagt, die ich bei einem Besuch in Teheran selbst übermitteln wollte.

Bei meinem Besuch wiederholte ich in jedem meiner Gespräche, ob mit Präsident Chatami oder Außenminister Kamal Kharazi, dass ich ihre Aufschübe und Verzögerungen leid war. Präsident Chatami gegenüber gab ich mich betont kühl, da er mich bei unserem ersten Treffen angelogen hatte. Ich sprach ihn nicht direkt darauf an, aber mein Verhalten machte klar, dass ich meine Einstellung ihm gegenüber geändert hatte. Ich ließ ihn und andere Politiker wissen, dass die Mitglieder des Gouverneursrats allmählich die Geduld verloren, dass der Iran immer weniger Unterstützer in ihren Reihen hatte und dass die Ergebnisse der Inspektionen kontrovers erörtert wurden. Alles andere als eine umfassende und konsequente Transparenz des Iran würde dem Land nur schaden. Ich berichtete Rowhani und Chatami in groben Zügen von meinem Gespräch mit Präsident Bush: seine Skepsis hinsichtlich der Dialogbereitschaft des Iran und der Wunsch nach einer Rückführung der inhaftierten al-Qaida-Mitglieder in ihre Heimatländer. Ich erwähnte das Unverständnis der Amerikaner, dass der Iran nach dem Erdbeben ihr Hilfsangebot zunächst abgelehnt hatte.

Chatami war empört über die amerikanische Skepsis. Er wies darauf hin, dass er selbst unter der Clinton-Regierung den ersten Schritt zu einer Wiederannäherung gemacht habe, als er sich bei den Familien der ehemaligen Botschaftsgeiseln entschuldigt hatte. Madeleine Albright hatte daraufhin die Rolle der CIA beim Sturz von Mohammad Mossadegh und der Wiedereinsetzung des Schahs im Jahr 1953 eingestanden und das Importverbot von einigen iranischen Luxusgütern wie Kaviar, Pistazien und Teppiche aufgehoben, eine symbolische Geste, die mehrere Millionen Dollar wert war.

Es sei die Bush-Regierung, die den Fortschritt in den iranisch-amerikanischen Beziehungen torpediert habe, so Chatami. Der Iran habe die Vereinigten Staaten während des Afghanistankriegs und bei den Vorbereitungen des Irakkriegs unterstützt. Chatami erwähnte die Treffen in Sulaymaniyah, einer Stadt im kurdischen Teil des Irak, sowie in London, an denen der Iran beteiligt gewesen sei. »Und als

Dank für unsere Unterstützung und Zusammenarbeit werden wir als Teil der ›Achse des Bösen‹ geächtet«, schäumte Chatami.

Außenminister Kharazi war ähnlich erbost über das Hilfsangebot der Vereinigten Staaten nach dem Erdbeben. »Nachdem sie unsere Wirtschaft jahrzehntelang mit Boykotten und Sanktionen geschädigt haben, wollen sie uns mit einem Almosen von zehn Millionen Dollar abspeisen?« Er schüttelte den Kopf. »Diese Menschen haben keine Ahnung, was in anderen vorgeht.« Die iranische Regierung wolle gern die Frage der al-Qaida-Mitglieder erörtern, aber im Gegenzug erwarte sie ähnliche Unterstützung in Bezug auf die Modschahedin-e Chalgh, eine Gruppe von militanten Dissidenten, die einen Umsturz herbeiführen wollten.

Die Iraner waren bereit, ihre Zusammenarbeit mit der IAEO zu intensivieren, doch sie wiesen darauf hin, dass im Iran viele der Ansicht seien, die Kooperation mit der Organisation habe dem Land nichts gebracht. Die iranischen Hardliner, die unlängst die Parlamentswahlen gewonnen hatten, bezeichneten den freiwilligen Stopp der Urananreicherung als Ausverkauf an den Westen. Gemäßigte Gruppen, die diplomatische Lösungen und Verhandlungen mit dem Westen bevorzugten, verloren an Boden. Wenn mein nächster Bericht an den Gouverneursrat im Juni wieder negativ ausfiel, so Rowhani, dann hatte er seine Zweifel, ob er und seine Kollegen weiter so eng mit der Internationalen Atomenergieorganisation zusammenarbeiten konnten; er befürchtete sogar, er könne ganz abberufen werden. Die Gemäßigten erhofften sich zumindest positive Reaktionen von den Europäern, um der iranischen Öffentlichkeit erklären zu können, dass ihre Politik sich auszahlte.

In meinen Augen bestand die Schwierigkeit der iranischen Politiker darin, dass sie ihr Atomprogramm zu hoch aufgehängt hatten. Im Inland hatten sie es als Kronjuwel und eine gewaltige technologische Leistung der Nation verkauft. Umso schwerer war es nun zu erklären, warum dieses Programm ausgesetzt werden sollte. Natürlich hatten die iranischen Politiker der Öffentlichkeit geflissentlich verschwiegen, dass das Programm deshalb ausgesetzt wurde, weil sie die IAEO jahrelang hintergangen hatten. Stattdessen behaupteten sie, der Druck der Vereinigten Staaten auf die IAEO verlangsame den Inspektionsprozess.

Auch dies zeichnete die Diskussion um den Iran aus: Sowohl Teheran als auch Washington benutzten die vermeintliche Unredlichkeit des jeweils anderen, um damit zu Hause Politik zu machen. Darin unterschied sich die Krise um den Iran nicht von der um den Irak oder um Nordkorea; ist dieser Geist einmal aus der Flasche entkommen, ist er schwer wieder einzufangen. Die iranischen Mediendarstellungen über mich zeigten, in welche Richtung die öffentliche Meinung gelenkt werden sollte. In einem Artikel der Teheraner *Times* hieß es beispielsweise, nach Ansicht von »Beobachtern in Wien« sei ich aufgrund des immensen Drucks durch die Vereinigten Staaten »traurig und passiv geworden«.[16] Während meines Besuchs wurde ich wiederholt von iranischen Reportern gefragt, wie ich denn mit diesem Druck umgehe. »Ich bekomme Druck von allen Seiten«, sagte ich lächelnd, »von Amerikanern, Iranern und von allen anderen auch.« Aber ich fühlte mich sehr viel weniger unbeschwert, als ich klang. Den Fragen der Journalisten und den Kommentaren der iranischen Presse konnte ich entnehmen, dass das Atomprogramm eine Frage des Nationalstolzes geworden war. Das war kein gutes Zeichen.

Die iranischen Behörden waren offenbar der Ansicht, dass sie noch einige Trümpfe im Ärmel hatten. Wenn sich die Situation mit den Amerikanern nicht verbesserte, erklärte mir Rowhani, dann wäre es ihnen ein Leichtes, die Situation im Irak zu verschlechtern. Ich riet von dieser Art der Rache ab.

Nach meiner Rückkehr aus Teheran drängte ich den amerikanischen IAEO-Botschafter Ken Brill und den stellvertretenden Außenminister John Wolf, nach Möglichkeiten zu suchen, um direkte Gespräche mit dem Iran aufzunehmen oder zumindest ein positives Signal zu senden. »Wenn wir alle dasselbe Ziel haben – dass wir keine Atomwaffen im Iran sehen wollen –, dann benötigen wir eine schlüssige Strategie«, erklärte ich. Ähnlich äußerte ich mich gegenüber den Abgesandten der EU-3. Ich erläuterte, dass die Hardliner an Macht gewännen, da die Zusammenarbeit mit der IAEO nicht die gewünschten Erfolge hatte. Druck allein reiche nicht aus, »vor allem weil im Westen niemand Beweise für ein iranisches Atomwaffenprogramm hat«. Ohne Anreize könnten die Iraner ihr Anreicherungsprogramm wieder aufnehmen, das Zusatzprotokoll zurückziehen oder vielleicht sogar aus dem Atomwaffensperrvertrag austreten.

Vielleicht hätte ich mir den Atem sparen können. Im Juni verabschiedete der Gouverneursrat eine Resolution, in der er den Mangel an »umfassender, rechtzeitiger und offensiver Zusammenarbeit« mit der IAEO »beklagte«. Diese Kritik hatte natürlich ihre Berechtigung. Doch der Iran war verstimmt, und die iranischen Hardliner hatten ein weiteres Argument. Weniger als eine Woche später informierte der Iran die IAEO, er werde den Bau und die Tests der Zentrifugen wieder aufnehmen, wenn auch ohne radioaktives Material. Ich bat meine Gesprächspartner, ihre Entscheidung zu überdenken, aber es war zwecklos. Die Siegel der Organisation wurden entfernt, die iranischen Ingenieure beendeten ihre freiwillige Forschungspause und machten sich wieder an die Arbeit.

*

Nach der Sitzung des Gouverneursrats im Juni traf ich mich mit Colin Powell und seinen Kollegen im Außenministerium und bat sie, direkt mit dem Iran zu verhandeln. In einem halben Jahr sei das Anreicherungsprogramm Wirklichkeit, und es wäre sehr viel schwerer, es wieder zu stoppen. Ich hielt es für wenig sinnvoll, den Weltsicherheitsrat einzuschalten, wie erneut einige forderten. Der Iran würde sich vom Atomwaffensperrvertrag zurückziehen, und das Ergebnis wäre ein zweites Nordkorea.

In einem Vieraugengespräch sagte mir Powell: »Wenn es nach mir ginge, würde ich mich morgen früh mit Außenminister Kharazi treffen.« Das Problem war, dass in den Vereinigten Staaten nach wie vor starke Ressentiments gegen den Iran herrschten. Es sei nicht einfach, einen direkten Dialog aufzunehmen. Auch Condoleezza Rice war erstaunlich aufgeschlossen und befragte mich zu Rowhani, der damals ihr ungefährer Amtskollege war. »Was ist er für ein Mensch?«, fragte sie und vermittelte den Eindruck, als könne sie sich ein Treffen zumindest vorstellen.

Ein konstruktiver Vorschlag kam vom russischen Präsidenten Wladimir Putin, den ich in seiner Sommerresidenz in Moskau besuchte.

Putin war zwar entschieden dagegen, dass der Iran ein Atomwaffen- oder auch nur ein Anreicherungsprogramm entwickelte, doch er stimmte mir zu, dass man dem Land eine attraktive Alternative zum Beispiel in Form von Atomtechnologie bieten müsse. Außerdem unterstützte er den Gedanken einer internationalen Liefergarantie für Kernbrennstoffe. Daneben schlug Putin ein internationales Lager für abgebrannte Brennstäbe vor, eine Idee, die ich sehr begrüßte. Ein multilateral kontrolliertes Zwischenlager könnte das Risiko der Verbreitung von Kernwaffen mindern und die Ausweitung der zivilen Nutzung der Kernenergie befördern. Ich hegte Hoffnungen, dass der russische Vorschlag ein Beitrag zur Beilegung der Krise sein könnte.[17]

Inzwischen suchten die IAEO-Inspektoren verstärkt nach der Herkunft des angereicherten Urans, dessen Spuren sie in verschiedenen iranischen Anlagen nachgewiesen hatten. Der Iran behauptete, die Teilchen stammten von kontaminierten Zentrifugen aus Pakistan, doch um das bestätigen zu können, mussten wir in Pakistan Proben nehmen und diese mit denen aus dem Iran vergleichen. Der Gouverneursrat der IAEO forderte alle »Drittstaaten« dringend auf, zur Aufklärung beizutragen, doch nach Auskunft des pakistanischen Abgesandten Ali Sarwar Naqvi hatten die Amerikaner Pakistan mitgeteilt, die bisherige Unterstützung für die IAEO sei vollkommen ausreichend. Offenbar hatten einige Kreise in Washington kein Interesse daran, die Herkunft der Kontaminierung aufzuklären.

Ich war die Manipulationen und Verzögerungen leid und bat Pakistan dringend um Unterstützung. Die Pakistani, die nicht dem Atomwaffensperrvertrag angehören, wollten unsere Inspektoren nicht in ihre Anreicherungsanlagen lassen, die sich auf militärischem Gelände befinden. Doch sie erklärten sich bereit, für uns Proben zu nehmen und auszuwerten.

Mitte August 2004 lagen die ersten Ergebnisse vor. Die Proben aus Pakistan stimmten weitgehend mit den radioaktiven Spuren überein, die wir in Natanz und bei Kalaye gefunden hatten. Die Beweise waren noch nicht ganz eindeutig, aber sie schienen die iranische Erklärung zu bestätigen.

Als die September-Sitzung des Gouverneursrats näher rückte, begann das vertraute Spiel der politischen Manipulationen. Kurz vor oder auch während der Sitzung wurde eine sensationelle Behauptung veröffentlicht und der Iran einer neuen Täuschung beschuldigt. Dem folgte eine Medienkampagne unter Federführung der amerikanischen Presse, die die Bedeutung dieser »Beweise« hochspielte und entschiedene Maßnahmen forderte. Daraufhin übergaben die Iraner der IAEO wichtige Informationen oder ließen die Inspektoren in letzter Minute eine Anlage untersuchen und schossen sich dabei ein Eigentor, weil die Zeit natürlich nicht mehr ausreichte, um die Ergebnisse dieser Inspektionen in den Bericht der IAEO aufzunehmen.

Bei der Einflussnahme auf die Sitzungen des Gouverneursrats machte diesmal wie so oft John Bolton den Anfang. In der BBC-Nachrichtensendung *Newsnight* prangerte er die Wiederaufnahme der Zentrifugenproduktion durch den Iran an. Der Iran sei längst keine Angelegenheit der IAEO mehr, »einer wunderbaren, aber obskuren Organisation in Wien«,[18] sondern müsse an den Weltsicherheitsrat verwiesen werden. Das war ironisch, denn Bolton ist kaum als Fürsprecher multilateraler Lösungen bekannt.

Am dritten Sitzungstag, kurz vor der Diskussion um den Iran, veröffentlichte das Institute for Science and International Security, ein Think-Tank, der sich mit der Verbreitung von Kernwaffen beschäftigt, eine Reihe von Satellitenbildern einer militärischen Anlage bei Parchin rund 30 Kilometer südöstlich von Teheran. Die Fotos wurden auf *ABC News* gezeigt und in dramatischen Worten von ISIS-Leiter David Albright beschrieben, der sich über die Möglichkeit ausließ, dass in Parchin möglicherweise Atomwaffentests durchgeführt wurden.[19] Wie auf Zuruf veröffentlichte die Nachrichtenagentur Associated Press am nächsten Tag die Meldung, ein »führendes Mitglied der amerikanischen Delegation« der IAEO sei »alarmiert« und nannte es eine »gravierende Unterlassung«, dass ich Parchin nicht in meinem Bericht für den Gouverneursrat erwähnt hatte.[20]

Das war Unsinn und ein wenig subtiler Versuch, den Eindruck zu erwecken, die IAEO sei voreingenommen. Die Organisation hatte Parchin schon seit längerem beobachtet und mit den iranischen Behörden die Möglichkeit erörtert, diese und andere militärische Einrichtungen zu besuchen. Wir wussten, dass Parchin eine Waffenfabrik war, in der chemische Sprengstoffe hergestellt und getestet wurden. Wir setzten unsere Untersuchung der Anlage fort, aber fanden keinerlei Hinweis auf kerntechnische Aktivitäten. Dieser Manipulationsversuch trug natürlich nicht dazu bei, den Iran an der Wiederaufnahme der Zentrifugenproduktion zu hindern.

*

Im Oktober 2004 gelang uns ein Durchbruch. Vertreter der EU-3, die die ganze Zeit über nach einer diplomatischen Lösung gesucht hatten, brachten die Nachricht aus Teheran, der Iran sei zu einer Diskussion über die Zukunft seines Atomprogramms bereit. Als Vorbedingung für die Aufnahme von Verhandlungen forderten die EU-3 eine erneute Aussetzung der Forschungen zur Anreicherung und Wiederaufarbeitung, und die Reaktion fiel positiv aus. Die Iraner waren bereit, für die Zeit der Verhandlungen freiwillig sämtliche Aktivitäten auf diesen Gebieten einzustellen.

Der Zeitpunkt war kritisch. Im Iran gewannen die Falken immer mehr an Einfluss auf die Politik. Ich hatte mich gerade mit Sirus Nasseri, einem iranischen Verhandlungsführer und klugen politischen Beobachter unterhalten. Nasseri meinte, fast alle Kandidaten der im kommenden Jahr anstehenden Präsidentschaftswahlen setzten auf eine Konfrontation mit dem Westen. Sie würden vermutlich eine antiamerikanische Kampagne führen, sich dann aber ein oder zwei Jahre später einen Verhandlungserfolg mit den Vereinigten Staaten auf die Fahnen schreiben wollen. Eine Konfrontation werde vermutlich den Einfluss der Revolutionsgarde stärken und einige der Reformen der vergangenen Jahre wieder zurücknehmen. Aus innenpolitischen Gründen könne der Iran sein Anreicherungsprogramm unmöglich dauerhaft einstellen, so Nasseri, egal wer die Wahlen gewann. Kein iranischer Politiker konnte es sich leisten, bei der Öffentlichkeit in Ungnade zu fallen, weil er ein Programm aufgab, das den Iran derartige Opfer abverlangt hatte. Sie machten sich keine Sorgen wegen eines amerikanischen oder israelischen Militärschlags, obwohl sie diese Möglichkeit ausführlich erörterten. Nachdem sie das technische Know-how erworben hatten, konnten sie jede zerstörte Anlage innerhalb weniger Monate unterirdisch wieder aufbauen.

Vor diesem Hintergrund stellte ein freiwilliger Aufschub eine große Chance dar. Das Problem war nur, dass keine der beiden Seiten den Umfang der aufgeschobenen Anreicherung genau definierte. Die Frage der Definition hatte eine lange Vorgeschichte. Die Teheraner Erklärung vom Oktober 2003 basierte auf einem freiwilligen Moratorium »aller Aktivitäten zur Urananreicherung und Wiederaufarbeitung«. Aber schloss dies auch den vorbereitenden Schritt der Urankonversion ein? Oder die Herstellung von Zentrifugen?

Nach stundenlangen Verhandlungen mit dem Iran wurde klar, dass ein neutraler Schlichter nötig war. Die EU-3 und ihre iranischen Kollegen wandten sich an die IAEO. Wieder fanden wir uns an der Schnittstelle von Technologie und Politik. Eine rein technische Definition hätte es bei der Verwendung von radioaktivem Material in einer Zentrifugenkaskade bewenden lassen. Damit wären die Iraner zufrieden gewesen, denn sie wollten so wenig Einschränkungen wie möglich. Doch da der Produktionsstopp Teil einer vertrauensbildenden Maßnahme sein sollte, wollten die Europäer die Definition weiter fassen.

Der Westen war unzufrieden gewesen, weil der Iran weitere Tests zum Konversionsprozess durchgeführt hatte, unter anderem zur Herstellung von UF_6, dem Ausgangsmaterial für die Anreicherung. Im August hatte der Iran beispielsweise mit der Verarbeitung von 37 Tonnen Yellowcake begonnen, um seine Urankonversionsanlage in Isfahan zu testen.

Die IAEO fand schließlich eine Definition, mit der alle Parteien leben konnten und die den Weg für Verhandlungen ebnete. Am 14. November unterschrieben der Iran und die EU-3 die sogenannte Pariser Einigung, in der sich beide Seiten zu Verhandlungen in redlicher Absicht verpflichteten. Der Iran stellte alle mit der Urankonversion in Zusammenhang stehenden Aktivitäten sowie den Bau und Test von Zentrifugen ein und unterbrach sogar den Import von Zentrifugenbauteilen. In der Einigung wurde die Einhaltung dieses Stopps als unabdingbare Voraussetzung für die Fortführung der Verhandlungen genannt. Die Verhandlungen selbst sollten weit über das Atomprogramm hinausgehen, auf eine engere wirtschaftliche, politische und militärische Zusammenarbeit ausgedehnt werden und auf »verbindliche Zusagen« für eine Unterstützung des Iran bei der Entwicklung der zivilen Kerntechnik hinauslaufen. Die EU-3 wollten außerdem Verhandlungen für einen Beitritt des Iran zur Welthandelsorganisation unterstützen. Beide Seiten kamen überein, in der Terrorismusbekämpfung zusammenzuarbeiten, sei es im Kampf gegen die al-Qaida oder die Modschahedin-e Chalgh. Schließlich erklärten beide Seiten ihre Unterstützung für einen Prozess, der auf die Etablierung einer verfassungsmäßig gewählten Regierung im Irak hinauslief.

Bei der Unterzeichnung hob Rowhani als iranischer Verhandlungsführer eine Reihe von Punkten hervor, die alle beteiligten Regierungen anerkennen sollten. Erstens war der Aufschub freiwilliger Natur und rechtlich nicht verbindlich. Zweitens sollte in den Verhandlungen kein Druck auf den Iran ausgeübt werden, sämtliche mit dem Brennstoffkreislauf zusammenhängenden Aktivitäten einzustellen. Die Europäer stimmten zu: Ihnen gehe es nicht um eine völlige Einstellung des Programms, sondern nur um eine »überprüfbare Garantie, dass das Atomprogramm des Iran ausschließlich zivilen Zwecken dient«.

Der Iran setzte die Einigung rasch um. Eine Woche später bestätigten die Inspektoren der IAEO, dass die fraglichen Aktivitäten eingestellt worden waren.

Die Unterzeichnung der Pariser Einigung war ein positives Signal für die Sitzung des Gouverneursrats im November. Die Amerikaner schienen zunächst einverstanden und brachten ihre Zufriedenheit über meine umfassende Darstellung unserer Inspektionen im Iran zum Ausdruck. Es war eine deutliche Abkehr von der Haltung, die sie zwei Monate zuvor eingenommen hatten, als sie derartigen Krawall um die Parchin-Fotos veranstaltet hatten.

Die Vereinigten Staaten versuchten noch nicht einmal, die neue Iran-Resolution des Gouverneursrats zu blockieren, obwohl sie ihnen nicht gefiel. Jackie Sanders, Bolton-Schützling und amerikanische Abgesandte, deutete an, dass sich im Iran nichts Wesentliches geändert habe, und ließ den Gouverneursrat wissen, die Aussichten seien »traurigerweise bekannt«. Sie machte klar, dass die Vereinigten Staaten den Iran zur Not auch im Alleingang und ohne Zustimmung des Gouverneursrats vor den Weltsicherheitsrat bringen würden. Trotzdem ließen sie die Resolution passieren.

Die Iraner für ihren Teil machten sich Hoffnungen, dass nun eine Wende erreicht sei. Während Sanders' Rede tat Nasseri so, als würde er einschlafen. Hassan Rowhani beschrieb die Pariser Einigung als »großen Erfolg«. In einem BBC-Interview sagte er, »die ganze Welt hat die amerikanische Forderung abgelehnt«, den Iran vom Weltsicherheitsrat verurteilen zu lassen. Nicht ganz ohne Übertreibung beschrieb er dem Publikum zu Hause die amerikanische Botschafterin als »wütend und weinend«. Die bevorstehenden Verhandlungen seien eine »historische Chance für den Iran und Europa, der Welt zu zeigen, dass die unilaterale Politik am Ende ist«.[21]

Die Einigung war jedoch der einfachere Teil. In meinen Gesprächen gewann ich den Eindruck, die Europäer verstünden, wie wichtig es war, dem Iran ein konkretes und sinnvolles Paket anzubieten. Am zuversichtlichsten waren die Deutschen. Die Briten waren zurückhaltender und wollten die Amerikaner zufriedenstellen. Die Franzosen befanden sich irgendwo dazwischen. Aber alle drei waren optimistisch und wussten außerdem die Unterstützung der G-8[22] im Rücken, die großzügige Zugeständnisse gegenüber dem Iran unterstützten.

Die Hoffnung auf eine umfassende diplomatische Lösung hielt sich einige Monate lang. Der Iran arbeitete gut mit der IAEO zusammen, und es standen nur noch wenige Inspektionsfragen aus. In der Sitzung des Gouverneursrats vom März 2005 stand der Iran erstmals seit knapp zwei Jahren nicht mehr auf der Tagesordnung – eine Tatsache, auf die der iranische Delegierte natürlich sofort hinwies. Es hieß sogar, die Vereinigten Staaten wollten sich den EU-3 anschließen und dem Iran weitere Anreize bieten.[23]

Aber im Iran wuchs die Besorgnis. Die Verhandlungen kamen nicht erkennbar voran. Rowhani wurde von der Regierung unter Druck gesetzt, für seine kooperative Haltung Fortschritte in Form von konkreten Ergebnissen vorzuweisen. Er drängte seine europäischen Gesprächspartner, die Iraner zumindest einen Teil ihrer Operationen wieder aufnehmen zu lassen, und seien es die Forschungen. Soweit ich das beurteilen konnte, hatte der Iran vor, eine Konversionsanlage und eine kleine Pilotanlage zur Anreicherung fertigzustellen und dann in den Verhandlungen mit den Europäern die industrielle Anreicherung in Natanz einige Jahre lang einzufrieren.

Im März 2005 legte Rowhani den Europäern diesen Vorschlag vor. Der Iran wollte die Pilotanlage mit 500 Zentrifugen beginnen und diese dann auf 3000 Zentrifugen ausbauen – weit entfernt von den 54 000 Zentrifugen, die in Natanz geplant waren. Es war ein erstes Angebot und offen für weitere Verhandlungen; Rowhani ging es darum, der iranischen Öffentlichkeit berichten zu können, dass der Iran sein Anreicherungsprogramm fortsetzen würde. Die IAEO sollte die Überwachung der Anlage übernehmen, und der Iran würde seine Anreicherung im industriellen Maßstab einstellen. Im Gegenzug hoffte der Iran auf westliche Kern- und andere Technologie, Handelsabkommen und zusätzliche Anreize.

Im Juni sollte im Iran gewählt werden, und die politischen Diskussionen wurden hitzig geführt. Als im Mai kein Angebot von den Europäern vorlag, sahen die Iraner dies als Verstoß gegen die Pariser Einigung und drohten damit, ihr Moratorium aufzukündigen. Die Europäer baten um mehr Zeit, um ein detailliertes Angebot auszuarbeiten. Der Iran erklärte sich bereit, bis August zu warten. Ende Juni wählten die Iraner Mahmud Ahmadinedschad, den Bürgermeister von Teheran, einen zutiefst religiösen Mann und einer der extremsten Hardliner unter den Kandidaten, zum Präsidenten. Kurz nach den Wahlen und lange vor Erhalt des europäischen Angebots machten iranische Offizielle klar, dass sie das Moratorium nicht in vollem Umfang fortsetzen würden. In diplomatischen Kreisen schlug die Stimmung um.

Weniger als zwei Monate später war der Tiefpunkt erreicht. Das Angebot der Europäer enthielt nur wenige der in Paris erörterten Zugeständnisse. Es beinhaltete keine Lieferung von Atomkraftwerken, sondern nur Forschungsreaktoren. Die Franzosen hätten dem Iran Kerntechnologie zur Verfügung stellen können, doch das französische Unternehmen Areva wollte seine Beziehungen zu seinem größten Auftraggeber, den Vereinigten Staaten, nicht gefährden. Die Vereinigten Staaten hatten sich geweigert, Areva grünes Licht zu geben, weshalb das Angebot nur einige vage Absichtserklärungen über den Zugang zu Märkten für Nukleartechnologie enthielt.

Nach allem, was ich gehört hatte, wollten die Europäer eine Art Basarverhandlung führen und hätten deshalb nicht gleich ihr volles Angebot vorgelegt. Diese Verhandlungstaktik erwies sich als katastrophaler Fehler. Das Angebot war mager und der Ton herablassend bis arrogant. Die Europäer gingen sogar so weit, dem Iran zu versprechen, man werde für die soziale Absicherung der iranischen Wissenschaftler sorgen, die nach der Einstellung des Atomprogramms arbeitslos würden. In der Pariser Einigung war, wie in der ursprünglichen Teheraner Erklärung, von »nachprüfbaren Garantien« die Rede gewesen, die der Iran erbringen müsse, dass sein Atomprogramm ausschließlich zivilen Zwecken diente. Im krassen Widerspruch zu allem, was sie Rowhani und seinen Kollegen zugesagt hatten, machten die Europäer aus diesen Garantien eine vollkommene Einstellung aller Aktivitäten, die in Zusammenhang mit dem Brennstoffkreislauf standen.

Die Iraner versuchten, die Europäer dazu zu bewegen, wenigstens die Urankonversion zuzulassen. Damit hätte die Regierung in der iranischen Öffentlichkeit zumindest ihr Gesicht wahren können und hätte nicht sämtliche Errungenschaften auf dem Gebiet der Kerntechnologie aufgeben müssen. Es wurde kurz diskutiert, ob der Iran UF_6 herstellen und zur Lagerung nach Südafrika verschiffen könnte. Doch selbst zu diesem symbolischen Zugeständnis waren die westlichen Länder nicht bereit. Kurz vor Bekanntgabe des Angebots bat ich auf einen Vorschlag von Nasseri hin die Europäer, wenigstens in ihrem Anschreiben darauf hinzuweisen, dass die Urankonversion noch zur Diskussion stand, um auf diese Weise das Scheitern der Verhandlungen vielleicht noch abzuwenden. Da die Franzosen das Paket vorbereiteten, richtete ich meine Bitte an den französischen Verhandlungsführer Stanislas de Laboulaye, doch ich erhielt zur Antwort, es sei zu spät. Die Europäer hätten bereits eine Einigung erzielt und wollten diese nicht mehr ändern.

Kurz vor der Bekanntgabe des Angebots der EU-3 deuteten die Franzosen den Iranern gegenüber an, was sie zu erwarten hatten. Als diese erkannten, wie dürr das Angebot nach monatelangen Verhandlungen ausfallen sollte, verloren sie jeden Glauben an den Prozess.

Am 3. August 2005 übernahm Mahmud Ahmadinedschad die Präsidentschaft des Iran und stellte seine neue Regierung zusammen. Zwei Tage später wurden Rowhani und seine Kollegen abgelöst, und Ali Laridschani wurde zum neuen Sekretär des Obersten Sicherheitsrats des Iran ernannt. Kurz darauf begannen die Iraner im nicht versiegelten Teil der Anlage von Isfahan mit der Urankonversion. Nachdem die

Regierung das europäische Angebot offiziell erhalten hatte, entfernten die Wissenschaftler die IAEO-Siegel vom Rest der Anlage.

Der Gouverneursrat der IAEO trat zu einer Sondersitzung zusammen und forderte den Iran auf, das Moratorium einzuhalten. Bei seiner nächsten ordentlichen Sitzung am 24. September ging der Rat einen Schritt weiter und beschrieb das Verhalten des Iran als Verstoß gegen die Auflagen. Damit war eine Diskussion im Weltsicherheitsrat unvermeidlich geworden. Die Irankrise trat in eine neue Phase.

*

Die Safeguard-Abkommen im Rahmen des Atomwaffensperrvertrags geben dem Gouverneursrat die Möglichkeit, bei einem Verstoß den Weltsicherheitsrat anzurufen. Im Falle des Iran hatte ich den Begriff Verstoß lange vermieden und stattdessen Synonyme wie »Nichteinhaltung« verwendet, um den Gouverneursrat nicht zu beeinflussen. Dieser hatte es in der Vergangenheit abgelehnt, den Iran an den Sicherheitsrat zu verweisen, und sich diese Möglichkeit vorbehalten, um in den Verhandlungen mit dem Iran einen Joker in der Hand zu behalten. Die Amerikaner wollten die Angelegenheit vom ersten Tag an vor den Sicherheitsrat bringen und hatten die IAEO kritisiert, weil sie nicht von einem Verstoß sprach.

Die Anrufung des Weltsicherheitsrats war umso zynischer, als dieser Verstoß nicht neu, sondern bereits seit zwei Jahren bekannt war. Die jüngsten Entwicklungen waren positiv gewesen, denn die Inspektoren hatten bei der Überprüfung des iranischen Atomprogramms erhebliche Fortschritte gemacht. Mit diesem Schritt sollte lediglich der Weltsicherheitsrat dazu gebracht werden, den Iran aufzufordern, seine Urananreicherung einzustellen und diese nach Kapitel VII der UN-Charta als »Bedrohung oder Bruch des Friedens« zu deklarieren.

Ich bin oft gefragt worden, ob die internationale Gemeinschaft an diesem Punkt eine Chance verpasste, eine Lösung in der iranischen Atomfrage herbeizuführen: Wenn die Europäer mehr Verhandlungsgeschick gezeigt und die Amerikaner den Export der französischen Technologie nicht blockiert hätten, wäre die Krise dann heute vorüber? Wir wissen natürlich nicht, was passiert wäre, wenn die eine oder andere Variable anders gewesen wäre. Für alle Beteiligten war die Situation außerordentlich komplex, und in der Kombination wurde sie noch komplexer. Es war unmöglich, mit Sicherheit zu sagen, welche Absichten welche der beteiligten Regierungen – die des Iran, der Vereinigten Staaten, der Gruppe der EU-3 und andere – wirklich verfolgte.

Im Iran glaubte man jedoch offenbar, dass man durch eine Zusammenarbeit mit der IAEO eine Erörterung des Atomprogramms vor dem Weltsicherheitsrat abwenden könnte und dass die Verhandlungen mit den Europäern ein Schritt auf dem Weg zu einem umfassenden Arrangement mit den Vereinigten Staaten waren. Das waren im Wesentlichen die politischen Ziele des Iran. Als sich diese nicht verwirklichen ließen – was mit dem europäischen Angebot im August 2005 und der Anrufung des Weltsicherheitsrats schmerzhaft deutlich wurde –, reduzierte der Iran postwendend seine Zusammenarbeit mit der IAEO, offenbar in der Hoffnung, den Westen auf diese Weise zu Zugeständnissen zu zwingen.

In den folgenden Monaten und Jahren wurde auch klar, dass der Westen mit seiner harten Haltung – der Weigerung, dem Iran auch nur einen kleinen Teil seines Atomprogramms zuzugestehen – nichts erreichte. Pragmatismus wurde durch Prinzipienreiterei ersetzt. Hätte die Gruppe der EU-3 dem Iran ein vernünftiges Paket mit konkreten Vorteilen angeboten, dann wären die Iraner meiner Einschätzung nach bereit gewesen, ihr Anreicherungsprogramm einzustellen oder sich zumindest auf die Forschung zu beschränken, während die Verhandlungen um eine umfassende Lösung weitergingen. Der Iran wollte Zugang zu westlicher Technologie, atomar wie konventionell, der ihm unter den amerikanischen Sanktionen verwehrt wurde. Das scheiterte am amerikanischen Widerstand. Damit wurde jedoch nur der Einsatz erhöht: Der Iran nahm seine Konversion und später auch seine Anreicherung von Uran wieder auf. Je mehr Zeit verstrich, desto höher wurde der Preis des Iran.

Die internationale Gemeinschaft gab die Verhandlungsbemühungen nicht sofort auf. Im November 2005 wurde dem Iran der Vorschlag gemacht, in Isfahan Uran zu konvertieren und das UF_6-Gas nach Russland zu transportieren, um dort Reaktorbrennstäbe für iranische Kraftwerke herzustellen. Doch der Widerstand dagegen ließ sich nicht überwinden.

6

LIBYEN

Den ersten Hinweis, dass mit dem Atomprogramm Libyens etwas nicht in Ordnung sein könnte, erhielt ich bei einem Gespräch in der britischen Botschaft in Wien. Es war Mai 2003, und das Thema des Gesprächs war vor allem der Iran. Fast nebenbei erwähnte ein führender Mitarbeiter des britischen Geheimdienstes MI6, dass es auch zu Libyen einige Fragen gebe. Er spielte auf einen Forschungsreaktor in Tajura an, einer Kleinstadt östlich von Tripolis, aber ging nicht näher darauf ein. Als ich ihn um Einzelheiten bat, versprach er, mich nach London einzuladen und mich dort ausführlich zu informieren.

Als Mitarbeiter des amerikanischen Außenministeriums Wind davon bekamen, dass sich der MI6 mit mir treffen wollte, schritten sie ein und drängten Großbritannien, die Informationen nicht an das IAEO weiterzugeben. Das war typisch: Die Vereinigten Staaten zögerten meist, nachrichtendienstliche Informationen weiterzugeben, selbst an den Generaldirektor einer Organisation der Vereinten Nationen, welche die Verbreitung von Kernwaffen verhindern soll. Die Briten waren in dieser Frage etwas entspannter.[1] Wie dem auch sei, acht Monate später hatte ich die versprochenen Informationen noch immer nicht erhalten.

Am 18. Dezember 2003 suchte mich mein britischer Assistent Graham Andrew in meinem Büro auf. Nach einem Hinweis, den er vom britischen Geheimdienst erhalten hatte, wollten Präsident Bush und Premierminister Blair eine gemeinsame Stellungnahme zu Libyen abgeben. Graham deutete an, es sei vielleicht ratsam, meine seit langem vorbereitete Indienreise zu verschieben, die für den kommenden Tag geplant war. Am selben Abend erhielt ich einen Anruf von Matuk Mohammed Matuk, dem stellvertretenden Premierminister Libyens, der zugleich Minister für Wissenschaft und Technologie war. Der Außenminister sei im Begriff zu verkünden, dass Libyen sein Programm zur Produktion von Massenvernichtungswaffen einstellen wolle, sagte er mir. Es war das erste Mal, dass ich von der Existenz eines libyschen Atomwaffenprogramms hörte. Matuk fragte mich, ob er mich in Wien besuchen und informieren könne. Meine Indienreise musste warten.

Am nächsten Tag erschien Matuk mit einer kleinen Armee von gut zwanzig Diplomaten, Wissenschaftlern und anderen Beamten. Matuk, ein kleiner Mann mit stechenden Augen und kohlrabenschwarz gefärbten Haaren, gehört seit vielen Jahren der libyschen Führungsspitze an. Er war respektvoll, professionell und nicht im Geringsten beschämt. Nach der allgemeinen Begrüßung setzten wir uns unter vier Augen zusammen und kamen zum Punkt.

Er berichtete mir, dass Libyen seit Jahren an einem Programm zur Urananreicherung arbeite.[2] Geräte, Know-how und Baupläne stammten von einem pakistanischen Atomwissenschaftler und Geschäftsmann namens Abdul Kadir Khan und einem Netzwerk von Unternehmen und Einzelpersonen. Während der Libyer sprach, wurde mir bewusst, dass ich zum ersten Mal Einblick in die Dimensionen und die Komplexität des atomaren Schwarzmarktes bekam. Er berichtete von der Unterstützung, die Libyen von Kontakten in Südafrika erhalten habe. Seine Darstellungen hatten einen multinationalen Flair: Zum Beispiel durchsuchte die italienische Küstenwache nach einem Hinweis britischer und amerikanischer Geheimdienste vor der apulischen Küste in der Nähe von Tarent das deutsche Frachtschiff *BBC China*, das in einer malaysischen Fabrik hergestellte Maschinen nach Libyen bringen sollte.

Bei seinem jüngsten Besuch in Tripolis hatte Khan zwei weiße Tüten mit dem Logo eines Schneiders aus Karatschi im Gepäck, in denen er Entwürfe für Atombomben mitbrachte. »Das können Sie vielleicht in Zukunft brauchen«, habe er zu Matuk gesagt. Der Minister habe die Tüten in seinen Safe gelegt, wo sie sich seither befänden.

Ich war erstaunt über die Ausmaße der geheimen kerntechnischen Aktivitäten Libyens, wie sie mir Matuk darstellte. Gleichzeitig fragte ich mich, ob die Internationale Atomenergieorganisation möglicherweise vor einer großen Entdeckung gestanden hätte, denn Libyen war Mitglied des Atomwaffensperrvertrags.

Seit neun Monaten habe Libyen mit britischen und amerikanischen Regierungsvertretern über die Bedingungen verhandelt, unter denen Libyen sein Programm zur Produktion von Massenvernichtungswaffen aufgeben würde. »Wir wollten die IAEO darüber informieren, aber sie haben uns nicht gelassen«, erklärte Matuk. Mir stellten sich die Nackenhaare auf, aber ich sagte nichts.

Am nächsten Tag besuchten mich Vertreter der amerikanischen und britischen Geheimdienste in meiner Privatwohnung, um mich zu informieren. Ich war ärgerlich und hielt nicht mit meinem Zorn hinterm Berg. »Sind Ihre Pflichten im Rahmen des Atomwaffensperrvertrags nicht ausreichend klar?«, fragte ich sie. »Libyen, die Vereinigten Staaten und Großbritannien sind Mitglieder des Atomwaffensperrvertrags. Wenn Sie feststellen, dass ein Mitglied gegen das Safeguard-Abkommen verstößt, sind Sie verpflichtet, das Inspektionsorgan, also die IAEO, zu informieren, damit wir geeignetes Maßnahmen ergreifen.«

Sie gingen gar nicht darauf ein. Kurz nach diesem Treffen rief mich Jack Straw aus London an. Er entschuldigte sich, dass ich nicht informiert worden sei, und erklärte mir, nur drei oder vier Angehörige der britischen Regierung hätten überhaupt Zugang zu diesen Informationen gehabt. Später rief mich Colin Powell an und sagte mir mehr oder weniger dasselbe: Sie hätten die Geschichte unter dem Deckel gehalten, da sie nicht wussten, welchen Verlauf die Verhandlungen nehmen würden. Sie wollten sich im Falle eines Scheiterns keine Blöße geben.

Powells Erklärung schien mir nicht schlüssig zu sein. Später erfuhr ich von einem Mitarbeiter des MI6, der eigentliche Grund für die Geheimhaltung seien die Hardliner in den Vereinigten Staaten gewesen. Man habe Angst gehabt, dass diese eine friedliche Lösung torpediert hätten, wenn sie von den Verhandlungen erfahren hätten. Deshalb seien sie erst informiert worden, als die Verhandlungen längst abgeschlossen waren.

Ich beschloss, das Beste aus der Situation zu machen und sofort nach Libyen zu reisen. Mit einer kleinen Gruppe von Experten der

IAEO flog ich zwischen Weihnachten und Neujahr zu einem Kurzbesuch nach Tripolis. Unsere libyschen Gesprächspartner brachten uns zu einer Reihe von Lagerhallen, in denen die Geräte gelagert waren. Es war offenbar nur ein kleines Programm gewesen. Die Libyer berichteten, sie hätten ein paar Zentrifugenkaskaden montiert und getestet, aber nur eine Kaskade aus neun Zentrifugen sei tatsächlich vollständig installiert und einsatzbereit gewesen. Keine der Zentrifugen sei mit radioaktivem Material getestet worden. Die Libyer erklärten uns, sie hätten noch keine Anreicherungsanlage im industriellen Maßstab errichtet und keine der erforderlichen Infrastrukturen geschaffen. Auch Einrichtungen zur Herstellung von Atomwaffen hatten sie keine.

Insgesamt hatten sie rund zwanzig vollständige Zentrifugen vom pakistanischen Modell P-1, das wir aus dem Iran kannten, und Bauteile für etwa zweihundert weitere. Außerdem hatten sie 10 000 Zentrifugen des neueren Modells P-2 bestellt, doch die meisten Bauteile, vor allem die Rotoren, waren noch nicht geliefert worden.[3] Offenbar hatte Khan die Rotoren bei einer südafrikanischen Firma bestellt, und als das Geschäft nicht zustande kam, hatte er sich an ein Unternehmen in Malaysia gewandt. Als Libyen sein Atomprogramm offenlegte, waren diese Rotoren noch nicht gefertigt worden.

In einer Pressekonferenz erklärte ich, das Programm befinde sich noch im Anfangsstadium. Trotzdem war ich besorgt. Die Maschinen zur Urankonversion waren professionell in Modulen montiert, was darauf schließen ließ, dass Libyen fachkundige Unterstützung aus dem Ausland erhalten haben musste. Gerade die Anordnung in Modulen machte mir Sorgen: Die Maschinen sahen aus wie ein atomarer Do-it-yourself-Baukasten. Wer auch immer die Anlage entworfen hatte, er hatte an den problemlosen Ausbau gedacht.

Das warf eine so einfache wie besorgniserregende Frage auf: Wer hatte noch auf diesem atomaren Schwarzmarkt eingekauft?

*

Bei unserem Besuch in Libyen wurde ich auch von Revolutionsführer Muammar al-Gaddafi eingeladen. Wir trafen uns in der Kaserne Bab al-Azizia im Herzen von Tripolis. Ich wartete in einem kühlen Raum in der Nähe des Eingangs und war froh, dass ich einen Mantel dabei hatte. Schließlich kam Bashir Saleh Bashir, einer von Gaddafis engsten Vertrauten, um mich zu begrüßen und mir die engste Zusammenarbeit der Regierung zuzusichern. Kurz darauf erschien Außenminister Abd al-Rahman Schalgem und geleitete mich nach drinnen.

Ich wurde in eine große beheizte Bibliothek geführt. Der Raum war spärlich möbliert, in den Bücherregalen standen verloren einige arabische Bücher. Oberst Gaddafi saß hinter einem großen Schreibtisch und bedeutete mir und Schalgem, ihm gegenüber Platz zu nehmen.

Gaddafi sprach leiser, als ich es erwartet hatte, und mit einer sonderbaren Mischung aus Freundlichkeit und Reserviertheit. Seine Begrüßung werde ich nicht vergessen: »Ich weiß nicht, wie ich das ausdrücken soll, aber was hat die ägyptische Regierung gegen Sie?« Rasch fügte er hinzu: »Die Ägypter behaupten, sie könnten uns beim Abbau unseres Waffenprogramms besser helfen als Sie und Ihre Kollegen von der IAEO.«

Dann fragte mich Gaddafi, ob ich ein Anhänger von Nasser sei. »Sie sind doch zu Nassers Zeit in Ägypten groß geworden. Sie müssen ein Nasser-Fan sein.«

»Ich bin kein Nasser-Fan«, erwiderte ich. Vermutlich war er etwas enttäuscht, denn angeblich war Nasser sein großes Vorbild. Aber ich fügte hinzu: »Nasser hatte einen sehr guten Blick und Prinzipien, aber er hat wenig davon umgesetzt.«

Daraufhin setzte Gaddafi zu einem Monolog an, um mir zu erklären, warum er das libysche Atomwaffenprogramm wieder einstellte. Er sei zu dem Schluss gekommen, dass Massenvernichtungswaffen nichts zur Sicherheit Libyens beitrugen. Man sollte sie loswerden, erklärte er, nicht nur in Libyen, sondern im gesamten Nahen Osten und weltweit. Ich stimmte ihm natürlich von Herzen zu.

Gaddafi schweifte ab. In glühenden Worten sprach er von der libyschen Rolle im Weltgeschehen und ließ Anekdoten Revue passieren, die nicht immer sonderlich ruhmreich gewesen waren. »Dieses kleine Libyen!«, sagte er stolz.

Mir fiel auf, dass Gaddafi eher bruchstückhaft über die weltweiten Sicherheitsbündnisse und Strukturen informiert zu sein schien. Als ich ihm beispielsweise den atomaren Schutzschirm der NATO beschrieb, holte er einen Bleistift und ein kleines Notizbuch hervor und machte sich einige Notizen. Dann sprach er in ernstem Ton über seinen Wunsch, Libyen zu entwickeln. Er wollte die Infrastruktur verbessern, Straßen bauen, libysche Studenten mit Stipendien an westliche Universitäten schicken und sein Land auf den Gebieten der Wissenschaft und der Technologie voranbringen. Dann bat er mich, diese Punkte gegenüber George Bush und Tony Blair besonders hervorzuheben.

Vor allem sollte ich Libyen in der Öffentlichkeit als Vorbild für einen atomwaffenfreien Nahen Osten darstellen. Ich versicherte ihm ein weiteres Mal, dass es auch mein Wunsch war, den Nahen Osten von Atomwaffen zu befreien, und versprach, mit meinen amerikanischen und britischen Kontakten über eine mögliche wirtschaftliche Zusammenarbeit mit Libyen zu sprechen. Später besprach ich das Thema mit Jack Straw und verschiedenen amerikanischen Regierungsvertretern, die erwiderten, sie hätten vor, auf die libyschen Bedürfnisse einzugehen. Es sei für alle von Vorteil, wenn Libyen seine wirtschaftliche und finanzielle Situation verbessere und seine Beziehungen zur internationalen Gemeinschaft normalisiere.

*

In Washington waren nicht alle gleichermaßen beglückt, dass ich gleich nach der Ankündigung von Bush und Blair nach Libyen gereist war. Offenbar hatten einige Leute Angst, sie müssten den Ruhm für die Entdeckung des libyschen Atomprogramms und die erfolgreichen Verhandlungen mit Gaddafi mit anderen teilen. Aber in meinen Augen konnte von Ruhm gar keine Rede sein. Aus meiner Sicht hatten es die Regierungen der Vereinigten Staaten und Großbritanniens versäumt, ihrer Pflicht nachzukommen und die IAEO über die geheimen Aktivitäten Libyens zu informieren. Jetzt, da wir über diese Informationen verfügten, war es unsere Pflicht, ihnen nachzugehen.

Ein Artikel der *New York Times* vom 2. Januar 2004 zitierte den libyschen Premierminister Schukri Ghanim, der die Vereinigten Staaten aufforderte, ihre Seite des Abkommens einzuhalten und die Sanktionen aufzuheben, die amerikanischen Ölfirmen die Zusammenarbeit mit Libyen verboten und libysche Vermögen im Wert von rund einer Milliarde US-Dollar eingefroren hatten.[4] Ghanim machte außerdem klar, dass seiner Ansicht nach die IAEO für die Überwachung der atomaren Abrüstung Libyens zuständig war.

Mit seiner Bemerkung so kurz nach meinem Besuch traf Ghanim offensichtlich einen Nerv. In dem Artikel wurde auch ein nicht namentlich genanntes »Mitglied der Bush-Regierung« zitiert, das meinen Besuch als »unangebrachte Publicity« bezeichnete und ausführte, dass britische und amerikanische Geheimdienstmitarbeiter und Atomexperten »die Abrüstung übernehmen würden«. Die Tatsache, dass nach dem Atomwaffensperrvertrag nur die IAEO das Recht hat, die kerntechnischen Aktivitäten der Mitgliedsstaaten zu überwachen, schienen ihnen entfallen zu sein.

Die Amerikaner waren ebenfalls nicht sonderlich glücklich über meine spontane Einschätzung, das libysche Atomprogramm befinde sich »im Anfangsstadium«. Der Coup ihrer Geheimdienste wäre natürlich in günstigerem Licht erschienen, wenn das Programm größer gewesen wäre oder Libyen gar unmittelbar vor dem Bau von Atomwaffen gestanden hätte. Meine Einschätzung wurde jedoch von den Inspektoren der IAEO bestätigt, die das Programm in den folgenden Wochen und Monaten umfassend überprüften.

Ein Beispiel war die libysche Urankonversionsanlage in Salah Eddin. Libysche Wissenschaftler hatten offenbar schon seit den achtziger Jahren mit Unterstützung von ausländischen Kollegen im Labor mit der Urankonversion experimentiert. Im Jahr 1984 hatte Libyen im Ausland eine Pilotanlage zur Urankonversion bestellt. Die Bauteile waren 1986 geliefert und dann bis 1998 in verschiedenen Lagerhallen rund um Tripolis aufbewahrt worden. Dann waren sie teilweise montiert und an einen Ort namens Al Khalla gebracht worden. Im Februar 2002 hatten libysche Wissenschaftler mit kalten Tests begonnen; zwei Monate später hatten sie die Anlage aus Angst vor einem möglichen Verrat wieder abgebaut, verpackt und an ihren gegenwärtigen Standort in Salah Eddin gebracht.

Wie umfangreich war die in Salah Eddin vorgenommene Urankonversion? Unsere Proben zeigten, dass Libyen in dieser Anlage nie mit Uran gearbeitet hatte. Die Pilotanlage hatte geringe Kapazitäten und war nicht in der Lage, Uranhexafluorid zu produzieren, das zur

Anreicherung verwendet wird. Selbst im Labor hatten libysche Wissenschaftler nie UF_6 hergestellt.

Die anderen Aspekte des libyschen Brennstoffkreislaufs waren hinsichtlich Umfang, Kapazität und Know-how ähnlich begrenzt. Die Anreicherungsanlage beschränkte sich auf einige wenige Zentrifugen, die nie mit radioaktivem Material getestet worden waren. Libyen hatte Ausrüstung zum Bau von Zentrifugen erworben, doch die Maschinen befanden sich noch in ihren Transportcontainern. Im Forschungsreaktor von Tajura hatten die Wissenschaftler einige Dutzend Uranplättchen bestrahlt, die jeweils rund 1 Gramm schwer waren, und winzige Mengen Plutonium erzeugt. Mit dem Einbau in Waffen hatten sie sich nicht beschäftigt. Sie hatten Pläne für Atomwaffen erhalten, doch die befanden sich noch in den Einkaufstüten in Matuks Safe.[5]

Während unsere Inspektionen noch im Gang waren, berichteten Reuters und andere Nachrichtenagenturen, die Experten aus den Vereinigten Staaten und Großbritannien seien im Begriff, nach Tripolis aufzubrechen, um die Atomanlagen abzubauen. Sofort rief ich den britischen IAEO-Botschafter Peter Jenkins an. Sollte der Abtransport beginnen, ehe die IAEO ihre Arbeit verrichtet hatte, würde ich eine Sondersitzung des Gouverneursrats einberufen, erklärte ich ihm. »Ich werde dem Rat mitteilen müssen, dass ich aufgrund des amerikanischen und britischen Eingreifens meiner Verantwortung im Rahmen des Atomwaffensperrvertrags nicht mehr nachkommen kann. Teilen Sie das bitte Ihrer Regierung mit.« Ich hatte keine Lust mehr auf diese Spielchen. Wenn nötig, wollte ich an die Öffentlichkeit gehen. Wenn es die Vereinigten Staaten und Großbritannien darauf anlegten, internationale Organisationen zu umgehen, dann wollte ich nicht länger schweigen.

Einige Tage später teilte mir Colin Powell mit, er schicke John Bolton und seinen britischen Kollegen William Ehrman zu mir nach Wien, um den Modus der Zusammenarbeit in Libyen zu erörtern. »Wir werden Ihr Kapital respektieren«, erklärte Powell und meinte damit offenbar unsere Erfahrung und unsere Aufgaben im Rahmen der internationalen Verträge. »Und wir haben natürlich unser Kapital«, fügte er hinzu.

»Ich verstehe«, erwiderte ich, »aber ich habe einen Auftrag, der mir von den Mitgliedsstaaten übertragen wurde, und den kann ich nicht abgeben.«

Powell beharrte nicht weiter. »Ich habe mich gestern Abend und heute Morgen mit Bolton besprochen. Er freut sich auf seine Gespräche mit Ihnen.«

Letzteres bezweifelte ich. Ich war Bolton erst ein Mal begegnet, und zwar im Jahr 2001, kurz nach seiner Ernennung zum Staatssekretär für Rüstungskontrolle und internationale Sicherheit im Außenministerium. Wir hatten uns auf eine Zusammenarbeit in der Nichtverbreitung von Kernwaffen und anderen Sicherheitsfragen verständigt. »Jetzt muss ich gegen das verstoßen, was ich in meinen Büchern schreibe«, hatte er damals halb im Spaß gemeint und bezog sich vermutlich auf seine abfälligen Bemerkungen zu den Vereinten Nationen.[6] Darauf hatte sich seine Zusammenarbeit mit der IAEO aber auch schon beschränkt. Aber was Powell mir zwischen den Zeilen zu verstehen gab, machte mir Mut: Bolton hatte ausdrückliche Anweisungen, keinen Ärger zu machen.

Und tatsächlich verlief unsere Begegnung ohne jeden Zwischenfall. Unser Gespräch fand am 19. Januar 2004 in der amerikanischen Mission in Wien ganz in der Nähe der IAEO-Zentrale statt. Bolton gab sich freundlich, wir gaben uns die Hand und gingen sofort zum Geschäftlichen über. Bolton war gekommen, um eine Einigung zu erzielen, und ich machte von vornherein klar, dass ich hinsichtlich der Rolle der Internationalen Atomenergieorganisation keine Kompromisse eingehen würde. Wir kamen überein, dass die IAEO ihre Inspektionen zunächst abschließen würde und die Vereinigten Staaten und Großbritannien die Anlagen dann laut Abkommen mit Libyen abtransportieren würden.

Unser Gespräch endete betont freundlich, sehr zur Erleichterung von William Ehrman, der offenbar eine Auseinandersetzung befürchtet hatte. Die Einigung funktionierte auch in der Praxis, vor Ort verlief die Zusammenarbeit zwischen unseren Inspektoren und den amerikanischen und britischen Experten reibungslos.

Die Libyer unterstützten den Prozess durch ihre volle Zusammenarbeit. Dank ihrer Bereitschaft, uns Informationen zur Verfügung zu stellen und Zugang zu gewähren, verlief die Arbeit der Inspektoren erfrischend einfach. Matuk besuchte mich regelmäßig in Wien, um mir zu versichern, dass die Inspektionen nach Plan verliefen, und um offene Fragen zu beantworten. Nach unseren Erfahrungen im Irak, in Nordkorea und im Iran war dies eine angenehme Abwechslung. Ende Januar hatten die Inspektoren ihre Überprüfung weitgehend abgeschlossen, und kurz darauf wurde ein großer Teil der Anlagen demontiert und wie vereinbart in die Vereinigten Staaten transportiert.

Am 23. Februar reiste ich ein weiteres Mal nach Tripolis. In dem Hotel, in dem ich übernachtete, schwärmten die westlichen Manager umher wie die Heuschrecken. Es hatte sich herumgesprochen, dass die Sanktionen bald aufgehoben werden sollten und man mit Libyen Geschäfte machen konnte. Vor allem fiel mir eine Gruppe von Ölmanagern ins Auge, die offenbar hofften, sich ein großes Stück vom Kuchen der libyschen Rohstoffvorkommen nehmen zu können. Die libyschen Regierungsmitglieder, mit denen ich sprach, versuchten händeringend, mit den vielen Veränderungen Schritt zu halten, und ich konnte nicht umhin zu denken, dass sie Gefahr liefen, über den Tisch gezogen zu werden.

»Unser Problem ist, dass wir kaum Manager haben«, erklärte mir Außenminister Schalgem. Das war nicht zu übersehen. Libyen war zwanzig Jahre lang isoliert gewesen, und viele talentierte Menschen hatten das Land verlassen. Mit Ausnahme einer Hand voll Experten, die im Westen studiert hatten (darunter auch einige Atomwissenschaftler), waren die libyschen Beamten extrem unerfahren.

Geheimdienstchef Mussa Kussa hatte eine Zeit lang in den Vereinigten Staaten gelebt, an der University of Michigan Soziologie studiert und als Magisterarbeit eine Gaddafi-Biografie geschrieben. Auch Schalgem hatte im Ausland gelebt und war lange Botschafter in Italien gewesen. Beide kannten sich auf dem internationalen Parkett aus. Wir sprachen darüber, wie wichtig es war, zu verhandeln und einen angemessenen Preis für die libyschen Rohstoffe zu erzielen. Außerdem sprachen wir über die wichtigen Beziehungen zwischen den Ländern Nordafrikas und des Nahen Ostens. Libyen wurde in der arabischen Welt kritisiert, weil es sich angeblich nach dreißig Jahren des Widerstands dem Westen in die Arme warf. Vor allem die Ägypter waren erbost, dass Libyen sie weder über ihr Atomprogramm noch über ihre Verhandlungen mit den Amerikanern und Briten informiert hatte. Nur wenige Monate zuvor hatte der ägyptische Präsident Mubarak noch in einer Rede behauptet: »Ich weiß, was Libyen hat, und ich weiß, dass es keine Massenvernichtungswaffen hat.« Rückblickend war das natürlich reichlich beschämend.

Die Libyer hatten Abdallah El Senussi, Chef des militärischen Geheimdienstes und Gaddafis Schwager, nach Ägypten geschickt, um die Wogen zu glätten. Doch als in der ägyptischen Presse Kritik laut wurde, weil Libyen sein Atomprogramm aufgab, rächte sich Gaddafi, indem er ägyptischen Staatsbürgern die Einreise erschwerte. Das war ein harter Schlag, denn in Libyen arbeiteten rund eine halbe Million Ägypter. Daraufhin stellten die Ägypter ihre Kritik ein und schickten eine Abordnung von Ministern nach Tripolis, um Gaddafi zu besänftigen und ihn zu bitten, seine Entscheidung wieder rückgängig zu machen. Man konnte leicht den Eindruck gewinnen, dass die ägyptisch-libyschen Beziehungen eher von den Launen der Herrscher abhingen als von rationalen Überlegungen.

Libysche Regierungsmitglieder kritisierten ihrerseits die ägyptische Regierung. Mubarak sei zu alt, um eine Führungsrolle zu übernehmen, egal ob zu Hause oder in der arabischen Welt. Ein Minister erklärte mir: »Ohne Ägypten ist die arabische Welt richtungslos. Wenn die Ägypter die Führung übernehmen, werden alle folgen.«

*

Libyens Bemühungen, seinen Status in der arabischen Welt zu wahren, wurden durch ein Medienspektakel torpediert, das der amerikanische Energieminister Spencer Abraham veranstaltete. Am 16. März erhielt ich einen Anruf von Matuk. Der stellvertretende Premierminister war verärgert. Abraham hatte 45 Journalisten zu einem Sicherheitskomplex in Oak Ridge, Tennessee, geflogen, um ihnen dort in einer dramatischen Geste die Gerätschaften aus den libyschen Atomanlagen vorzuführen. Der Energieminister hatte sein Podium strategisch vor teilweise geöffneten Containern platziert, in denen Zentrifugenteile zu sehen waren. Er bezeichnete die Übergabe als »großen, großen Sieg«

und erklärte, das gezeigte Material sei lediglich »die Spitze des Eisbergs«.

»Dank unserer Bemühungen um die Beseitigung der Atomanlagen in Libyen sind die Vereinigten Staaten und die Nationen der zivilisierten Welt heute in jeder Hinsicht sicherer geworden«, verkündete der Minister.[7]

Ganz abgesehen von der Beleidigung, die sich hinter Abrahams Hinweis auf die »zivilisierte Welt« verbarg, war seine Darstellung des libyschen Atomprogramms hoffnungslos übertrieben. Seine Behauptung, Libyen verfüge über 4000 Zentrifugen, war falsch, da die überwiegende Mehrzahl dieser Zentrifugen nicht vollständig war. Experten bestritten die Aussagen des Ministers. David Albright vom Institute for Science and International Security veröffentlichte eine Gegendarstellung und erklärte, in Tennessee seien nur Zentrifugengehäuse zu sehen gewesen, die jedoch ohne Rotoren nicht zu gebrauchen waren. »Damit kein Missverständnis aufkommt: Das libysche Programm war sehr ernst zu nehmen, und wir sind froh, dass es eingestellt wurde ... Aus unserer Sicht besteht das Problem darin, dass es dem Weißen Haus, das letztlich hinter der Pressekonferenz steht, derart um den Ruhm zu tun ist, dass es hoffnungslos übertreibt.«[8]

Matuks Anruf erreichte mich in Washington, wo ich Präsident Bush zu unserem zweiten Gespräch treffen sollte. Matuk bat mich, die Amerikaner in seinem Namen darauf hinzuweisen, dass diese Zurschaustellung Libyen im Inland und in der arabischen Welt geschadet habe, weil sie den Eindruck erweckte, die Vereinigten Staaten hätten Libyen unterworfen und entwaffnet. Die Amerikaner waren sich der Missachtung, die in dieser Aktion zum Ausdruck kam, entweder nicht bewusst oder es war ihnen gleichgültig. Den Libyern war es jedoch wichtig, darauf hinzuweisen, dass die Demontage der Atomanlagen in gegenseitigem Einvernehmen zustande gekommen war und dass die Abrüstung nach internationalem Recht und unter Aufsicht einer internationalen Behörde stattfand. Angesichts der zunehmenden antiamerikanischen Ressentiments im Nahen Osten wollte Libyen auf keinen Fall so aussehen, als habe es gegenüber dem amerikanischen Druck klein beigegeben.

Ich traf Bush am folgenden Tag. Als wir auf Libyen zu sprechen kamen, dankte er mir zunächst für die Zusammenarbeit zwischen der Internationalen Atomenergieorganisation und seiner Regierung. Ich erwiderte, dass es eine Reihe von Empfindlichkeiten gab, und erläuterte, wie negativ sich die Zurschaustellung der libyschen Gerätschaften vor der Presse auswirkte. Ich legte ihm dar, warum die Vereinigten Staaten meiner Meinung nach gut beraten wären, Gaddafi nicht als jemanden darzustellen, der sich an den Westen verkauft hatte. Gaddafi hatte im arabischen Lager bereits genug Kritiker, und wenn die Vereinigten Staaten und Großbritannien ihn obendrein als Verlierer darstellten, würde diese neue Partnerschaft an Wert verlieren.

Das leuchtete Bush ein. Eigentlich war eine zweite Pressekonferenz geplant, doch Bush ließ sie absagen. Stattdessen wollte er den stellvertretenden Außenminister nach Tripolis schicken, um Libyen Anerkennung und Respekt für seine Entscheidung zu zollen. »Ich will die Beziehungen zu Libyen normalisieren«, erklärte er und bat mich, ich solle Gaddafi dies bei Gelegenheit wissen lassen.

Trotzdem übten die Vereinigten Staaten in der Frage der Abrüstung weiter einseitigen Druck aus. Ende Mai 2004 berichtete mir Matuk, John Bolton dränge Libyen zur Unterzeichnung eines bilateralen Abrüstungsvertrags. Dieser sollte den Vereinigten Staaten das Recht geben, Maßnahmen zu ergreifen und beispielsweise Inspektionen durchzuführen, wenn Libyen seinen Verpflichtungen im Rahmen der Abmachung oder des Atomwaffensperrvertrags nicht nachkam. Matuk berichtete, die Amerikaner wollten außerdem die Vertraulichkeitsklausel der IAEO-Berichte über Libyen aufheben, um sich Zugang zu diesen Informationen zu verschaffen.

Ich riet Matuk, nichts dergleichen zu unterschreiben. Die Vertraulichkeitsklausel war bei Safeguard-Abkommen mit der Internationalen Atomenergieorganisation Standard, und ich war dagegen, dass irgendjemand Zugang zu unseren Informationen erhielt. Aus meiner Sicht waren keine weiteren Überwachungsmechanismen nötig, das Safeguard-Abkommen und die Satzung der IAEO reichten vollkommen aus. Wenn Libyen den Vereinigten Staaten nicht die Erlaubnis geben wollte, nach Gutdünken und unter jedem beliebigen Vorwand zu intervenieren, dann war ein bilaterales Abkommen kein vernünftiger Schritt. Matuk sah das ähnlich.

*

Anfang Juni traf ich Schukri Ghanim, den libyschen Premier- und späteren Ölminister, auf einer Konferenz im französischen Talloires. Wir waren befreundet, seit er Leiter der Untersuchungsabteilung der OPEC-Büros in Wien war. Er kündigte mir einen Besucher an: Saif al-Islam al-Gaddafi, den zweitältesten Sohn des Revolutionsführers, der den libyschen Vertrag mit den Vereinigten Staaten und Großbritannien ausgehandelt hatte.

Als mich die beiden in meiner Wohnung in Wien besuchten, stellte Ghanim Saif vor und ging. Es wurde rasch deutlich, dass Saif in einer breiten Palette von Fragen Orientierung und Rat suchte. Zunächst fragte er mich, wie Libyen in den Vereinigten Staaten und im Westen ganz allgemein wahrgenommen werde.

Ich hatte keinen Anlass, die Sache schönzureden. »Sie haben keinerlei Vertrauen zu Ihnen«, erklärte ich ihm. »Sie müssen dieses Vertrauen erst allmählich gewinnen.« Andererseits zeigten die Libyer jetzt die ernsthafte Absicht, das Land in eine neue Richtung zu führen und ein verantwortliches Mitglied der internationalen Staatengemeinschaft zu werden. Als solches habe es die Möglichkeit, auf Gebieten wie Bildung, Finanzen und in anderen für das Land wichtigen Bereichen Unterstützung zu erhalten.

Saif verwies auf den Mangel an erfahrenen und gut ausgebildeten Managern in der Regierung. Das Thema kehrte ständig wieder. Ich riet ihm, einige Manager der mittleren Führungsebene ins Ausland zu schicken oder Managerkurse nach Tripolis zu holen, um diesem Mangel mithilfe von außen zu begegnen. Die Schwächen der Infrastruktur seien umso schwerer zu beheben, je mehr Zeit verstrich. Libyens jahrzehntelange Isolierung hatte einen hohen Preis gefordert.

Ich erinnerte mich, dass es 1964 einen Nonstop-Flug zwischen New York und Tripolis gab, das damals als Mittelmeermetropole galt. Im Jahr 1970 war Scheich Zayid, der damalige Präsident der Vereinigten Arabischen Emirate, nach Libyen gekommen, um einen Kredit aufzunehmen und sich operieren zu lassen. Seither waren die Emirate zu einem wichtigen Wirtschaftsstandort aufgestiegen, und Libyens Stern war stetig gesunken.

Gaddafis Regierungsstil hatte gelegentlich etwas Schrulliges. Irgendwann ließ er beispielsweise alle Friseurläden in Libyen schließen, weil er das Barbierhandwerk für unproduktiv hielt. In dieser Zeit mussten sich die Libyer entweder selbst die Haare schneiden oder ihre Friseure an geheimen Orten aufsuchen.

Als Kofi Annan nach Libyen kam, verkündete Gaddafi, der wegen der neuesten Sanktionen der Vereinten Nationen verärgert war, er werde Kofi Annan nachts und in einem Zelt mitten in der Wüste empfangen. Gaddafis Entourage fuhr Annan erst stundenlang kreuz und quer durch die stockfinstere Wüste. Die Stille der Nacht wurde hin und wieder von den Schreien unsichtbarer Tiere durchbrochen.

Eine andere denkwürdige Anekdote war Jacques Chiracs erster Libyenbesuch im November 2004. Auch er durfte Gaddafi in einem Zelt treffen. Der libysche Staatschef hatte allerdings dafür gesorgt, dass das Zelt während des Gesprächs gereinigt wurde und dass später eine Ziege hereinstreunte. Es war nicht klar, was Gaddafi mit diesen Possen bezweckte; vermutlich wollte er seine Ablehnung gegenüber einer Maßnahme Frankreichs oder der Vereinten Nationen zum Ausdruck bringen oder einfach bloß klarmachen, dass ihn das diplomatische Protokoll für die Besuche ausländischer Würdenträger nicht interessierte.

Wie dem auch sei, die Folgen der jahrelangen Isolation und der mangelnden internationalen Erfahrung waren überall sichtbar – ob im Mangel an gut ausgebildeten Führungskräften, der fehlenden modernen Infrastruktur oder in den Besonderheiten seiner Innen- und Außenpolitik –, gleichwohl strömten die westlichen Regierungen und Unternehmen herbei, um die Ressourcen des Landes aufzukaufen.

Während ich die Rückkehr Libyens auf das internationale Parkett verfolgte, machte ich eine Reihe besorgniserregender Beobachtungen. Erstens war ich besorgt, mit welcher Leichtigkeit ein isoliertes, mit Sanktionen belegtes und wissenschaftlich, industriell und politisch kaum entwickeltes Land in der Lage gewesen war, Massenvernichtungswaffen und ein rudimentäres Atomwaffenprogramm zu erwerben. Und zweitens war ich beunruhigt, wie bereitwillig die internationale Gemeinschaft einer schnellen und einfachen Lösung für dieses Problem zustimmte.

In Libyen und anderswo liegen die Gründe für den Aufbau eines heimlichen Atomwaffenprogramms meist Jahrzehnte zurück. Diese Gründe lassen sich nicht durch ein einziges Abkommen beseitigen, schon gar nicht durch rasch erdachte Sanktionen, einen schnellen Bombenangriff oder sporadische diplomatische Initiativen. Die Demontage gefährlicher Gerätschaften und Materialien ist nur der erste Schritt eines komplexen Prozesses. Nachhaltige Veränderungen erfordern langfristiges Engagement für eine Beziehung, die auf gegenseitigem Respekt und Vertrauen basiert. Es wird sich zeigen, inwieweit es Libyen gelingt, eine solche Beziehung zu seinen internationalen Verhandlungspartnern aufzubauen.

Und drittens war ich einmal mehr betroffen, wie bereitwillig die verschiedenen Beteiligten gegen ihre Verpflichtungen im Rahmen von internationalen Verträgen verstießen und Informationen zurückhielten beziehungsweise falsche Angaben machten: Libyen, das vorgab, den Atomwaffensperrvertrag einzuhalten, während es gleichzeitig ein Atomwaffenprogramm entwickelte; und die Vereinigten Staaten und Großbritannien, die ihre Erkenntnisse über dieses Programm zurückhielten und erst dann an die IAEO weitergaben, als es ihren Interessen entgegenkam, nur um ihre Bedeutung dann zu übertreiben, um politische Punkte zu sammeln. Ich fragte mich, wie lange die internationale Gemeinschaft dieses Verhalten noch hinnehmen könnte, bevor sie den Sinn des Atomwaffensperrvertrags infrage stellt.

7

DER ATOMBASAR VON A. K. KHAN

Die Entdeckung des Netzwerks von Abdul Kadir Khan markierte die dritte einer ganzen Reihe von tiefgreifenden Veränderungen des atomaren Status quo. Die erste ging auf den Beginn der neunziger Jahre zurück, als Länder wie der Irak und Nordkorea, die dem Atomwaffensperrvertrag angehörten, bewusst und heimlich gegen dessen Auflagen verstießen. Libyen war nur das jüngste Beispiel.

Die zweite Veränderung folgte mit den Terroranschlägen des 11. September 2001 in den Vereinigten Staaten, als sich die Erkenntnis durchsetzte, dass nicht nur Staaten, sondern auch Extremistengruppen ein Markt für radioaktives Material waren. Die Anschläge ließen bei Atomexperten die Alarmglocken schrillen: Was wäre, wenn eine Terrorgruppe Zugang zu radioaktivem Material erhielt und eine schmutzige Bombe baute?[1] Oder schlimmer noch: Wenn sie genug Atommaterial zusammenbekäme, um eine primitive Kernwaffe zu bauen? Das Risiko wurde deutlich, als Beweise dafür auftauchten, dass sich al-Qaida Massenvernichtungswaffen beschaffen wollte.

Die internationale Gemeinschaft reagierte mit einer dramatischen Neubewertung des Schutzes ihrer Atomanlagen und radioaktiven Materialien. Innerhalb weniger Monate sprang das jährliche Sicherheitsbudget der IAEO von 1 auf 30 Millionen US-Dollar, zum überwiegenden Teil durch freiwillige Zuwendungen. Die IAEO entsandte Missionen in Länder wie Georgien und andere ehemalige Sowjetrepubliken, um dort zurückgelassene radioaktive Materialien ausfindig zu machen. Weltweit verstärkten Kernkraftwerke, Forschungsreaktoren und andere Atomanlagen ihre Sicherheitsvorkehrungen. Szenarien für die potenzielle Sabotage von Atomanlagen wurden überprüft.

Die Reaktion auf die Bedrohung war keineswegs homogen. Westliche Regierungen und Nichtregierungsorganisationen spendeten der Internationalen Atomenergieorganisation Geld für zusätzliche Sicherheitsaufgaben. Doch viele Entwicklungsländer sperrten sich dagegen, diese zusätzlichen Aufwendungen fest in das Budget der IAEO aufzunehmen. In nicht öffentlichen Debatten verwiesen sie auf das traditionelle Gleichgewicht der IAEO zwischen der Förderung der zivilen Kerntechnologie (etwa bei der Krebsbehandlung oder der Steigerung der landwirtschaftlichen Produktivität) und den Kontrollaufgaben. Sie befürchteten, die massive Aufstockung des Sicherheitsbudgets könne zu einer Dauereinrichtung werden und sie könnten gezwungen werden, sich daran zu beteiligen.

Diese Meinungsverschiedenheit war nur ein weiterer besorgniserregender Hinweis auf den Nord-Süd-Konflikt innerhalb der Organisation. Viele Entwicklungsländer waren der Ansicht, dass das Thema Sicherheit vor allem die westlichen Industrienationen betraf, weshalb diese auch finanziell dafür aufkommen sollten. Das war jedoch zu kurz gedacht: Die Bedrohung betraf auch kleinere, weniger entwickelte Nationen, wie unsere Ermittlungen zum Schmuggel von radioaktivem Material und unsere weltweit angeforderten Sicherheitseinsätze bewiesen. In den folgenden Jahren wirkte die IAEO bei der Verbesserung der Sicherheitsvorkehrungen an mehr als 100 Anlagen in 30 Ländern mit, führte Sicherheitsworkshops in 120 Ländern durch, verteilte mehr als 3000 Strahlenmessgeräte und sicherte fast 5000 Strahlenquellen in aller Welt.

Nach dem, was wir im Iran und Libyen beobachtet hatten, wussten wir Anfang des Jahres 2004, dass wir vor einer dritten Veränderung der Atomlandschaft standen: der Ausweitung des Schwarzmarkts für kerntechnische Materialien und Geräte. Wenn der Markt für ein Gleichgewicht von Angebot und Nachfrage sorgt, dann waren die ersten beiden Veränderungen ein Hinweis auf die gestiegene Nachfrage durch Staaten oder Extremistengruppen, die radioaktives Material und Kernwaffentechnologie erwerben wollten. Der Aufbau eines illegalen Beschaffungsnetzwerks durch A. K. Khan und seine Leute stellte die Angebotsseite der Gleichung dar. Als wir in den folgenden Jahren unsere Ermittlungen verstärkten, stießen wir auf mehr als 1300 Fälle von illegalem Handel mit radioaktivem Material. Wir hatten eine Art atomaren Supermarkt entdeckt.

*

Was treibt einen Mann wie A. K. Khan an? Die Antwort hat vermutlich zum Teil mit seiner Biografie zu tun. Khan selbst berichtete, er habe als Jugendlicher in Indien das Massaker miterlebt, das die hinduistische Mehrheit unter der muslimischen Minderheit anrichtete. Während der Teilung des Landes im Jahr 1947 wanderte er mit seiner Familie in das neu gegründete Pakistan aus. Zwei Jahrzehnte später, während Khan in Belgien für seine Doktorarbeit in Metallurgie forschte, wurde Pakistan durch den Krieg mit Indien zerstört: Seine Armee wurde dezimiert, und es musste Bangladesch abtreten. Im Jahr 1972, kurz bevor Indien seine erste Atombombe zündete, nahm Khan eine Stelle bei einem Zulieferer von URENCO[2] an, einem britisch-deutsch-holländischen Konsortium, das Hochleistungszentrifugen zur Urananreicherung entwickelte und ein wichtiger Akteur auf dem Markt für Kernbrennstoffe werden sollte.

Was das Motiv für Khans Projekt nationalistischer Eifer? War es persönlicher Ehrgeiz oder Gier? Oder war es religiöser Wahn und der Wunsch, Atomwaffen in die Hände von Muslimen zu geben, die seiner Ansicht nach unterdrückt wurden? Es ist schwer zu sagen, zumal die IAEO nie die Erlaubnis bekam, Khan direkt zu befragen. Es ist jedoch unbestritten, dass Khan bei seiner Rückkehr nach Pakistan als Leiter der Engineering Research Laboratories (die später in Khan Research Laboratories umbenannt wurden) die Mittel mitbrachte, um die kerntechnischen Kapazitäten seines Landes dramatisch zu vergrößern: gestohlene Pläne von URENCO-Zentrifugen und Kontakte zu Unternehmen, über die er Material und Geräte zur Urananreicherung sowie andere Teile des Brennstoffkreislaufs beschaffen konnte. Unbestritten ist auch, dass Khan mit seinen Aktivitäten auf dem Schwarzmarkt seit Ende der achtziger Jahre ein Vermögen von angeblich mehr als 400 Millionen US-Dollar anhäufen konnte. Bevor Khans Netzwerk aus

Zulieferern, Herstellern und Mittelsmännern aufflog, war es ein hochentwickeltes, weit verästeltes System von globaler Reichweite.

Nachdem wir im Iran und Libyen erste Hinweise auf die Aktivitäten von A. K. Khan erhalten hatten, nahm Olli Heinonen, der Direktor der Abteilung für Safeguard-Abkommen, der für den Iran verantwortlich war, die Ermittlungen auf. Dank der Nachforschungen, die er und seine Kollegen durchführten, stießen wir auf immer mehr Puzzleteile: Dutzende Transaktionen, Namen und Standorte wichtiger Lieferanten sowie Hinweise auf die Methoden einiger Mittelsmänner. Natürlich nahmen auch die deutlich besser ausgestatteten Geheimdienste die Spur auf und gaben uns gelegentlich Hinweise, die uns bei unserer eigentlichen Aufgabe, der Rekonstruktion der Atomprogramme im Iran, in Nordkorea, in Libyen und anderswo, halfen.

Die Untersuchungen der IAEO bezogen sich vor allem auf die Verfolgung der Zulieferkette für verschiedene Komponenten. In Bestellungen, Lieferscheinen, Betriebsaufzeichnungen und gelegentlich auch Kontoauszügen fanden wir Adressen, Unternehmen und Kontakte. Über die Etiketten an den Geräten machten wir mutmaßliche Lieferanten ausfindig, über Seriennummern (sofern sie nicht entfernt worden waren) identifizierten wir Ort und Zeitpunkt ihrer Herstellung. Und natürlich führten wir auch Befragungen durch, um beispielsweise die Information, die uns iranische und libysche Regierungsvertreter und Wissenschaftler gaben, mit den Aussagen von Mittelsmännern abzugleichen.

Langsam setzte sich das Bild zusammen. Die erste bekannte Transaktion des Khan-Netzwerks geht auf das Jahr 1987 zurück, als sich zwei von Khans Partnern in Dubai mit drei Iranern trafen, um ein Geschäft mit Zentrifugenbauteilen und -plänen zu vereinbaren. Das einzige Dokument dieser Begegnung war ein einseitig beschriebenes Blatt Papier, das an eine Einkaufsliste erinnert. Im Rahmen des Geschäfts erhielt der Iran auch eine Liste von Unternehmen in Europa und in anderen Teilen der Welt, bei denen weitere, für das Atomprogramm erforderliche Technologie zu bekommen war.

Khans engster Stellvertreter war offenbar Buhary Sayed Abu Tahir, ein Geschäftsmann aus Sri Lanka und Besitzer von SMB Computers, einem Familienunternehmen mit Sitz in Dubai. Tahirs Kontakt zu

Khan begann, als dieser bei SMB Computers eine Klimaanlage für die Khan Research Laboratories bestellte. Im Laufe der Zeit wurde dieser Kontakt immer enger, und schließlich agierte Tahir als Kontakt für verschiedene Mittelsmänner des Netzwerks. Als der Iran im Jahr 1994 seine zweite große Bestellung aufgab, arrangierte Tahir die Lieferung von zwei Containern mit gebrauchten Zentrifugen von Dubai in den Iran in einem iranischen Handelsschiff. Als Seehandelszentrum mit großzügigen Zollbestimmungen war Dubai eine geeignete Operationsbasis. Khan erwarb eine Wohnung an der Al Maktoum Road, einem vornehmen Stadtteil, von der aus er sein Netzwerk dirigierte.

Ein weiteres Zentrum des Netzwerks war Malaysia. Dort ließ Tahir, dessen Frau aus Malaysia stammte, in dem feinwerktechnischen Unternehmen SCOPE[3] Zentrifugenbauteile fertigen. Der Schweizer Urs Tinner, Sohn des langjährigen Khan-Partners Friedrich Tinner, half Tahir, eine SCOPE-Fertigungsanlage im malaysischen Shah Alam zu errichten, und leitete dort die Produktion. Das Rohmaterial, hochwertiges Aluminium, wurde in Singapur eingekauft. Da die Teile einzeln gefertigt wurden und einige auch in Haushaltsgeräten und anderen gewerblichen Apparaten hätten verwendet werden können, machte sich das Management von SCOPE keine Gedanken über den Verwendungszweck der hergestellten Teile.

Nach eigenen Ermittlungen und in Zusammenarbeit mit anderen Organisationen griff die malaysische Polizei im Mai 2004 zu und verhaftete Tahir in Kuala Lumpur, mit der Begründung, er stelle eine Gefahr für die Sicherheit dar. Die IAEO versuchte wiederholt, Tahir zu sprechen, und nach einigen Monaten erhielten unsere Inspektoren schließlich die Erlaubnis, Tahir zu befragen.

Dabei erfuhren wir, dass das Netzwerk nicht hierarchisch organisiert war, sondern ein loser Verbund von Unternehmern, Ingenieuren, Bekannten und zum Teil von Familienmitgliedern. Es gab zahlreiche Mittelsmänner. Einige Namen kamen schließlich an die Öffentlichkeit, als die jeweiligen Regierungen besagte Personen wegen verschiedener Delikte suchten. Gotthard Lerch war ein deutscher Staatsbürger, der in der Schweiz lebte. Der Brite Peter Griffin lebte in Frankreich und wurde bei Prozessen in Deutschland und Südafrika als Mitglied des Khan-Netzwerks genannt; er gab an, Khan zu kennen, stritt aber jede Beteiligung an illegalen Atomprogrammen ab und wurde nie angeklagt. Johan Meyer war der südafrikanische Besitzer einer Ingenieursfirma; die Anklagen gegen ihn wurden fallen gelassen, als er sich bereiterklärte, gegen den Deutschen Gerhard Wisser auszusagen, der in Südafrika lebte und angeblich den Kontakt zwischen Meyer und Khan hergestellt hatte. Auch der Schweizer Ingenieur Daniel Geiges, der in Südafrika lebte, wurde von Meyer belastet.

Wir fanden heraus, dass wie auf jedem anderen Markt sowohl Käufer als auch Verkäufer die Initiative ergriffen. Der Iran hatte beispielsweise nicht nur über Khan, sondern auch über etliche Regierungen versucht, Teile zum Bau seiner Atomanlagen zu beschaffen. Ein ranghoher Beamter der südafrikanischen Atomenergiekommission berichtete mir beispielsweise, Mitte der neunziger Jahre habe der iranische Energieminister versucht, sensible Atomtechnologie in Südafrika zu erwerben. Das Land hatte die Anfrage zurückgewiesen: Südafrika war kurz zuvor dem Atomwaffensperrvertrag beigetreten, und seine Technologie stand nicht zum Verkauf.

Das Netzwerk ging oft äußerst geschickt vor. Die Beschaffung streng kontrollierter Geräte, für die sich Exportkontrolleure interessieren könnten, organisierte es in der Regel über Zwischenhändler und mithilfe gefälschter Papiere, mit denen sich die Endkunden tarnten. Wie im Falle von SCOPE kannten die Hersteller den Verwendungszweck oft nicht, vor allem wenn die betreffenden Teile genauso gut in der Ölförderung, der Trinkwasseraufbereitung oder anderen Industriebranchen eingesetzt werden konnten.

Manchmal handelte es sich bei den Zwischenhändlern um tatsächlich existierende Unternehmen, bei anderen Gelegenheiten gründeten Khans Partner in Dubai eine Briefkastenfirma, führten die Transaktion durch und ließen das Scheinunternehmen danach wieder verschwinden. Zahlungen wurden auf Konten in anderen Ländern getätigt, um die Verfolgung zu erschweren. Der Iran zahlte große Summen in bar, und Khan wusch das Geld über Goldhändler und andere Unternehmen in Dubai, die vor allem über Bargeld operieren.

Eine der einfachsten und wertvollsten Waren Khans war seine lange Liste von Kontakten: Einzelpersonen und Unternehmen, welche die für ein Atomprogramm erforderlichen Geräte und Materialien herstellen oder besorgen konnten. Während seiner Anstellung im niederländischen Labor Fysisch-Dynamisch Onderzoek, einem Subunternehmen von URENCO, hatte Khan beispielsweise mit hochfesten oder Maraging-Stählen gearbeitet. Er kannte Ingenieurs- und Produktionsfirmen, über die er Maraging-Stahl für die Zentrifugen-Rotoren beziehen konnte. Über seine Kontakte verschaffte er seinen Klienten Zugang zu wichtigen Lieferanten.

Eines der aufwändigsten Projekte führte das Netzwerk in einer Fabrik im südafrikanischen Vanderbijlpark durch, einer kleinen Bergwerksstadt in der Nähe von Johannesburg. Dazu gehörte unter anderem der Bau eines modularen Verarbeitungssystems für die Urananreicherung, allerdings noch ohne die Zentrifugen. Das System war vollständig und mit allen erforderlichen Pumpen, Ventilen, Druckkesseln, Stahlbehältern und Rohren versehen, über die UF_6 durch die Zentrifugenkaskaden geleitet wird. Die Kaskaden waren in Folgen angeordnet, die das Natururan zunächst auf 3,5 Prozent ^{235}U anreicherten und schließlich auf waffenfähiges Uran mit einem Anteil von 90 Prozent des radioaktiven Urans. Der Fabrikbesitzer bezeichnete die Anlage als »Kunstwerk«.

Die südafrikanische Polizei erhielt einen Tipp und griff im September 2004 in Zusammenarbeit mit der südafrikanischen Atomenergiebehörde[4] und der IAEO zu. Die Systeme waren zerlegt und in Containern verpackt worden und warteten auf die Auslieferung.

Atomexperten waren von der ausgedehnten Operation in Südafrika überrascht. Das Land selbst hatte sein Atomwaffenprogramm bereits vor geraumer Zeit eingestellt. Die politische Führung Südafrikas hatte sich zu einem expliziten Gegner der Verbreitung von Kernwaffen und einem Befürworter der atomaren Abrüstung gewandelt. Die Entdeckung der heimlichen Aktivitäten von Privatleuten unterstrich, wie wichtig eine Verstärkung der nationalen Überwachung der Fabrikation und des Handels mit atomrelevanten Exportartikeln war.

Südafrika war keineswegs das einzige beteiligte Land. Die Einzelheiten des Netzwerks, die Zug um Zug bekannt wurden, lasen sich wie der Bericht einer Weltreise. Ein deutscher Zulieferer hatte die Vakuumpumpen hergestellt. Ein spanischer Mittelsmann hatte zwei spezielle Drehbänke besorgt. Ein aus Ungarn stammender Israeli und früherer

Offizier, der in Südafrika arbeitete, wurde im Wintersportort Aspen in Colorado verhaftet, weil er Pakistan mit Zündern versorgt hatte, die auch für Atomwaffen verwendet werden können. Ein britischer Ingenieur hatte Pläne für eine libysche Maschinenfabrik erstellt, in der Zentrifugenteile hergestellt werden sollten. Die Heizkessel stammten aus Italien. Spannungswandler und andere elektronische Bauteile waren in türkischen Fabriken produziert worden, und die Teile dazu stammten aus verschiedenen europäischen Ländern. Alles in allem stieß die IAEO bei ihren Ermittlungen auf mehr als dreißig beteiligte Unternehmen in ebenso vielen Ländern.

*

Nur ein Jahr zuvor hatten die IAEO-Inspektoren im Irak nach nicht vorhandenen Waffen gesucht. Jetzt, Anfang 2004, schienen wir überall auf Hinweise für die reale Verbreitung von Kernwaffen zu stoßen. Libyen hatte sein Atomwaffenprogramm offengelegt. Nordkorea näherte sich dem Bau seiner ersten Atombombe. Der Iran hatte nach sorgfältigen Inspektionen bekannt, zwei Jahrzehnte lang am Aufbau eines Brennstoffkreislaufs gearbeitet zu haben. Und wir konnten nicht sagen, wie weit oder wohin sich das Khan-Netzwerk ausgedehnt hatte.

Am 12. Februar 2004 veröffentlichte ich einen Artikel in der *New York Times*, in dem ich auf das Khan-Netzwerk aufmerksam machte und ausführte, dass der Atomwaffenmarkt florierte, auf der Angebotswie auf der Nachfrageseite. Ich schlug eine Reihe von Maßnahmen vor, um dieser Entwicklung entgegenzuwirken: verschärfte Exportkontrollen, eine Unterzeichnung des Zusatzprotokolls durch alle Mitglieder des Atomwaffensperrvertrags, ein Verbot eines Rücktritts von diesem Vertrag, eine Neuauflage der Verhandlungen um den Vertrag über das Verbot der Herstellung spaltbaren Materials für Kernwaffen[5] sowie einen Fahrplan zur atomaren Abrüstung der Kernwaffenstaaten.

Mir war jedoch klar, dass diese Punkte lediglich die technische Seite ansprachen. Die Wurzeln des Problems lagen sehr viel tiefer, in der extremen wirtschaftlichen und gesellschaftlichen Ungleichheit zwischen Nord und Süd, der Asymmetrie der internationalen Sicherheitspolitik, die zweierlei Maß anlegte, und den Konflikten und Spannungen, die in bestimmten Regionen weiter schwelten. »Wir müssen endlich auch die eigentlichen Ursachen der Unsicherheit ansprechen«, appellierte ich.

Solange wir keine Alternativen zur Behebung der Sicherheitsprobleme anbieten, werden in Konfliktregionen wie dem Nahen Osten, Südasien und der koreanischen Halbinsel absehbar weitere Länder versuchen, in den Besitz von Atomwaffen zu gelangen, so wenig gerechtfertigt dies auch sein mag. Wir müssen uns von der unrealistischen Vorstellung verabschieden, dass einige Länder das moralische Recht haben sollen, Massenvernichtungswaffen zu besitzen, zu verbessern und in ihre Verteidigungsstrategien zu integrieren, während ihr Besitz für alle übrigen Länder moralisch verwerflich ist.

Genauso müssen wir uns von der verbreiteten Vorstellung verabschieden, dass Sicherheit mit Grenzen – Stadtmauern, Grenzpatrouillen, Völkern oder Religionen – zu tun hat. Die Weltgemeinschaft mit ihrem ununterbrochenen Strom von Menschen, Ideen, Gütern und Rohstoffen ist durch eine unumkehrbare gegenseitige Abhängigkeit gekennzeichnet. In einer solchen Welt erfordert die Terrorismusbekämpfung eine grenzüberschreitende Sicherheitskultur und einen umfassenden Ansatz, der auf Solidarität und dem Wert des menschlichen Lebens basiert. In einer solchen Welt ist kein Platz für Massenvernichtungswaffen.

Kurz vor der Veröffentlichung des Artikels erfuhr ich, dass Präsident Bush in einer Rede vor der National Defense University in Washington am 11. Februar ebenfalls Vorschläge für den Kampf gegen die Verbreitung von Kernwaffen machen wollte. Die *New York Times* erklärte sich daraufhin bereit, die Veröffentlichung meines Artikels um ein oder zwei Tage nach hinten zu verschieben, damit es nicht den Eindruck machte, als wolle ich Bush vorgreifen.

Einige Stunden vor der Bush-Rede erhielt ich einen Anruf von Colin Powell. Der Präsident wolle sieben neue Maßnahmen zum Kampf gegen die Verbreitung von Massenvernichtungswaffen verkünden, so der Außenminister. Er fuhr fort, er selbst stimme nicht mit allen Ideen überein. »Einige Vorschläge sind kontrovers und müssen im Gouverneursrat diskutiert werden«, meinte er. Damit war mein Interesse geweckt.

Wie sich herausstellte, stimmten Bush und ich in vielen Punkten überein. Wir forderten strengere Exportkontrollen und eine strafrechtliche Verfolgung aller Tätigkeiten, die aktiv zur Verbreitung von

Massenvernichtungswaffen beitrugen. Bush forderte auch mehr Mittel für den Schutz radioaktiver Materialien, machte sich für das Zusatzprotokoll stark und empfahl eine Ausweitung der Proliferation Security Initiative[6]. Außerdem schlug er vor, ab einem bestimmten Termin sollten keine weiteren Länder mehr einen Brennstoffkreislauf einrichten dürfen, was eine erhebliche Differenz zu meinem Vorschlag darstellte. Außerdem war natürlich keine Rede von atomarer Abrüstung. Doch in vielen von Bushs Vorschlägen war die Absicht zu erkennen, die Lücken bei den bestehenden Maßnahmen zur Verhinderung der Verbreitung von Massenvernichtungswaffen, wie sie das Khan-Netzwerk aufgezeigt hatte, zu schließen.

Zwei von Bushs Vorschlägen schienen mir dagegen verfehlt. Erstens forderte er die Einrichtung eines Sonderausschusses der IAEO, der sich auf spezifische Safeguard- und Überprüfungsfragen konzentrierte. Und zweitens sollte die IAEO alle Mitgliedsstaaten, die im Verdacht standen, gegen das Safeguard-Abkommen verstoßen zu haben, aus dem Gouverneursrat ausschließen.

Später erfuhr ich von einem Mitglied der Bush-Regierung, dass die Rede aus der Feder von John Bolton und Robert Joseph[7] stammte und nicht mit dem Außenministerium abgesprochen worden war. Die Vorstellung eines Sonderausschusses für Safeguards schien zwar auf den ersten Blick geeignet, die Kontrollen der Organisation zu stärken, aber sie war letztlich nichts als ein Versuch, die IAEO-Berichte zum Iran zu überwachen und eine harte Linie durchzusetzen. Und der Gedanke, »Länder, gegen die Untersuchungen anhängig waren«, aus dem Gouverneursrat auszuschließen, war ein kaum verhüllter Angriff auf den Iran und hätte nicht funktioniert. In dem Vorschlag kam vor allem ein mangelndes Verständnis der IAEO zum Ausdruck: Den Protokollen der multilateralen Diplomatie und der gegenseitigen Achtung, die das Funktionieren internationaler Organisationen gewährleisten (und die mit staatlichen Gesetzen vergleichbar sind), ist mit Schikane, Vorurteilen und Vorverurteilungen nicht gedient.

Bei meinem Treffen mit Präsident Bush im März 2004 kamen wir auch auf die Gefahr eines atomaren Schwarzmarkts zu sprechen. Meiner Ansicht nach war A. K. Khan zwar der Kopf der Operation, aber es war offensichtlich, dass er nicht allein arbeitete. Ich wies besonders auf die Rolle Pakistans beim Aufbau der nordkoreanischen Atomprogramme hin, der offenbar durch Zusammenarbeit auf staatlicher Ebene ermöglicht wurde.[8] Im Falle des Iran schienen auch Teile der pakistanischen Streitkräfte beteiligt gewesen zu sein.

Ich begründete meine Einschätzung unter anderem mit einem handschriftlich verfassten Brief Khans, den ich gesehen hatte. Er hatte diesen Brief aus Pakistan geschmuggelt und sah in ihm offenbar eine Art Lebensversicherung für den Fall, dass er von den pakistanischen Behörden verhaftet werden sollte. In diesem Brief erklärte Khan, er sei von hochrangigen Offizieren der pakistanischen Streitkräfte angewiesen worden, mit dem Iran und Nordkorea zusammenzuarbeiten.

Bush stimmte mit mir überein, dass es klare Hinweise auf weitere pakistanische Akteure gab. Doch die komplexe Beziehung zu Pakistan, das die Vereinigten Staaten unter anderem beim Afghanistankrieg unterstützte, machte es Washington schwer, die pakistanische Regierung unter Druck zu setzen. Im Sinne eines pragmatischen Ansatzes kam ich zu dem Schluss, dass es vor allem darum ging, herauszufinden, wer noch durch Khans Netzwerk Kerntechnologie erworben hatte.

In den folgenden Wochen stießen die neuen Maßnahmen gegen nichtstaatliche Akteure, die speziell zur Verfolgung der heimlichen Aktivitäten des Khan-Netzwerks gedacht waren, rasch auf internationale Zustimmung. Im Mai verabschiedete der Weltsicherheitsrat seine Resolution 1540, die alle Mitgliedsstaaten der Vereinten Nationen aufforderte, Gesetze zu erlassen, mit denen jede Beteiligung von Einzelpersonen an der Verbreitung von Massenvernichtungswaffen verfolgt werden konnte. Die Resolution forderte außerdem verschärfte Kontrollen im Inland, um den Zugang zu kerntechnischen Materialien und Geräten im weitesten Sinne zu erschweren.

Nicht allen von Bushs Vorschlägen war ähnlicher Erfolg beschieden. Der Ausschluss von bestimmten Mitgliedsstaaten aus dem Gouverneursrat – eine symbolische Geste der Erniedrigung – wurde nie ernsthaft erörtert. In den folgenden beiden Jahren bearbeiteten die Amerikaner den Gouverneursrat, bis dieser schließlich seinen Sonderausschuss für Safeguard-Abkommen einrichtete. In meinen Augen konnte der Ausschuss als »Mittel zur Stärkung der Safeguard-Abkommen« eine sinnvolle Rolle spielen und sich beispielsweise für einen Ausbau der

IAEO-Labors einsetzen, die sich in einem traurigen Zustand befanden. Doch der Ausschuss hielt sich nicht lange. Schon bald taten sich große Nord-Süd-Differenzen hinsichtlich der Fairness und Wirksamkeit der Atomwaffenkontrolle auf. Nach einer Reihe ereignisloser Sitzungen ließ ihn der Gouverneursrat »eines stillen Todes sterben«, wie einer der Abgesandten es ausdrückte.

*

Die Entdeckung des Khan-Netzwerks und damit die Erkenntnis, dass ein hochrangiger pakistanischer Regierungsbeamter einen internationalen Schmugglerring betrieben hatte, brachte Islamabad in große Verlegenheit. Präsident Musharraf blieb keine andere Wahl, als zu handeln. Am 4. Februar 2004 musste A. K. Khan vor den Kameras des staatlichen Fernsehsenders gestehen, dass er ein internationales Atomnetzwerk geleitet hatte. Doch schon am nächsten Tag wurde er von Musharraf mit Verweis auf seine Verdienste um den pakistanischen Staat begnadigt und bis 2009 unter Hausarrest gestellt. Für das Ausland war diese Abfolge der Ereignisse mehr als erstaunlich: Wie konnte ein Mann, der eigenhändig in gewaltigem Maßstab die Verbreitung von Massenvernichtungswaffen betrieben hatte, ohne Prozess begnadigt werden?

Aber Musharraf konnte es sich nicht erlauben, allzu kritisch zu sein. Khan galt als Volksheld, weil er in der öffentlichen Wahrnehmung einen großen Beitrag zur nationalen Sicherheit geleistet hatte, als er Pakistan die Atombombe brachte und damit dem Land half, mit Indien gleichzuziehen. Außerdem hätte er vermutlich weitere Angehörige der pakistanischen Regierung belasten können. Es wurde viel darüber spekuliert, inwieweit die Regierung in die Aktivitäten Khans eingeweiht war und inwieweit er von hochrangigen Beamten und Offizieren unterstützt wurde. Angeblich soll Khan die Lieferungen an seine ausländischen Kunden gelegentlich mit Regierungsflugzeugen verschickt haben.[9] Sein Wohlstand legte die Vermutung nahe, dass er neben seinen Bezügen als Regierungsbeamter noch über weitere Einkommensquellen verfügte. Und nach Presseberichten hatte der pakistanische Geheimdienst ein umfangreiches Dossier über Khan angelegt, aber beschlossen, nichts gegen ihn zu unternehmen.[10]Als wir die Aktivitäten des Khan-Netzwerks besser durchschauten, mussten wir gleichzeitig erkennen, dass sich die westlichen Geheimdienste auf die Strategie »Abwarten und Nichtstun« verlegt hatten. Amerikanische Beamte erklärten, sie seien schon lange über die Tätigkeit Khans informiert gewesen, hätten sich aber entschieden, nichts zu unternehmen. Wenn das stimmt, dann war die Behauptung, die Entdeckung des libyschen Atomwaffenprogramms sei ein Triumph der US-Geheimdienste, völliger Unsinn. Der ehemalige niederländische Premierminister Ruud Lubbers erklärte, die Niederländer hätten Khan schon in den siebziger Jahren festnehmen wollen, seien jedoch von der CIA gebeten worden, dies zu unterlassen. Im März 2004 zitierte Seymour Hersh in einem Artikel in *The New Yorker* einen hochrangigen amerikanischen Geheimdienstoffizier mit den Worten: »Vor 15 Jahren hatten wir ausreichend Gelegenheit, dem Netzwerk von A. K. Khan das Handwerk zu legen. Einige der heute an den Schmuggeloperationen beteiligten Leute sind die Söhne von Männern, die wir schon in den Achtzigern kannten. Es handelt sich bereits um die zweite Generation.«[11] Eine ähnliche Aussage machte später Robert Einhorn, der von 1991 bis 2001 Staatssekretär für Rüstungskontrolle war: »Nachdem wir davon erfahren hatten, hätten wir das Kahn-Netzwerk jederzeit stoppen können. Die Frage war damals, unterbinden wir das sofort oder sehen wir es uns weiter an, um es besser zu verstehen und später mit der Wurzel ausreißen zu können. Wir haben uns fürs Warten entschieden.«[12]

»Können Sie mir verraten, was Sie damit gewonnen haben?«, wollte ich schreien. Wo waren denn all die dicken Fische, die jetzt angeblich so einfach gefangen werden konnten? Wie sollte die IAEO die Verbreitung von Kernwaffen verhindern, wenn uns entscheidende Informationen vorenthalten wurden? Erkannten die Vereinigten Staaten – oder Großbritannien und all die anderen Länder, die von Khan wussten – nicht, dass sie als Mitglieder des Atomwaffensperrvertrags die Pflicht hatten, die IAEO über dessen Umtriebe zu informieren? Und wäre es nicht sinnvoller gewesen, die heimlichen Atomprogramme des Iran, Libyens und anderer Länder im Anfangsstadium zu unterbinden?

Was auch immer die Gründe gewesen sein mögen, die Strategie, abzuwarten und nichts zu tun, erwies sich im Nachhinein als katastrophaler Fehler. Unter anderem ermöglichte sie es, die Mitglieder des Netzwerks zu warnen. In Gesprächen erklärten Mittelsmänner, sie hätten gewusst, dass sie unter Beobachtung standen. So konnten sie in aller Ruhe Aufzeichnungen zerstören, was wiederum der IAEO und anderen Behörden eine Einschätzung der genauen Dimensionen des Netzwerks erschwerte und es nahezu unmöglich machte, weitere Kunden ausfindig zu machen.

Hatte Khan weitere Kunden? Robert Gallucci bezeichnete A. K. Khan als »Hänschen Apfelkern der Urananreicherung«, weil er die Zentrifugentechnologie in alle Himmelsrichtungen verbreitete. Khans Reisen führten ihn in den Nahen Osten und nach Afrika. In den seltensten Fällen gibt es Aufzeichnungen über seine Aktivitäten in diesen Ländern. Doch es halten sich die Gerüchte, und manchmal sind besorgniserregende Anzeichen zu erkennen.

Als ich im Jahr 2004 einen der Golfstaaten besuchte, erklärte mir beispielsweise ein Mitglied der Königsfamilie, Khan habe zwei Jahre lang versucht, dem Land Atomanlagen zu verkaufen. Die Regierung habe Interesse vorgetäuscht und versucht, über Agenten die Geschäfte des Netzwerks mit dem Iran auszuforschen. In anderen Ländern hörte ich ähnliche Geschichten. Vermutlich hat sich an verschiedenen Orten immer dasselbe abgespielt. Liegt da nicht die Vermutung nahe, dass einige Länder angesichts dieser Möglichkeit zugegriffen haben könnten?

Das Netzwerk verfügte über die Möglichkeiten, jedem, der es sich leisten konnte, kerntechnische Materialien, Gerätschaften und Knowhow zur Verfügung zu stellen, und es ist mein Alptraum, dass irgendwo in einer abgelegenen Region wie dem Norden Afghanistans eine kleine Anreicherungsanlage eingerichtet worden sein könnte.[13] Angesichts der zunehmenden technologischen Versiertheit von Extremistengruppen lässt sich dies leider nicht als Schauermärchen abtun.

Mit der Festnahme von A. K. Khan mag der Kopf der Operation außer Gefecht gesetzt worden sein, doch das bedeutet nicht, dass sein Netzwerk nicht trotzdem noch in der Lage ist, interessierte Kunden zu beliefern. Wie Sam Nunn anmerkte: »Wenn es um derartige Summen geht, wenn derart viel auf dem Spiel steht und wenn diese Technologie derart verbreitet ist«, dann ist der Verkauf einer Atomwaffe nahezu unvermeidlich.[14] Abdul Kadir Khan machte es sich zur Lebensaufgabe, der islamischen Welt die Bombe zu bringen, mit dem israelischen Atomwaffenprogramm gleichzuziehen und nebenbei eine Menge Geld zu verdienen. Die Schließung seines Atombasars wird noch einige Zeit in Anspruch nehmen.

Aus dieser Geschichte können wir dreierlei lernen. Erstens ist die Rolle Israels im Nahen Osten und die Rolle Indiens in Südasien ein Beweis, dass der Aufbau eines Atomwaffenprogramms den Aufbau weiterer Atomwaffenprogramme provoziert. Zweitens müssen Exportbeschränkungen zwar deutlich verschärft werden, doch sie stellen keine Lösung mehr dar, denn die Technologie ist längst aus der Flasche entkommen. Und drittens werden sich Länder so lange um Atomwaffen bemühen, solange ihnen deren Besitz Macht und Ansehen verleiht, und vor allem diejenigen Länder und Regionen werden das versuchen, die sich bedroht fühlen.

8

Von Wien nach Oslo

Als im Sommer 2004 meine zweite Amtsperiode als Generalsekretär der Internationalen Atomenergieorganisation ihrem Ende zuging, tendierte ich eher dazu, mich nicht für weitere vier Jahre zur Verfügung zu stellen, obwohl mich die meisten Mitgliedsstaaten dazu drängten. Die Arbeit war mit erheblichen Belastungen verbunden, und meine Familie hätte es lieber gesehen, wenn ich aufgehört hätte. Dann mischten sich jedoch die Vereinigten Staaten ein.

Die Amerikaner hatten mir zu verstehen gegeben, wenn ich im Amt bleiben wolle, würden sie meine Entscheidung respektieren. Während meines Sommerurlaubs in meinem Heimatland Ägypten sollte ich eigentlich einen Anruf von Colin Powell erhalten, der diese Position bestätigen wollte. Diese Unterstützung war nicht ganz so verwunderlich, wie es vielleicht erscheinen mag. In den vergangenen Monaten hatte ich eine Reihe positiver Begegnungen mit Regierungsmitgliedern gehabt, darunter auch mit Bush selbst.

Doch der Anruf blieb aus. Kurz nach meiner Rückkehr nach Wien erfuhr ich von David Waller, dass die Vereinigten Staaten einen anderen Ton angeschlagen hatten. »Ich komme gerade aus Washington«, berichtete er mir. »Wir müssen reden.« Bei einem Spaziergang durch den Belvederegarten in der Nähe meiner Wohnung erklärte er mir, dass die amerikanische Regierung ihre Meinung geändert hatte. John Bolton hatte eine Kampagne gestartet, um eine weitere Ernennung zu verhindern, und verwies dabei auf die selten zur Anwendung gebrachte Obergrenze von zwei Amtsperioden für Direktoren von UN-Organisationen. Bolton hatte Waller angerufen und ihm mitgeteilt, wenn ich abträte, dann würden mich die Vereinigten Staaten mit Lob für die Arbeit der vergangenen acht Jahre überhäufen.

Ich war wütend. Bolton stand für alles, was ich nicht war: Er befürwortete eine konfrontative Außenpolitik, war ein Gegner der multilateralen Diplomatie, zog ständig hinter den Kulissen die Strippen, um die Arbeit der IAEO in Verruf zu bringen, und blockierte Initiativen zu einer friedlichen Beilegung von Fragen um die Verbreitung von Atomwaffen. Ihm war daran gelegen, alles zu unterwandern, für das ich stand. Dass dieser Mann versuchte zu diktieren, ob ich für eine dritte Amtsperiode zur Verfügung stand oder nicht, war unerträglich. Die Ironie blieb mir nicht verborgen: Die Vereinigten Staaten, die gegen den Einspruch Ägyptens meine erste Ernennung unterstützt hatten, forderten nun meinen Abschied.[1]

An diesem Abend besprach ich die Frage mit meiner Frau Aida. Wir waren uns schnell einig, dass ich mich für eine dritte Amtszeit zur Verfügung stellen sollte. Wenn ich gewann, war dies ein Sieg für die multilaterale Diplomatie und ein eindeutiges Mandat, Lösungen mit dem Iran und in anderen Problemregionen zu verhandeln. Wenn ich verlor, hatte ich mich zumindest nicht den Schikanen der Vereinigten Staaten gebeugt. Am nächsten Morgen schrieb ich dem Vorsitzenden des Gouverneursrats und erklärte meine Kandidatur für eine weitere Amtszeit.

*

Kurz nachdem ich meine Entscheidung bekanntgegeben hatte, brach der Sturm los. Im September 2004 versuchten die Amerikaner, den Resolutionsentwurf zum Iran zu ändern und eine Standardformulierung aus dem Text zu entfernen, in der die IAEO als »professionell und unparteiisch« beschrieben wurde. Für Außenstehende mochte dies wie eine unbedeutende Kleinigkeit wirken, doch in Wirklichkeit war es ein Schlag ins Gesicht. Der britische IAEO-Botschafter Peter Jenkins beschrieb die Initiative als »vulgär und kleingeistig«.

Die Vereinigten Staaten machten sich auf die Suche nach einem Gegenkandidaten. Sie fragten bei Brasilien an, ob Sergio de Queiroz Duarte,[2] der Hohe Repräsentant für Abrüstung, zur Verfügung stand. In Argentinien erkundigten sie sich nach Außenstaatssekretär Garcia Moritan. In Japan fragten sie nach Shinzo Abe, dem früheren IAEO-Botschafter. Sie drängten Russland und Österreich, den australischen Außenminister Alexander Downer zu unterstützen. Da sämtliche Anfragen ergebnislos blieben, baten die Amerikaner die Europäer, im Gouverneursrat gemeinsam die Meldefrist für einen Kandidaten bis Ende Dezember zu verlängern. Die Europäer lehnten ab.

Also griff die Kampagne gegen mich zu neuen Methoden. Im November, kurz vor den Präsidentschaftswahlen in den Vereinigten Staaten, wurde bekannt, dass im irakischen Al Qa Qaa hochexplosive Sprengstoffe verschwunden waren.[3] Es folgte ein Sperrfeuer der Fehlinformationen. Plötzlich hieß es, nicht nur Libyen, sondern auch Ägypten habe ein eigenes geheimes Atomwaffenprogramm entwickelt, und ich versuche, dies zu vertuschen. In einem anderen Artikel wurden Blix und ich beschuldigt, geheime Konten in der Schweiz zu haben, auf die der Irak vor dem Krieg den Lohn für unsere Arbeit überwiesen habe. Dann hieß es, der Iran habe mehr als 600 000 Dollar auf ein Schweizer Konto meiner Frau eingezahlt und mir Perserteppiche im Wert von mehr als 50 000 Dollar pro Stück geschenkt. Dafna Linzer schrieb in der *Washington Post*, dass man meine Telefone angezapft habe, in der Hoffnung, mich mit dem Inhalt meiner Gespräche zu diskreditieren.[4] Das war nicht das erste Mal, wir hatten schon früher Hinweise erhalten, dass Textnachrichten der IAEO abgefangen und Telefongespräche abgehört wurden. Doch nun war das Thema von zuverlässiger Quelle in der Presse publiziert worden.[5]

Ich erfuhr, dass einige CIA-Mitarbeiter, die nicht mit dem Verhalten bestimmter Angehöriger des Außenministeriums einverstanden waren, der Presse die Informationen über den Lauschangriff zugespielt hatten. Das überraschte mich keineswegs: Von Mitte 2004 bis Mitte 2005 gaben Mitarbeiter des Außenministeriums Kopien von Berichten, Briefings und andere Informationen an uns weiter, weil ihnen die Arroganz und Heimtücke einiger Kollegen missfiel. Während die einen bei den Mitgliedern des Gouverneursrats meine Abwahl betrieben, spielten mir die anderen Kopien dieser Bemühungen zu, um mich auf dem Laufenden zu halten.

Am Ende standen die Amerikaner mit ihrem Widerstand gegen meine Kandidatur allein da. Die vier Nationen, die sich den Vereinigten Staaten in der Regel anschließen – Australien, Großbritannien, Japan und Kanada –, hielten sich heraus und ließen mich wissen, dass sie mich unterstützten, auch wenn sie sich nicht öffentlich äußerten, um die Vereinigten Staaten nicht zu brüskieren oder zu isolieren.

Eine Woche vor der Entscheidung des Gouverneursrats wurde ich von Condoleezza Rice, die inzwischen zur Außenministerin aufgestiegen war, nach Washington eingeladen. Nach einigem Zögern sagte ich zu. In unserem Gespräch, an dem auch der neue Sicherheitsbeauftragte Steve Hadley teilnahm, ging es ausschließlich um das Tagesgeschäft: Das iranische Atomprogramm und ihre Überzeugung, dass der Iran am Aufbau eines eigenen Brennstoffkreislaufs gehindert werden müsse. Als ich einwarf, dass einige Zugeständnisse nötig seien, damit der Iran sein Gesicht wahren konnte, unterbrach mich Hadley: »Im Iran darf sich nicht eine einzige Zentrifuge drehen.« Dies war von da an das Mantra der Vereinigten Staaten.

Erst am Ende unseres Gesprächs kam Rice auf meine Wiederwahl zu sprechen. Die amerikanische Position zu meiner dritten Amtszeit sei nicht persönlich gemeint, erklärte sie mir, sondern Teil der amerikanischen Politik, die maximal zwei Amtszeiten für die Direktoren von internationalen Behörden fordere. Wir sahen einander an und wussten, dass das nicht stimmte, aber ich sah auch, dass Rice und Hadley versuchten, sich von John Boltons diplomatischen Amokläufen zu distanzieren. Ich hatte gehört, dass sich Rice bei ihrer Ernennung zur Außenministerin geweigert hatte, weiter mit John Bolton zusammenzuarbeiten. Stattdessen wurde er von Präsident Bush zum UN-Botschafter ernannt; das war entweder die krasseste Fehlbesetzung in der Geschichte der Diplomatie oder ein stimmiger Ausdruck der damaligen amerikanischen Haltung zu den Vereinten Nationen.

Dabei beließen wir es. Ich hatte verstanden, dass das Treffen mit Rice eine Wende in der amerikanischen Haltung bedeutete und sich die Vereinigten Staaten nun dem Votum der übrigen Mitgliedsstaaten anschließen würden.

Ich lächelte. »Lassen wir die Vergangenheit ruhen«, sagte ich. Einige Tage später, am 13. Juni 2005, wurde ich einstimmig für eine dritte Amtszeit bestätigt.

∗

Nach den Narben der Vergangenheit erhielt die Internationale Atomenergieorganisation ein heilendes Geschenk. Am Morgen des 7. Oktober 2005 war ich nicht ins Büro gegangen und noch im Schlafanzug. Vor ein paar Tagen war ich von einer kräftezehrenden Reise zurückgekommen, aber das hat mich noch nie daran gehindert, ins Büro zu gehen. Der Grund für mein Fernbleiben war ein anderer.

Im zweiten Jahr hintereinander machte das Gerücht die Runde, dass die IAEO und ich als Favoriten für den Friedensnobelpreis gehandelt wurden. Im Jahr 2004 waren die Gerüchte derart laut gewesen, dass unsere Kommunikationsabteilung einige Punkte zusammengestellt hatte, für den Fall, dass wir vor die Presse treten mussten. Am Tag der Verkündung des Preisträgers hielt ich mich in Japan zu Gesprächen mit dem Wirtschaftsminister auf. Als ich zu unserem Treffen kam, warteten etwa 50 Kamerateams auf Nachrichten vom Nobelpreiskomitee. Während unseres Gesprächs verließ mein Assistent Ian Biggs die Runde. Wenige Minuten später kam er zurück und reichte mir einen Zettel mit dem Namen des Nobelpreisträgers: Wangari Maathai. Als ich aus der Sitzung kam, wartete draußen nur noch ein Kameramann. Er kam auf mich zu und sagte freundlich: »Tut mir leid.«

Dieses Jahr vermied ich das Thema. Später hieß es, niemand habe darüber sprechen wollen, um unsere Chancen nicht zu verderben. An diesem Freitag verspürte ich wenig Lust, in einer Runde von Mitarbeitern zu sitzen, die die ganze Zeit über auf die Uhr blicken, zumal die Buchmacher unsere Chancen seit dem Vortag drastisch nach oben korrigiert hatten.

Die Mitteilung war für 11 Uhr angekündigt. Das Nobelpreiskomitee ruft die Preisträger für gewöhnlich eine halbe Stunde vorher an. Gegen viertel vor 11 hörte mein Magen auf zu revoltieren, und ich hatte meinen Frieden damit gemacht, dass sich das Komitee für jemand anders entschieden hatte. Als meine Frau Aida ins Arbeitszimmer ging, um die Verkündung im Fernsehen zu sehen, folgte ich ihr aus Neugierde.

Selbst auf Norwegisch erkannte ich meinen Namen: »Det Internasjonale Atomenergibyrået« und dann »Mohamed ElBaradei«.

Sprachlos und ungläubig starrte ich auf den Bildschirm. Als die Worte auf Englisch wiederholt wurden, fielen Aida und ich uns in die Arme und uns liefen Tränen die Wangen hinunter.[6]

Kaum eine Minute später klingelte das Telefon. Der erste Anrufer war mein Bruder Ali, der in Kairo vor dem Fernseher saß. Dann rief meine Sekretärin Monika Pichler aus dem Büro an, um mir zu sagen, der norwegische Botschafter und sein Stellvertreter seien mit einem riesigen Blumenstrauß erschienen.[7] Der Botschafter war der Einzige, der vorab vom Nobelpreiskomitee informiert worden war. Ich lud sie zu mir nach Hause ein. Inmitten der Anrufe und in meinem emotionalen Zustand brachte ich es kaum fertig, mich anzuziehen.

Nach einer eilends einberufenen Pressekonferenz in den IAEO-Büros hielt ich eine improvisierte Ansprache vor den Mitarbeitern, die sich im Konferenzraum drängten. Der Raum war aufgeladen, die Mitarbeiter lachten und weinten durcheinander und immer wieder wogte Applaus durch den Raum. Wenn ich sage, dass wir begeistert und stolz waren, dann beschreibt das diesen Moment nicht annähernd. Ich glaube nicht, dass ich je wieder eine so große Freude über eine derart außergewöhnliche Anerkennung erleben werde: Meine Kollegen, Menschen aus mehr als 90 Nationen, hatten zusammen alles getan, um die Welt sicherer zu machen. Der Preis war die Krönung unserer gemeinsamen Anstrengungen als Institution und meiner vierzigjährigen Arbeit für das Gemeinwohl.

Der Strom der Glückwünsche schwoll zu einer Flut an. E-Mails verstopften meinen Posteingang. Stapelweise trafen Briefe ein, und die Postabteilung ließ sie in prallen Einkaufstüten zirkulieren. Das Faszinierende an diesen Briefen war, dass sie von Menschen aller Schichten, Altersgruppen, Ethnien und Religionen stammten, von Schulkindern genauso wie von Staatsoberhäuptern. Eine Gruppe italienischer Nonnen schrieb, sie bete für unsere Zukunft. Dreihundert Kinder aus dem Madrider Vorort Fuenlabrada schickten ihre Glückwunschbriefe.[8] Ägypter aller sozialen Schichten schrieben mir, wie stolz sie seien.

Diese Flut wohlwollender Briefe wirkte beschämend und begeisternd zugleich.

Ich spürte die Verpflichtung, in meiner Dankesrede vor dem Nobelpreiskomitee mein Verständnis der atomaren Rüstungskontrolle zu vermitteln und es in einen breiteren Kontext der weltweiten Ungleichheit und dem Streben nach Sicherheit für alle Menschen zu stellen. In verschiedenen Entwürfen versuchte ich, diesen Zusammenhang darzustellen: Die negative Spirale begann mit der Armut und Ungleichverteilung, die allzu häufig mit schlechter Regierungsführung, Korruption und Menschenrechtsverstößen zusammenfielen, die wiederum Extremismus, Gewalt und Bürgerkriegen den Boden bereiteten und in Regionen mit ungelösten Konflikten die Versuchung aufkommen ließen, über Massenvernichtungswaffen Macht auszuüben oder ein Gleichgewicht herzustellen.

Mein Kommunikationsassistent und Redenschreiber Laban Coblentz und die IAEO-Sprecherin Melissa Fleming meinten, sie verstünden meinen Gedankengang zwar, aber mein Publikum könne ihm vermutlich nur schwer folgen. Mir war der Zusammenhang klar, aber es gelang mir nicht, ihn zu vermitteln. Ich brauchte etwas Konkreteres, ein Bild, das die Botschaft einfing.

Ich fand die Lösung, während ich über mögliche Verwendungszwecke für das Preisgeld nachdachte. Der Preis war der IAEO als Organisation und mir als ihrem Generaldirektor verliehen worden. Die Summe betrug knapp über eine Million Euro. Der Gouverneursrat hatte beschlossen, mit der Hälfte des Geldes die Behandlung von Krebs und die Ernährung von Kindern in Entwicklungsländern zu fördern. Mein Teil sollte einem Zweck zugutekommen, den ich mein Leben lang gekannt hatte: Der Unterstützung von Waisenkindern in Kairo. Meine Schwägerin arbeitete mit den Waisenhäusern der Stadt zusammen und konnte mir helfen, das Geld gut anzulegen.

Und damit hatte ich das Bild gefunden, das ich für meine Dankesrede gesucht hatte:

Meine Schwägerin arbeitet für eine Organisation, die Waisenhäuser in Kairo unterstützt. Sie und ihre Kollegen kümmern sich um Kinder, die durch willkürliche Umstände allein gelassen werden. Sie geben diesen

Kindern Nahrung und Kleidung und bringen ihnen das Lesen bei. In der Internationalen Atomenergieorganisation sorgen ich und meine Kollegen dafür, dass radioaktive Materialien nicht in die Hände von Extremisten fallen. Wir kontrollieren Anlagen in aller Welt, um zu garantieren, dass die zivile Nutzung von Kernenergie nicht als Deckmantel der Waffenproduktion missbraucht wird. Auf unterschiedlichen Wegen arbeiten meine Schwägerin und ich für dieselbe gute Sache: die Sicherheit der menschlichen Familie.

Diese Sicherheit sei das Motiv für eine Vielzahl von humanitären Bemühungen. Doch da unsere Prioritäten als Gesellschaft verzerrt waren, gaben einige Nationen jährlich eine Billion Dollar für Waffen aus, während zwei Fünftel der Weltbevölkerung mit weniger als zwei Dollar pro Tag auskommen mussten und sich mehr als eine Milliarde Menschen jeden Abend hungrig schlafen legten. Die Sicherheit der Welt war in eine absurde Schieflage geraten, weshalb sich dieses Modell nicht mehr aufrechterhalten ließ.

Wenn wir heute, da uns die Globalisierung einander immer näher bringt, die Unsicherheit einiger Menschen vergessen, dann werden diese bald für alle zur Unsicherheit. Und wenn sich heute, da sich Wissenschaft und Technologie immer weiter verbreiten, immer noch einige Staaten auf Atomwaffen verlassen, dann riskieren wir, dass diese Waffen auch für andere immer attraktiver werden.

Aber ich wollte meine Rede nicht auf dieser düsteren Note ausklingen lassen. Aida hatte die Idee, die Zuhörer am Ende einzuladen, sich eine bessere Zukunft vorzustellen:

Stellen Sie sich vor, was passieren würde, wenn die Nationen der Welt genauso viel Geld für Entwicklung ausgeben würden wie für den Bau von Kriegsmaschinen. Stellen Sie sich eine Welt vor, in der alle Menschen in Freiheit und Würde leben. Stellen Sie sich eine Welt vor, in der wir den Tod eines Kindes in Darfur genauso beweinen wie den Tod eines Kindes in Vancouver. Stellen Sie sich eine Welt vor, in der wir unsere Differenzen mit den Mitteln der Diplomatie und des Dialogs beilegen, und nicht mit Bomben und Kugeln. Stellen Sie sich eine Welt vor, in der es Atombomben nur noch im Museum gibt. Stellen Sie sich das Erbe vor, das wir unseren Kindern hinterlassen könnten. Stellen Sie sich vor, dass wir eine solche Welt schaffen können.

Die Feier in Oslo war ein unvergessliches Erlebnis. Ich war zutiefst berührt von dem warmen Empfang, den uns die Menschen und die Königsfamilie in Norwegen bereiteten. Es war erstaunlich zu sehen, wie eine ganze Hauptstadt drei Tage lang stillstand, um den Frieden zu feiern – von Gedichten und Theaterstücken, die von Kindern geschrieben und vorgetragen werden, bis zu einem Friedenskonzert, das von der Spektrum-Arena in Oslo in mehr als hundert Länder übertragen wurde. Ein besonders ehrfurchtgebietendes Erlebnis war der Rundgang durch das Nobel-Museum, in dem ich die Bilder der Menschen sah, die mir als Träger des Friedensnobelpreises vorangegangen waren.

Ich war nervös, als ich mich in das Nobel-Buch eintragen sollte, in das alle Preisträger geschrieben hatten. »Wir brauchen eine neue Einstellung«, schrieb ich. »Wir müssen unsere gemeinsamen menschlichen Werte verstehen und erkennen, dass Krieg und Gewalt keine Konflikte lösen und keinen Frieden bringen. Nur Dialog und gegenseitiger Respekt können uns als menschliche Familie voranbringen.« (In meiner Aufregung schrieb ich das Wort »family« mit Doppel-L, ein Lapsus, mit dem mich meine Frau Aida bis heute aufzieht.)

Es waren sehr persönliche Tage. Ich wurde von meiner Familie begleitet – von meiner Frau, meiner Mutter, meinem Sohn und meiner Tochter und meinen Brüdern und Schwestern – sowie von Freunden und Kollegen der Internationalen Atomenergieorganisation und von anderen engen Freunden. Meine Mutter brachte mich wie immer zum Schmunzeln. Nach der Bekanntgabe der Nachricht im Oktober war eine Schar ägyptischer und internationaler Journalisten über ihr Haus in Kairo hereingebrochen, in dem sich meine Familie versammelt hatte. Mit einem Mal war sie ein Star und erzählte mit Tränen in den Augen von meiner Kindheit. Trotz ihrer 80 Lebensjahre schwebte sie in Oslo glücklich von einer Veranstaltung zur nächsten. Als uns eine Limousine von der Preisverleihung ins Hotel brachte und eine Polizeieskorte neben uns herfuhr, rief sie aus: »Es ist wie im Traum. Ich fühle mich wie eine Königin.«

*

Die Verleihung des Nobelpreises war ein einschneidender Moment – nicht nur für mich persönlich, sondern auch für die Internationale Atomenergieorganisation, die breitere Anerkennung für ihre Arbeit erhielt, und für das Sekretariat, das ein neues Gefühl von Einigkeit und Stolz erfuhr. Die Medien hatten immer nur einen kleinen Ausschnitt unserer Arbeit herausgehoben – die Rolle der Waffenkontrolleure an einigen Krisenschauplätzen –, doch in Wirklichkeit überprüften wir Jahr für Jahr mehr als 900 Anlagen in 70 Ländern. In seiner Begründung hatte das Nobelpreiskomitee klargemacht, dass der Wert der IAEO sich nicht nur auf der Überprüfung der Safeguard-Abkommen – und damit die Arbeit einer einzigen Abteilung der Organisation – beschränkte, sondern auch unsere Bemühungen um die Förderung der zivilen Nutzung der Atomenergie einschloss: der Nuklearmedizin beispielsweise im Kampf gegen Herzkrankheiten, der Isotopenhydrologie bei der Erschließung von unterirdischen Grundwasservorkommen oder der Pflanzenzucht etwa bei der Entwicklung von Getreidesorten, die in unwirtlichen Regionen gedeihen. Für eine derart vielfältige Belegschaft mit einem solch breit gefächerten kulturellen, akademischen und beruflichen Hintergrund stärkte die plötzliche öffentliche Wahrnehmung das Bewusstsein, dass alle auf ein gemeinsames Ziel hinarbeiteten.

Ein weiterer Vorteil war, dass wir durch die neue Sichtbarkeit mehr Zugang erhielten. Die Arbeit im Irak vor Beginn des Krieges im März 2003 hatte die IAEO ins internationale Rampenlicht gerückt und zu einer der bekannteren internationalen Institutionen gemacht. Doch mit dem Nobelpreis potenzierte sich nicht nur die Aufmerksamkeit – in Form von zahllosen Einladungen der internationalen Presse –, sondern auch unsere Möglichkeiten, unsere Botschaft zu kommunizieren. In einem noch nie dagewesenen Maße erhielten wir Zugang zu politischen und gesellschaftlichen Führungspersönlichkeiten auf allen Kontinenten, und Verhandlungen, die früher auf Ministerebene stattgefunden hatten, wurden nun mit Staatsoberhäuptern geführt. Die Spielregeln für die Organisation hatten sich geändert.

Die Anerkennung durch das Nobelpreiskomitee unterstrich die Unabhängigkeit der IAEO und stärkte sie in gewisser Hinsicht noch. Als Generaldirektor fühlte ich mich nun gewappneter gegen ungerechtfertigte Anschuldigungen, ich sei voreingenommen oder nachsichtig, und gegen diejenigen, die meine Integrität in Zweifel zogen. Ich nutzte die Aufmerksamkeit, um auf die begrenzten finanziellen Mittel der

Organisation hinzuweisen, die unsere technischen Möglichkeiten einschränkten und auf diese Weise unsere Unabhängigkeit gefährdeten. Zur Suche nach unbekannten Anlagen brauchen wir Satellitenbilder, und es konnte einfach nicht sein, dass wir auf zwei, drei Mitgliedsstaaten angewiesen waren, die uns nach Gutdünken ein paar Aufnahmen zur Verfügung stellten; vielmehr benötigten wir die finanziellen Mittel, um solche Bilder selbst auszusuchen und zu erwerben. Ebenso fehlten uns zusätzliche forensische Kapazitäten, um sensible Nachweise von radioaktiven Teilchen, die wir bisher in einem Labor der U.S. Air Force durchführten, in einer eigenen Einrichtung durchführen zu können. Ich sprach öffentlich und mit Nachdruck über die Notwendigkeit, die Unabhängigkeit der IAEO mit weiteren juristischen Kompetenzen, technischen Anlagen und finanziellen Mitteln zu stärken.

Natürlich machte der Nobelpreis die gewaltigen Herausforderungen, vor denen wir standen, nicht kleiner. Aber er stärkte uns und ließ uns die anstehenden Aufgaben mit neuer Entschlossenheit angehen.

9

IRAN

»Nicht eine einzige Zentrifuge«

Im Januar 2006 waren die komplizierten und stockenden Verhandlungen zwischen der internationalen Gemeinschaft und dem Iran an einem toten Punkt angelangt. Das Angebot der Europäer, Hilfslieferungen und technische Unterstützung zur Verfügung zu stellen, wenn der Iran sein Atomprogramm einstellte, wurde als sprachlich beleidigend und inhaltlich dürftig aufgefasst und vernachlässigte außerdem die politischen und Sicherheitsbedürfnisse des Iran. Nach dem Scheitern der Verhandlungen über dieses Angebot nahm der Iran die Urankonversion wieder auf, beendete sein freiwilliges Moratorium und veranlasste den Gouverneursrat der IAEO, das Verhalten des Landes als Verstoß gegen das Safeguard-Abkommen zu bezeichnen.

Ein Fortschritt war nicht in Sicht. Der Iran fühlte sich stark: Die Ölpreise waren hoch, vor allem China war auf iranisches Öl und Gas angewiesen, und Russland, das den Reaktor in Buschehr baute, war an guten Beziehungen zum Iran interessiert.

Also ging der Iran ein kalkuliertes Risiko ein und informierte die IAEO am 3. Januar, dass er die Forschung und Entwicklung auf dem Gebiet der Urananreicherung wieder aufnehmen werde. Es folgte ein Brief, in dem die Organisation aufgefordert wurde, die Siegel von der Anlage in Natanz zu entfernen.

Das kalkulierte Risiko bestand darin, in einer Pilotanlage den Betrieb einer kleinen Anreicherungskaskade aufzunehmen. Die Iraner gingen davon aus, dass der Sicherheitsrat wegen einer kleinen Anlage keine Sanktionen verhängen würde. Schließlich war nach dem Atomwaffensperrvertrag die Urananreicherung zu zivilen Zwecken zulässig,

und der Iran hatte immer klargemacht, dass die vorübergehende Einstellung der Aktivitäten nur eine freiwillige Geste des guten Willens
war, welche die Verhandlungen ermöglichen sollte. Ein Einschreiten
des Weltsicherheitsrats schien unwahrscheinlich, zumal der Iran in
den vergangenen beiden Jahren weitgehend kooperiert hatte und die
kleine Anreicherungsanlage legal war. Aus meiner Sicht waren sich die
Iraner offenbar sicher, dass ihre Entscheidung keine negativen Folgen
haben und die Europäer an den Verhandlungstisch zurückkehren
würden und dass am Ende der Verhandlungen ein Verzicht auf die
Urananreicherung im industriellen Umfang stehen würde.

Die Russen suchten nach einem Kompromiss und schlugen vor, der
Iran solle ein kleines Forschungsprogramm mit 30 bis 40 Zentrifugen betreiben können, dessen Einzelheiten mit der IAEO abgestimmt
werden sollten. Die Amerikaner waren jedoch entschieden gegen einen
solchen Kompromiss, und da sich der Iran nicht offen dazu äußerte,
zogen die Russen den Vorschlag wieder zurück.

Mir schien der russische Vorschlag sinnvoll und ein möglicher
Ausweg aus der Sackgasse. Das sagte ich auch John Boltons Nachfolger
Robert Joseph, als dieser mich in Wien besuchte. Kurz darauf rief mich
Condoleezza Rice in meinem Hotel in Davos an. »Seit unserem letzten
Gespräch haben sich unsere Wege getrennt«, sagte sie und klang reichlich unfreundlich. Sie deutete an, ich unterstütze das iranische Forschungsprogramm und wolle die Urananreicherung durch den Iran
legitimieren. Ich hätte noch nicht öffentlich Stellung bezogen, antwortete ich Rice, doch ich sei überzeugt, dass das russische Angebot mehr
nutze als schade, und zwar aus zwei Gründen: Die IAEO musste mögliche nicht gemeldete Aktivitäten im Iran untersuchen können, und
wir mussten die Verhandlungen aufnehmen, wenn wir verhindern
wollten, dass der Iran weitere Schritte in Richtung einer industriellen
Anreicherung unternahm. Am Ende unseres angespannten Gesprächs
betonte ich, dass die Entscheidung über das weitere Vorgehen bei den
Mitgliedstaaten der IAEO lag, dass ich ihnen jedoch meine Sicht der
Dinge schuldig war.[1]

Im Februar eröffnete der Gouverneursrat eine neue Runde im
Ringen um das iranische Atomprogramm, indem er den Weltsicherheitsrat anrief. Diese Entscheidung erfolgte, nachdem die EU-3 und

der Iran zwei Jahre lang versucht hatten, auf diplomatischem Weg zu einer Einigung zu gelangen. Der Rat war sich jedoch nicht einig: Von den 35 Mitgliedsstaaten enthielten sich fünf Entwicklungsländer und drei stimmten dagegen, weil das iranische Moratorium freiwillig und nicht verbindlich gewesen sei. Diese Uneinigkeit schuf einen historischen Präzedenzfall: In der Vergangenheit hatte der Rat seine Entscheidung einstimmig und im sogenannten »Geist von Wien« gefällt. Dieser fehlende Konsens war kein gutes Zeichen.

Der Iran reagierte mit einer Aussetzung des Zusatzprotokolls.[2] Dieser Schritt war zu erwarten gewesen: Im September 2005 hatte das iranische Parlament ein Gesetz verabschiedet, in dem es die Regierung anwies, das Protokoll nicht umzusetzen, falls der Iran an den Sicherheitsrat verwiesen würde. Damit waren der IAEO bei der Suche nach nicht deklarierten Materialien und Aktivitäten die Hände gebunden.

Eine weitere Reise nach Washington war angesagt. Im Mai traf ich Rice und John Negroponte, den Direktor der amerikanischen Nachrichtendienste. Negroponte stimmte völlig mit der Einschätzung der Inspektoren überein, dass der Iran, wenn er denn die Absicht habe, Atomwaffen zu bauen, aus technischer Sicht noch Jahre davon entfernt war. Er wiederholte diese Ansicht auch öffentlich, möglicherweise auch deshalb, um Israel und die Falken in Schach zu halten, die schon die Kriegstrommel rührten.

Mir war auch daran gelegen, mein Verhältnis zu Condoleezza Rice wieder zurechtzurücken. Wir waren zwar nicht immer einer Meinung, aber nach unseren angespannten Begegnungen im Vorfeld des Irakkriegs war unsere Beziehung von gegenseitigem Respekt und gelegentlich auch Humor geprägt gewesen. Rice schien mir immer vernünftig und pragmatisch statt ideologisch zu denken, vor allem unter vier Augen. Natürlich setzte sie sich mit ihren Ansichten nicht immer durch, und ihre oberste Pflicht bestand darin, die Entscheidungen von Präsident Bush umzusetzen, demgegenüber sie sehr loyal war. Ich war mir nie ganz sicher, wo sie genau stand; doch innerhalb der Bush-Regierung schien sie mir ein Aktivposten und eine Verfechterin der Diplomatie zu sein.

Nach einem kurzen Small-Talk, in dem wir uns über ihre Liebe zu Schuhen unterhielten (Rice hatte mir einmal erzählt, dass sie sich gern fünf oder sechs Paar auf einmal kaufte), kam ich zur Sache: Die Vereinigten Staaten mussten sich dringend direkt in die Gespräche mit dem Iran einbringen. »Wenn Sie sich nicht beteiligen, kommt der Dialog nie voran«, betonte ich.

Vor meiner Reise in die Vereinigten Staaten hatte ich mich mit dem neuen iranischen Chefunterhändler Ali Laridschani getroffen. Er bat mich, Washington einige Botschaften zu übermitteln: Die Iraner waren an direkten Gesprächen mit den Vereinigten Staaten interessiert und sie waren bereit, nicht nur über die Atomfrage, sondern auch über den Irak, Afghanistan, die Hisbollah und die Hamas zu sprechen. Laridschani glaubte, der Iran habe großen Einfluss auf die anstehenden Zwischenwahlen in den Vereinigten Staaten: Teheran konnte einen Beitrag zur Sicherheit im Irak leisten und zur Bildung einer Regierung der nationalen Einheit im Libanon beitragen. Ich sah, wie die Augen der Außenministerin aufleuchteten.

Gegenüber Rice und Joseph betonte ich, dass eine kleine Forschungsanlage zur Urananreicherung aus Sicht der Atomwaffenkontrolle kein großes Problem darstellte. Wenn der Iran wirklich ein Interesse daran hatte, seine Forschungen voranzutreiben, dann konnte er dies heimlich tun, ohne dass irgendjemand etwas davon mitbekäme. »Deshalb sehe ich es als ein gutes Zeichen, dass sie die Forschung offen durchführen wollen.«

Ich wiederholte die Argumente, die ich Rice früher am Telefon dargelegt hatte, und erklärte, aus meiner Sicht gehe es darum, eine Anreicherung im industriellen Maßstab zu verhindern und eine robuste Präsenz der IAEO zu gewährleisten. »Was nützt es uns, wenn wir die gemeldeten Aktivitäten genauestens überprüfen, aber kein Zusatzprotokoll haben und nicht verhindern können, dass sie an einem nicht gemeldeten Programm arbeiten?«, fragte ich. Außerdem, so fügte ich hinzu, bestehe ein großer Unterschied, ob ein Land über das Knowhow zum Bau einer Waffe verfügte oder ob es die industrielle Kapazität zu deren Bau entwickelte. Noch einmal wiederholte ich, dass eine kleine Forschungsanlage dem Iran ermöglichte, sein Gesicht zu wahren, und daher kein allzu hoher Preis war.

Rice hörte mir aufmerksam zu. Mir wurde klar, dass sie tagaus, tagein nur eine einzige Position hörte, nämlich die zwanghafte Wiederholung des Mantras »Nicht eine einzige Zentrifuge«, das ich von Steve Hadley gehört hatte. Der Satz ging offenbar auf eine Aussage der Briten aus den vorangegangenen Verhandlungen zurück, sie hätten ihr Atomprogramm mit 16 Gaszentrifugen aufgebaut. »Nicht eine einzige Zentrifuge« war das Schlagwort der Washingtoner Ideologen geworden, die in den Vereinigten Staaten den Weltpolizisten sahen, keine abweichenden Meinungen zuließen und Glaubenssätze wiederholten, die nichts mit der Realität zu tun haben.

Obwohl einige Amerikaner keinerlei Dialog und Annäherung mit dem Iran wollten – erst im April hatten Geheimpläne für amerikanische Angriffe auf iranische Atomanlagen mit bunkerbrechenden Waffen die Runde gemacht –, schien Rice der Ansicht zu sein, dass der Iran schließlich doch nachgeben würde. »Der Iran ist nicht Nordkorea«, sagte sie. »Der Iran will sich nicht isolieren. Er wird unter dem Druck nachgeben.«

»Ich fürchte nur, der zunehmende Druck auf den Iran könnte nach hinten losgehen«, erwiderte ich. Ich musste einsehen, dass sich die amerikanische Iranpolitik auf zwei einfache Glaubenssätze reduzieren ließ: »Nicht eine einzige Zentrifuge« und »Der Iran wird nachgeben«. Dieser Mangel an Flexibilität machte es unmöglich, auf die sich verändernde Situation zu reagieren.

Als wir allein waren, betonte Rice, sie und Präsident Bush täten alles, um eine friedliche Lösung der Iranfrage zu finden, und deutete an, sie hätten nicht die Absicht, militärisch vorzugehen. Einige Tage später verkündete Washington, es sei zu direkten Gesprächen mit Teheran bereit unter der Bedingung, dass der Iran alle mit der Urananreicherung zusammenhängenden Aktivitäten aussetze.

Diese Aussage markierte eine Kehrtwende in der öffentlichen Position der Vereinigten Staaten. Es handelte sich scheinbar um einen Kompromiss zwischen Rice und den Neokonservativen, die meinten, ein Dialog mit dem Iran legitimiere ein Regime, dessen Sturz sie verlangten. Trotzdem stellten die Vereinigten Staaten eine Vorbedingung, deren Erfüllung den Iran innerlich zerrissen hätte. Das iranische Atomprogramm war eine Frage des nationalen Stolzes geworden, und die Regierung Ahmadinedschads war zu Hause verwundbar. Sie durfte nicht den Eindruck erwecken, dem Westen gegenüber einzuknicken.

Ein vorläufiger Stopp der Urananreicherung vor Beginn der Gespräche schwächte die Verhandlungsposition des Iran. Außerdem war die Wiederaufnahme des Programms in Gefahr, wenn dazu in Zukunft ein Einverständnis des Westens erforderlich war. Dieses Risiko wollte Teheran nicht eingehen.

*

Da es im Juni 2006 noch immer nicht zu Gesprächen zwischen Teheran und Washington gekommen war, schnürten die Europäer ein neues Paket, diesmal in Zusammenarbeit mit den Vereinigten Staaten, Russland und China. Ziel war ein zweigleisiges Angebot: Es enthielt einerseits Anreize für eine Beschränkung des iranischen Atomprogramms und andererseits Sanktionen für den Fall der fortgesetzten Verstöße gegen die Safeguards. Ich versuchte zu erläutern, welche Fallstricke dieser Ansatz aus kultureller Sicht hatte: Wenn die Europäer mit Zuckerbrot und Peitsche agierten, musste es so aussehen, als würde die iranische Regierung der Drohung nachgeben. Unter diesen Umständen blieb ihr keine andere Wahl, als das Angebot abzulehnen, wenn sie sich ihre Selbstachtung erhalten und die Unterstützung durch die Bevölkerung sichern wollte.

Meine Logik hatte nichts mit der Atomtechnologie zu tun. Der westliche Ansatz war so, als ginge man in einen Laden, böte dem Händler einen fairen Preis für eine Ware und drohte ihm gleichzeitig, den Laden niederzubrennen, wenn er das Angebot nicht annahm. Diese Methode funktioniert vielleicht in einem Clint-Eastwood-Film, aber in Teheran war sie von Anfang an zum Scheitern verurteilt.

Die Europäer schienen das einzusehen und einigten sich hinter den Kulissen auf eine Reihe von Anreizen und Sanktionen. Als sie jedoch am 6. Juni Javier Solana[3] als ihren Unterhändler nach Teheran entsandten, sollte dieser nur die Anreize präsentieren.

Anders als das Paket vom August 2005 war das neue Angebot großzügig. Der Iran sollte atomare und konventionelle Technologie aus dem Westen erhalten. Außerdem eröffnete es Möglichkeiten für Handelsabkommen mit dem Westen. Ferner war es nicht in dem väterlichen Ton des ersten Angebots gehalten und erwähnte respektvoll die iranischen Rechte. Doch es wiederholte die Forderung, der Iran müsse vor Beginn der Verhandlungen sein Anreicherungsprogramm einstellen, und war in einer Weise formuliert, die den Anschein erweckte, für eine Wiederaufnahme seiner Aktivitäten benötige der Iran die Zustimmung des Westens.

Der Iran bat sich bis zum 22. August Bedenkzeit aus. Währenddessen sollten die Forschungen fortgesetzt und ausgebaut werden: Inzwischen experimentierten die Wissenschaftler nicht mehr mit Kaskaden aus 10 und aus 20 Zentrifugen, sondern waren zu Kaskaden aus 164 Zentrifugen übergegangen. Es handelte sich allerdings noch um eine Pilotanlage, die zudem nicht ununterbrochen operierte: Die Kaskade lief zehn Tage lang, wurde abgeschaltet und nach einigen Tagen wieder angefahren. Unsere technischen Experten meinten, die Iraner hätten sehr viel schneller vorgehen können, wenn ihnen daran gelegen gewesen wäre. Die Iraner meinten, sie könnten in drei Monaten eine weitere Kaskade mit 164 Zentrifugen fertigstellen. Ich riet ihnen davon ab. Je mehr und je größere Kaskaden sie hätten, desto schwieriger würden die Verhandlungen werden.

Der Westen sah die iranische Bitte um Bedenkzeit mit Skepsis. Die Amerikaner und andere meinten, der Iran werde die Zeit nur dazu nutzen, um seine Anreicherungskapazitäten auszubauen. Das war absurd. Das Forschungsprogramm des Iran würde im August kaum weiter sein als im Juni. Ich nahm vielmehr an, dass die Bedenkzeit mit den langsamen Entscheidungsprozessen im Iran zu tun hatte. Die Innenpolitik des Iran ist voller Kontrollinstanzen, eine ganze Reihe unterschiedlicher Gruppierungen steuern ihre Überlegungen bei, ehe schließlich eine Strategie formuliert wird. Die Iraner scheinen es nie sonderlich eilig zu haben und sich auch unter Druck von außen nicht zu überhasteten Entscheidungen hinreißen zu lassen.

Doch die Vereinigten Staaten wollten nicht so lange warten und bestanden auf einem Treffen lange vor dem erbetenen Zeitpunkt. Laridschani erklärte sich zu einem Gespräch am 11. Juli in Brüssel bereit, denn er wollte Details zu den Bedingungen und dem Umfang des geforderten Anreicherungsstopps klären. Bei unserer Unterredung gewann ich den Eindruck, dass Laridschani an einer Verhandlungslösung interessiert war.

Doch das Treffen schadete mehr, als es nutzte. Während des Gesprächs wurde der britische Verhandlungsführer John Sawers plötzlich ungeduldig, unterbrach Solana und verlangte von Laridschani: »Wir wollen in klaren Worten hören, ob Sie zu einem Stopp bereit sind.«

Das konnte Laridschani natürlich nicht beantworten. Die Politiker in Teheran hatten in dieser Frage noch keine Einigung erzielt. Laridschani antwortete ausweichend, und das Treffen endete unglücklich. Solana erklärte das Gespräch für gescheitert, und schon am nächsten Tag verkündete die Gruppe der »P-5+1«[4] ihre Absicht, den Weltsicherheitsrat anzurufen.

Kurz darauf hatte ich am Rande des G-8-Gipfels in Petersburg ein kurzes Gespräch mit Präsident Bush. »ElBaradei!«, rief er, kam grinsend auf mich zu und schüttelte mir die Hand. »Wir danken Ihnen für Ihre Arbeit im Iran«, sagte er dann leise, »wir verstehen nämlich nicht, was da los ist.«

Der Iran arbeite an einer Antwort auf das Angebot, erwiderte ich und erklärte, meiner Ansicht nach sei der Iran ernsthaft an einer Verhandlungslösung interessiert und benötige nur etwas mehr Zeit.

»Wir sind bereit«, sagte Bush und drückte damit offenbar aus, dass er Teherans Antwort hören wollte.

In einem anderen Gespräch gab mir Tony Blair wortwörtlich dieselbe Antwort, als hätten die beiden Männer sie vorher verabredet.

Während der Weltsicherheitsrat an einer Resolution arbeitete, erhielt ich Besuch von Laridschanis Stellvertreter Javad Vaidi. Er teilte mir mit, der Iran sei bereit, seine Urananreicherung auszusetzen, aber nicht als Vorbedingung für die Verhandlungen, sondern als deren Ergebnis. Der Stopp müsse auch mit einer Sicherheitsgarantie verbunden sein. »Wir wollen wissen, ob wir mit Freunden oder Gegnern verhandeln«, sagte er. »Es geht nicht nur um das Atomprogramm. Es geht auch um die künftige Beziehung zwischen den Vereinigten Staaten und dem Iran.«

Er erklärte mir die innenpolitische Situation Ahmadinedschads. »Wenn er nur den Anreicherungsstopp erklärt, ohne dafür eine Sicherheitsgarantie zu bekommen, kann sich seine Regierung nicht halten.« Dann fügte er etwas hinzu, das so erhellend wie beunruhigend war.

Das vorige Verhandlungsteam – die Gruppe um Rowhani, der im Auftrag der Chatami-Regierung die Gespräche geführt hatte – stellte sich nun gegen jeden Anreicherungsstopp und gegen die Annahme des Angebots. Das Problem war nicht das Angebot selbst, das gegenüber dem Vorjahr deutlich besser war. Sie befürchteten jedoch, dass die Annahme des Angebots und eine Normalisierung der Beziehungen zu den Vereinigten Staaten Ahmadinedschad zum Nationalhelden machen würde. Das war nicht in ihrem Interesse, weshalb sie nun alles taten, um die Lösung zu verhindern, für die sie sich zuvor noch eingesetzt hatten.

Ich seufzte. Teheran verbrachte zu viel Zeit damit, sich das politische Geschehen in Washington anzusehen, dachte ich.

Es sah so aus, als würde eine weitere Chance verspielt werden. Ich bat den amerikanischen IAEO-Botschafter Gregory Schulte, in Washington darauf hinzuweisen, dass die Tür noch immer offen war. Die Möglichkeit einer breiten regionalen Sicherheitslösung lag nach wie vor auf dem Tisch. Die Vereinigten Staaten mussten jedoch ein kleines – an sich bedeutungsloses – Zugeständnis machen, damit die Gespräche beginnen konnten.

Aber es sollte anders kommen. Ende Juli 2006 – drei Wochen vor Ablauf der Bedenkzeit, die sich der Iran ausgebeten hatte – beschloss der Weltsicherheitsrat die Resolution 1696. Mit Verweis auf Kapitel VII der UN-Charta, das dem Sicherheitsrat gestattet, Maßnahmen zu ergreifen, wenn »eine Bedrohung oder ein Bruch des Friedens oder eine Angriffshandlung vorliegt«, forderte sie den Iran zum Stopp der Urananreicherung auf. Bis Ende August sollte ich dem Sicherheitsrat einen Bericht vorlegen und die Einstellung der Anreicherung bestätigen.

Ich konnte mir kaum eine unvernünftigere und kontroversere Maßnahme als die Resolution 1696 vorstellen. Erstens war die Untersuchung des iranischen Atomprogramms zu diesem Zeitpunkt schon seit vier Jahren im Gange. Es wäre eine kluge Investition von Zeit und Energie gewesen, noch drei Wochen auf die iranische Antwort zu warten und in der Zwischenzeit nach einer Lösung für den Anreicherungsstopp zu suchen. Ich hatte das Gefühl, dass man in Washington nicht sonderlich daran interessiert war, die iranische Atomfrage zu lösen und mit

Teheran ins Gespräch zu kommen. Konnte es sein, dass die Führung der Vereinigten Staaten von Kräften in Geiselhaft genommen wurde, die nur auf Konfrontation, Isolation und Umsturz aus waren?

Zweitens war die Resolution juristisch kontrovers. Es gab keinen Beweis, dass das Atomprogramm des Iran auch militärischen Zwecken dienen sollte. Es war ein bisschen weit hergeholt, eine kleine Zentrifugenkaskade in einer Forschungsanlage als »Bedrohung oder Bruch des Friedens« zu bezeichnen, wenn laut Atomwaffensperrvertrag sämtliche Staaten das Recht auf Urananreicherung zu friedlichen Zwecken haben.

Drittens entbehrte die Resolution jeder Logik. Wenn tatsächlich die ehrliche Sorge bestand, der Iran könne an der Entwicklung eines Atomwaffenprogramms arbeiten, dann war es vollkommen sinnlos, als Gegenleistung für Dialog und Normalisierung die Abschaltung einer kleinen Anreicherungsanlage zu fordern. Welchen Unterschied machte es, diese bekannte Forschungsanlage abzustellen, wenn der Iran gleichzeitig im Geheimen ein funktionierendes Atomwaffenprogramm hatte? Das Ziel hätte vielmehr darin bestehen müssen, die Kontrollen durch die IAEO fortzusetzen, um herauszufinden, ob es *nicht gemeldete* Aktivitäten zur Anreicherung oder Waffenproduktion gab. Wenn man sich ausschließlich auf die Forschungsanlage in Natanz – diese angebliche »Bedrohung des Friedens« – konzentrierte, dann hatte das weniger mit einem möglicherweise existierenden geheimen Waffenprogramm zu tun als damit, dass man zu einem Schluss über die künftigen Absichten des Iran gekommen war.

Aber das Schlimmste war vermutlich das Timing der Resolution. Sie traf genau mit dem Aufflammen des Krieges zwischen der Hisbollah und der israelischen Armee im Libanon zusammen, von dem Tausende libanesischer Zivilisten betroffen waren. Trotz wiederholter Bitten der internationalen Gemeinschaft hatten sich Rice, Bush und die Briten nicht für einen Waffenstillstand eingesetzt. Auf Kofi Annans Anfrage antworteten Bush und Blair wieder im Gleichklang: »Wir sind nicht bereit.«

Später wurde bekannt, dass sich die Vereinigten Staaten den Bemühungen um einen Waffenstillstand erst anschlossen, als sich abzeichnete, dass die israelische Militäroffensive nicht das gewünschte Ergebnis brachte.[5] Statt die Kampfhandlungen zu beenden, lieferten die Vereinigten Staaten Präzisionsbomben an Israel.[6] Der Sicherheitsrat ließ sich bis zum 11. August Zeit, um einen Waffenstillstand zu verlangen. Bis dahin waren 1100 libanesische und 40 israelische Zivilisten getötet worden, und rund 750 000 Libanesen befanden sich auf der Flucht, während die Weltmächte tatenlos zusahen.

Ich hielt mich damals in Ägypten in meinem Ferienhaus nördlich von Alexandria auf. Die Stimmung auf der Straße war explosiv. Im Nahen Osten kochte der Zorn über die Doppelmoral und Untätigkeit des Westens. Während meines Urlaubs erhielt ich einen Anruf von Kofi Annan. Er klang niedergeschlagen. »Dieser Krieg im Libanon ist kein Bruch des Friedens und keine Angriffshandlung«, sagte er, »aber ein kleines Labor im Iran schon.«

Nach der Verabschiedung der Resolution 1696 hatte ich eine Nachricht an Laridschani geschickt und ihm vorgeschlagen, die Iraner sollten dem Westen wie angekündigt bis zum 22. August ihre Antwort vorlegen. Ich schlug vor, sie sollten ihre Bereitschaft erklären, die Anreicherung im industriellen Maßstab einige Jahre lang aufzuschieben, und sich bereiterklären, alle offenen Fragen der IAEO zu beantworten. »Wenn ich auf diesen beiden Gebieten Fortschritte vermelden kann, dann sehen die Europäer die Lage anders«, versicherte ich ihm.

Laridschani antwortete dem Westen in einer Pressekonferenz in Teheran. Die islamische Republik des Iran werde einer Aussetzung ihrer Urananreicherung niemals zustimmen.

*

Mir war nicht ganz klar, wie die Resolution 1696 zustande gekommen war, doch ein Teil des Problems schienen die Akteure gewesen zu sein, die Mitte 2006 hinter den Kulissen agierten.

Der Diplomat und frühere Blair-Berater John Sawers, der für Großbritannien sprach, vertrat eine ähnlich harte Linie wie die Amerikaner. In den vergangenen beiden Jahren hatte ich hinsichtlich Inhalt und Stil deutliche Unterschiede zwischen Sawers und seinem Vorgesetzten, dem britischen Außenminister Jack Straw, beobachtet. Zu Straw hatte ich ein enges Verhältnis entwickelt und bei unseren Begegnungen immer das Gefühl, dass er einen Blick fürs große Ganze, ein ausgeprägtes Gerechtigkeitsempfinden, einen ehrlichen Respekt für kulturelle Unterschiede und eine pragmatische Offenheit mitbrachte.

Aber Straw war nicht mehr Sawers Vorgesetzter. Zu Beginn des Jahres hatte er mir berichtet, dass ihm die Amerikaner offensichtlich nicht mehr vertrauten. Als Berichte zirkulierten, nach denen die Vereinigten Staaten den Einsatz von bunkersprengenden Waffen im Iran planten, hatte er diese Ideen als »völligen Blödsinn« bezeichnet und in der Nachrichtensendung *BBC News* gesagt, es gebe keinen »rauchenden Colt«.[7] Einen Monat später hatte Blair ihn durch Margaret Beckett abgelöst, die keinerlei Erfahrung auf dem Gebiet der Außenpolitik mitbrachte.[8] Straw bestätigte mir, er habe wegen politischer Differenzen mit Blair gehen müssen. Er deutete an, die Amerikaner hätten auf seine Ablösung gedrängt – »aber Condi« [Rice] hatte nichts damit zu tun, meinte er. Die Blair-Politik während des Libanonkriegs bezeichnete er als »katastrophal«. Doch Straws Ansichten zum Iran, dem Libanon und der Resolution 1696 interessierten Blair nicht mehr, und Beckett war zu unerfahren, um eine eigene Meinung zu haben.

Der französische Außenminister Philippe Douste-Blazy war Arzt und ein weiterer Neuling auf dem internationalen Parkett. Ich hörte, er werde am Quai D'Orsay, im Außenministerium, nicht sonderlich ernst genommen und die Abneigung beruhe auf Gegenseitigkeit. Hinzu kam, dass Frankreich mitten im Vorwahlkampf steckte. Viele sprachen von »zwei Frankreichs«: für das erste standen Chirac und sein Sicherheitsberater Maurice Gourdault-Montagne, und für das zweite das Außenministerium am Quai D'Orsay – beide vertraten in der Außenpolitik unterschiedliche Standpunkte. Auch die französische Außenpolitik war also zu diesem Zeitpunkt nicht so stimmig, wie sie es hätte sein können.

Die Deutschen waren diejenigen, die sich noch am ehesten um eine Kompromisslösung mit dem Iran bemühten. In Gesprächen mit Bundeskanzlerin Angela Merkel und Außenminister Frank-Walter Steinmeier trugen beide einen scharfsinnigen, menschlichen und fairen außenpolitischen Ansatz vor. Aber Deutschland hatte nicht das Gewicht, um die Verhandlungen ohne die europäischen Partner voranbringen zu können; sie schienen schon zufrieden zu sein, überhaupt an den Verhandlungen teilzunehmen.

Die eigentliche Überraschung war, dass die Russen und Chinesen im Weltsicherheitsrat eine Resolution mitgetragen hatten, die sich auf Kapitel VII der UN-Charta bezog, obwohl sie dessen Anwendung lange abgelehnt hatten. Sie wussten, dass dies nur in eine Konfrontation münden konnte und jeden Versuch einer Lösung des iranischen Atomproblems nur komplizierter machte. Doch es schien, als stünden diesmal ihre eigenen Interessen im Vordergrund.

Aus meiner Sicht war die Resolution 1696 nicht nur politisch kontraproduktiv, sondern ein glatter Missbrauch der Befugnisse des Weltsicherheitsrats gemäß Kapitel VII der UN-Charta. Besonders erschütternd waren die Unterschiede, die zwischen Nordkorea und dem Iran gemacht wurden. Nordkorea war aus dem Atomwaffensperrvertrag ausgetreten und hatte ausdrücklich mit dem Bau von Atomwaffen gedroht (Nordkorea sollte seine erste Waffe drei Monate später, im Oktober 2006, testen), und die Amerikaner suchten den direkten Dialog und Christopher Hill schien jeden zweiten Tag in Pjöngjang zu sein. Im Gegensatz dazu wurde der Iran, der das Safeguard-Abkommen befolgte, dafür bestraft, weil er möglicherweise in Zukunft den Bau von Atomwaffen planen könnte, und die Amerikaner weigerten sich, die Gespräche ohne Vorbedingungen aufzunehmen.

∗

Am 20. August rief mich Frank-Walter Steinmeier in meinem Sommerhaus an und fragte mich, ob ich bereit sei, mich mit Peter Castenfelt, dem mysteriösen schwedischen Banker, zu treffen, den ich als Berater der Nordkoreaner kennengelernt hatte. Inzwischen hatte sich Castenfelt einen neuen Hut aufgesetzt: den des Beraters der Regierung in Teheran. Er wollte mir Ali Monfared vorstellen, Leiter der Auslandsabteilung des iranischen Sicherheitsrats und einer von Laridschanis Stellvertretern. Sie wollten mich dringend sprechen, ehe der Iran offiziell auf das jüngste Angebot der EU-3 reagierte.

Bei unserem Gespräch in Kairo betonte ich, wie wichtig es war, dass die Iraner trotz aller Vorfälle positiv reagierten. Der Iran solle seine

Bereitschaft signalisieren, auf die Anreicherung im industriellen Maßstab zu verzichten, oder zumindest garantieren, dass er kein radioaktives Material verwendete. Meiner Ansicht nach waren die regionalen Sicherheitsinteressen des Iran legitim, denn es handelte sich um eine entscheidende Frage, deren Beantwortung eine Einigung beim Anreicherungsstopp erleichtern würde. Wir unterhielten uns zwei Stunden lang. Castenfelt berichtete mir später, er habe im Anschluss weitere fünf Stunden mit Monfared gearbeitet, um die Ergebnisse unseres Gesprächs in eine angemessene schriftliche Form zu bringen.

Die Iraner legten ihre Antwort wie angekündigt am 22. August vor. Sie hatten einige, aber nicht alle meiner Ratschläge übernommen. Das Dokument war 21 Seiten lang und gewunden, aber reduziert auf das Wesentliche enthielt es einige positive Elemente. Entgegen Laridschanis erster Trotzreaktion schlossen die Iraner einen Anreicherungsstopp nicht aus, auch wenn sie ihn als Vorbedingung für die Verhandlungen ablehnten. Außerdem waren sie bereit, während der Verhandlungen auf freiwilliger Basis das Zusatzprotokoll umzusetzen. Sie wollten sich sogar auf eine dauerhafte Mitgliedschaft im Atomwaffensperrvertrag festlegen, um Ängste vor einem möglichen Nordkorea-Szenario zu beschwichtigen.

Die Reaktionen waren verhalten. Die Gruppe der EU-3 sprach sich für einen weiteren Dialog aus, die Russen lehnten Sanktionen als Sackgasse ab und China riet zur Geduld. Sie alle riefen mich an oder suchten mich in Wien auf, genau wie Javier Solana und Kofi Annan, um mich zu fragen, was ich von der Reaktion des Iran hielt. Aber niemand schien bereit, eine Führungsrolle zu übernehmen.

Schließlich beschlossen die Amerikaner und Europäer, Javier Solana als Unterhändler zu einem Gespräch mit Laridschani zu entsenden, um die nächsten Schritte zu erörtern. Doch Laridschani zögerte, da Solana nicht die nötigen Entscheidungsbefugnisse hatte. Vor allem war er dagegen, Solana zusammen mit Vertretern der EU-3 zu treffen; das Gespräch Mitte Juli in Brüssel hatte einen bitteren Nachgeschmack hinterlassen.

Ich schlug Solana vor, sich mit Laridschani allein zu treffen und sich mit ihm auf vier Eckpunkte als Verhandlungsrahmen zu einigen: Erstens sollte der Iran während der Gespräche die Urananreicherung einstellen. Zweitens sollten die Europäer und Amerikaner im Gegenzug die Sanktionen des Weltsicherheitsrats aussetzen. Drittens sollte dem Iran das nach dem Atomwaffensperrvertrag garantierte Recht auf eine zivile Nutzung der Kernenergie zugesichert werden. Und viertens sollte die politische Unabhängigkeit und Souveränität des Iran geachtet werden.

Wenn sich Solana und Laridschani auf diese vier Prinzipien einigten, dann konnten diese den Außenministern als Verhandlungsgrundlage dienen. »Damit können beide Seiten ihr Gesicht wahren«, sagte ich zu Solana: Die iranische Regierung konnte ihren Bürgern mitteilen, dass sie den Aufschub nur für die Dauer der Verhandlungen akzeptierte. Und die Vereinigten Staaten konnten an den Gesprächen teilnehmen, da der Iran ihrer Forderung zugestimmt hatte. Die Teilnahme der amerikanischen Außenministerin Rice war für den Iran ein entscheidender Anreiz.

Ich teilte meinen Vorschlag auch Laridschani mit. Er und Solana vereinbarten ein Treffen für Anfang September. In einem Telefonat informierte ich außerdem Kofi Annan, der zur gleichen Zeit einen Besuch im Iran geplant hatte.[9]

Teheran übte sich in Zurückhaltung. Über die vorhandenen 164 Zentrifugen hinaus hatten die Inspektoren der IAEO keine quantitativen oder qualitativen Veränderungen am iranischen Anreicherungsprogramm beobachtet. Die Anlage in Natanz arbeitete nur in geringem Umfang und über kurze Zeiträume hinweg mit radioaktivem Material; wäre es den Iranern darum gegangen, Erfahrungen mit der Anreicherung zu sammeln, wären sie anders vorgegangen. Wir wussten natürlich nicht, ob die langsame Entwicklung auf technische Probleme oder politische Entscheidungen zurückging. Tatsache war jedoch, dass sich das Anreicherungsprogramm noch im Anfangsstadium befand.

Am 5. September rief mich Condoleezza Rice an, um mehr über die vier Prinzipien in Erfahrung zu bringen, über die sie Botschafter Schulte informiert hatte. »Der Iran kann einen Anreicherungsstopp nicht als Vorbedingung akzeptieren«, erklärte ich. »Für die Regierung wäre das politischer Selbstmord. Außerdem benötigt der Iran in irgendeiner Form eine Sicherheitsgarantie.«

»Das klingt wie das, was wir in Nordkorea gemacht haben«, erwiderte Rice und schien bereit, die vier Prinzipien in Erwägung zu ziehen, womit sie von Washingtons harter Linie abgewichen wäre. »Aber bei den Sicherheitsgarantien sehe ich Probleme.«

»Dann geben Sie eine Stellungnahme über Ihre redlichen Absichten ab«, schlug ich vor. »Das können Sie irgendwie hinbiegen.« Rice erklärte sich bereit, wenigstens über die Prinzipien nachzudenken und mich dann wieder anzurufen. Aber sie fügte hinzu: »Sie wissen, dass wir uns erst mit dem Iran an einen Tisch setzen können, wenn die Anreicherung gestoppt ist. Aber vielleicht können die Europäer zusammen mit den Russen und Chinesen den Anfang machen.« Nach einer Unterzeichnung der Prinzipien und einem Anreicherungsstopp könnten die Vereinigten Staaten dazustoßen.

Danach fuhr ich nach Woodstock im englischen Oxfordshire, wo meine Tochter Laila heiraten wollte. Peter Castenfelt rief an und sagte, er müsse mich dringend sprechen. Am Abend vor der Hochzeit suchte er mich im Hotel auf, just als sich die Verwandten aus Kairo, New York und anderen Teilen der Welt zum Abendessen einfanden. Die Braut reagierte sehr ungehalten: »Ich hoffe, es ist wichtig, was er zu erzählen hat«, sagte sie.

Castenfelt sprach wenig und hörte vor allem zu. Er war am Tag zuvor in Teheran gewesen und wollte wissen, was genau von den Iranern erwartet wurde. »Wäre eine Art Anreicherungsstopp denkbar, der kein vollständiger Stopp ist?«, fragte er.

Das würde nicht funktionieren, erwiderte ich. Er musste den Iranern klarmachen, dass die Zeit knapp wurde. Ohne eine Einigung würden die Vereinigten Staaten und die EU-3 im Weltsicherheitsrat wegen des Verstoßes gegen die Resolution 1696 neue Sanktionen fordern. »Selbst wenn sie mit leichten Sanktionen anfangen, wird sich der Iran rächen, und es kommt ein Teufelskreis in Gang, der zu einer ernsten Konfrontation führen kann und nichts löst«, meinte ich. Castenfelt nickte, machte sich einige Notizen und ging.

Am nächsten Tag, dem 8. September, heiratete meine Tochter Laila den jungen Briten Neil Pizey. Einige Stunden lang schien der Stress in Wien in weiter Ferne. Während die feierliche und schöne Zeremonie im Blenheim Palace ihren Lauf nahm, dachte ich an eine Passage meiner Nobelpreisrede, bei der Laila die Tränen gekommen waren: »Was ich bei meinen Kindern und einigen Angehörigen ihrer Generation beobachte, macht mir Hoffnung ... Mein Sohn und meine Tochter interessieren sich nicht für Hautfarbe, Rasse und Nation. Für sie besteht kein Unterschied zwischen ihren Freunden Noriko, Mafupo, Justin, Saulo und Hussam; für sie sind dies nichts anderes als Mitmenschen und gute Freunde.«

Damals hatte Laila allen Mut zusammengenommen und mir den jungen Mann vorgestellt, in den sie sich verliebt hatte. Laila wusste, dass ich irgendwie gehofft hatte, sie würde einen Ägypter heiraten. Doch als jemand, der täglich die desaströsen Auswirkungen des kulturellen Misstrauens beobachtet, segnete ich die Wahl meiner Tochter.

Am Tag der Hochzeit trafen sich Solana und Laridschani in Wien. Das Gespräch dauerte sieben Stunden, und Laridschani beschrieb es mir später als konstruktiv. Der Anreicherungsstopp blieb die zentrale Hürde. Laridschani versuchte, die Furcht bestimmter Kreise in Teheran zu beschwichtigen, die meinten, eine vorübergehende Einstellung der Anreicherung stelle ein unüberwindliches Hindernis für die Wiederaufnahme des Brennstoffkreislaufs dar.

Ich schlug vor, die Diskussion um den Anreicherungsstopp mit anderen Themen zu bündeln, zum Beispiel einer Zusage der P-5+1, Atomreaktoren zur Verfügung zu stellen und die Rechte des Iran im Rahmen des Atomwaffensperrvertrags zu respektieren. Auf diese Weise stünde der Anreicherungsstopp nicht separat da. »Vielleicht müssen Sie ihn nicht einmal öffentlich erklären. Vielleicht reicht es, wenn Sie die Anreicherung einfach einstellen und ich über den Stopp berichte.«

Laridschani murmelte etwas von einem Gentlemen's Agreement oder von einem gestaffelten Stopp. Er war offensichtlich frustriert und suchte nach einer kreativen Lösung. Über vieles hatte er bereits mit Solana gesprochen.

In einem Punkt war Laridschani hart geblieben: Jede künftige Einschätzung des iranischen Anreicherungsprozesses war eine technische Frage, die von der IAEO beantwortet wurde. Das europäische Angebot hatte angedeutet, dass auch die Verhandlungspartner die Glaubwürdigkeit des Iran mit beurteilen sollten. In diesem Punkt war Laridschani unnachgiebig: Das war nicht akzeptabel. Doch der Iran war bereit, regionale Fragen wie den Irak, Afghanistan und den Libanon zu erörtern, woran den Europäern sehr gelegen war.

Als Nächstes sprach ich mit Solana und bat ihn um seine Meinung zu dem Gespräch mit Laridschani. Washington sei nicht zufrieden mit dem Ergebnis, erklärte Solana. Es klang, als säßen ihm die Amerikaner im Nacken. Solana war ein umgänglicher Mensch und ein erfahrener Diplomat, doch als Sprecher der P-5+1 saß er zwischen allen Stühlen: Jede der sechs Nationen wollte ihren Standpunkt vertreten sehen, weshalb er am Ende nichts weiter als den kleinsten gemeinsamen Nenner darstellte. Daher war sein Mandat unklar, und er hatte in Verhandlungen kaum etwas anzubieten.

Ich schlug vor, die vier Prinzipien auf zwei zu reduzieren. Das erste betraf das iranische Atomprogramm, legte die Rechte und Pflichten des Iran fest und behandelte die Frage des Anreicherungsstopps. Das zweite konnte eine Zusage beinhalten, wirtschaftliche, politische und Sicherheitsfragen zu verhandeln, und dem Iran die redlichen Absichten der Vereinigten Staaten zusichern. Am Ende unseres Gesprächs bot ich ein weiteres Mal meine Hilfe an, und Solana versicherte mir, er werde mich in den kommenden Tagen wieder aufsuchen.

Am 19. September trafen sich die Außenminister der Vereinigten Staaten, der EU-3, Chinas und Russlands, um weitere Schritte zu erörtern. Sie einigten sich darauf, dem Iran für eine Einigung zum Anreicherungsstopp bis »Anfang Oktober« Zeit zu geben. Unter anderem boten sie einen gestaffelten Einstieg in die Verhandlungen an – die Gespräche könnten zunächst ohne Beteiligung der Vereinigten Staaten beginnen, die Anreicherung und die Maßnahmen des Weltsicherheitsrats würden ausgesetzt, und dann könnten die Vereinigten Staaten hinzustoßen. Zynisch schrieb die *Washington Post*, die Europäer setzten dem Iran die vierte Frist in vier Monaten.[10] Das stimmte zwar, doch der wiederholte Aufschub hing natürlich damit zusammen, dass keine der beiden Seiten zu einem sinnvollen Kompromiss bereit war.

Während der IAEO-Generalversammlung Ende September hatte ich ein angespanntes Gespräch mit Aghazadeh, dem iranischen Vizepräsidenten und Leiter der Atomenergiebehörde, dem einzigen der ursprünglichen Verhandlungspartner, der noch im Amt war. Fast gekränkt wies er darauf hin, dass der Bericht der Organisation die vierjährigen Bemühungen des Iran um Zusammenarbeit nicht wiedergab. Etwas scharf wies ich ihn auf die widersprüchliche und unzuverlässige Kooperation des Iran hin und erwähnte einige der technischen Fragen, die seit langem unbeantwortet waren.

Darauf schickte mir Aghazadeh einen merkwürdigen persönlichen Brief, in dem er schrieb, er wende sich als Freund an mich. Aus seiner Sicht hatte die IAEO kein Interesse daran, die iranische Akte jemals zu schließen. Je besser der Iran kooperierte, umso mehr Fragen hatten die Inspektoren. Nebenbei ließ er einfließen, dass ich bei der iranischen Führung kein gutes Ansehen genoss. Er schrieb, er erwarte keine Antwort.[11] Der frostige Ton des Briefes machte mir wenig Hoffnung.

Tatsächlich spürte ich bei meinem nächsten Telefonat mit Laridschani dessen Entmutigung. »Die anderen Beteiligten verstehen die Situation im Iran nicht«, klagte er. Offenbar hatte er bei den Diskussionen um den Anreicherungsstopp zu Hause einen genauso schweren Stand wie in den Verhandlungen mit Solana und dessen Kollegen. Die Iraner waren bereit, nicht mehr als die ein oder zwei funktionierenden Kaskaden in Betrieb zu nehmen, doch es war unwahrscheinlich, dass sie einem vollständigen Anreicherungsstopp zustimmten.

Laridschani meinte, allmählich gewännen die Extremisten die Oberhand. Aus seinem Ton schloss ich, dass er Washington und Teheran gleichermaßen meinte.

*

Die für Anfang Oktober festgelegte Frist, bis zu der sich der Iran zu einem Anreicherungsstopp bereiterklären sollte, kam und ging. Da keine der beiden Seiten in den strittigen Fragen nachgeben wollte, war eine neue Resolution des Weltsicherheitsrats unvermeidlich. Ende Oktober reiste ich nach Washington zu einem Treffen mit Condoleezza Rice und Robert Joseph. Nordkorea hatte soeben seine erste Atomwaffe getestet, was das amerikanische Außenministerium vermutlich nicht motivierte, den Stillstand in der Iranfrage zu überwinden. Ich äußerte die Sorge, dass eine Resolution den Iran provozieren oder erniedrigen könne, weshalb sie vor allem darauf abzielen solle, den Iran zu neuen Verhandlungen mit den P-5+1 zu bewegen. Rice schien mir zuzustimmen.

Ich schlug eine weitere Möglichkeit vor. »Wie wäre es, wenn die Vereinigten Staaten mit dem Iran direkte und vertrauliche Verhandlungen über regionale Fragen wie beispielsweise die Sicherheit aufnähmen?« Wenn der Dialog mit einer weniger kontroversen Frage begann, konnten sich die Beziehungen der beiden entscheidenden Akteure vielleicht entspannen, und es würde einfacher, in der Atomfrage Fortschritte zu machen. Laridschani und seine Kollegen wären zu solchen Gesprächen bereit, aber die Vereinigten Staaten müssten einen höherrangigen Unterhändler entsenden, als es der amerikanische UN-Botschafter Zalmay Khalilzad war. In den Augen der Iraner hatte Khalilzad nicht das nötige Gewicht.

Rice schien einem Dialog gegenüber offen zu sein. »Sie wissen, dass der Iran die Situation im Nahen Osten deutlich verschlechtern kann«, sagte ich ihr.

Sie runzelte die Stirn: »Er hat ja jetzt schon die Finger im Spiel.«

»Es könnte noch schlimmer werden«, antwortete ich.

In einem Telefonat stimmte mir Solana zu, dass die Sanktionen gegen den Iran symbolischer Natur sein sollten. Der Resolutionsentwurf, den ich von der französischen Mission in Wien erhielt, erschien mir viel zu harsch. Reisebeschränkungen für iranische Regierungsvertreter, eine Sperre von iranischen Guthaben im Ausland und eine Einstellung oder Einschränkung der technischen Hilfe durch die IAEO würden den Iran nur provozieren und sich als kontraproduktiv erweisen. Auch die Auflage sogenannter »Transparenzbesuche« der IAEO würde nach hinten losgehen.[12] Wir durften den Iran auf keinen Fall dahingehend provozieren, dass er seine Anreicherung ausweiten oder aus dem Atomwaffensperrvertrag austreten würde.

Der stellvertretende russische Außenminister und langjährige Freund Sergej Kisljak, der an den P-5+1-Gesprächen beteiligt war, stimmte mir zu. Russland werde dem Beschluss in dieser Form auf keinen Fall zustimmen: »Wenn die Europäer diese Resolution durchdrücken wollen, dann ändert sich das ganze Spiel.« Ich hatte den Eindruck, die Russen wollten in diesem Fall ihr Veto einlegen.

Die Resolution, die schließlich am 23. Dezember einstimmig verabschiedet wurde, fiel deutlich milder aus. Die Sanktionen bestätigten überwiegend bereits bestehende Maßnahmen: ein Verbot des Verkaufs von Atomtechnologie und radioaktivem Material an den Iran und eine Sperre der Auslandsguthaben bestimmter Personen und Unternehmen, die mit dem iranischen Anreicherungsprogramm in Zusammenhang standen.

Auch die Reaktion des Iran fiel maßvoll aus. Der iranische UN-Botschafter Javad Zarif erklärte: »Eine Nation wird bestraft, weil sie ihre unveräußerlichen Rechte ausübt.«[13] Das iranische Außenministerium bezeichnete die Sanktionen in einer Stellungnahme als »widerrechtliche Handlung, die die Befugnisse des Weltsicherheitsrats überschreitet und einen Verstoß gegen die UN-Charta darstellt«. Beunruhigender waren Signale aus Teheran, dass man dort keinen Grund mehr sah, mit der Ausweitung des Anreicherungsprogramms zu warten.

Wir waren zwar noch nicht an einem Punkt angelangt, an dem keine Umkehr mehr möglich war. Aber inzwischen stand deutlich mehr auf dem Spiel.

*

In informellen Gesprächen – wenn ich mit Ministern unter vier Augen sprach, mich in Flugzeugen mit meinen Sitznachbarn unterhielt und Reporter ihr Mikrophon abgeschaltet hatten – hörte ich immer wieder eine Frage: »Was glauben Sie, will der Iran Atomwaffen bauen?«

Meine Einschätzung beruht auf meiner Intuition und einer Würdigung der historischen Zusammenhänge. Zunächst hatte der Iran mit der Anschaffung von Geräten und ersten Forschungsprogrammen Mitte der achtziger Jahre begonnen, also auf dem Höhepunkt des irakisch-iranischen Krieges. Der Iran war bedroht, angeblich wurden mehr als 100 000 Iraner, darunter viele Zivilisten, Opfer irakischer Chemiewaffen. Angesichts dieser extremen Verwundbarkeit hatte der Iran ursprünglich möglicherweise den Bau von Atomwaffen geplant. Aber irgendwann – vielleicht nach dem Krieg, vielleicht Mitte der neunziger Jahre, als der Iran sein Programm offenbar deutlich veränderte, vielleicht auch erst mit Beginn der Inspektionen durch die IAEO – könnte der Iran die Entscheidung getroffen haben, sein Programm auf einen zivilen Brennstoffkreislauf zu beschränken und ein Nichtkernwaffenstaat im Rahmen des Atomwaffensperrvertrags zu bleiben.

Wie dem auch sei, ich gehe davon aus, dass der Iran nicht die ganze Wahrheit über den Beginn seines Atomprogramms offengelegt hat.

Es ist denkbar, dass die Streitkräfte an Anschaffungen und Experimenten beteiligt waren. Aber diese Leichen im Keller sind vermutlich relativ harmlos, sonst wären die Beweise sichtbarer und schwerer zu verbergen.

Ich habe den Eindruck, dass der Iran während der Verhandlungen mit den Europäern die Absicht hatte, die Waffenprogramme der Vergangenheit offenzulegen, sobald ein umfassendes Paket geschnürt und der Blick in die Zukunft und nicht in die Vergangenheit gerichtet war. Doch als die Verhandlungen scheiterten und die Stimmung umschlug, steckte der Iran in einer Zwickmühle: Im Moment der Konfrontation würde jedes Eingeständnis eines militärischen Programms – auch wenn dies noch so klein war und noch so lange zurücklag – nur als Bestätigung aufgefasst werden, dass man dem Iran nicht über den Weg trauen könne. Aber wenn die Iraner keine umfassende Darstellung ihrer früheren Aktivitäten ablieferten, blieben sie auf ihren Leichen sitzen.[14]

Eine zweite Frage, die ich immer wieder hörte, war, warum der Iran trotz des westlichen Drucks und der Sanktionen an seiner Urananreicherung festhielt. Darauf würde ich antworten, dass das Atomprogramm inklusive Anreicherung im Iran als Mittel zum Zweck gesehen wurde. Teheran will als Regionalmacht anerkannt werden, und diese Anerkennung hängt in den Augen der Iraner mit einem großen Verhandlungserfolg mit dem Westen zusammen.

Selbst wenn es dem Iran nicht um die Entwicklung von Atomwaffen geht, wäre der erfolgreiche Aufbau eines Brennstoffkreislaufs inklusive Anreicherung ein Signal an die Nachbarländer und den Rest der Welt und böte Schutz vor Angriffen. Jede der politischen Parteien im Iran weiß, dass schon ein Atomprogramm als solches als Abschreckung wirkt. Im Inland herrscht Einigkeit darüber, dass der Iran diese Abschreckung benötigt. Doch der Iran hat nicht vor, zu einem zweiten Nordkorea – einem international ausgestoßenen Kernwaffenstaat – zu werden, sondern eher zu einem zweiten Brasilien oder Japan, einer Technologiemacht, die sich die Option offenhält, in einer ungünstigen politischen Lage Kernwaffen zu entwickeln, die jedoch ansonsten ein Nichtkernwaffenstaat im Sinne des Atomwaffensperrvertrags bleibt.

Die Aufregung um das Atomprogramm des Iran lässt sich nur vor dem Hintergrund der bedrohlichen Sicherheitslage und der verfeindeten Ideologien im Nahen Osten verstehen. Der Elefant im Raum, über den niemand spricht, ist das israelische Atomwaffenarsenal. Israel verstößt natürlich nicht gegen den Atomwaffensperrvertrag, weil es diesen nie unterzeichnet hat, doch dieser feine Unterschied trägt nicht dazu bei, den Zorn der Nachbarn über die vermeintliche Ungleichbehandlung und das militärische Ungleichgewicht in der Region zu besänftigen. Während die Verhandlungen um sein Atomprogramm scheiterten, festigte der Iran seine Rolle als mächtigster islamischer Staat der Region. Der anhaltende Krieg im Irak und in Afghanistan, das fortgesetzte Leid der Palästinenser, der westliche Widerstand gegen einen Waffenstillstand im Libanonkrieg Mitte 2006 sowie einige andere Entwicklungen verstärken den Eindruck, der Westen sei gegenüber Muslimen voreingenommen. Der Iran schien eines der wenigen muslimischen Länder zu sein, das dem Westen die Stirn bot, weshalb viele Muslime ihn zunehmend als einzigen Verfechter ihrer mit Füßen getretenen Rechte wahrnahmen.[15]

10

Zweierlei Mass

In komplexen Fällen der Überprüfung habe ich drei Aspekte der Atomprogramme unterschieden. Erstens den Erwerb von technischem Know-how, der heute einfacher ist denn je – mit der Globalisierung der Finanzwirtschaft, der Industrie, der Bildung und vor allem der Information wird es zunehmend schwieriger, einzelnen Staaten das Grundwissen um die entsprechenden Verfahren und Technologien vorzuenthalten. Zweitens die Produktionskapazität, also die Fähigkeit, in industriellem Maßstab Uran anzureichern und Plutonium zu gewinnen – mithilfe dieser Kapazitäten können Staaten das radioaktive Material herstellen, das sie zum Bau von Atomwaffen benötigen. Und drittens schließlich die künftigen Absichten eines Staates, deren Beurteilung oft schwierig bis unmöglich ist.

Das Sekretariat der IAEO ist in der Lage, den Kenntnisstand und die Produktionskapazitäten eines Landes zu beurteilen, aber es ist nicht imstande, künftige Absichten vorherzusehen, die mit der subjektiven Einschätzung der Sicherheitslage eines Landes zusammenhängen und sich rasch ändern können. Die Entscheidung Libyens, sein Programm offenzulegen, war beispielsweise das Ergebnis einer neuen Einschätzung der Sicherheitslage, die das Land bewog, seine Absichten zu ändern. In Japan, das als vorbildlicher Nichtkernwaffenstaat gilt, forderten einzelne Regierungsmitglieder dagegen nach den nordkoreanischen Atomwaffentests vom Oktober 2006 dazu auf, die Haltung des Landes zu Kernwaffen zu überdenken.

Für die Öffentlichkeit wie für Politiker ist es oft nicht einfach, die einmalige Rolle der Internationalen Atomenergieorganisation mit ihren Einschränkungen und Pflichten zu verstehen, denn nur wenige internationale Organisationen sind in der Position, über souveräne Staaten zu Gericht zu sitzen. Unsere Position ist in gewisser Hinsicht ein Spagat: Einerseits finanzieren die Mitgliedsstaaten den Etat der Organisation, geben ihre Richtung vor und definieren ihr Mandat; andererseits ist es unser Auftrag zu überprüfen, dass die Mitgliedsstaaten ihre Verpflichtungen im Rahmen des Atomwaffensperrvertrags einhalten. Einige Mitgliedsstaaten verstehen die Rolle der IAEO in der Theorie und sofern sie andere Länder betrifft, aber wenn wir ihre Vertragsverstöße in unseren Bericht aufnehmen, setzen sie sich unweigerlich zur Wehr.

Trotz meiner Bemühungen, die Kompetenzen der IAEO konsequent zu definieren und klar zu unterscheiden, was die Organisation beurteilen kann und was nicht, wurden wir häufig extrem unter Druck gesetzt, parteiisch zu entscheiden. Wenn wir an unserer objektiven Einschätzung festhielten und uns weigerten, eine fremde Auslegung der Absichten eines Landes zu übernehmen, wurde uns oft vorgeworfen, wir seien voreingenommen, ignorierten Beweise oder überschritten andersherum unsere Kompetenzen.

Diese Anschuldigungen waren häufig politisch motiviert und hatten ihre Ursache in den guten oder schlechten Beziehungen der betreffenden Länder untereinander. Der Versuch, die IAEO vor den Karren nationaler Interessen zu spannen, zeigt sich an fünf ungewöhnlichen Begegnungen, und zwar mit Südkorea, Ägypten, Israel, Indien und Syrien, sowie an einigen Versuchen, den extremsten Fall der Doppelmoral auszuräumen: den Stillstand der atomaren Abrüstung.

*

Anfang 2004 begann Südkorea mit der Umsetzung seines Zusatzprotokolls. Während der folgenden Inspektion stellte die IAEO fest, dass Experimente zur Gewinnung kleinster Mengen von Plutonium durchgeführt worden waren. Bei Nachfolgeinspektionen im Sommer stellten wir fest, dass auch Experimente zur Urananreicherung stattgefunden hatten. Entgegen den Safeguard-Bestimmungen waren der IAEO diese Aktivitäten nicht gemeldet worden.

Die südkoreanische Regierung behauptete, sie habe nichts von diesen Experimenten gewusst, da sie von einzelnen Wissenschaftlern am nationalen Kernforschungszentrum durchgeführt worden seien. Sie ergriff umgehend Maßnahmen, indem sie die betreffenden Mitarbeiter entließ und die Aufsicht neu regelte. Trotzdem handelte es sich natürlich um eine peinliche Angelegenheit für die Regierung, vor allem angesichts der anhaltenden Auseinandersetzungen um das Atomprogramm Nordkoreas.

Die IAEO arbeitete eng mit Südkorea zusammen, um den Sachverhalt unmissverständlich darzustellen und jede mediale Aufregung zu verhindern. Die südkoreanische Regierung, darunter der damalige Außenminister Ban Ki-Moon, dankten uns für unseren Umgang mit dem Thema. Doch damit war die Sache noch nicht erledigt: Ich musste den Gouverneursrat über die südkoreanischen Versäumnisse informieren. Dabei stellte sich die Frage, ob der Gouverneursrat diese als »Verstoß« einstufen würde oder nicht, und wenn ja, ob er deshalb den Weltsicherheitsrat anrufen würde.

Letztere Frage war Anlass für wiederkehrende Diskussionen zwischen dem IAEO-Sekretariat und den EU-3 einerseits und den Vereinigten Staaten andererseits. Nach Ansicht der IAEO war nicht jeder Vorfall mit einem »Verstoß« gegen die Safeguard-Abkommen gleichzusetzen. Der Gouverneursrat hatte einen Ermessensspielraum und konnte zwischen Fällen unterscheiden, in denen es Hinweise auf den Missbrauch von spaltbarem Material oder ein Atomwaffenprogramm gab (wie im Irak vor dem ersten Golfkrieg), und solchen, in denen es keine Hinweise auf fortgesetzte Aktivitäten gab (wie in Südkorea, wo einzelne Forscher aus wissenschaftlicher Neugierde nicht gemeldete Experimente durchführten). Doch die Vereinigten Staaten bestanden darauf, dass der Gouverneursrat jeden Verstoß gegen die Satzung an den Weltsicherheitsrat verwies, vor allem im Fall Iran. Seit ich das erste Mal über nicht gemeldete Aktivitäten im Iran berichtet hatte, drängten sie auf eine Anrufung des Sicherheitsrats. Die Europäer unterstützten dagegen die Interpretation der IAEO, wenn auch aus politischen Gründen, da sie den Weltsicherheitsrat als Drohung in der Hinterhand behalten wollten.

Nun war der Angeklagte Südkorea ein enger Verbündeter der Vereinigten Staaten und aus deren Sicht »einer der Guten«. Plötzlich befanden sich die Amerikaner in einer schwierigen Lage. Es konnte nicht in ihrem Interesse sein, an ihrer Politik festzuhalten und die Angelegenheit an den Weltsicherheitsrat zu verweisen. Dies könnte die Verhandlungen mit Nordkorea komplizieren, die eine südkoreanische Missachtung des Atomwaffensperrvertrags als Rechtfertigung für eigene Aktivitäten anführen könnten. Ich erfuhr, dass Südkorea die Vereinigten Staaten drängte, eine Anrufung des Weltsicherheitsrats zu verhindern.

Bei der nächsten Sitzung des Gouverneursrats erklärten die Amerikaner daher, der südkoreanische Verstoß gegen die Meldepflicht erfordere keinen Verweis an den Weltsicherheitsrat. Die Reaktion des Gouverneursrats war lau, er nahm meinen Bericht lediglich zur Kenntnis. Dieser Vorfall bestätigte die Einschätzung des Sekretariats der IAEO, wann und wie unterschiedliche Verstöße an den Weltsicherheitsrat gemeldet werden sollten – eine Einschätzung, die im Widerspruch zur ursprünglichen Haltung der Vereinigten Staaten stand, dass Verstöße automatisch an den Weltsicherheitsrat delegiert werden müssten, und die in anderen Fällen wie dem Iran Auswirkungen haben sollte.

*

In Ägypten stieß die IAEO auf einen ähnlichen Fall nicht gemeldeter Atomexperimente. Im Rahmen der Routinekontrollen beobachtet die IAEO auch die wichtigsten wissenschaftlichen Publikationen, die Rückschlüsse auf die kerntechnischen Aktivitäten eines Landes zulassen könnten. Im Jahr 2004 tauchten in einigen Artikeln Hinweise auf, dass ägyptische Wissenschaftler verschiedene Experimente mit spaltbarem Material durchgeführt hatten, die nicht gemeldet worden waren.

Die IAEO setzte sich mit der ägyptischen Atomenergiebehörde in Verbindung und führte eine Reihe von Inspektionen durch. Die vermuteten Experimente – vereinzelte Versuche zur Uranextraktion und -konversion, zur Bestrahlung von Uran- und Thoriumplättchen[1] in den beiden Forschungsreaktoren des Landes sowie zur Wiederaufarbeitung – hatten tatsächlich stattgefunden, und zwar zum Teil schon in den achtziger Jahren. Ägypten hatte es versäumt, die IAEO über die Experimente und die verwendeten Mengen an radioaktivem Material zu informieren.

Die Wurzel des Problems schien ein Mangel an Aufsicht und Kontrolle zu sein, um nicht Worte wie Schlamperei und Nachlässigkeit zu gebrauchen. Die Anlagen des Kernforschungszentrums Inschas, in denen einige der Experimente durchgeführt wurden, machten einen vernachlässigten Eindruck: Einige Räume waren seit einem Jahrzehnt nicht mehr geöffnet worden, und Geräte im Wert von mehreren Millionen US-Dollar waren nie benutzt worden. Ich hörte, die Ägypter hätten versucht, die Inspektionen hinauszuzögern, um die Anlage aufzuräumen. Der Leiter der ägyptischen Atomenergiebehörde wusste nichts von der Existenz des radioaktiven Materials und der Geräte und war offensichtlich beschämt. Es gab keinen Hinweis darauf, dass Ägypten über ein Atomwaffenprogramm verfügte, doch die verantwortlichen Behörden hinterließen keinen guten Eindruck.

In meinem Bericht vom Februar 2005 erwähnte ich eine Reihe von Versäumnissen der Ägypter. Obwohl bei den Experimenten nur geringe Mengen spaltbaren Materials verwendet worden waren und die ägyptischen Wissenschaftler ihre Ergebnisse in wissenschaftlichen Publikationen öffentlich gemacht hatten, waren solche Versäumnisse besorgniserregend und erforderten eine Untersuchung.

Auf einer Sitzung der Regierungspartei, die gut ein Jahr später stattfand, schlug der Präsidentensohn Gamal Mubarak vor, Ägypten solle ein eigenes Atomprogramm auflegen. Es folgte eine Welle von Diskussionen und Spekulationen. Die ägyptischen Medien machten das Thema groß auf: Mit der Förderung der Kerntechnologie könne Ägypten mit dem israelischen Atomwaffenprogramm gleichziehen, meinten einige Kommentatoren. Die Berichte in den staatlich kontrollierten Medien boten eine traurige Mischung aus Unwissenheit, Frustration und Manipulation.

Bei einem Besuch in Algerien im Januar 2007, bei dem ich zufällig mit dem ägyptischen Energieminister Hassan Younes zusammentraf, führte ich mein erstes »offizielles« Gespräch zu diesem Thema. Bis dahin hatte sich die ägyptische Regierung nicht mit der Bitte um Rat oder Expertenwissen an die IAEO gewandt, wie dies andere Länder tun, wenn sie ein Atomenergieprogramm aufbauen wollen. Younes erklärte mir, es sei bislang keine Entscheidung gefallen, Ägypten führe noch »Untersuchungen« durch und arbeite dazu mit dem amerikanischen Unternehmen Bechtel Corporation zusammen.

»Das ist der falsche Weg«, antwortete ich ihm. »Sie sollten zumindest die IAEO kontaktieren, damit wir Ihnen bei der Erstellung einer objektiven Bedarfsanalyse helfen und Wirtschafts-, Sicherheits- und Umweltaspekte beurteilen können. So würde das zumindest jedes andere Land machen.« Vor allem was die Sicherheit anging, nahm ich kein Blatt vor den Mund. Ich erinnerte den Minister an die lange Geschichte von schweren Zug- und Fährunglücken in Ägypten. Auch in kerntechnischen Anlagen war der Umgang mit der Sicherheit in der Vergangenheit eher besorgniserregend gewesen. Mehr als zwanzig Jahre zuvor hatte die IAEO Ägypten ermahnt, weil die Strahlenschutzverordnung des Landes nicht dem internationalen Standard entsprach. In zahlreichen Fällen waren Ägypter durch falschen Umgang mit radioaktivem Material verletzt worden, doch die Regierung hatte die Empfehlungen der IAEO nicht in einer neuen Verordnung umgesetzt.[2] Atomenergie sei nicht auf die leichte Schulter zu nehmen, erklärte ich Younes. Vor dem Bau eines Reaktors sollte Ägypten den erforderlichen gesetzlichen Rahmen schaffen, Sicherheitsvorkehrungen treffen und das nötige Humankapital entwickeln.

Younes antwortete, er werde die IAEO um Unterstützung bitten, und schrieb kurz darauf einen entsprechenden Brief. Ich freute mich, dass die IAEO den Ägyptern helfen konnte, das Thema systematisch und wissenschaftlich anzugehen. Frühere Studien der IAEO hatten darauf hingewiesen, dass die bestehenden Forschungsreaktoren weitgehend ungenutzt blieben. Wenn die Kerntechnologie in Ägypten gefördert werden und die Atomenergie in den Energiemix aufgenommen werden sollte, dann mussten zunächst die vorhandenen Einrichtungen besser genutzt werden. Ich appellierte an Younes, die Entwicklung eines Atomprogramms ausschließlich an den tatsächlichen Energiebedürfnissen des Landes auszurichten.

Das betonte ich auch gegenüber dem ägyptischen Industrieminister Mohamed Raschid, einem der kompetentesten Kabinettsmitgliedern, als wir uns in Davos trafen. Das Wichtigste bei der Kernenergie sei, nichts zu überstürzen, sondern die erforderlichen Machbarkeitsstudien durchzuführen, bestehende Öl- und Gasvorkommen zu bewerten sowie Standort und Finanzierung zu klären. »Selbst wenn Sie sich für die Kernenergie entscheiden, müssen Sie mindestens ein Jahrzehnt einkalkulieren, um die erforderliche Infrastruktur zu schaffen«, erklärte ich ihm. Raschid versicherte mir, er werde meine Hinweise an den Präsidenten weiterleiten. Und in der Tat wurden kurz nach unserem Gespräch die Medienberichte zur Kernenergie deutlich nüchterner.

Die wechselhafte Zusammenarbeit Ägyptens mit der IAEO setzte sich im Jahr 2009 fort. Damals versuchte die Organisation, die Herkunft einiger Teilchen hochangereicherten Urans zu klären, die sie in der Umgebung des Kernforschungszentrums Inschas gefunden hatte. Die Ägypter meinten, die Teilchen stammten von einem kontaminierten Behälter, der aus dem Ausland importiert worden war.

Als Vilmos Cserveny, Direktor des Büros für Außenbeziehungen der IAEO, auf einer Atomwaffenkontrollkonferenz den Fund des hochangereicherten Urans in Ägypten erwähnte, reagierte die Regierung in Kairo ungehalten. Cserveny hatte – ohne zuvor Rücksprache mit mir zu halten – die Angelegenheit erwähnt, weil er dies aus Gründen der Transparenz für angemessen hielt. Der Fund wäre ohnehin einige Wochen später im nächsten Bericht der IAEO veröffentlicht worden. Mit seinem Vorgriff wollte er verhindern, dass ich als Ägypter der mangelnden Offenheit beschuldigt würde, wie das in einigen Medienberichten geschah.

In einem Brief warf die Regierung in Kairo der IAEO vor, vertrauliche Auskünfte zu veröffentlichen und in einem politischen Forum falsche Informationen zu verbreiten. Dies könne nur als »Mangel an professioneller Kompetenz oder böswillige Absicht« gedeutet werden. Die weiteren Reaktionen der Regierung waren widersprüchlich: Der Sprecher des Außenministeriums erklärte, das Thema des hochangereicherten Urans sei »alt und abwegig«.[3] Aber schon am nächsten Tag bemühten sich die ägyptische Atomenergiebehörde und die IAEO, gemeinsam die Herkunft der Teilchen zu klären.

Für mich war das ägyptische Atomprogramm natürlich eine besonders delikate Angelegenheit. In den westlichen Medien wurde immer wieder darüber spekuliert, ob ich Ägypten schonte. Doch ich behandelte das Land genau wie jedes andere und versuchte, meine Entscheidungen mit größtmöglicher Unabhängigkeit und Objektivität zu treffen. Meine Kollegen bei der IAEO forderte ich auf, dieselbe Messlatte an das ägyptische Atomprogramm anzulegen wie an jedes andere.

Ich ärgerte mich über den Brief aus Kairo. Die Aussagen der IAEO waren korrekt. Ich erinnerte den ägyptischen IAEO-Abgesandten Ihab Fawzy, der mir den Brief überbracht hatte, an das Chaos, das wir einige Jahre zuvor vorgefunden hatten. »Ägypten hatte nicht einmal eine kompetente Behörde, die über sämtliche kerntechnischen Materialien und Aktivitäten im Land informiert war«, erinnerte ich ihn. »Die IAEO hat alles getan, um Ihnen dabei zu helfen, Ihre Angelegenheiten in Ordnung zu bringen.« Ich forderte ihn auf, den Brief offiziell zurückzunehmen, ansonsten sähe ich mich gezwungen, dem Gouverneursrat eine Antwort vorzulegen und im Einzelnen darzustellen, mit welcher Inkompetenz wir es zu tun gehabt hatten.

Fawzy schien betroffen. Einen Tag später erhielten wir einen neuen Brief, in dem nicht mehr von der vermeintlichen Inkompetenz und böswilligen Absicht der IAEO die Rede war. Wir antworteten höflich und professionell und erklärten die technischen Zusammenhänge, auf denen die Aussage beruhte.

Mit seinem Interesse an der Kerntechnologie steht Ägypten stellvertretend für andere Länder im Nahen Osten. Angesichts des zunehmenden Energiebedarfs hatte die Regierung in Kairo schon seit den achtziger Jahren erwogen, Atomenergie in ihren Energiemix aufzunehmen. Doch meiner Ansicht nach hatte dieses neue Interesse auch mit den atomaren Spannungen der Region zu tun. Die Sorge um das iranische Atomprogramm schlug sich allmählich im Denken der übrigen Region nieder, und immer mehr Länder des Nahen Ostens wollten mit der IAEO über die Produktion von Atomstrom sprechen. Paradoxerweise nährte der Lärm um das iranische Programm das Interesse an der Kerntechnologie. Niemand wollte hinterherhinken. Doch der eigentliche Grund für die Sorgen und Ambitionen war zweifelsohne das militärische Ungleichgewicht der Region, das durch das atomare Arsenal Israels verkörpert wurde.

*

Auch das israelische Atomprogramm ist ein Sonderfall. Wie Indien und Pakistan ist Israel zwar Mitglied der IAEO, aber es hat den Atomwaffensperrvertrag nicht unterzeichnet, weshalb die Organisation keine Möglichkeit hat, Inspektionen durchzuführen. Doch angesichts der zunehmenden Spannungen in der Region forderten mich einige Mitgliedsstaaten offiziell auf, mit Israel die Möglichkeit von Safeguard-Kontrollen seiner Atomanlagen und die Einrichtung einer atomwaffenfreien Zone im Nahen Osten zu erörtern.

Im Juli 2004 sollte ich den israelischen Ministerpräsidenten Ariel Scharon treffen. Kurz vor meiner Abreise erhielt meine Frau Aida eine E-Mail, in der es hieß, wenn ich nach Israel reisen würde, dann würde man sie zur Witwe machen.[4] Wir stellten Nachforschungen über die Herkunft an und fanden heraus, dass die E-Mail aus Israel oder den Palästinensergebieten stammen musste. Außerdem leiteten wir sie zur Untersuchung an die israelischen Behörden weiter, und ich reiste wie geplant nach Israel.

Im Vergleich mit den Büros anderer Regierungschefs, vor allem im Nahen Osten, war Scharons Büro beeindruckend bescheiden. Während wir im Vorzimmer neben den Toiletten warteten, gingen Wachen mit Maschinenpistolen auf und ab. Scharons Büro war klein, und seine beiden Sekretärinnen teilten sich ein noch kleineres Nebenzimmer. Wir saßen um seinen Schreibtisch herum, der als Konferenztisch diente.[5] Scharon kam in einem zerknitterten Anzug herein, schüttelte mir fest die Hand und sprach mit leiser Stimme und breitem, israelischem Akzent. Nichts an seinem Verhalten erinnerte an den schonungslosen Soldaten, der er gewesen war, im Gegenteil, er erzählte stolz von seinem Leben als Bauer.

Ich teilte ihm offen meine Ansichten mit. »Langfristig wird die Strategie der atomaren Abschreckung nicht für Israel funktionieren«, meinte ich und erinnerte ihn an die unaufhaltsame Ausbreitung der Kerntechnologie und die Versuche von Terrorgruppen, sich Atomwaffen zu beschaffen. Gegen diese Gruppen war die atomare Abschreckung wirkungslos.

Die Weigerung Israels, ernsthaft mit den arabischen Staaten über die Einrichtung einer atomwaffenfreien Zone im Nahen Osten zu sprechen, sowie die Existenz seines Atomwaffenarsenals, förderten Zynismus, Wut und eine Gefühl der Demütigung in der Region. In den Augen der arabischen Öffentlichkeit stellte die Situation sogar die gesamte atomare Rüstungskontrolle infrage. Das Argument Israels, aufgrund der fortgesetzten Bedrohung seiner Existenz müsse vor einer atomaren Abrüstung erst ein umfassender Friede mit der arabischen und muslimischen Welt geschlossen werden, stieß in der Region auf taube Ohren. Araber und Muslime meinten vielmehr, mit dem Arsenal im Rücken fühle sich das Land eher noch bestärkt, die Rechte der Palästinenser mit Füßen zu treten. Sollte der Iran aus dem Atomwaffensperrvertrag austreten, erhielte er vermutlich die überwältigende Unterstützung in der muslimischen Welt, weil er auf diese Weise mit Israel gleichzog.

Es war ein substanzielles Gespräch, und Scharon hörte aufmerksam zu. Hin und wieder blätterte er in den Berichten seiner Berater und antwortete wohlüberlegt und informiert. Bei allem Ernst war das Gespräch lebhaft, selbstironisch und wurde immer wieder von Zwischenrufen von Scharons Beratern unterbrochen.

Zum Abschluss versprach Scharon, im Rahmen des israelisch-arabischen Friedensprozesses wolle er auch über die Einrichtung einer atomwaffenfreien Zone im Nahen Osten sprechen. Es war das erste Mal, dass ein israelischer Politiker eine solche Aussage machte. Bei früheren Gelegenheiten hatten die Israelis stets darauf beharrt, dass Gespräche über eine atomwaffenfreie Zone erst nach einem umfassenden Friedensschluss stattfinden konnten. Diesen Standpunkt hatte Israel auch auf der Friedenskonferenz in Madrid im Jahr 1991 wiederholt. Daraufhin hatten Ägypten und die anderen arabischen Staaten sämtliche multilateralen Gespräche abgebrochen, und die Verhandlungen waren gescheitert. Dieser Kursschwenk schien mir ein Zeichen dafür zu sein, dass sich Scharon der zunehmenden Radikalisierung in der arabischen Welt bewusst war und die Möglichkeit in Betracht zog, dass eine Terrorgruppe sich eine Atomwaffe beschaffen konnte; vielleicht war es auch ein Versuch, Flexibilität erkennen zu lassen. Vor allem schien die neue Position jedoch durch die zunehmende Sorge um das iranische Atomprogramm motiviert zu sein.

Der Abschied war herzlich. »Ich habe gehört, dass Sie Jazz mögen«, sagte Scharon lächelnd. Dann überreichte er mir als Geschenk die CD einer israelischen Gruppe.

Nach unserem Gespräch versuchten einige Teilnehmer, Scharons Aussagen zu relativieren. Aber ich versicherte ihnen, dass ich ihn deutlich vernommen hatte und seine Aussage an den Gouverneursrat weiterleiten werde.

Meine Reise stieß auf heftige Kritik in den ägyptischen und anderen arabischen Medien, da sie keine Inspektion der israelischen Atomanlage Dimona beinhaltet hatte. Ich wurde beschuldigt, mich dem amerikanischen Einfluss gebeugt zu haben. Natürlich wussten die arabischen Berichterstatter ganz genau, dass die IAEO nicht das Recht hatte, in Israel Inspektionen durchzuführen. Vermutlich wussten sie auch, dass ich auf den ausdrücklichen Wunsch verschiedener Mitgliedsstaaten, darunter auch arabischer Staaten, nach Israel gereist war. Diese Tatsachen blieben jedoch in den arabischen Medien unerwähnt, die sich lieber auf Stimmungsmache verlegten. Die unbedarften Beobachter erkannten die juristischen Feinheiten nicht, für sie zählte nur die Tatsache, dass Israel über Atomwaffen verfügte. Obwohl die Nachbarn Israels über die Existenz des israelischen Arsenals beunruhigt waren, verschloss die internationale Gemeinschaft die Augen vor den zunehmenden Spannungen in der Region, während sie gleichzeitig den Irak mit falschen Behauptungen über die Existenz von Massenvernichtungswaffen besetzt hatte und den Iran bestrafte, weil er Kerntechnologie erwerben wollte. In der arabisch-muslimischen Welt war der Umgang mit dem israelischen Atomprogramm nur der Beweis für eine krasse Doppelmoral und eine willkürliche Unterscheidung zwischen »den Guten« und »den Bösen«.

*

Jahrelang warb ich für einen neuen Umgang der internationalen Gemeinschaft mit Israel, Indien und Pakistan und appellierte, diese Länder als Partner und nicht als Aussätzige zu behandeln. Da sie dem Atomwaffensperrvertrag nie beigetreten waren, hatten sie mit dem Bau von Atomwaffen auch nie gegen ihn verstoßen. Außerdem waren Rüstungskontrollverhandlungen nur dann möglich, wenn sämtliche Kernwaffenstaaten mit am Tisch saßen. Ein atomwaffenfreier Naher Osten war ohne eine Beteiligung Israels unmöglich.

Mit diesem Pragmatismus unterstützte ich 2006 auch eine Zusammenarbeit zwischen den Vereinigten Staaten und Indien auf den

Gebieten Reaktortechnologie, Reaktorsicherheit und anderen friedlichen Anwendungen der Kerntechnik. Damit zog ich mir den Zorn amerikanischer Rüstungskontrollexperten und früherer Mitglieder der Clinton-Regierung zu, die meine Ansichten zur Abrüstung ansonsten unterstützten. Doch diesmal beschuldigten sie mich wütend, den Atomwaffensperrvertrag zu untergraben und mich auf die Seite der Bush-Regierung zu schlagen. Vertreter einiger anderer Regierungen schlossen sich dieser Kritik an.

Das indische Atomprogramm hat eine einmalige Geschichte. Der unlängst verstorbene indische Sicherheitsberater J. N. Dixit berichtete mir, Anfang der sechziger Jahre, vor Abschluss der Verhandlungen um den Atomwaffensperrvertrag, habe der damalige amerikanische Außenminister Dean Rusk den indischen Premier Jawaharlal Nehru ausdrücklich zum Bau einer Atombombe ermuntert. Darin kam der amerikanische Wunsch zum Ausdruck, ein Gleichgewicht zur aufstrebenden Atommacht China zu schaffen.

Nehru lehnte ab: Indien war ein entschiedener Befürworter der atomaren Abrüstung. Doch angesichts der regionalen Sicherheitsrisiken verweigerte das Land die Unterzeichnung des Atomwaffensperrvertrags und hielt sich die Option zum Bau von Atomwaffen für die Zukunft offen.

Zehn Jahre nach Nehrus Tod, im Jahr 1974, bewies Indien mit seiner »friedlichen Atomexplosion« mit dem Codenamen »Smiling Buddha«, dass das Land die Technologie beherrschte, doch es demonstrierte Zurückhaltung. 1988 legte Premierminister Rajiv Gandhi der Vollversammlung der Vereinten Nationen einen »Handlungsplan für den Beginn einer atomwaffen- und gewaltfreien Weltordnung« vor. Erst nachdem Indien jahrzehntelang zugesehen hatte, wie China als Atomwaffenstaat an Macht und Prestige gewann und Zugang zu allen Technologien erhielt, während Indien mit freundlicher Gleichgültigkeit behandelt und vom Handel mit sensiblen Technologien ausgeschlossen wurde, entschied sich die indische Regierung für die atomare Option. 1998 führte das Land einige Atomwaffentests durch und erklärte sich offiziell zum Kernwaffenstaat.

Die Vereinbarung, die der indische Premierminister Manmohan Singh und Präsident Bush im Jahr 2005 trafen, erkannte die Realitäten an: Indien war seit langem ein Kernwaffenstaat, und die Weigerung der Vereinigten Staaten, auf dem Gebiet der zivilen Kerntechnologie mit ihm zusammenzuarbeiten, hinderte das Land nicht mehr am Aufbau eines Atomwaffenarsenals. Es erschwerte lediglich den Ausbau seines zivilen Kernenergieprogramms, mit dem die Energie erzeugt werden sollte, die nötig war, um 650 Millionen Menschen aus der Armut zu holen. Außerdem war die enge Zusammenarbeit der Amerikaner mit den Indern auf sämtlichen Gebieten der Technologie außer der Kerntechnologie nicht stimmig.

In meinen Augen war die Vereinbarung ein Gewinn sowohl für die Entwicklung des Landes als auch für die atomare Rüstungskontrolle. Indien erhielt Zugang zu ziviler westlicher Kerntechnologie und Knowhow auf dem Gebiet der Sicherheit, was vor dem Hintergrund des ehrgeizigen indischen Kernenergieprogramms von großer Bedeutung war. Mit der Vereinbarung wurde Indien zwar nicht in den Atomwaffensperrvertrag geholt, doch es näherte sich ihm an, stimmte den IAEO-Safeguard-Kontrollen seiner zivilen Anlagen zu und erklärte sich bereit, die Exportrichtlinien der Gruppe der Kernmaterial-Lieferländer[6] einzuhalten. Das wäre ein wichtiger Schritt, um die Lücken bei der Exportkontrolle, wie sie im Fall A. K. Khans sichtbar wurden, zu schließen.

Während meines Gesprächs mit Präsident Bush im März 2004 hatte ich unter anderem darauf hingewiesen, wie wenig die Exportkontrollen zur Nichtverbreitung von Atomwaffen beitrugen. Ich schlug ihm vor, das Thema sowohl mit Indien als auch mit Pakistan anzusprechen und nach Möglichkeiten zu suchen, beide zumindest in die Exportkontrolle einzubeziehen und auf dem Gebiet der Atomwaffenkontrolle zu Partnern zu machen.

Im Juni 2006 schrieb ich einen Kommentar in der *Washington Post*, in dem ich darlegte, warum ich die Vereinbarung zwischen den Vereinigten Staaten und Indien begrüßte: »Wenn wir keine kreativen und unkonventionellen Lösungen finden, ist das System der atomaren Safeguards bald obsolet.« Der Artikel stieß nicht überall auf ungeteilte Zustimmung. Die Zeitschrift *Arms Control Today* druckte am 24. Juli einen »Offenen Brief an Mohamed ElBaradei« ab, der meiner Position heftig widersprach und von zahlreichen meiner Freunde und Unterstützer unterzeichnet wurde. Sie wussten, dass ich mit meinen Ansichten die Stimmung im Kongress beeinflussen konnte, wo viele Abgeordnete noch unschlüssig waren.

In der Tat nutzte die Bush-Regierung meinen Artikel weidlich. Bei zahlreichen Anlässen hob Condoleezza Rice ganz besonders hervor, dass die Vereinbarung »von Mohamed ElBaradei, dem Wächter des Atomwaffensperrvertrags«, unterstützt wurde. Das entbehrte nicht einer gewissen Ironie: Wann immer ich die Bedeutung der atomaren Abrüstung betonte und direkte Verhandlungen mit dem Iran forderte, wurde ich von amerikanischen Medien und Diplomaten gegeißelt, weil ich mich in politische Fragen einmischte. Aber in diesem Fall waren sie mir wegen meiner klaren Position offenbar nicht böse.

Auch die indische Regierung war mir für meine Intervention dankbar. Als ich im Oktober 2007 Premierminister Singh besuchte, traf die Vereinbarung auf den starken innenpolitischen Widerstand der Kommunisten, die an der Regierung beteiligt waren. Auch Teile der indischen Elite waren aufgrund ihrer traditionell antiamerikanischen Einstellung gegen das Abkommen und fürchteten, es könne die indische Politik der Blockfreiheit gefährden.

Premierminister Singh vergaß das offizielle Protokoll und lud mich zu einem Essen in seinem Privathaus ein, einer hübschen, schlicht möblierten Kolonialvilla. Singh ist ein außergewöhnlich höflicher und gütiger Mensch, der mit leiser Stimme spricht. Bis zum Alter von zehn Jahren lebte er in einem Dorf, in dem es keinen Strom, kein sauberes Trinkwasser und keine Kanalisation gab. Später studierte er in Oxford und Cambridge und promovierte in Wirtschaftswissenschaften. Als indischer Finanzminister zeichnete er in den neunziger Jahren verantwortlich für eine Politik, die sein Land zu einer freien Marktwirtschaft mit einer Mittelschicht von 300 Millionen Menschen, einer boomenden Technologiebranche und einem durchschnittlichen Wirtschaftswachstum von 9 Prozent pro Jahr führte. Bei alledem blieb er ein sehr bescheidener und zurückhaltender Mensch. Unter allen Staatenlenkern, denen ich begegnet bin, gehört Manmohan Singh mit zu denen, für die ich die größte Bewunderung empfinde.

Die abschließenden Schritte der amerikanisch-indischen Vereinbarung wurden praktisch in der Internationalen Atomenergieorganisation in Wien umgesetzt. Nach ausführlichen Verhandlungen unterzeichnete der Gouverneursrat am 1. August 2008 ein Safeguard-Abkommen mit Indien. Es war das umfassendste Abkommen dieser Art mit einem Staat, der nicht dem Atomwaffensperrvertrag angehört. Einen Monat später hob die Gruppe der Kernmaterial-Lieferländer die Handelsbeschränkungen für Indien auf und ermöglichte dem Land damit den Import von Kerntechnologie. Die Vereinbarung wurde kurz darauf von Condoleezza Rice und ihrem indischen Amtskollegen Pranab Mukherjee unterzeichnet.

Pakistan war über das amerikanisch-indische Abkommen verärgert, da es nicht dieselbe Möglichkeit erhielt. Zwar riet ich, sich in Geduld zu üben und ein ähnliches Abkommen vorzuschlagen, doch das Problem war, dass Pakistan bei der Nichtverbreitung von Atomwaffen alles andere als eine weiße Weste hatte und die Erinnerung an A. K. Khan und sein Netzwerk noch frisch war. Es half auch nicht, dass Bush bei einem Besuch in Islamabad etwas pointiert formulierte: »Pakistan und Indien sind unterschiedliche Länder mit unterschiedlichen Bedürfnissen und einer unterschiedlichen Geschichte.«[7]

Es durfte nicht der Eindruck entstehen, dass Pakistan anders behandelt wurde, weil es ein muslimisches Land war. Deshalb riet ich Condoleezza Rice: »Es wäre hilfreich, wenn Sie vermitteln könnten, dass sich die Vereinigten Staaten eine ähnliche Vereinbarung auch mit Pakistan vorstellen können, wenn die Voraussetzungen dafür gegeben sind.« Als positive Geste schlug ich vor, Pakistan auch ohne ein solches Abkommen beim Ausbau der Sicherheitsvorkehrungen in seinem alternden Atomreaktor in Karatschi zu unterstützen.

Jahre zuvor hatten die Vereinigten Staaten die Maßnahmen zur Verbesserung der Reaktorsicherheit verhindert. 1999 wollte ein belgisches Unternehmen die erforderlichen Geräte liefern, und ich habe das Vorhaben in einem Brief an den belgischen Premierminister unterstützt. Doch Washington torpedierte das belgische Angebot, und ich erhielt einen zornigen Anruf von meinem Freund Norman Wulf, dem amerikanischen Sonderbeauftragten für Atomwaffenkontrolle. Die Reaktorsicherheit sollte nicht politisch instrumentalisiert werden, antwortete ich ihm, ein unsicherer Reaktor könnte für alle katastrophale Folgen haben. Wulf erwiderte, Pakistan könne den Reaktor doch abschalten, wenn er nicht sicher sei.

Diese Antwort war allerdings kaum ernst zu nehmen, denn Pakistan ist auf die Atomenergie angewiesen. Statt ihn abzuschalten, taten die Pakistani ihr Bestes, den Reaktor selbst zu sichern. Das Ergebnis war allerdings alles andere als optimal, und die Vereinigten Staaten hatten niemandem einen Gefallen getan. Nun ergab sich eine Möglichkeit, mit Pakistan in Verhandlungen zu treten – nicht mit einem vergleichbaren Abkommen, sondern in geringerem Umfang mit Sicherheitsmaßnahmen und einer allmählichen Heranführung an die internationale Atomwaffenkontrolle.

*

Vielleicht das beste Beispiel für die atomare Doppelmoral war Israels Bombenangriff auf eine syrische Anlage bei Dair az-Zaur im September 2007 sowie dessen Nachspiel. Unmittelbar nach dem Angriff hieß es, bei der Anlage habe es sich um einen Atomreaktor gehandelt. Syrien bestritt diese Behauptung. Israel und die Vereinigten Staaten schwiegen offiziell, doch Angehörige der amerikanischen Regierung spielten der Presse Informationen zu. Ich meldete mich zu Wort und erinnerte daran, dass alle Länder, die über Hinweise auf eine mögliche kerntechnische Nutzung dieser Anlage verfügten, verpflichtet waren, die IAEO zu informieren. Sechs Wochen nach dem Angriff – der entscheidende Zeitraum für eine Untersuchung der Anlage – hatten wir noch immer keine hochauflösenden Bilder von kommerziellen Satelliten erhalten.

Am 28. Oktober gab ich Wolf Blitzer von der *CNN Late Edition* ein Interview. Auf Blitzers Frage, ob es sich bei der syrischen Anlage um einen Atomreaktor gehandelt habe, antwortete ich, dass wir keine Hinweise erhalten hatten, die einen Schluss in der einen oder anderen Richtung zuließen. Eines machte ich besonders klar: Die Politik des »erst bombardieren und dann fragen« war eine bewusste Sabotage des Systems.[8] Nur die IAEO war in der Lage, den Vorwurf einer geheimen atomaren Aktivität zu überprüfen. Zwei Tage später wies ich in einem Interview mit Charlie Rose darauf hin, dass der israelische Angriff auf den irakischen Atomreaktor Osirak Saddam Hussein nur angespornt hatte, sein geheimes Atomprogramm zu beschleunigen.[9]

Meine Kritik kam in Israel gar nicht gut an, und eine Reihe von Politikern attackierte mich heftig. Der stellvertretende Premierminister Schaul Mofaz forderte meine Entlassung: »Die Politik von ElBaradei stellt eine Gefahr für den Weltfrieden dar. Für die unverantwortliche Art und Weise, in der er die Augen vor dem iranischen Atomprogramm verschließt, sollte er seines Amtes enthoben werden.«[10] Der für seine radikalen Äußerungen bekannte Avigdor Lieberman, damals Minister für strategische Angelegenheiten,[11] bezeichnete mich als Teil des Problems und erklärte: »Er hält es für richtig, Israel zu kritisieren anstatt den Iran.«[12] Der stellvertretende Außenminister Madschalli Wahbi forderte mich zum Rücktritt auf und beschuldigte mich der »kriminellen Fahrlässigkeit«.[13] Vordergründig ging es um meinen Umgang mit der Iran-Akte, der ihrem politischen Ziel widersprach, die Bedrohung durch den Iran hochzuspielen. Doch offenbar hatte ich mit meiner Verurteilung des Angriffs auf Dair az-Zaur einen Nerv getroffen.

John Bolton unterstützte das israelische Bombardement offen. In einem Interview in *CNN Late Edition* fragte ihn Wolf Blitzer, was er davon hielt, dass ich Beweise von Israel verlangte. »Wenn Sie dem zustimmen, dann habe ich eine Nachricht für Sie«, antwortete Bolton. »Die Vorstellung, dass die Vereinigten Staaten oder Israel ihre nationale Sicherheit in die Hand der Internationalen Atomenergieorganisation geben, ist einfach verrückt.«[14] Es tat weh, Aussagen wie diese vom amerikanischen UN-Botschafter zu hören.

Trotz dieser verbalen Attacken bemühte sich die IAEO weiter, der Sache auf den Grund zu gehen. Ich traf mich mit Ibrahim Othman, dem Direktor der syrischen Atomenergiekommission. Wenn es sich tatsächlich nicht um eine Atomanlage gehandelt haben sollte, wie Syrien behauptete, dann sollte die Regierung eine eindeutige Stellungnahme in diesem Sinne abgeben und ein Inspektorenteam der IAEO einladen, um den Spekulationen ein Ende zu bereiten. Othman antwortete, er werde meinen Vorschlag an die syrischen Behörden weiterleiten. Ich sagte ihm außerdem, ich wundere mich, dass kein arabischer Staat den israelischen Angriff verurteilt hatte.

Als ich mich etwa sechs Monate nach dem Angriff in Sarajevo aufhielt, bekam ich einen Anruf von John Rood, Staatssekretär für Rüstungskontrolle. Für den nächsten Tag sei eine Anhörung im Kongress geplant. Das Ziel, das Israel in Dair az-Zaur zerstört hatte, sei ein Atomreaktor nordkoreanischer Herkunft gewesen. Israel habe die Vereinigten Staaten schon im Jahr 2006 auf die Existenz dieses Reaktors hingewiesen, und die Amerikaner seien Anfang 2007 zu demselben Schluss gekommen. Rood bot mir an, dem Direktor der Safeguard-Abteilung und mir die Informationen der amerikanischen Geheimdienste zur Verfügung zu stellen.

Roods rücke seine Informationen reichlich spät heraus, antwortete ich: »Es war die Pflicht der Vereinigten Staaten, diese Information an unsere Organisation weiterzugeben, statt zu warten, bis Israel die Anlage bombardierte.« Mindestens hätten sie uns unmittelbar nach dem Angriff informieren müssen. Indem sie uns ein Jahr vor und ein halbes Jahr nach dem Bombardement im Dunkeln ließen, sabotierten sie die Rüstungskontrolle. »Sie lassen uns dastehen wie Idioten«, schloss ich. Rood hatte wenig zu seiner Verteidigung vorzubringen. Die Vereinigten Staaten hätten den diplomatischen Weg bevorzugt, behauptete er, und Israel habe den Angriff nicht mit ihnen abgestimmt.

Wieder in Wien, gab ich eine Presseerklärung heraus, in der ich Israels einseitigen Angriff verurteilte und bedauerte, dass die IAEO nicht rechtzeitig informiert worden war. Weder Israel noch die Vereinigten Staaten reagierten auf meine Erklärung. Sie hatten offenbar kein Interesse, sich auf eine öffentliche Debatte einzulassen, in der sie keine Argumente hatten. Der israelische Angriff war ein klarer Verstoß gegen internationales Recht und eine Geringschätzung des Systems der atomaren Rüstungskontrolle. Doch nur wenige Länder – darunter kein einziges westliches – verurteilten die Aktion.

Die Israelis wollten offenkundig verhindern, dass ein arabisches Land, das sie als Feind betrachteten, einen Atomreaktor entwickelte. In der Annahme, dass es sich bei der Anlage tatsächlich um einen Reaktor handelte, kam Israel vermutlich zu dem Schluss, dass er bei einer Überprüfung durch die IAEO den Safeguards unterstellt wurde, was eine spätere Bombardierung erschweren würde. Das entscheidende Thema war das Misstrauen, mit dem Israel und der Westen den künftigen Absichten Syriens begegneten.

Als Nächstes lud ich Othman nach Wien ein, um eine Überprüfung der amerikanischen Behauptungen zu erörtern. Zu Beginn sprachen wir unter vier Augen, und ich betonte, wie wichtig es war, dass Syrien äußerste Transparenz zeigte und uns nicht nur Zutritt zu Dair az-Zaur gewährte, sondern zu einer Reihe von anderen Stätten, die wir auf Satellitenbildern identifiziert hatten und die offenbar mit der bombardierten Anlage in Verbindung standen. Othman wiederholte hartnäckig, dass es kein Atomprogramm gegeben habe, dass es sich bei der Anlage um eine konventionelle Waffenfabrik gehandelt habe, dass sie aber einem Besuch der Inspektoren zustimmen würden.

Dann stießen Olli Heinonen und ein Staatssekretär aus dem syrischen Außenministerium hinzu. Die Syrer wollten wissen, warum wir neben Dair az-Zaur weitere Anlagen besuchen wollten. Wir antworteten offen: Auf Satellitenfotos hatten wir gesehen, dass Geräte aus der zerstörten Anlage an drei andere Orte transportiert worden waren, weshalb wir auch diese überprüfen mussten.

Die nächste Sitzung des Gouverneursrats fand Anfang Juni statt. In meiner Einleitung bedauerte ich zutiefst, dass einseitig Gewalt angewendet worden war und die IAEO keine Gelegenheit erhalten hatte, die Tatsachen zu überprüfen. Ich betonte, dass Syrien verpflichtet war, der IAEO den Bau jeder Atomanlage zu melden. Leider äußerten sich nur wenige Länder zu dem israelischen Angriff auf Syrien. Die Europäer, Kanada, Japan, Australien und natürlich die Vereinigten Staaten betonten vor allem, dass Syrien kooperieren müsse. Das einzige europäische Land, das sich zu dem Angriff selbst äußerte, war die Schweiz. Auch einige blockfreie Staaten meldeten sich zu Wort. Doch selbst viele der arabischen Nationen im Gouverneursrat schwiegen, darunter auch Ägypten.

In einem Treffen mit 27 europäischen Abgesandten machte ich klar, dass sie mit ihrem Schweigen ihre eigene Glaubwürdigkeit aushöhlten: »Wenn Sie nicht in der Lage sind, sich zu einem Verstoß gegen einen zentralen Artikel der UN-Charta zu äußern, dann schwächen Sie damit die moralische Autorität, mit der Sie sich zu Demokratie, Menschenrechten und anderen Themen äußern«, sagte ich zu einigen europäischen Delegierten. Viele stimmten mir zu, wenn auch hinter verschlossenen Türen. Doch in Fragen der atomaren Rüstungskontrolle beanspruchten die Briten und Franzosen mit ihren »gemeinsamen Erklärungen« oft ein Meinungsmonopol unter den Ländern der Europäischen Union, sehr zum Ärger vieler anderer.

Syrien selbst gab eine schwache und defensive Stellungnahme ab, was ebenfalls sehr merkwürdig war. Noch merkwürdiger war, dass die Syrer nicht einmal den iranischen Abgesandten um Unterstützung gebeten hatten, wie dieser mir berichtete. Ich hatte den Verdacht, dass Syrien und die Vereinigten Staaten hinter den Kulissen Verhandlungen führten, und das Verhalten Syriens bestätigte diese Vermutung. Die Delegierten wollten den Erfolg dieser Verhandlungen nicht gefährden.

Ein Geheimdienst zeigte uns Satellitenbilder, die angeblich von Dair az-Zaur stammten und über einen Zeitraum von zwei Jahren aufgenommen worden waren. Die Fotos vermittelten uns einen besseren Eindruck von den Gebäuden, in denen der angebliche Reaktor untergebracht war. Ein anderer Geheimdienst zeigte uns Bilder, die in der Umgebung und im Innern aufgenommen worden sein sollten. Auf mehreren Fotos tauchte ein Nordkoreaner auf, den wir von unseren Inspektionen in Pjöngjang kannten. Damit erhielten wir zusätzliche Informationen, mit denen wir Syrien neue Fragen stellen konnten. Doch Syrien weigerte sich, mit uns über diese Satellitenbilder und andere Aufnahmen zu sprechen, und hielt an der Behauptung fest, bei den Gebäuden handele es sich um Raketenfabriken und die Aufnahmen seien gefälscht.

Im Juni 2008 reisten Olli Heinonen und sein Inspektorenteam nach Dair az-Zaur. Die Anlage war vollständig abgetragen worden, und an ihrer Stelle stand ein neues Gebäude. Die Syrer behaupteten eisern, es habe sich nicht um eine Atomanlage gehandelt. Die Inspektoren nahmen Umweltproben, und die IAEO einigte sich mit den syrischen Behörden auf ein Verfahren zur Untersuchung der Anschuldigungen.

Syrien wollte den Prozess offenkundig verschleppen und bat uns, weitere Fragen oder Inspektionsanfragen schriftlich zu schicken. Als mich der amerikanische Botschafter Gregory Schulte im Juli besuchte, bezeichnete er die zerstörte Anlage als »einmalige Angelegenheit«. Aus seinen Bemerkungen schloss ich, dass auch die Amerikaner keine Eile hatten, einen Bericht über das syrische Atomprogramm zu bekommen – vermutlich weil direkte Gespräche zwischen Syrien und den Vereinigten Staaten stattfanden. »Ich nehme an, Sie haben Ihre eigene politische Agenda«, sagte ich zu Schulte, »aber die Agenda der Internationalen Atomenergieorganisation ist eine andere, und wir nehmen unsere Verantwortung ernst.«

Auch der britische Außenminister David Miliband schien wenig Interesse daran zu haben, das Thema Syrien weiter zu verfolgen. Als ich ihn über die Maßnahmen der IAEO informierte, antwortete er: »Ach, dann haben Sie ja eine umfassende Untersuchung durchgeführt.« Das war natürlich nicht der Fall, und er wollte mich auf diese Weise wissen lassen, dass es ihm lieber wäre, wenn wir die Angelegenheit auf sich beruhen ließen. Den Grund dafür kannte ich nicht, aber mein Instinkt sagte mir, dass die Anlage in Dair az-Zaur ein im Bau befindlicher Reaktor gewesen war, dass die Bedrohung nun als ausgeschaltet galt und dass der Westen versuchte, den iranischen Verbündeten Syrien auf seine Seite zu bringen. Der Eindruck, dass in Hinterzimmern Gespräche geführt wurden, verstärkte sich ein Jahr später: Offenbar war Syrien nicht bereit, bestimmte Bedingungen des Westens zu erfüllen, und nun drängten die Vereinigten Staaten die IAEO, eine Sonderinspektion durchzuführen, obwohl es dafür keine rechtliche Grundlage gab.

Bei der Auswertung der Umweltproben aus Dair az-Zaur fanden wir Spuren von Uran, das zwar nicht angereichert, wohl aber chemisch verarbeitet worden war. In den folgenden Monaten lieferte uns Syrien verschiedene Erklärungen für diesen Fund, angefangen mit der Behauptung, das Uran stamme von den israelischen Raketen. Keine der Behauptungen war stimmig oder nachprüfbar. Israel seinerseits weigerte sich, uns die Informationen zur Verfügung zu stellen, aufgrund derer sie die Entscheidung zur Bombardierung getroffen hatten.

Syrien verweigerte der IAEO den Besuch der drei Stätten, die mit der zerstörten Anlage in Zusammenhang zu stehen schienen. Es handele sich um konventionelle militärische Anlagen, weshalb es keinen Grund gebe, sie den Inspektoren zu öffnen. Syrien weigerte sich außerdem, uns den Schutt der zerstörten Anlage untersuchen zu lassen.

In der Sitzung des Gouverneursrats im Juni 2009 führte dieser Stillstand – der sich ergab, weil man der IAEO erst Informationen vorenthielt und sie dann beauftragte, Dinge zu überprüfen, die es nicht mehr gab – zu einer direkten Konfrontation. Erneut forderte ich Israel auf, uns die Informationen zur Verfügung zu stellen, die zur Bombardierung geführt hatten. Der israelische Abgesandte Israel Michaeli beschwerte sich, ich stelle »redundante Forderungen«. Israel habe die

Fragen der IAEO bereits beantwortet, als es erklärte, die Uranspuren stammten nicht von den israelischen Raketen.[15] Wenn ich Israel nun aufforderte, Beweise für das syrische Atomprogramm vorzulegen, demonstriere ich meine politische Voreingenommenheit. Außerdem deutete er an, weil wir keine Sonderuntersuchung durchgeführt hatten, schöpften wir nicht alle zur Verfügung stehenden Mittel aus.

Michaelis Bemerkungen waren vollkommen unangebracht, und das wusste er auch, doch er hatte offenbar seine Anweisungen. Ich antwortete mit einer Direktheit, die einige Botschafter erschreckte. Sein Standpunkt sei »völlig verzerrt«. Wenn Israel uns die nötigen Beweise verweigere, behindere es damit das Untersuchungsverfahren der IAEO. Dann sah ich ihn direkt an:

> Der israelische Abgesandte verlangt eine Verurteilung Syriens. Aber Israel muss genauso verurteilt werden, weil es uns daran hindert, unsere Aufgaben im Rahmen unseres internationalen Mandats durchzuführen ... Sie behaupten, wir nutzten unsere Instrumente nicht. Israel ist nicht einmal Mitglied des Atomwaffensperrvertrags und hat uns nicht vorzuschreiben, welche Instrumente wir einzusetzen haben. Ihr Land hat kein Recht, das System zu nutzen, ohne selbst Rechenschaft abzulegen ... Wir wären Ihnen dankbar, wenn Sie uns nicht weiter erklären würden, wie wir unsere Arbeit zu tun haben.

Die Anschuldigung, ich sei voreingenommen, sei nicht einmal einer Antwort würdig, fügte ich hinzu.

Die Situation war an einem toten Punkt angelangt. Trotz wiederholter Aufforderungen weigerten sich Israel und die Vereinigten Staaten, uns weitere Beweise vorzulegen, dass es sich bei der Anlage in Dair az-Zaur tatsächlich um eine Atomfabrik gehandelt hatte. Und Syrien behauptete standhaft, es habe sich nicht um eine Atomanlage gehandelt, ohne Beweise dafür vorzulegen.

Einige Zeit später schickte ich über einen syrischen Unternehmer eine direkte Bitte an den Präsidenten Baschar al-Assad. Ich drängte ihn zur Zusammenarbeit mit der IAEO und unterstrich, dass das Thema Syrien belasten würde, bis es vollständig ausgeräumt war. Assad ließ mir ausrichten, er danke mir für meine Bemühungen; seltsamerweise leugnete er nicht einmal, dass es sich bei Dair az-Zaur um eine Atomanlage gehandelt hatte.

Die Doppelmoral hätte nicht offenkundiger sein können: Für einige Mitgliedsstaaten war die Atomwaffenkontrolle ein Instrument, das man benutzen, aufbauschen oder ignorieren konnte, je nach den eigenen geopolitischen Zielen und je nachdem, welche Beziehung man zu dem angeklagten Land unterhielt.

*

Das entscheidende Problem der Atomwaffenkontrolle ist jedoch ihre Doppelmoral, die schon im Atomwaffensperrvertrag selbst angelegt ist: die Asymmetrie oder Ungleichheit zwischen Atomstaaten und Nichtatomstaaten, die noch dadurch verstärkt wird, dass sich die Kernwaffenstaaten nach wie vor auf ihr Arsenal stützen und bei der atomaren Abrüstung keine Fortschritte machen. Schlimmer noch, statt ihrer Verpflichtung zur atomaren Abrüstung nachzukommen, modernisieren viele dieser Länder ihre Arsenale und entwickeln fortwährend neue Waffentypen. Für Länder, die nicht über Atomwaffen verfügen und die sich nicht unter dem atomaren Schutzschirm von Bündnissen wie der NATO befinden, verstärkt dies die Wahrnehmung, dass der Besitz von Atomwaffen Macht und Ansehen verschafft und eine Versicherungspolice gegen Angriffe ist.

Der Sicherheitsrat der Vereinten Nationen ist ein Teil dieses Problems, unter anderem wegen des Vetorechts der fünf Kernwaffenstaaten. Gemäß UN-Charta hat der Weltsicherheitsrat den Auftrag, »den Weltfrieden und die internationale Sicherheit zu wahren« sowie »Kollektivmaßnahmen zu treffen, um Bedrohungen des Friedens zu verhüten«. Einige Verstöße gegen die Safeguards der IAEO stellen mit Sicherheit keine Bedrohung für den Frieden und die Sicherheit dar und sollten daher auch nicht an den Weltsicherheitsrat verwiesen werden. Aber in den wenigen Fällen, in denen der Rat tatsächlich angerufen wird, sollte er rasche, entschiedene und vor allem stimmige und einheitliche Maßnahmen ergreifen.

Doch der Weltsicherheitsrat hat bislang alles andere als einheitlich auf atomare Bedrohungen reagiert. Nach dem israelischen Angriff auf den irakischen Atomreaktor Osirak im Jahr 1981 verurteilte er die Bombardierung und forderte Israel auf, seine Atomanlagen der Aufsicht der IAEO-Safeguards zu unterstellen. Israel ignorierte die Resolution, und der Weltsicherheitsrat ergriff keine weiteren Maßnahmen. Nachdem Indien und Pakistan im Jahr 1998 Atomwaffentests durchgeführt hatten, verurteilte der Rat diese Tests und forderte beide Länder auf, die Entwicklung der Waffen und Trägersysteme einzustellen. Als die beiden Länder die Resolution ignorierten, ließ der Rat die Sache auf sich beruhen. Im Falle Nordkoreas berichtete die IAEO 1993 über die Missachtung der Safeguards, und im Jahr 2003 schied das Land aus dem Atomwaffensperrvertrag aus; in beiden Fällen leitete der Sicherheitsrat keine sinnvollen Maßnahmen ein und überließ die Initiative in den neunziger Jahren den Vereinigten Staaten und dem Genfer Rahmenabkommen und später den Chinesen und den Sechs-Parteien-Gesprächen.

Auf der anderen Seite bestrafte der UN-Sicherheitsrat den Irak mit Sanktionen, die gegen die Menschenrechte von Millionen von Irakern verstießen und 2003 in einen Krieg mündeten, der ohne Zustimmung des Gremiums geführt wurde. Schlimmer noch, der Weltsicherheitsrat erhielt einige dieser Sanktionen selbst nach der Invasion des Jahres 2003 aufrecht, obwohl längst klar war, dass der Irak keine Massenvernichtungswaffen besaß. Er war nicht imstande, die Mandate von UNMOVIC und IAEO sinnvoll zu beenden und die Suche nach Massenvernichtungswaffen abzuschließen. Außerdem zwang er den vom Krieg zerrütteten Irak, vier Jahre lang die UNMOVIC zu finanzieren, während diese untätig in New York saß.

Während die fünf ständigen Mitglieder des Weltsicherheitsrats durch ihre Entscheidungen die atomare Unsicherheit vergrößerten, führte ihre Weigerung, ihre Atomwaffenarsenale abzurüsten, direkt zu deren weiterer Verbreitung. Doch die Vetomächte, allen voran die Vereinigten Staaten, wollten diesen Zusammenhang zwischen dem Stillstand der atomaren Abrüstung und der wachsenden Sorge um die weitere Verbreitung von Atomwaffen nicht anerkennen.

Im April 2004 legten die Außen-, Energie- und Verteidigungsminister der Vereinigten Staaten dem amerikanischen Kongress einen gemeinsamen Entwurf vor, der den Bau von »kleinen« Atomwaffen vorsah. Sie begründeten den Schritt damit, dass diese Waffen als eher einsetzbar wahrgenommen würden. Wenn verfeindete Nationen glaubten, dass die Vereinigten Staaten diese Mini-Bomben tatsächlich zum Einsatz bringen könnten, dann würde dies deren abschreckende Wirkung verstärken. Offenbar kam der Regierung der Vereinigten Staaten gar nicht in den Sinn, dass eine »eher einsetzbare« Atomwaffe gegen den Atomwaffensperrvertrag verstieß und weitere Länder dazu bringen würde, zu ihrem Schutz ähnliche Waffen zu entwickeln.

Außerdem arbeiteten die Vereinigten Staaten am Ausbau ihres atomaren Schutzschirms, den Russland und China als Bedrohung wahrnahmen. Sie behaupteten zwar, der von ihnen geplante Schutzschirm gelte der Bedrohung durch »Schurkenstaaten«, womit Nordkorea und der Iran gemeint waren. Doch Experten hielten dieses Argument nicht für schlüssig: Ein Angriff durch ein kleines Land oder durch Terroristen würde vermutlich eher in Form einer schmutzigen Bombe erfolgen, die über einen Hafen oder eine Grenze eingeschmuggelt wurde, als durch eine Rakete mit Absenderadresse. Damit wäre das Schutzschild sinnlos.

In Reden und Interviews äußerte ich mich häufig zu diesen Fragen, und genauso häufig beschwerten sich die Amerikaner, ich würde »meinen Rahmen überschreiten«. Ich antwortete, dass ich keinen »Rahmen« hätte und dass ich es für meine Verantwortung hielt, mich zu allen Fragen der Atomwaffenkontrolle zu äußern – eine Verantwortung, die ich nach der Verleihung des Friedensnobelpreises für umso dringlicher hielt. In meinen Inspektionsberichten hatte ich mich an die Tatsachen zu halten. Ich hatte erleben müssen, wie die Arbeit der IAEO im Vorfeld des Irakkriegs diskreditiert und manipuliert wurde, und wollte nicht zulassen, dass dies während meiner Amtszeit ein weiteres Mal geschah. Es lag in meiner Verantwortung, die Öffentlichkeit korrekt zu informieren und möglichst wenig Raum für einen Medienhype und Manipulationen zu lassen. Es war meine Aufgabe, den Mitgliedsstaaten bei einer friedlichen Beilegung von atomaren Spannungen zu helfen, durch meine Sichtweise und durch eine entschiedene Unterstützung der Atomdiplomatie. Dabei wusste ich natürlich, dass die letzte Entscheidung immer bei den jeweiligen Staaten lag.

Anfang 2007 gab die britische Regierung bekannt, sie wolle ihre atomare Abschreckung verstärken und neue, mit Trident-Interkontinentalraketen ausgestattete Atom-U-Boote entwickeln; auf diese

Weise sollte Großbritannien bis über die Mitte des 21. Jahrhunderts hinaus seinen Status als Atommacht sichern. Ich war verblüfft angesichts dieser Heuchelei. In einem Interview mit der *Financial Times* zum iranischen Brennstoffkreislauf[16] erklärte ich, solange Großbritannien und andere Atommächte ihre Atomwaffen weiterhin modernisierten, so lange wäre es für mich äußerst schwierig, anderen Ländern zu erklären, dass eine atomare Abschreckung für sie selbst nicht gut sei.

Der *Telegraph* kommentierte meine Aussagen mit den Worten: »Atomhüter nennt Trident Heuchelei«. John Sawers, damals politischer Generaldirektor im britischen Außenministerium,[17] rief mich an, um mir mitzuteilen, dass meine Anmerkungen in London ganz schlecht angekommen seien; Großbritannien habe seine Atomstreitkräfte reduziert, es habe von den Vetomächten das kleinste Arsenal, und ich sei ungerecht.

Ich fragte: »Halten Sie es nicht für schwer vermittelbar, dass einige Länder weiterhin Atomwaffen haben und modernisieren, während andere keine haben dürfen?«

»Ja«, antwortete Sawers, »aber Sie können uns doch nicht mit dem Iran vergleichen.«

Es ging nicht um den Iran, sondern um ein Prinzip. Großbritannien machte eine sonderbare moralische Rechnung auf: »Wir sind die Guten, die sind die Bösen. Vertrauen Sie uns.«

Als Tony Blair im Unterhaus nach meinem Interview in der *Financial Times* gefragt wurde, antwortete er: »Nach dem Atomwaffensperrvertrag hat Großbritannien das Recht, Atomwaffen zu besitzen. Mohamed ElBaradei soll die Einhaltung dieses Vertrags überwachen, und er wäre gut beraten, sich entsprechend zu verhalten.«[18] Seine Auslegung des Atomwaffensperrvertrags war ebenso vielsagend wie typisch für das Verhalten der Kernwaffenstaaten, die ihrer Verpflichtung zur atomaren Abrüstung nur in Sonntagsreden nachkommen.

Es war schmerzlich zu sehen, dass nur Südafrika gegen die britische Trident-Entscheidung protestierte, die übrigen Nichtkernwaffenstaaten nahmen sie mit beredtem Schweigen hin. Es war eine entmutigende Reaktion, die mir zeigte, dass sie sich mit dieser scheinbar unvermeidlichen Weltordnung abgefunden hatten.

Bei einem Treffen mit dem britischen Außenminister David Miliband ein knappes Jahr später wurde ich wieder daran erinnert. Wir sprachen über den Iran. Miliband erkannte die Komplexität der Lage an, doch es war klar, dass wir nicht einer Meinung waren. Irgendwann rief er aus: »Was glauben Sie, wozu der Iran Atomwaffen braucht?«

Die Gegenfrage, wozu denn Großbritannien Atomwaffen brauchte, lag mir auf der Zunge. Ich fand diese Doppelmoral erstaunlich, doch ich schwieg.

Bei der Erfüllung ihres Mandats hatte die IAEO immer wieder mit Schwierigkeiten zu kämpfen. Wir hatten unzureichende Befugnisse. Wir wurden von denselben Geheimdiensten ausspioniert, auf deren Informationen wir bei der Suche nach auffälligen Aktivitäten angewiesen waren, und wir erhielten ausgewählte Informationen, deren Echtheit wir oft nicht überprüfen konnten. Wir konnten uns keine modernen Technologien leisten und waren auf Mitgliedsstaaten angewiesen, die oft ihre eigene Agenda verfolgten. Wir wurden von Regierungen unter Druck gesetzt, die glaubten, weil sie die IAEO mitfinanzierten, hätten sie das Recht, in ihrem Sinne Einfluss zu nehmen.[19] Wir aber standen weiterhin vor komplexen Inspektionsaufgaben, die unsere Kapazitäten und unsere Geduld immer wieder auf die Probe stellten.

Der eigentliche, aber nie beim Namen genannte Skandal war, dass es überhaupt noch Atomwaffen auf der Welt gab und dass die mächtigsten Nationen zu ihrem vermeintlichen Schutz an ihren Arsenalen festhielten. Man schilderte uns immer wieder düstere Szenarien, der Iran könne eine einzelne Atombombe bauen, während doch die Welt in Wirklichkeit durch die Existenz von mehr als 23000 Atomsprengköpfen bedroht ist. Wenn die politischen Führer der Vereinigten Staaten und Russlands über einen vermeintlichen Atomwaffenangriff informiert wurden – eine Information, die möglicherweise auf einen Computerfehler oder eine Sabotage zurückzuführen war –, dann blieb ihnen eine halbe Stunde Zeit, um sich zu einem Gegenschlag zu entscheiden, mit dem binnen weniger Minuten ganze Nationen ausgelöscht werden konnten. Doch diese politischen Führer behaupteten standhaft, das habe nichts mit der Verbreitung von Atomwaffen zu tun.

Ich hatte nicht vor, mich an einen Rahmen zu halten.

11

Iran, 2007 bis 2008

Vertane Chancen

Die Auffassung der Amerikaner, dass es sich bei der iranischen Regierung um eine Bande von gefährlichen Radikalen handelt, ist emotional tief verwurzelt und geht auf die Teheraner Geiselkrise der Jahre 1979 bis 1981 zurück. Und die Wahrnehmung der Iraner, dass die Vereinigten Staaten der große Satan sind, reicht sogar noch weiter zurück, nämlich bis zum Sturz der Regierung Mossadegh durch die CIA im Jahr 1953. In Washington wie in Teheran provoziert allein die Erwähnung einer wie auch immer gearteten Beziehung zwischen beiden Ländern ideologischen oder religiösen Eifer.

Für die Hardliner der Bush-Regierung kam schon die Vorstellung von direkten Gesprächen mit dem Iran einem moralischen Ausverkauf gleich. Ihr Ziel war nichts weniger als der Sturz des Regimes. Aber im Jahr 2007, nach dem Desaster des Irakkriegs, war ein Militärschlag gegen den Iran zumindest kurzfristig undenkbar geworden. So verlegte sich die Regierung auf eine Alternative: eine Liste von Sanktionen und die Isolierung des Iran mit dem Ziel, das Land vor allem in der Atomfrage in die Knie zu zwingen.

Meiner Ansicht nach ließ sich mit Sanktionen zwar das Missfallen der internationalen Gemeinschaft zum Ausdruck bringen, aber keine Lösung herbeiführen. Die Vorstellung, der Iran könne auf diese Weise zum Einlenken gezwungen werden, war eine Illusion: So gut sich die Idee in Washington verkaufte, mit der Realität hatte sie nichts zu tun. Trotzdem taten die Hardliner in Washington alles, um europäische Bemühungen für einen Dialog über die iranische Urananreicherung zu torpedieren. Immer wenn ein Durchbruch in greifbare Nähe gerückt zu sein schien, fanden die Amerikaner eine Möglichkeit, eine Einigung zu verhindern. An den Versuchen der P-5+1, den Dialog wieder in Gang zu bringen, beteiligten sie sich nur, um die eine Bedingung zu formulieren, die der Iran mit Sicherheit ablehnen würde, nämlich den vollständigen Anreicherungsstopp.

Das Scheitern war vorprogrammiert. Provoziert durch die Sanktionen und die Drohgebärden aus Washington, setzte Teheran seine Anreicherung fort und baute sie weiter aus. Anfang 2007 waren einige Hundert Zentrifugen in Betrieb, es wurden immer weitere installiert und die Iraner waren auf dem besten Weg, das technische Know-how zu erwerben, das ihnen die Amerikaner verweigern wollten. Die Politik der Vereinigten Staaten hatte einen einzigen Effekt: Der Preis für eine spätere Einigung schnellte immer weiter in die Höhe.

Um die Parteien wieder an den Verhandlungstisch zu holen, arbeitete ich an einem neuen Vorschlag. Inzwischen hatten jedoch nicht nur die Vereinigten Staaten auf stur geschaltet, sondern auch Frankreich, und ich wollte verstehen, was dahintersteckte.

Bei einem Besuch in Paris Mitte Januar hörte ich von Vertretern des Außenministeriums, ihre jüngsten Aussagen sollten dazu dienen, die Amerikaner bei der Stange zu halten. Bush hatte zwei Jahre zuvor mit Chirac über die sehr reale Bedrohung eines israelischen Militärschlags gegen den Iran gesprochen, und die Franzosen waren nach wie vor besorgt. Ich fühlte mich an die wenig erfolgreiche Strategie der Briten vor der Irak-Invasion des Jahres 2003 erinnert, die Nähe zu den Vereinigten Staaten zu suchen, um Einfluss auf deren Entscheidungen nehmen zu können.

Daneben forderten auch die Anrainerstaaten des Persischen Golfs und Ägypten den Westen auf, maximalen Druck auf den Iran auszuüben. Einige arabische Führer hatten beispielsweise Chirac gedrängt, seinen Außenminister Douste-Blazy nicht in den Iran zu entsenden.

Ich verstand, dass die Franzosen – der zehntgrößte Erdölkonsument der Welt – ihre Partner und deren Interessen am Persischen Golf schützen wollten.[1] Aber es war ernüchternd zu hören, dass sich die arabischen Staaten diplomatischen Bemühungen widersetzten, statt eine Vermittlerrolle zu übernehmen. Auch Solana berichtete mir, er werde von arabischen Führern gedrängt, dem Iran gegenüber keine Zugeständnisse zu machen und keine Verhandlungsanreize in Aussicht zu stellen.

Die Vereinigten Staaten taten ihr Bestes, um rund um den Persischen Golf die Angst vor dem Iran zu schüren. In meinen Augen demonstrierten die arabischen Regierungen mit ihren Aktionen lediglich ihre eigene Ohnmacht. Bei allen Fehlern und Schwächen seines Regimes arbeitete Teheran daran, auf allen Gebieten der Wissenschaft und Bildung Fortschritte zu erzielen und seine Führungsrolle in der Region auszubauen. Die arabischen Regierungen reagierten mit Neid und Furcht. Statt eigene Anstrengungen zu unternehmen, in Technologie und Bildung zu investieren und auf diese Weise ein Gleichgewicht in der Region herzustellen, verbündeten sie sich lieber mit dem Westen, um die Islamische Republik zu Fall zu bringen.[2]

In einem Gespräch brachte der französische Außenminister Douste-Blazy den Gedanken eines »Doppel-Stopps« ins Spiel, um die Verhandlungen wieder in Gang zu bringen: Ich solle vorschlagen, dass der Iran seine Anreicherung einstelle und der Weltsicherheitsrat seine Sanktionen. Der Gedanke war nicht ganz neu und in der jüngsten UN-Resolution bereits in gewissem Maße enthalten, aber er war bislang nicht aufgegriffen worden.

Ich erwiderte, ich würde gern zu einer »Pause« aufrufen, aber das Wort »Stopp« gern vermeiden. In der folgenden Woche sollte das Weltwirtschaftsforum in Davos stattfinden, und das war ein guter Ort, um mit diesem Vorschlag an die Öffentlichkeit zu gehen. »Sie sind der Einzige, der das kann«, meinte Douste-Blazy, »weil Sie keiner Verhandlungspartei angehören, aber auch wegen Ihres Status als Friedensnobelpreisträger.«

Nach diesem Gespräch erhielt ich einen Anruf vom stellvertretenden russischen Außenminister Sergej Kisljak. Die Russen waren besorgt, weil der Iran mittlerweile mit niemandem mehr zu sprechen schien. Ich berichtete ihm von meinem Gespräch mit Douste-Blazy, und Kisljak versprach, den Vorschlag zu unterstützen. Eine weitere Ergänzung kam von der österreichischen Außenministerin Ursula Plassnik, die vorschlug, lieber von einer »Auszeit« als von einer »Pause« zu sprechen. Eine »Auszeit« klinge etwas weicher, meinte sie, und sei dem Iran daher möglicherweise eher schmackhaft zu machen.

Diesen Begriff verwendete ich schließlich in Davos in Interviews mit der BBC und CNN. Ich schlug vor, der Iran solle eine Auszeit von der Anreicherung nehmen und die internationale Gemeinschaft von ihren Sanktionen. Präsident Putin,[3] die Deutschen und die Franzosen äußerten sich zustimmend. Auch die Chinesen unterstützten den Vorschlag, doch sie wollten bis zur März-Sitzung des IAEO-Gouverneursrats warten, um ihre Position darzustellen. Die Amerikaner lehnten den Vorschlag zwar nicht ab, sie wiesen jedoch darauf hin, die Resolution 1737 vom 23. Dezember 2006 habe die Pflichten des Iran ausreichend klargemacht. Laridschani rief mich an und erklärte, der Iran müsse erst in informellen Gesprächen die Einzelheiten klären, ehe er den Vorschlag prüfen könne, er sei aber definitiv interessiert.

In Davos traf ich auch den früheren Präsidenten Chatami und erklärte ihm, einige der Aussagen Ahmadinedschads – vor allem zu Israel und dem Holocaust – schadeten dem internationalen Ruf des Landes ungemein. Zusammen mit den ungeklärten Fragen um das Atomprogramm schürten Aussagen wie diese lediglich das Misstrauen in der Region. Chatami brachte sein Bedauern zum Ausdruck und versicherte mir, er werde die Botschaft weitergeben.

Auf dem Forum hatte ich auch die Gelegenheit, mit der Schweizer Bundespräsidentin Micheline Calmy-Rey und dem Außenstaatssekretär Michael Ambühl zu sprechen, die in unabhängigen Gesprächen versuchten, die Verhandlungen mit dem Iran wieder in Gang zu bringen. In den zurückliegenden zwei Jahren hatte Calmy-Rey immer wieder Vorschläge für einen Kompromiss mit dem Iran gemacht. Die Schweizer waren an einer friedlichen Beilegung des Konflikts interessiert und hatten eine besondere Legitimation als Vermittler, da ihre Botschaft die diplomatische Vertretung der Vereinigten Staaten im Iran übernahm.

In Davos brachte ich unter anderem den Gedanken ins Spiel, der Iran könne einfach aufhören, die Zentrifugen mit Atommaterial zu betreiben. Diesen Betrieb nennt man »warmer Standby«: Die Maschinen operierten zwar noch, aber ohne Uran. Ich wusste nicht, ob die Vereinigten Staaten oder andere diesen Vorschlag akzeptieren würden, denn auf diese Weise hätte ich berichten können, dass der Iran, wie vom Weltsicherheitsrat verlangt, seine Anreicherung eingestellt hatte und lediglich Forschungen durchführte. Die Schweizer waren bereit, diesen Gedanken mit dem Iran zu erörtern.

Es folgten einige hektische Wochen mit Telefonaten, Treffen und Brainstorming-Runden mit verschiedenen Beteiligten. Ich pendelte zwischen Rice und Laridschani hin und her, um die Amerikaner an den Verhandlungstisch zu bringen und mit den Iranern eine annehmbare Form des Anreicherungsstopps auszuhandeln.

Auch die Schweizer setzten ihre Vermittlungsbemühungen fort. Ambühl reiste nach Teheran und traf sich mit Laridschani. Calmy-Rey lud den iranischen Verhandlungsführer nach Bern ein. Kisljak teilte mir am Telefon mit, dass die politischen Führer der P-5+1 den »ElBaradei-Vorschlag«, wie sie ihn nannten, zu unterstützen schienen. Mohammed Saidi, Aghazadehs Stellvertreter, bat mich bei einem Besuch, ihm mögliche Vorteile einer Auszeit zu nennen, um Argumente zu haben, mit denen er die iranische Führung überzeugen konnte. Der schwedische Außenminister Carl Bildt besuchte mich ebenso wie der britische Staatsminister Kim Howells.

Alle wollten sie beteiligt sein. Alle wollten sie dasselbe. Aber niemand schien in der Lage, die sturen Konservativen in Washington und Teheran zur Vernunft zu bringen.

Ein weiteres Mal überarbeitete ich die »vier Prinzipien«, um auf die Bedenken einzugehen, die beide Seiten zurückhielten: Vertrauen, Transparenz und künftige Absichten. Übrig geblieben waren drei: Erstens sollten alle Parteien das Recht des Iran auf einen eigenen Brennstoffkreislauf inklusive Anreicherung ausdrücklich anerkennen und erklären, dass sich die Auszeit lediglich auf den Zeitpunkt und die Art der Anreicherung bezog. Zweitens sollte sich der Iran auf eine Zusammenarbeit mit der IAEO, auf volle Transparenz und die Beantwortung aller offenen Fragen verpflichten. Und drittens sollten sich alle Seiten auf eine Normalisierung der politischen, militärischen und wirtschaftlichen Beziehungen zwischen dem Iran und dem Westen verständigen.

Diese drei Prinzipien stellte ich verschiedenen der beteiligten Diplomaten vor, unter ihnen auch Laridschani. Als wir uns Mitte Februar in Wien trafen, meinte er, die Prinzipien seien fair und sollten schriftlich vorgelegt werden. Der Anreicherungsstopp – egal, ob zeitlich befristet oder nicht – schien ihm jedoch zweitrangig zu sein. Das eigentliche

Thema war das gegenseitige Misstrauen zwischen dem Iran einerseits und Europa und den Vereinigten Staaten andererseits. Dazu zitierte er eine Aussage von Tony Blair. Während seines jüngsten Besuchs am Persischen Golf hatte Blair erklärt, der Westen schaffe ein Bündnis von gemäßigten arabischen Staaten gegen den Iran.[4] Sätze wie diese weckten alte Befürchtungen: Laridschani erinnerte sich an eine Aussage von Blair aus dem Jahr 2003, die Kooperationsbereitschaft des Iran sei lediglich ein Resultat des Irakkriegs, denn der Iran sehe jetzt, dass es dem Westen ernst und der Irak nur ein »Testfall« gewesen sei.

Solche Gesinnung verhindere jeden Annäherungsversuch, sagte Laridschani. Solange der Westen dem Iran mit Misstrauen begegne, sei jedes Feilschen um einen Anreicherungsstopp sinnlos.

»Das Misstrauen hat seine Gründe«, erwiderte ich und erinnerte ihn an Ahmadinedschads Behauptungen zum Holocaust.

Dies sei inzwischen »unter Kontrolle«, antwortete Laridschani. Während der Feierlichkeiten zum Jahrestag der Revolution am 11. Februar habe Ahmadinedschad kein Wort über das Atomprogramm verloren.

Laridschani wollte den Amerikanern vermitteln, dass auch der Iran auf einen Erfolg der al-Maliki-Regierung in Bagdad hoffte und die schiitischen al-Mahdi-Milizen unter dem Geistlichen Muqtada as-Sadr nicht unterstützte. Es war auch im Sinne des Iran, wenn im Irak Demokratie und Stabilität herrschten. Laridschani bat mich, diese Botschaft auch an Condoleezza Rice zu kommunizieren. »Sie scheint mir jemand zu sein, die das versteht«, fügte er hinzu.

Die Gruppe der P-5+1 und Solana reagierten Ende Februar auf den Vorschlag der Auszeit. Sawers ließ mich telefonisch wissen, dass sie eine Stellungnahme basierend auf den drei Prinzipien und der doppelten Auszeit abgeben würden. Parallel wollten sie allerdings im Sicherheitsrat eine neue Resolution mit zusätzlichen »begrenzten« Sanktionen forcieren. Die Nachricht einer neuen Resolution enttäuschte Laridschani: »Wenn es dazu kommt, sind die Verhandlungen zu Ende.«

In einem Gespräch mit Rice drängte ich darauf, die P-5+1-Strategie noch einmal zu überdenken. Sie machte klar, dass sie wenig Interesse daran hatte, in den drei Prinzipien von einer »Normalisierung« zu sprechen oder das Recht des Iran auf Urananreicherung anzuerkennen.

Mit der doppelten Auszeit hatte sie dagegen kein Problem. Das machte mir Mut. Aber ich wies sie darauf hin, dass es neue UN-Sanktionen dem Iran schwer machen würden, an den Verhandlungstisch zurückzukehren. »Es wäre sinnvoller, wenn Sie Ihre Vorschläge erst mit dem Iran besprechen würden. Sonst unterstützen Sie nur die Hardliner und schwächen die Gemäßigten.«

Rice schien aufmerksam zuzuhören. Ihre Art, Fragen zu stellen, deren Antwort sie eigentlich kennen musste, ließ mich vermuten, dass unser Gespräch aufgezeichnet wurde. Die Bush-Regierung schien in außenpolitischen Fragen zerstritten. Rice musste sämtliche Argumente mobilisieren, wenn sie die Skeptiker in Washington überzeugen wollte, den Dialog mit dem Iran aufzunehmen. Vielleicht wollte sie, dass ihre Regierungskollegen aus meinem Mund hörten, was Laridschani über das iranische Interesse an einem Gespräch mit den Vereinigten Staaten gesagt hatte. Ich konnte nicht umhin, zu spekulieren.

Wie eine Schallplatte mit einem Sprung wiederholte ich, sie solle versuchen, direkt mit dem Iran in Verhandlungen zu treten. »Das hilft Ihnen bei der Iran- und bei der Atomfrage«, erklärte ich ihr. Die Iraner sprachen mit den Saudis über den Libanon und über Palästina. »Leute wie Laridschani sind aufrichtig an einem Dialog interessiert.« Rice widersprach nicht, aber sie legte sich auch auf nichts fest.

Zwei Tage nach unserem Gespräch gab die Regierung in Washington bekannt, sie werde eine Regionalkonferenz zum Irak einberufen und auch Nachbarstaaten wie Iran und Syrien einladen. Die Amerikaner betonten, dass es bei dieser Konferenz ausschließlich um den Irak gehen solle, nicht um die iranische Atomfrage. Diese Haarspalterei erschien mir kleinlich, aber ich wollte nicht streiten. Es war ein Schritt nach vorn.

*

Mein bisschen Optimismus schwand rasch dahin. Wenn sich in der iranischen Atomfrage eine Tür öffnete, wurden andere sofort zugeschlagen. So sinnlos eine weitere Iran-Resolution im Weltsicherheitsrat war, so unvermeidlich schien sie, zumal weder Russland noch China ihr Veto einlegen wollten. Trotzdem begannen hektische diplomatische Aktivitäten, um sie im Vorfeld doch noch zu verhindern.

Die Schweizer legten ein Papier vor, in dem sie die Vorschläge erörterten. Obwohl Vertreter der Vereinigten Staaten deutlich machten, dass sie auf weitere Beiträge keinen Wert legten, reiste Ambühl nach Teheran und unterbreitete Laridschani den Vorschlag.[5] Ich ließ den iranischen Chefunterhändler wissen, dass dies vermutlich die letzte Chance war, eine weitere provokative Resolution des Weltsicherheitsrats zu verhindern. Daraufhin mobilisierten die Schweizer jedes erdenkliche Argument, um die Iraner von den Vorteilen eines Anreicherungsstopps zu überzeugen. Ohne Erfolg. Die Iraner wollten sich nur auf einen zweistufigen Prozess einlassen und die Anreicherung während einer Vorverhandlung über den Umfang der doppelten Auszeit dreißig Tage lang einfrieren (also nicht ausweiten). Die doppelte Auszeit sollte dann während der eigentlichen Verhandlungen, maximal aber sechs Monate lang, gelten. Dieses Zugeständnis reichte dem Westen allerdings nicht.

Laridschani ließ mich wissen, im Falle einer neuen Resolution des Weltsicherheitsrats werde der Iran die Inspektionen der IAEO in Natanz abbrechen. Ich erinnerte ihn daran, dass dies eine weitere Missachtung der Safeguards darstellen und neue Sanktionen nach sich ziehen würde. »Ich weiß, was das bedeutet«, erwiderte Laridschani. Doch die Entscheidung komme aus der iranischen Regierung. Sechs Monate lang habe er alles getan, um diesen Schritt zu verhindern, aber dies sei nun unvermeidlich. Inmitten der diplomatischen Aufregung baute der Iran seine Anreicherungskapazitäten weiter aus. Als unsere Inspektoren am 20. März die Anlage in Natanz besuchten, fanden sie insgesamt 1000 einsatzbereite Zentrifugen. Der Gedanke war so ironisch wie schmerzlich, dass das iranische Anreicherungsprogramm ein Jahr zuvor bei 30 bis 40 Zentrifugen hätte angehalten werden können. Das amerikanische Argument, der Iran dürfe auf dem Gebiet der Anreicherung kein Know-how erwerben, hatte sich damit erledigt: Die iranischen Atomexperten hatten seit über einem Jahr Erfahrungen mit kleinen Kaskaden gesammelt.

Vor diesem Hintergrund bereitete ich meinen Bericht für die März-Sitzung des Gouverneursrats vor. Laridschanis Stellvertreter Javad Vaidi hatte unlängst in einem Interview fälschlicherweise behauptet, eine Anmerkung in einem früheren Bericht – die IAEO sei nicht in der Lage, die friedliche Nutzung des iranischen Atomprogramms zu bestätigen – sei vom amerikanischen IAEO-Botschafter eingefügt worden. Das machte mich wütend: Die IAEO hatte alles getan, um den Iran objektiv und professionell zu überprüfen. Dass der Iran auf diese Weise unsere Seriosität anzweifelte, war nicht hinnehmbar.

In meinem neuen Bericht wollte ich kein Blatt vor den Mund nehmen: Die IAEO konnte in der Tat kein Urteil über das iranische Atomprogramm abgeben. Die iranische Position war einmalig, das Land hatte zwanzig Jahre lang gegen die Auflagen der IAEO verstoßen. Uns blieb daher nichts anderes übrig, als die Geschichte des Programms zu rekonstruieren. Ehe der Iran nicht sämtliche Fragen umfassend und zufriedenstellend beantwortet hatte, blieb er auf der Anklagebank.

Die Sitzung des Gouverneursrats fand inmitten großer Spannungen statt. Ein Resolutionsentwurf des Weltsicherheitsrats mit neuen Sanktionen gegen den Iran war in der Pipeline. Der südafrikanische Botschafter Abdul Minty berichtete mir von den diplomatischen Bemühungen seines Landes im Sicherheitsrat. Die Vereinigten Staaten und die EU-3 hätten es lieber gesehen, wenn sich Südafrika, das unter den Entwicklungsländern großes Gewicht besaß, nicht in die Verhandlungen um den Iran eingemischt hätte. Doch Südafrika wollte nicht schweigend zusehen. Neben der Schweiz war Südafrika eines der wenigen Länder, die sich laut und deutlich für eine Einhaltung der UN-Charta und des Atomwaffensperrvertrags aussprachen. Außerdem hatte das Land einen Sitz im Weltsicherheitsrat und keine Angst, diesen zu nutzen. Obwohl die fünf ständigen Mitglieder und Deutschland die Diskussionen um den Iran beherrschten, hatte der südafrikanische UN-Botschafter Dumisani Kumalo erklärt, sein Land werde sich nicht mit einer Zuschauerrolle zufriedengeben.

Ich teilte Minty meine Befürchtungen mit: Wenn nicht bald ein Durchbruch erzielt würde, dann erlitten die Verhandlungen endgültig Schiffbruch. Er versicherte mir, er werde mit seinen Kollegen sprechen, und schon am nächsten Tag brachte Südafrika im Weltsicherheitsrat eine Reihe von Änderungsanträgen zur Iran-Resolution ein, darunter die Forderung nach einer neunzigtägigen Auszeit. Außerdem sollten sich die Sanktionen ausschließlich auf das Atomprogramm richten, und eine Entscheidung über deren Wiedereinsetzung sollte auf dem technischen Urteil der IAEO beruhen und nicht auf den politischen Erwägungen der Mitglieder des Weltsicherheitsrats.

Die südafrikanischen Änderungen hätten den westlichen Mächten Probleme bereiten können, die auf eine einstimmige Verabschiedung der Resolution drängten. Doch am Ende dienten sie nur dazu, das Unvermeidliche hinauszuzögern. Am Tag vor der Abstimmung rief mich Minty an und berichtete, die fünf ständigen Mitglieder und Deutschland hätten die Vorschläge ignoriert und die südafrikanische Regierung gedrängt, für den unveränderten Entwurf zu stimmen. Keines der übrigen Mitgliedsländer hatte sich für eine Änderung des Entwurfs starkgemacht.

Am 24. März 2007 nahm der Weltsicherheitsrat die Resolution 1747 einstimmig an und forderte den Iran erneut auf, seine Urananreicherung einzustellen. Iranische Waffenimporte und -exporte wurden verboten, Auslandskonten gesperrt und die Reisefreiheit der am Atomprogramm beteiligten Personen eingeschränkt. Sir Emyr Jones-Parry, der britische UNO-Botschafter, verlas eine Stellungnahme der P-5+1 und erklärte deren Bereitschaft, weiter mit dem Iran zu sprechen. Die Stellungnahme beinhaltete Vorschläge für eine Wiederaufnahme des Dialogs auf Grundlage meiner Formulierungen. Mir war es allerdings darum gegangen, mit dem Iran auf einer Basis des Vertrauens zu verhandeln, und zwar vor der Verabschiedung neuer Resolutionen und Sanktionen.

Interessanterweise erklärte Jones-Parry, die Resolution solle »den Iran am Bau von Atomwaffen hindern«. Das war weit von der Behauptung der Vereinigten Staaten und anderer entfernt, nach welcher der Iran bereits über ein Atomwaffenprogramm verfügte – eine Behauptung übrigens, für die es laut Jack Straw »nicht den Hauch eines Beweises« gab.[6]

Von da an sprachen die Amerikaner nur noch von den »Ambitionen« und »Absichten« des Iran, ein Atomwaffenprogramm aufzubauen. Es war ein schwacher Trost.

*

Mitte Mai 2007 hatten die Iraner nach Erkenntnissen unserer Inspektoren in ihrer unterirdischen Anreicherungsfabrik in Natanz insgesamt zehn Kaskaden mit jeweils 164 Zentrifugen installiert und weitere drei waren im Aufbau. In der überirdischen Pilotanlage waren zwei weitere Kaskaden eingerichtet worden.

Nach Auskunft von Olli Heinonen hatte der Iran sein explizites Ziel erreicht, Uran auf 5 Prozent anzureichern. Unsere Experten gingen davon aus, dass der Iran das Know-how zur Urananreicherung inzwischen weitgehend erworben hatte. Und der Ausbau ging weiter. »Sie installieren pro Woche eine Kaskade«, meinte Heinonen. »Wenn sie in diesem Tempo weitermachen, haben sie bis Ende Juni 3000 Zentrifugen und Weihnachten 8000.« Damit waren die Iraner auf dem Weg zu einer industriellen Anreicherung – sie sahen offenbar keinen Grund mehr zur Zurückhaltung.

An diesem Punkt sah ich vier mögliche Zukunftsszenarien für das iranische Atomprogramm, die ich in einem Gespräch mit dem spanischen Premierminister José Zapatero und dessen Außenminister Miguel Moratinos erläuterte.

Die erste Möglichkeit war, dass der Iran seine Anreicherung freiwillig einstellte und auf null zurückfuhr. Das erschien jedoch äußerst unwahrscheinlich.

Die zweite Möglichkeit bestand darin, dass der Iran ein kleines Forschungsprogramm behalten durfte, um sein Gesicht zu wahren. Im Gegenzug würde er aufgefordert, die Anreicherung im industriellen Maßstab einige Jahre lang auf Eis zu legen. Er müsste umfassende Inspektionen der IAEO zulassen, um zu beweisen, dass er keine nicht gemeldeten Aktivitäten verfolgte – dies war aus Sicht der Atomwaffenkontrolle der springende Punkt. Außerdem musste er an der Beantwortung der ausstehenden Fragen mitwirken und sich verpflichten, nicht aus dem Atomwaffensperrvertrag auszutreten.

Die dritte Möglichkeit war der Status quo: ein Fortbestand der festgefahrenen Situation, in der die westlichen Länder immer neue Resolutionen verabschiedeten und Sanktionen verhängten, während sich der Iran schrittweise einer Anreicherung im industriellen Maßstab näherte, keine ausreichenden Inspektionen unter dem Zusatzprotokoll zuließ und die offenen Fragen zu vergangenen und laufenden Programmen nicht beantwortete.

Es gab jedoch noch eine vierte Möglichkeit. Die Radikalen im Westen konnten den Iran bombardieren. Das Ergebnis wäre ein Flächenbrand im Nahen Osten, einer Region, die ohnehin schon explosiv und chaotisch genug war. Meiner Ansicht nach war die zweite Option die einzig mögliche.

Zapatero und Moratinos gehörten zu den politischen Führern, die die zunehmend reale Bedrohung eines bewaffneten Konflikts ernst nahmen und zusammen mit einigen anderen – zum Beispiel dem italienischen Außenminister Massimo D'Alema und dem luxemburgischen Premierminister Jean-Claude Juncker – diplomatische Bemühungen zu einer friedlichen Beilegung des Konflikts unterstützten.

Es war wichtig, den Tatsachen ins Auge zu sehen, doch meine Bemühungen um Klarheit provozierten hitzige Reaktionen. Am 15. Mai 2007 gab ich David Sanger von der New York Times ein Interview, in dem ich erklärte, der Iran habe inzwischen das Know-how zur Anreicherung und müsse es nur noch perfektionieren. »Auch wenn das einige Leute nicht hören wollen, es ist eine Tatsache«, sagte ich. Die Forderung nach einer Einstellung der Anreicherung – mit der verhindert werden sollte, dass der Iran dieses Wissen erwarb – sei damit »von den Ereignissen überholt« worden.

In einem Interview mit der spanischen Nachrichtenagentur Grupo Vocento[7] wiederholte ich diese Einschätzung. Ich fügte hinzu, ich könnte nicht verstehen, warum die Amerikaner bereit waren, mit den Iranern über die Sicherheit im Irak zu sprechen, während sie »den Elefanten im Raum« – das Atomprogramm – nicht ansprechen wollten. Außerdem kritisierte ich den Stillstand bei der atomaren Abrüstung.

Die Amerikaner und Franzosen waren wütend. Der amerikanische IAEO-Abgesandte Gregory Schulte brachte mir eine Nachricht von Rice. Sie sei zutiefst enttäuscht, so die Außenministerin, dass ich mit meinen Stellungnahmen in den Medien die Geschlossenheit der internationalen Gemeinschaft sowie ihre diplomatischen Bemühungen torpediere. Ich liefere denjenigen Munition, die den Einsatz von Waffengewalt verlangten.

Ich bat Schulte, Rice zu antworten: »Ich bin genauso enttäuscht, dass sie den Zweck meiner Stellungnahmen missversteht, weil es mir darum geht, zu zeigen, dass die gegenwärtige Strategie gescheitert ist und dass nach wie vor die Möglichkeit besteht, diese Strategie zu ändern.« Ich erläuterte ihm die vier Zukunftsszenarien für den Iran und erinnerte ihn daran, dass auch das Schlimmstmögliche – der Einsatz von Waffengewalt – durchaus real sei. Dazu wies ich ihn auf ein Interview hin, das John Bolton am selben Tag in *Fox News* gegeben und in dem er angedeutet hatte, die Vereinigten Staaten könnten sich für diesen Weg entscheiden.[8]

Schulte erwiderte, die Amerikaner trauten dem Iran nicht. Das war nicht zu übersehen, antwortete ich. Worauf Schulte hinzufügte, die Vereinigten Staaten müssten ihre »moralische Klarheit« bewahren, bis der Iran die Forderungen des Weltsicherheitsrats erfüllt habe. Es war eine unglückliche Wortwahl; ich war versucht zu fragen, wann die Vereinigten Staaten ausreichende »moralische Klarheit« gewinnen würden, um ihr Atomwaffenarsenal abzurüsten, aber ich schwieg.

Auf dem Weg nach draußen deutete Schulte an, wenn die IAEO »politisiert« werde – was vermutlich heißen sollte, wenn ich weiterhin ähnliche Stellungnahmen abgebe –, werde Rice das Budget der IAEO so behandeln wie das des Weltpostvereins. Damit spielte sie wohl auf meine Forderung an, die Mitglieder des Gouverneursrats sollten den Organisationen der Vereinten Nationen bei der Bereitstellung der Mittel unterschiedliche Prioritäten zuweisen.

Diese Drohung war der Ministerin nicht würdig, wie ich Schulte umgehend wissen ließ: »Sie haben noch am meisten von der Organisation profitiert. Wenn die Mitgliedsstaaten ihre Beiträge nicht mehr bezahlen wollen, dann werde ich die Tore der Organisation gern schließen.«

Zwei Tage später, am 25. Mai, kam Schulte mit dem französischen und dem englischen Botschafter zurück, um eine offizielle Beschwerde einzulegen. Im Schlepptau hatten sie den widerwillig dreinblickenden Stellvertreter des japanischen Abgesandten, Shigeki Sumi.[9] Letzterer gab während des gesamten Treffens keinen Laut von sich und erklärte später Kollegen gegenüber, die ganze Angelegenheit sei ihm furchtbar peinlich gewesen, er habe jedoch Anweisungen von oben befolgen müssen. Ich hatte den Verdacht, die Japaner hatten als Ersatz für den deutschen Botschafter einspringen müssen, der eine Teilnahme abgelehnt hatte.

Die drei Botschafter verurteilten meine öffentlichen Stellungnahmen mit derselben Phrase: Ich spalte die internationale Gemeinschaft und torpediere die Bemühungen des Weltsicherheitsrats und des Gouverneursrats. Schulte und sein französischer Kollege erklärten, sie seien wenig erbaut von meinen Aussagen zur Abrüstung, die ihrer Ansicht nach nicht unter mein Mandat fielen. Ich erwiderte, es sei meine Pflicht, die Einhaltung des Atomwaffensperrvertrags zu überwachen und sie zu informieren, wenn ich eine Krise sah. Außerdem war die IAEO gemäß Satzung verpflichtet, die weltweite Abrüstung zu überwachen. Wenn ich mich in anderen Foren äußerte, dann tat ich dies nicht als Generaldirektor der IAEO, der die Ansichten des Gouverneursrats wiedergab, sondern als internationaler Beamter. »Ich habe zehn Jahre lang auf den Zusammenhang zwischen der Weiterverbreitung von Atomwaffen und der schleppenden atomaren Abrüstung hingewiesen«, erklärte ich, »und das werde ich auch weiterhin tun.«

Ich erzählte Schulte, wenn es den Amerikanern gelegen käme, wie zum Beispiel im Zusammenhang mit der Einigung zwischen den Vereinigten Staaten und Indien, dann nannten sie mich »Wächter des Atomwaffensperrvertrags«, aber wenn ich etwas sagte, das ihren Abrüstungsvorstellungen widersprach, dann legten sie meine Rolle plötzlich sehr viel enger aus. Als der französische Botschafter François-Xavier Deniau behauptete, der Iran verfüge über ein Atomwaffenprogramm, erinnerte ich ihn daran, dass er mich während der Inspektionen im Irak persönlich darüber informiert hatte, der Irak habe noch »geringe Mengen« von chemischen und biologischen Waffen, eine Behauptung, die sich als falsch erwies. Darauf hatte er keine Erwiderung.

*

Jenseits der Aufregung des Westens bot die rasche Ausweitung des iranischen Anreicherungsprogramms nach einer langen Phase der relativen Zurückhaltung durchaus Anlass zur Sorge. Sie deutete auf einen Politikwechsel hin: Der Iran schien sich damit abgefunden zu haben, dass der Westen weder Flexibilität noch Kompromissbereitschaft zeigen würde, und schien entschlossen, die Atomtechnologie weiter zu entwickeln, die für viele Iraner zu einem nationalen Projekt geworden war. Mit dieser Beschleunigung wollte der Iran vermutlich den Westen

265

unter Druck setzen, einem Kompromiss zuzustimmen, der nicht die Abschaltung des gesamten Anreicherungsprogramms beinhaltete.

Bei seiner Rückkehr von einem weiteren Besuch in Teheran bestätigte der Schweizer Staatssekretär Michael Ambühl meine Wahrnehmung: Die iranische Position verhärtete sich. Noch zwei Monate zuvor waren die Iraner bereit gewesen, ihre Anreicherungskapazitäten während der Verhandlungen nicht weiter aufzustocken. Aber inzwischen konnte sich Laridschani nicht mehr darauf festlegen. Er schien nur zu der Zusage bereit, dass das Uran nicht über 5 Prozent hinaus angereichert werde. Erstmals sprach er sogar von der Möglichkeit, der Iran könne Uran auf 20 Prozent anreichern und damit Kernbrennstoffe herstellen.

Angesichts dieser Neuigkeiten appellierte ich öffentlich an den Iran, freiwillig auf eine weitere Ausweitung seiner Anreicherung zu verzichten. In einem Interview für ein Feature des Radiosenders BBC4 unterstrich ich, wie viel inzwischen auf dem Spiel stand.[10] »Mir geht es nur darum, einen weiteren Krieg zu verhindern«, sagte ich. »Sie sollten den neuen Irren, die den Iran bombardieren wollen, keine Argumente an die Hand geben.« Ein Militärschlag gegen die iranischen Atomanlagen sei Wahnsinn, betonte ich. Später wollten alle wissen, wen ich denn mit den »neuen Irren« gemeint hatte; ich ließ jeden seine eigenen Schlüsse ziehen.

Die Diplomatie verlor weiter an Boden. Wir benötigten eine neue Richtung. Diesmal ging die Initiative von Laridschani aus. Der iranische Unterhändler war ein Konservativer, aber ein scharfsinniger Pragmatiker mit einem Doktortitel in westlicher Philosophie. Wie sein Vorgänger Rowhani hatte er seine schwierigsten Auseinandersetzungen in den Labyrinthen der Teheraner Politik zu bestehen. Die Strukturen im Iran waren kompliziert, die Macht verteilte sich auf die Streitkräfte, den Wächterrat, den Präsidenten, die Geistlichen, das Parlament, den Obersten Rechtsgelehrten und andere weniger sichtbare Gruppierungen. Das erklärte, warum Entscheidungen derart zäh zustande kamen und so extrem ausfallen konnten. Anders als in den meisten arabischen Staaten, in denen Alleinherrscher durch Diktat regieren, wurden die Entscheidungen im Iran im Konsens getroffen. Ich bezeichnete das Herrschaftssystem gelegentlich als »Demokratie in einer Theokratie«. Was immer die Vor- und Nachteile dieses Systems sein mochten, für Laridschani war es äußerst frustrierend: Er fand nicht die nötige Unterstützung, um auf diplomatischer Ebene weiter zu verhandeln.

Doch seine Forderung nach Mäßigung verhallte nicht gänzlich ungehört. Es machte mir Mut, dass der Iran nach den jüngsten Sanktionen seine Drohungen nicht vollständig wahrgemacht hatte und die Inspektoren der IAEO weiterhin Zugang zu der Atomanlage in Natanz hatten. Es gab lediglich einige symbolische Einschränkungen. Offenbar fanden sich im Iran noch immer Menschen, die sich an die Regeln halten wollten.

Da in den Verhandlungen mit den P-5+1 keine Fortschritte abzusehen waren, beschloss Laridschani, seine Bemühungen an anderer Stelle fortzusetzen. In unseren Gesprächen hatte ich ihn immer wieder gedrängt, die verbleibenden Fragen unserer Inspektoren auszuräumen, und ihm klargemacht, welche Vorteile dies für den Iran hätte. Dabei ging es unter anderem um die Beschaffung der Zentrifugen, die Herkunft des angereicherten Urans, das wir an verschiedenen Orten gefunden hatten, um Auffälligkeiten des Uranbergwerks Gchine, verdächtige Anschaffungen durch den ehemaligen Direktor des Physikalischen Forschungszentrums sowie Vorwürfe, der Iran habe Waffenexperimente durchgeführt. Am 26. Juni suchte Laridschani mich in Bad Tatzmannsdorf südlich von Wien auf, wo die Führungskräfte der IAEO tagten. Laridschani kam in Begleitung seines Stellvertreters Ali Monfared. Er schien bedrückter denn je, weil er bezüglich des Anreicherungsstopps keine Lösung fand. Es kursierten Gerüchte, er habe sich mit Ahmadinedschad überworfen. Ich hatte den Eindruck, als sei unser Gespräch sein letzter Versuch, einen Ausweg zu finden.

Der Iran sei bereit, einen Arbeitsplan mit der IAEO aufzustellen, um einige der ausstehenden Fragen auszuräumen, kündigte er an. Wir konnten mit relativ leicht zu beantwortenden Themen anfangen, etwa den Unstimmigkeiten in den Angaben zur Chronologie der Plutoniumexperimente sowie der Art und Menge des verwendeten Materials. Laridschani schlug vor, die IAEO solle spezifische Inspektionsanfragen stellen, ohne das Zusatzprotokoll zu erwähnen, dessen Unterzeichnung das Parlament abgelehnt hatte.

Ich war erfreut, dass der Iran diesen Schritt zur Verbesserung der Zusammenarbeit mit der IAEO unternahm, und versprach, ein Team nach Teheran zu schicken und die Details auszuhandeln. Bei dieser Gelegenheit appellierte ich einmal mehr an Laridschani, die Anreicherungskapazitäten nicht weiter aufzustocken. Weitere Zentrifugen waren zu Forschungszwecken nicht nötig und provozierten den Westen nur unnötig. Vor allem im Zusammenhang mit dem Arbeitsplan wäre ein Einfrieren der Anreicherung ein positives Zeichen. In der Tat reagierten die Iraner mit Gesten des guten Willens und gestatteten der Agentur beispielsweise den Besuch des Schwerwasserreaktors, der in Arak gebaut wurde. In Natanz beobachteten die Inspektoren eine deutliche Verlangsamung bei der Installation neuer Zentrifugenkaskaden.

Es folgten eine Reihe von Gesprächen in Teheran und Wien zur Ausarbeitung des Arbeitsplans. In einigen strittigen Fragen wollten sich die Iraner jedoch nicht festlegen. Daher schickte ich ein Team hochrangiger Mitarbeiter nach Teheran: Olli Heinonen, der inzwischen Leiter der Safeguard-Abteilung war, reiste in Begleitung von Vilmos Cserveny, dem Direktor unseres Büros für Außenbeziehungen, sowie unserem Rechtsberater Johan Rautenbach nach Teheran. Um Druck auf den Iran auszuüben, bat ich Heinonen, mich jeden Abend von seinem Hotel in Teheran aus anzurufen und Bericht zu erstatten; da ich wusste, dass unsere Gespräche abgehört wurden, war ich am Telefon unnachgiebig.

Am 27. August 2007 rief Heinonen an und teilte mir mit, dass sie einen Dreimonatsplan ausgearbeitet hatten, um ausstehende Inspektionsfragen zu klären. Um nicht den Widerstand der Hardliner in Teheran zu provozieren, war der Plan in bestimmten Fragen vage formuliert – für meinen Geschmack als Anwalt etwas zu vage. Aber damit hatten wir Oberwasser und konnten beurteilen, inwieweit der Iran den Arbeitsplan umsetzte. Außerdem sicherte uns Laridschani zu, er werde alles in seiner Macht Stehende tun, um den Erfolg zu garantieren.

Kurz nachdem der Arbeitsplan ausgehandelt und von der Regierung in Teheran abgesegnet worden war, rief mich Laridschani an. Er klang optimistisch und dankte mir für den Einsatz von Heinonen und seinem Team. Dass die Teheraner Führung dem Arbeitsplan zugestimmt hatte, war ein Sieg für Laridschani, der eine Zusammenarbeit mit der Agentur und eine Annäherung an den Westen forderte. Er bat mich auch, mich weiterhin für Gespräche zwischen dem Iran und den P-5+1 einzusetzen.

Ich erwiderte, nun gehe es darum, die Inspektionen in redlicher Absicht und nach Zeitplan umzusetzen, sonst gehe der Schuss nach hinten los und bestätige nur diejenigen, die unweigerlich behaupten werden, der Iran wolle lediglich Zeit schinden.

Prompt taten die Amerikaner genau das. Sie redeten den Arbeitsplan schlecht und mäkelten an den vage formulierten Passagen herum. Vor allem bezweifelten sie, dass Teheran tatsächlich an dessen Umsetzung interessiert sei. Der Plan machte sie offenbar nervös: Wenn der Iran seine Zusammenarbeit mit der IAEO verbesserte, wurde es weniger wahrscheinlich, dass sich China und Russland zu weiteren Sanktionen überreden ließen. Und wenn Teheran die offenen Fragen über sein früheres und laufendes Atomprogramm beantwortete, verlor die Forderung des Weltsicherheitsrats nach einem Anreicherungsstopp ihre Grundlage.

Es folgte ein Blitzkrieg in den Medien. Ein Kommentator in der *Washington Post* bezeichnete mich als »Schurkeninspektor« und führte aus:

ElBaradei meint offenkundig, er stehe über seiner Position als Beamter der Vereinten Nationen. Statt die Entscheidungen des Weltsicherheitsrats und des Gouverneursrats der Internationalen Atomenergieorganisation umzusetzen, in deren Dienst er steht, verhält er sich, als sei er nicht an diese gebunden, und benutzt seine Organisation, um die Absichten ihrer führenden Mitglieder – allen voran der Vereinigten Staaten – zu hintertreiben.[11]

Außerdem beschuldigte mich der Verfasser, »auf eigene Rechnung« zu arbeiten, und warf der IAEO vor, »eigene Abmachungen mit dem Iran« zu treffen.

Auch der *Economist* äußerte sich kritisch:

ElBaradei benutzt die Vereinbarung mit dem Iran, um sich direkt in die politische Diskussion einzumischen, statt sich auf eine objektive Beurteilung der Tatsachen zu beschränken. Vielleicht meint er, damit der Diplomatie den Weg zu bereiten. Aber wenn der Druck auf den Iran nachlässt, wird es womöglich schwerer, eine diplomatische Lösung zu finden.[12]

Wie zu erwarten, ging die *Jerusalem Post* in ihren Angriffen einen Schritt weiter und beschrieb mich als einen »Mann von zweifelhafter Integrität« und »führenden internationalen Fürsprecher des Iran«; sie behauptete: »ElBaradei benutzt seine Macht, um die Verbreitung von Kernenergie zu militärischen Zwecken zu fördern«.[13] Ein Kommentator der führenden arabischen Tageszeitung *Al-Hayat* beschuldigte mich, die Beschlüsse des Weltsicherheitsrats zu missachten und dem Iran Möglichkeiten zu eröffnen, die Sanktionen zu unterlaufen und seine Technologie weiterzuentwickeln. Selbst die *New York Times* attackierte mich in einem längeren Porträt, in dem sie mich einerseits als »Hoffnungsträger« titulierte und andererseits behauptete, ich sei »berauscht von der Macht des Nobelpreises«.[14] Eine Journalistin meinte später, der *Times*-Artikel habe mich als »selbstherrlichen Spinner« dargestellt.[15]

In Wien brachten die Amerikaner ihre Verärgerung in konkretere Form. Der südafrikanische Abgesandte Abdul Minty berichtete mir, nach Auskunft eines Journalisten wollten die Amerikaner eine Koalition schmieden, um mir im Gouverneursrat das Vertrauen zu entziehen, weil ich meine Kompetenzen überschreite. Der Journalist habe ihm eine Liste von zwanzig Ländern gezeigt, bei denen die Amerikaner um Unterstützung angefragt hatten. Die Information stamme von Chris Ford, dem amerikanischen Staatssekretär für Waffenkontrolle. Als das Gerücht die Nachrichtenagentur Associated Press erreichte,[16] dementierte die amerikanische Mission öffentlich, dass es eine solche Kampagne gebe.

Diese Angriffe entbehrten nicht einer gewissen Ironie. Es war nicht das erste Mal, dass ich gegeißelt wurde, weil ich angeblich meine Befugnisse überschreiten würde. Bei früheren Gelegenheiten war der Grund meist gewesen, weil ich Fortschritte bei der atomaren Abrüstung eingefordert oder die Sanktionen des Weltsicherheitsrats als diplomatisch nutzlos bezeichnet hatte. Nun wurde ich beschuldigt, »auf eigene Rechnung« zu arbeiten, weil ich einen zentralen Auftrag der IAEO umsetzen wollte. Schon im August konnten wir dem Gouverneursrat Fortschritte bei den Inspektionen melden – dank des Arbeitsplans. Da der Iran Informationen zur Verfügung stellte, konnten wir eine Reihe offener Fragen beantworten. Doch der Erfolg stieß auf Skepsis. In Wahrheit ging es den Amerikanern darum, den Iran als unkooperativen Schurkenstaat hinzustellen, der seine internationalen Pflichten missachtet und daher fortgesetzte Bestrafung verdient. Meine Berichte standen diesem Ziel im Weg.

Nun lagen die Karten auf dem Tisch. Doch den Hardlinern im Westen ging es gar nicht darum, offene Fragen zum iranischen Atomprogramm zu beantworten. Sie wollten verhindern, dass der Iran Kerntechnologie erhielt, und zwar durch Isolation, Konfrontation und ideologische Spielchen. Vielleicht war dies deren Geschäft, aber meines war es nicht. Ich wollte nicht tatenlos zusehen, während Extremisten den Boden für einen weiteren verheerenden Krieg im Nahen Osten bereiteten.

Besonders bedenklich schien mir, wie bereitwillig sich die amerikanische Presse vor diesen Karren spannen ließ. Einige der Formulierungen, mit denen die IAEO kritisiert wurde, tauchten in den amerikanischen Medien immer wieder auf, was mich vermuten ließ, dass die Regierung eine Kampagne gegen mich organisiert hatte. Ich fühlte mich an die Zeit vor dem Irakkrieg erinnert. Interessanterweise setzte sich keiner der Artikel ernsthaft und inhaltlich mit den Maßnahmen der IAEO auseinander. Den Kommentatoren ging es vor allem darum, meinen Charakter und meine Motive in Zweifel zu ziehen.

Das ließ ich nicht auf mir sitzen. Ich gab einige Interviews, in denen ich klarstellte, dass die IAEO im Iran keine nicht gemeldeten Einrichtungen und keine Hinweise auf die Produktion von Atomwaffen gefunden hatte. Daher stellte der Iran aus unserer Sicht keine unmittelbare Bedrohung des Friedens dar und erforderte über die Diplomatie hinaus keine weiteren Maßnahmen. Stattdessen war im Nahen Osten mehr »Soft Power« gefragt: Bildung, interkultureller Dialog, gute Regierungsführung und Entwicklung. Jeder Einsatz von Waffengewalt würde den Nahen Osten in einen Feuerball verwandeln.

Währenddessen kamen die Verhandlungen mit den P-5+1 nicht vom Fleck. Trotz Laridschanis Bemühungen, zu den »Vorverhandlungen« zurückzukehren, hinderten die Amerikaner Solana an weiteren Gesprächen. Solana bot Laridschani an, sich nach Umsetzung des Arbeitsplans zu treffen. Andererseits machten die Russen und Chinesen klar, dass sie keine weiteren Sanktionen mittragen würden. Damit waren die Inspektionen der IAEO der einzige Aktivposten.

Im Vorfeld der Septembersitzung des Gouverneursrats erhielt ich eine Kopie der geplanten gemeinsamen Stellungnahme der EU-3. Sie fiel sehr negativ aus. Unter anderem fehlte die übliche Formel, dass die drei Nationen die unparteiische und professionelle Arbeit der Organisation und ihres Generaldirektors unterstützten. Ich wusste, dass die Franzosen schon während der vorangegangenen beiden Sitzungen des Gouverneursrats versucht hatten, diesen Passus zu tilgen, und dieses Mal hatten sie sich durchgesetzt. Ich hielt es für das Beste, während ihres Redebeitrags den Raum zu verlassen. Diese kleine Geste wurde in den Medien an die große Glocke gehängt. Es war als Signal an die übrigen Europäer gedacht, sich nicht vom unklugen Verhalten eines oder zweier Staaten der Europäischen Union, in diesem Fall Frankreichs,[17] verleiten zu lassen.

In einem RTL-Interview erklärte der neue französische Außenminister Bernard Kouchner: »Wir müssen uns auf das Schlimmste gefasst machen, und das Schlimmste ist Krieg.« Das Interview wurde kurz vor der jährlichen Generalversammlung der IAEO ausgestrahlt. Ich antwortete mit einer öffentlichen Mahnung, dass die UN-Charta den Einsatz von Waffen klar regelte und dass dieser unter anderem vom Weltsicherheitsrat beschlossen werden muss. Viele Politiker vor allem in Deutschland und Russland reagierten scharf auf Kouchners Worte, und dieser beeilte sich, sie zurückzunehmen.[18]

Nach der ganzen Aufregung um den Arbeitsplan schlossen sich die P-5+1 plötzlich den Russen und Chinesen an und stimmten diesem Ende September zu. Nun drängten sie den Iran, »bei der Aufklärung aller ausstehenden Fragen rasch und effektiv greifbare Ergebnisse vorzulegen«. Wie ich hörte, hatten die EU-3 die Vereinigten Staaten gewarnt, dass weitere Angriffe auf die IAEO kontraproduktiv seien.

Aus unerfindlichen Gründen gaben auch die Vereinigten Staaten ihre feindselige Haltung plötzlich auf. Erst eine Woche zuvor hatte Condoleezza Rice gegen die IAEO und implizit auch gegen mich gestichelt: »Die IAEO ist keine diplomatische Einrichtung. Sie ist eine technische Organisation mit einem Gouverneursrat, dem die Vereinigten Staaten angehören.«[19] Aber als Nicholas Burns, Staatssekretär im Außenministerium, nach der amerikanischen Kritik am Arbeitsplan gefragt wurde, tat er einfach so, als hätten die Amerikaner diesen schon immer unterstützt.

*

Das interne Gerangel in Teheran und Washington erschwerte den Prozess. Als ich an die Iraner appellierte, die Anreicherungskapazitäten nicht über die 3 000 Zentrifugen hinaus aufzustocken und das Zusatzprotokoll umzusetzen, antwortete Laridschani: »Ich tue mein Möglichstes.« Ich müsse verstehen, dass er »in einem schwierigen Umfeld« arbeite. Die langsame, undurchschaubare Entscheidungsstruktur und die an einen Basar erinnernde Verhandlungskultur machten den Umgang mit den Iranern nicht einfacher.

Die andere Seite war nicht weniger undurchschaubar. Allein die hartnäckige Wiederholung der Behauptung, der Iran wolle Atomwaffen bauen, schien die amerikanische Öffentlichkeit und den Kongress zu überzeugen; gleichzeitig zeigten sich die Amerikaner erstaunt oder erbost, dass der Rest der Welt nicht genauso leicht zu überzeugen war. Ende 2007 erhielten wir einen Bericht vom amerikanischen Geheimdienst. Einmal mehr wiederholte er den Verdacht, der Iran habe zumindest in der Vergangenheit bestimmte Experimente durchgeführt und Geräte erworben, die auf die Absicht hindeuteten, Nuklearwaffen zu entwickeln.[20] Wie in früheren Geheimdienstberichten räumten sie allerdings ein, dass sie keinerlei Hinweise auf nicht gemeldetes Atommaterial im Iran hatten. Nach dem Irak-Debakel formulierten die amerikanischen Geheimdienste ihre Einschätzungen deutlich vorsichtiger. Der Bericht bestätigte meine Aussagen, doch diese Vorsicht hatte seltsamerweise keinen Einfluss auf die Position der Regierung.

Am Ende dieses Treffens überreichte mir Schulte ein Foto von mir und Rice, das während unseres letzten Gesprächs aufgenommen worden war. Es trug die Widmung »in Bewunderung und mit besten Grüßen«. Nach unseren jüngsten Kabbeleien musste ich über dieses Foto schmunzeln. Das Geschenk war ein Symbol für die widersprüchliche Iranpolitik der Amerikaner.

Als ich diese Geheimdienstberichte erhielt, gab Präsident Bush eine Reihe von befremdlichen Kommentaren zur Situation im Iran ab. In einer Rede vor der American Legion in Reno fuhr er schwere Geschütze auf: »Wenn der Iran aktiv eine Technologie erwirbt, die zum Bau von Atomwaffen verwendet werden kann, dann bedroht er eine ohnehin für ihre Instabilität und Gewalt bekannte Region mit einem atomaren Holocaust.«[21] In einer Pressekonferenz vom 17. Oktober erklärte er: »Ich habe immer wieder betont: Wenn wir einen dritten Weltkrieg verhindern wollen, dann müssen wir verhindern, dass der Iran das Know-how zum Bau von Atomwaffen bekommt.«[22] Und am 14. November ließ er in einem Interview mit dem deutschen Nachrichtensender n-tv eine weitere verbale Granate los: »Wenn Sie einen Dritten Weltkrieg haben wollen, dann müssen Sie nur eine Atombombe auf Israel abwerfen.«[23] Ich wusste nicht, ob es ihm mit diesen Stellungnahmen darum ging, den Druck auf den Iran zu erhöhen oder den Boden für einen Militärschlag zu bereiten. Wie dem auch sei, die Kommentare waren verantwortungslos und erinnerten in besorgniserregender Weise an die Wochen vor dem Irakkrieg.[24]

Zur gleichen Zeit gab Rice einige Stellungnahmen ab, die offenbar beschwichtigen sollten. Gegenüber dem russischen Fernsehsender RTR TV Moskau sagte sie: »Wir werden nur Fortschritte erzielen, wenn wir die Anstrengungen von Mohamed ElBaradei unterstützen, die offenen Fragen zum iranischen Atomprogramm zu beantworten.«

Hatte ich mich verhört? Rice fuhr fort: »Es geht nicht darum, ob der Iran heute über Atomwaffen verfügt. Es geht um die Anreicherungs- und Aufarbeitungskapazitäten, den sogenannten Brennstoffkreislauf.«

Ich versuchte, einen roten Faden in der amerikanischen Politik zu erkennen. Auf der einen Seite hieß es, die atomare Bedrohung durch den Iran sei geringer als zuvor angenommen und es gehe nicht um den tatsächlichen Atomwaffenbesitz, sondern um mögliche künftige Absichten des Iran. Auf der anderen Seite hatte der Weltsicherheitsrat das grimmigste Kapitel der UN-Charta bemüht, und Bush schien bereit, den Colt zu zücken und zu schießen. Gleichzeitig wuchs auf der anderen Seite des asiatischen Kontinents in Nordkorea eine Generation von Kindern mit Mangelernährung auf, weil die Regierung sämtliche Ressourcen in den Bau einer Atombombe steckte und weil die internationale Gemeinschaft dieses Land mit Samthandschuhen anfasste.

Besorgte amerikanische Senatoren und Kongressabgeordnete versuchten auf eigene Faust, den Dialog mit dem Iran aufrechtzuerhalten.

Der Senator Arlen Specter, der damals noch der republikanischen Partei angehörte, bat mich mehrfach, eine Reise nach Teheran zu vermitteln.[25] Die letzte Bitte richtete er an mich, nachdem Ahmadinedschad an der Columbia University ein erniedrigender Empfang bereitet worden war.[26] Specter war verärgert: »Man lädt einen Redner doch nicht ein, um ihn zu beleidigen!« Er wollte den Iran-Besuch von sieben amerikanischen Abgeordneten arrangieren, unter ihnen Chris Dodd, Joe Biden und Tom Lantos. Wie immer in solchen Fällen gab ich diese Bitte an Laridschani weiter und bat um eine positive Antwort, um einen Fuß in der Tür zu behalten. Doch die Reise kam nicht zustande, die iranische Führung war nicht in der Stimmung, Politiker aus den Vereinigten Staaten zu empfangen.

Diese Zeit war von widersprüchlichen und willkürlichen Verhandlungsversuchen gekennzeichnet. Mitte Oktober erhielt ich auf Initiative des französischen Außenministers Bernard Kouchner Besuch vom französischen Sicherheitschef Gérard Araud. Ich wusste nicht, was ich erwarten sollte angesichts der jüngsten Stellungnahme von Kouchner und der Aussage des Präsidenten Nicolas Sarkozy, bei einem Scheitern der diplomatischen Bemühungen bliebe nur »eine katastrophale Alternative: die Bombe des Iran oder die Bombardierung des Iran«.[27]

Doch Arauds Ton und Ansichten waren überraschend positiv. Die Franzosen wollten mich bei jeder Initiative unterstützen, mit der die Verhandlungen zwischen den P-5+1 und dem Iran wieder in Gang gebracht werden könnten. Kouchner wollte mich nach Paris einladen. Ihrer Ansicht nach war der Iran selbstbewusst und schien das Ende der Bush-Regierung aussitzen zu wollen. Die Franzosen waren jedoch nach wie vor in Sorge, die Amerikaner könnten noch vor den Wahlen, die im Herbst 2008 stattfanden, einen Militärschlag planen.

Am selben Tag traf Wladimir Putin zu einem Besuch im Iran ein und drängte dort auf eine Wiederaufnahme der Verhandlungen. Die Russen berichteten mir später, Chamenei habe Putin angedeutet, der Iran könne »ein Moratorium bei der Anreicherung in Erwägung ziehen«. Offenbar hatte Putin eine Variante der doppelten Auszeit vorgeschlagen. Sein Besuch galt als Signal, dass Russland einen amerikanischen Militärschlag nicht unterstützen würde. In einer Rede beim

Gipfeltreffen am Kaspischen Meer betonte Putin das Recht aller Länder auf den Besitz von Kerntechnologie und unterstrich, wie wichtig es sei, »die Interessen und die Souveränität des anderen zu respektieren und sich nicht nur der Anwendung von Waffengewalt zu enthalten, sondern auch deren Androhung«.[28]

Trotz dieses Hoffnungsschimmers trat Ali Laridschani wenige Tage nach der Rede Putins von seinem Amt zurück. Ein iranischer Regierungssprecher erklärte, Laridschani habe »mehrfach um seine Ablösung gebeten«, und der Präsident sei dieser Bitte schließlich nachgekommen. Sein Nachfolger wurde der stellvertretende Außenminister Said Dschalili, ein enger Vertrauter Ahmadinedschads.

Obwohl der Arbeitsplan ein Erfolg war, kam Laridschanis Rücktritt nicht überraschend. Sämtliche seiner Bemühungen um Verhandlungen mit den P-5+1 waren sabotiert worden. Das war kein gutes Zeichen. Es bedeutete, dass Javier Solana, der selbst unter günstigeren Umständen als Chefunterhändler der P-5+1 erfolglos geblieben war, nun einem iranischen Hardliner Zugeständnisse abringen musste. Als mich Solana nach seiner ersten Begegnung mit Dschalili anrief, hatte er nichts zu berichten. Ich hatte nichts anderes erwartet.

Als mich Condoleezza Rice Ende Oktober anrief, hatten wir seit Monaten nicht mehr miteinander gesprochen. »Sie haben offenbar mehr an uns auszusetzen als an den Iranern«, meinte sie. »Aber Sie haben auch grundlos nach mir getreten«, erwiderte ich. Natürlich unterstützte ich die Forderung des Weltsicherheitsrats nach einer Einstellung der Urananreicherung, erklärte ich ihr, weshalb ich an Teheran appelliere, die Kapazitäten zumindest nicht weiter aufzustocken. An dieser Front schienen wir sogar bescheidene Erfolge zu erzielen: Unser letzter Bericht zeigte, dass der Iran keine weiteren Kaskaden in Betrieb genommen hatte und nur geringe Mengen von Strahlenmaterial in die rund 3000 vorhandenen Zentrifugen speiste.

Die Sanktionen waren eine Entscheidung des Weltsicherheitsrats, aber ich war nach wie vor der Ansicht, dass sie keine Lösung darstellten. Der Druck verhärtete lediglich die iranische Position, weshalb Laridschani derart frustriert gewesen war. »Wir bringen den Iran nur durch Verhandlungen zu einem Anreicherungsstopp, durch aktive Beteiligung der Vereinigten Staaten, und nur, wenn der Iran sein

Gesicht wahren kann und die Vereinigten Staaten ihre guten Absichten zusichern«, erklärte ich Rice.

Ich erwähnte, dass ich möglicherweise bald in den Iran reisen könnte, um mich mit Ajatollah Chamenei zu treffen. In diesem Zusammenhang fragte ich sie, welche Bedingungen die Vereinigten Staaten an die Aufnahme von Verhandlungen knüpfen würden. Wenn der Iran seine Anreicherungskapazitäten einfror, dann könne er sich mit den übrigen Angehörigen der P-5+1 treffen, so Rice, aber die Vereinigten Staaten würden erst nach einem vollständigen Anreicherungsstopp teilnehmen.

»Wenn die Anreicherung nur für zwei Monate ausgesetzt würde, wäre ich persönlich bereit, Gespräche aufzunehmen und über alle Themen zu sprechen«, sagte sie. Aber der Anreicherungsstopp blieb die Minimalforderung, hinter die sie nicht zurück konnte.

*

Wir hegten gewisse Hoffnungen, dass wir in einem direkten Gespräche mit dem Obersten Religionsführer des Iran die internationale Wahrnehmung des iranischen Verhaltens darlegen und noch einmal herausstreichen konnten, welche Vorteile eine Zusammenarbeit dem Iran bringen würde. Ein Treffen mit Ajatollah Chamenei war schon seit einiger Zeit in Vorbereitung. Voraussetzung für einen Erfolg der Reise war ein deutlicher Fortschritt bei der Umsetzung des Arbeitsplans, und nun waren alle Beteiligten der Ansicht, dass die Bedingungen stimmten. Zwei Tage vor meiner geplanten Abreise erhielt Olli Heinonen die Nachricht, dass die Termine mit Präsident Ahmadinedschad, Dschalili und Aghazadeh bestätigt waren, aber dass wir zu diesem Zeitpunkt kein Gespräch mit Chamenei bekommen konnten. In diesem Fall wollte ich die Reise absagen. Am nächsten Morgen erhielt ich die Antwort: »Der Oberste Rechtsgelehrte übersendet Ihnen seine Grüße«, aber er hielt es für besser, wenn unser Besuch nach der nächsten Sitzung des Gouverneursrats erfolgen würde.

Zwei führende iranische Unterhändler, mit denen ich seit Jahren zusammenarbeitete, suchten mich auf und erklärten, der Besuch sei nach wie vor wichtig und eine Möglichkeit, die Dynamik im Iran zu ändern; ich hörte die Hoffnung heraus, ich könne Hardliner überzeugen, wenn ich Chamenei einige Punkte erklärte. Aber Chamenei wollte nicht den Eindruck erwecken, als wolle Teheran Druck auf die Internationale Atomenergieorganisation ausüben, und meinte, dies könne so wirken, wenn ich vor meinem Bericht im November in den Iran reiste. Ich antwortete den beiden Diplomaten, dass ich danach erst in der zweiten Dezemberhälfte die Gelegenheit hätte, nach Teheran zu reisen. Ich warnte sie, die Situation spitze sich zu. »Sie sollten die Drohung eines Militärschlags nicht auf die leichte Schulter nehmen«, sagte ich. Sie sollten auf jeden Fall den Arbeitsplan weiter umsetzen und wo immer möglich zusätzliche Zugeständnisse machen. Bei dieser Gelegenheit erwähnte ich auch, dass Condoleezza Rice bereit war, in einer zweimonatigen Anreicherungspause an Verhandlungen teilzunehmen. Das Timing war gut: Die amerikanische Regierung brauchte einen außenpolitischen Erfolg.

Genau deshalb sei es ihnen so wichtig, dass ich mich mit Chamenei treffe, erwiderten sie. Sie wollten, dass ich ihm erklärte, was der Iran tun musste und welche Vorteile dies bringen konnte. Am nächsten Morgen riefen sie mich an und fragten, ob ich am Wochenende vor dem Novemberbericht in den Iran reisen konnte, aber das Timing wäre unpassend gewesen. Ohne Aussicht auf einen Durchbruch musste die Reise wirken wie ein Marketingtrick und würde niemandem etwas bringen.

*

Als sich die im Arbeitsplan vereinbarten Inspektionen und Gespräche dem Abschluss näherten, erhielt die IAEO aus unerwarteter Richtung eine Bestätigung, dass ihr Ansatz der richtige gewesen war: aus dem National Intelligence Estimate, dem Bericht der 16 amerikanischen Nachrichtendienste zum Iran. Ich erhielt die Nachricht am 3. Dezember in Montevideo, mein Büro in Wien schickte mir den öffentlichen Teil per E-Mail nach Uruguay. Das Dossier erklärte, der Iran habe zwar in der Vergangenheit den Bau von Atomwaffen geplant, habe diese Pläne jedoch im Jahr 2003 aufgegeben.

Von Uruguay aus diktierte ich meinem Assistenten Syed Akbaruddin, einem klugen und stillen Inder, eine Stellungnahme für die Presse.

Der Geheimdienstbericht stimmt mit den Einschätzungen überein, wie sie die IAEO in den vergangenen Jahren wiederholt abgegeben hat: Der Iran muss zwar noch wichtige Aspekte seiner vergangenen und gegenwärtigen kerntechnischen Aktivitäten klären, die IAEO hat jedoch keine konkreten Hinweise auf ein bestehendes Kernwaffenprogramm oder auf nicht gemeldete kerntechnische Anlagen im Iran.

Ich forderte alle Parteien dringend auf, unverzüglich die Verhandlungen wieder aufzunehmen.

Das National Intelligence Estimate überraschte offenbar sogar die Bush-Regierung. Unverständlicherweise erklärte Präsident Bush, die Erkenntnisse veränderten nichts an der Lage. Der Iran sei nach wie vor gefährlich. Hardliner in Washington und Israel versuchten prompt, den Bericht und seine Autoren als unglaubwürdig hinzustellen. Doch die Erkenntnisse der Geheimdienste nahmen allen den Wind aus den Segeln, die den Iran als unmittelbare Bedrohung darstellten und die Konfrontation suchten. Bei meiner Rückkehr nach Wien wurde ich von den Nachrichtendiensten gebrieft. Allerdings präsentierten sie mir keine Beweise für ein angebliches früheres Atomwaffenprogramm und verwiesen lediglich auf dieselben nie bestätigten Behauptungen, der Iran habe Experimente mit Kernwaffen durchgeführt. Sie wiesen darauf hin, dass Chamenei ihrer Ansicht nach so mächtig war wie eh und je, und unterstrichen die Bedeutung meines bevorstehenden Besuchs.

Für die IAEO bedeutete der Geheimdienstbericht neuen Auftrieb. Er bestätigte unsere Einschätzung der atomaren Bedrohung durch den Iran und mein entschiedenes Eintreten für eine diplomatische Lösung. Im Falle des Irak waren die Analysen und Einschätzungen der IAEO zutreffend gewesen. Und wie beim Irak hatte keine der führenden Regierungen des Westens unser Urteil zur Kenntnis genommen oder sich später bei uns für die Anwürfe entschuldigt.

*

Die Einschätzung der Geheimdienste weckte neue Hoffnungen für mein Treffen mit Ajatollah Ali Chamenei im Januar 2008. Ich musste mich durch eine wahre Phalanx von Bürokraten kämpfen, um zu ihm vorzudringen, aber ich war geduldig.

Auf dem Lufthansaflug nach Teheran kamen einige im Ausland lebende Iraner auf mich zu und dankten mir, dass ich dem Druck nicht nachgegeben hatte. Sie bestätigten meinen Eindruck, dass selbst Iraner, die dem Regime nicht freundlich gesonnen waren, dessen Bemühungen um den Erwerb von Kerntechnik unterstützten.

Eine Frau setzte sich neben mich und erkundigte sich nach meiner Gemahlin: »Sie ist Iranerin, nicht wahr?«

»Nein«, antwortete ich. »Sie ist Ägypterin.« Ich staunte, wie schnell sich Gerüchte in Tatsachen verwandeln.

An unserem ersten Abend in Teheran lud uns Aghazadeh zu einem traditionellen Abendessen in einen der früheren Paläste des Schahs ein, im Norden der Stadt und nicht weit vom Esteqlal Hotel, in dem wir untergebracht waren und das selbst ein wenig an einen Palast erinnerte.

In den Gesprächen der nächsten Tage wiederholte ich immer wieder dieselben zentralen Punkte: Ich war nicht nur als Generaldirektor der IAEO gekommen, sondern auch als jemand, dem die Interessen des iranischen Volkes am Herzen liegen. Ich wollte nicht, dass der Iran immer gravierenderen Sanktionen des Weltsicherheitsrats ausgesetzt würde. Es war wichtig, dass der Iran die Voraussetzungen für Verhandlungen mit dem Westen und vor allem den Vereinigten Staaten schuf und seine Beziehungen zu den Nachbarn am Persischen Golf verbesserte, die befürchteten, von der aufstrebenden Regionalmacht kontrolliert zu werden. Außerdem wies ich auf die Notwendigkeit hin, die wachsenden Sorgen um den Zweck des Anreicherungsprogramms auszuräumen.

Einen Punkt betonte ich ganz besonders: Der Iran sollte diese Gelegenheit unbedingt nutzen. Der Zeitpunkt war günstig, und zwar aus drei Gründen: der jüngste Bericht der amerikanischen Geheimdienste, die positive Zusammenarbeit des Iran mit der IAEO im Rahmen des Arbeitsplans, die einen positiven Bericht an den Gouverneursrat veranlasst hatte, und die jüngste Ankündigung von Präsident Ahmadinedschad, der Iran verfüge nach dem Bau und der Inbetriebnahme von 3 000 Zentrifugen über das Know-how zur Herstellung von Kernbrennstoffen.

»Aufgrund dieser drei Punkte befinden Sie sich in einer starken Position«, erklärte ich. »Die Amerikaner sind bereit, mit Ihnen zu verhandeln, wenn Sie die Anreicherung für zwei Monate aussetzen. Warum ergreifen Sie nicht die Initiative? Statt auf neuen Druck des Westens zu warten, erklären Sie einen technologischen Sieg und beweisen Ihre guten Absichten mit einem zweimonatigen Moratorium.«

Am 22. Januar werde der deutsche Außenminister Steinmeier mit seinen fünf Kollegen zusammentreffen, sagte ich. Russland und China hatten um ein Strategiegespräch gebeten, ehe sie weiteren Sanktionen zustimmen wollten. »Der Zeitpunkt ist entscheidend«, warnte ich. »Je schneller Sie handeln, umso besser die Aussichten, dass Sie eine dritte Resolution verhindern können.«

Doch die Iraner schienen keine Eile zu haben. Außenminister Manutschehr Mottaki wies darauf hin, dass der Iran in der Vergangenheit zu Kompromissen bereit gewesen sei, etwa zu einem Anreicherungsstopp oder einer freiwilligen Umsetzung des Zusatzprotokolls. Dafür hatten sie keine Gegenleistung erhalten. »Nun ist es an der anderen Seite, Kompromisse zu machen«, sagte er.

Die Erfolge hatten die Iraner offensichtlich selbstbewusst gemacht. Mottaki erklärte, der Iran habe zur Sicherheit im Irak beigetragen. »Was meinen Sie, wer sich um Muqtada as-Sadr gekümmert hat?«, fragte er. Das Handelsvolumen mit Ländern wie den Vereinten Arabischen Emiraten und China befinde sich auf einem neuen Höhepunkt und erreiche zig Milliarden Dollar, so Mottaki. Aus wirtschaftlichen Gründen hatte der Iran also keinen Grund, weitere Sanktionen zu fürchten – eine neue Resolution war eher ein Ärgernis oder Affront.

In unseren Gesprächen begegnete ich einer verwirrenden Vielfalt von politischen Fraktionen und Machtzentren. Jeder meiner Gesprächspartner hatte seine eigenen Ansichten zum Umgang mit dem Atomprogramm und dem Westen. Politische Führer schienen sich nicht nur dafür zu interessieren, welche Auswirkungen das Atomthema für das Land hatte, sondern auch, was es für ihre Karriere und ihr persönliches Ansehen bedeutete.

Aus Sicht der Hardliner würde eine weitere Resolution die antiamerikanische Stimmung wieder schüren und damit ihre Chancen bei der ersten Runde der Parlamentswahlen Mitte März verbessern, zumal die Angst vor einem amerikanischen Militärschlag geschwunden war und die miserable Wirtschaftsbilanz der Regierung in den Mittelpunkt des

Wählerinteresses rückte. Und aus Sicht der Unterstützer von Chamenei bedeutete ein gemäßigtes Parlament, dass der Oberste Religionsführer die Atomfrage versöhnlicher angehen konnte.

Mein Gespräch mit dem neuen Chefunterhändler Said Dschalili war besonders aufschlussreich. Er begegnete dem Westen mit unvermindertem Misstrauen und kritisierte besonders Javier Solana, seinen Gesprächspartner aufseiten der EU-3. Bei ihrem letzten Treffen habe er vier Punkte für ein Gespräch zwischen dem Iran und den P-5+1 skizziert: Demokratie in der Region, Terrorismus und Waffenkontrolle, Energiebedürfnisse und wirtschaftliche Zusammenarbeit. Später erfuhr ich, Dschalili sei sogar bereit gewesen, einen Schweizer Vorschlag zur Einschränkung der Anreicherung zu akzeptieren, aber Solana habe sich nicht darauf eingelassen.[29]

»Ehe wir mit dem Westen in Verhandlungen treten, müssen wir wissen, unter welchen Vorzeichen die Gespräche stattfinden«, schloss Dschalili. »Ist das eine Verhandlung zwischen Freunden oder Feinden?« Diese Frage stellten mir iranische Politiker immer wieder und unterstrichen damit, wie wichtig ihnen gegenseitiges Vertrauen, Entgegenkommen und Respekt waren.

Mein Treffen mit Ahmadinedschad fand im Präsidentenpalast statt, einer weiteren Schah-Residenz. Dort suchte ich ihn in Begleitung von Olli Heinonen und Vilmos Cserveny auf. Ahmadinedschad sprach leise und freundlich. Seine Persönlichkeit steht in deutlichem Gegensatz zu den Karikaturen, die im Westen kursierten. Er war höflich und vernünftig, obwohl er sehr klare Vorstellungen davon hatte, was richtig war und was falsch. Ich vertrat meine Position mit Nachdruck, vermied aber im Sinne des Fortschritts unserer Gespräche jede Konfrontation.

Zum Beispiel äußerte ich mich nicht zu Ahmadinedschads Hetzreden über Israel und den Holocaust. Personen, die des Persischen mächtig sind, erklärten mir übrigens, bei seiner berüchtigten Aussage, Israel werde »von der Landkarte verschwinden«, handele es sich um eine falsche Übersetzung der westlichen Medien; Ahmadinedschad habe vom »zionistischen Regime« gesprochen, nicht vom israelischen Staat als solchem. Das erinnerte mich an eine Begegnung in Jerusalem im Jahr 1977, als der damalige israelische Ministerpräsident Menachem Begin einer ägyptischen Delegation gegenüber erklärt hatte, »es gibt kein palästinensisches Volk«, nur palästinensische Araber und palästinensische Juden.[30] Auch diese Aussage war emotional aufgeladen, und die Frage war, wie man sie ausklammern konnte, um einen sinnvollen Dialog zu beginnen. Wie dem auch sei, Ahmadinedschad hatte mit seiner Aussage Ajatollah Khomeini zitiert. So schlecht beraten er damit war, er würde den Satz nicht zurücknehmen, und ich hatte nichts zu gewinnen, wenn ich ihn darauf ansprach.

Ahmadinedschad reagierte zustimmend, als ich betonte, der Iran müsse seine Beziehungen zu seinen Nachbarn verbessern. Er erwähnte, dass er am Treffen des Gulf Cooperation Council teilgenommen hatte. Die Saudis hatten ihn zur Hadsch eingeladen. Diese demonstrative Herzlichkeit arabischer Führer stand in auffälligem Gegensatz zu dem Misstrauen, das sie hinter verschlossenen Türen zeigten.

Mit Ahmadinedschad und Dschalili sprach ich außerdem über die Möglichkeit, amerikanische Senatoren und Kongressabgeordnete einzuladen. »Es wäre in Ihrem Interesse, direkt mit einflussreichen Amerikanern ins Gespräch zu kommen, die nach Teheran kommen, um Ihre Ansichten aus Ihrem Mund zu hören.« Ahmadinedschad erwiderte, er wolle darüber nachdenken. Man ließ mich wissen, er werde mir vermutlich in einigen Wochen eine positive Antwort geben, doch die Angelegenheit verlief im Sande.

Mein wichtigstes Treffen war das mit dem Obersten Rechtsgelehrten der Islamischen Republik. Ajatollah Chamenei spricht nur selten mit nicht-muslimischen Führern aus dem Ausland. Trotz seines Titels regiert er von einem bescheidenen Büro aus, das sehr viel schlichter ist als der Regierungspalast des Präsidenten. Seine Residenz machte eher den Eindruck eines bescheidenden Landhauses. Wir trafen uns in einem Raum, der offenbar sein Wohnzimmer und äußerst spartanisch eingerichtet war. Wir nahmen auf einfachen Stühlen Platz, seine Begleiter setzten sich auf eine Bank. Wie immer erhielten wir Tee und getrocknete Früchte und Nüsse.

Ich war alleine gekommen, Chamenei in Begleitung seines außenpolitischen Beraters Ali Akbar Velayati, einem früheren Außenminister. Auch Aghazadeh und Saidi waren mit von der Partie. Seltsamerweise waren jedoch weder Ahmadinedschad noch Dschalili eingeladen worden.

Nach iranischem und muslimischem Brauch umarmten wir uns. Der große und schmale Chamenei hatte das Aussehen und Gebaren einer Vaterfigur, er wirkte zurückhaltend, aber freundlich und einfühlsam. Bisweilen machte er einen gebrechlichen Eindruck auf mich. Aber er war bestens informiert und ließ keinen Zweifel aufkommen, dass er das Sagen hatte.

Unser Gespräch begann mit einem kurzen öffentlichen Teil, der im Fernsehen übertragen wurde. An die Kameras gerichtet erklärte Chamenei, dass sich die Islamische Republik nie in die Knie zwingen lassen würde – damit meinte er offenbar, dass sich der Iran auch durch weitere Sanktionen nicht daran hindern lassen werde, Uran anzureichern und seine Rechte auszuüben.

Nachdem das Kamerateam den Raum verlassen hatte, eröffnete ich das Gespräch. Ich erklärte, dass ich in erster Linie als Freund der iranischen Nation spreche, und wiederholte die Punkte, die ich bereits gegenüber den anderen iranischen Politikern betont hatte: die positive Zusammenarbeit des Iran mit der Internationalen Atomenergieorganisation, die neuerliche Gesprächsbereitschaft der P-5+1 und die Notwendigkeit, rasch zu handeln, um die gegenwärtige Dynamik zu nutzen. Beide Seiten hatten Fehler gemacht, doch nun bot sich die Möglichkeit, aus der Vergangenheit zu lernen und nach vorn zu blicken.

Chamenei hörte aufmerksam zu. Er dankte mir für die Unabhängigkeit, die ich trotz des Drucks von außen bewahrt hatte. Dies habe der Glaubwürdigkeit der Internationalen Atomenergieorganisation gedient. Der Iran sei bereit, weiter mit der IAEO zusammenzuarbeiten, um alle offenen Fragen zu klären. Dabei sollte die Organisation der einzige Ansprechpartner des Iran bleiben; es sei ein Fehler gewesen, das Atomprogramm mit anderen zu erörtern. Sobald der Weltsicherheitsrat die Akte geschlossen hatte, werde der Iran auch das Zusatzprotokoll unterzeichnen.

Mit einer kleinen Handbewegung verwarf Chamenei den Gedanken, die Urananreicherung auszusetzen oder mit deren Ausweitung zu warten. Dies sei lediglich ein Ablenkungsmanöver der Amerikaner. In Wirklichkeit seien die Vereinigten Staaten ungehalten über die zunehmende Bedeutung des Iran in der Region. Chamenei war bereit, in allen Fragen der regionalen Sicherheit und des Handels mit dem

Westen zusammenzuarbeiten, aber er sah keinen Grund, in der Anreicherung Flexibilität zu demonstrieren. Der Iran habe nie ein Atomwaffenprogramm gehabt – das widerspreche den Gesetzen des Islam. Ich wusste, dass er dies mehrfach in der Öffentlichkeit erklärt hatte.

Ich erwähnte, wie wichtig es war, die Beziehungen zu Ägypten und zu den anderen Nachbarn des Iran zu verbessern. Chamenei nickte und erwiderte, der Iran sei seit einiger Zeit bereit dazu, allerdings glaube er nicht, dass Mubarak »in der Lage ist, eine solche Entscheidung zu treffen«. Mir war nicht klar, ob er damit Mubaraks Führungsschwäche meinte oder den Druck, den die Amerikaner und der ägyptische Geheimdienst auf ihn ausübten. Ich verfolgte das Thema nicht weiter.

Im Rahmen unseres Besuchs zeigten uns die Iraner eine Forschungseinrichtung, in der sie eine neue Generation von Zentrifugen entwickelten: Es handelte sich um eine Variante der Zentrifugen vom Typ P-2, die deutlich effizienter war als die in Natanz verwendeten P-1-Zentrifugen. Eine Reihe von Prototypen befanden sich in der Entwicklung, die auch in Natanz getestet werden sollten. Das Labor selbst war beeindruckend. Es konnte sich durchaus mit einer westlichen Einrichtung messen: Es war sauber, gut organisiert, und auf den Gängen und in den Büros begegneten wir vielen jungen Wissenschaftlern und Ingenieuren. Der einzige Unterschied waren die Frauen im traditionellen Tschador, die an Instrumenten und Computern arbeiteten.

Aghazadeh, der uns begleitete, wies stolz darauf hin, dass Material und Geräte inzwischen überwiegend im Iran selbst hergestellt wurden. Für Olli Heinonen und mich war sofort klar, was das bedeutete: Es würde schwieriger werden, die Anreicherungstätigkeit des Iran zu verfolgen, da weniger Materialien importiert und folglich weniger Bestellungen gemeldet wurden. Aus Heinonens Sicht bedeutete diese Umstellung auf die einheimische Produktion, dass der Iran nicht vorhatte, in den nächsten Jahren in Natanz in industriellem Maßstab Uran anzureichern. Es wäre wenig sinnvoll, ihre beschränkten Vorräte an Materialien wie Maraging-Stahl zum Bau von Zentrifugen aufzubrauchen, wenn sie gerade an der Entwicklung eines effizienteren Modells arbeiteten.

Während meines Aufenthalts in Teheran gab ich keine Interviews. Ich wusste, dass die iranische Presse jede meiner Stellungnahmen ausschlachten würde. Stattdessen gab ich nach meiner Rückkehr eine knappe Stellungnahme ab und erklärte, wir hätten uns auf eine beschleunigte Zusammenarbeit geeinigt.

Kaum in Wien, erhielt ich reihenweise Anrufe. Der erste war David Miliband. Frank-Walter Steinmeier und Sergej Kisljak statteten mir einen Besuch ab. Ihnen und den übrigen Vertretern der P-5+1 berichtete ich detailliert von meiner Reise und betonte die negativen Folgen einer möglichen dritten Resolution mit neuen Sanktionen gegen den Iran. Nach einer solchen Provokation bestehe die Gefahr, dass der Iran die Zusammenarbeit mit der IAEO aufkündigte, und das in einem Moment, in dem wir kurz davor standen, die Details der angeblichen Voruntersuchungen zum Bau von Atomwaffen und die mögliche Beteiligung der Streitkräfte am iranischen Atomprogramm zu erörtern. Ich erwähnte auch, was man mir zu den Auswirkungen einer solchen Resolution auf die iranischen Parlamentswahlen im März des Jahres gesagt hatte.

Steinmeier war wenig zuversichtlich, dass sich die sechs Staaten auf den nächsten Schritt einigen würden. »Die Amerikaner haben die Region seit dreißig Jahren missverstanden«, sagte er.

»Wenn der Sicherheitsrat eine neue Resolution verabschiedet, dann versuchen Sie bitte, sie so zu gestalten, dass sie einen Ansporn für den Iran darstellt«, bat ich ihn. Warum verzichtete man nicht auf Sanktionen und erkannte die jüngste Zusammenarbeit mit der IAEO an? »Und lassen Sie uns bitte Zeit, unseren Arbeitsplan abzuarbeiten«, fügte ich hinzu.

Die Außenminister der P-5+1 trafen sich am 22. Januar in Berlin. Zu meiner Enttäuschung erklärte Steinmeier danach, die sechs Staaten« hätten sich darauf geeinigt, »in den kommenden Tagen oder Wochen« eine neue Resolution in den Weltsicherheitsrat einzubringen. Mir hatte er versprochen, dass es vor Ende Februar nicht zu einer solchen Resolution kommen werde.

Inmitten der Diskussionen um neue Sanktionen erhielten die Befürworter des Dialogs mit dem Iran Schützenhilfe von unerwarteter Seite. In einem Interview mit CNN erklärte der ehemalige Außenminister Colin Powell: »In Bagdad sprechen wir alle paar Monate mit dem Iran über Sicherheitsfragen. Und wenn wir das in Bagdad können, sehe ich keinen Grund, warum wir das nicht auch in anderen Foren können sollten.« Es war das erste Mal, dass sich Colin Powell – der nicht mehr dem Kabinett angehörte – kritisch zur Iran-Politik der Bush-Regierung äußerte:

> Amerika ist ein starkes und mächtiges Land. Wir sind politisch mächtig, wirtschaftlich mächtig und militärisch mächtig. Mit dieser Macht und diesem Einfluss sollten wir doch bereit sein, mit weniger mächtigen Nationen zu sprechen. Und wir sollten keine Angst haben, dass uns jemand dabei sieht.[31]

Powell hätte sich den Atem sparen können. Am 13. Februar bat mich der amerikanische Staatssekretär Nicholas Burns am Telefon, mich öffentlich für eine dritte Resolution des Weltsicherheitsrats auszusprechen. »Das würde einen großen Unterschied machen«, sagte er. Ich antwortete, ich werde sehen, was ich tun könne; aber natürlich konnte ich seiner Bitte nicht nachkommen. Es war sonderbar, dass dieser Wunsch ausgerechnet von der amerikanischen Regierung kam, die sich fortwährend darüber beschwerte, dass ich mich in die Politik einmische. Als ich den Resolutionsentwurf erhielt, las ich einen erstaunlichen Satz, der die IAEO »für ihre Bemühungen um die Beantwortung der ausstehenden Fragen zum Atomprogramm des Iran im Rahmen des Arbeitsplans« lobend erwähnte. Und das von Personen, die den Plan lautstark verurteilt hatten. Aber wenn dies nun als sinnvoller Ansatz galt, warum beschloss man dann Sanktionen, die den Arbeitsplan mit ziemlicher Wahrscheinlichkeit zum Scheitern verurteilten?

*

Das sollte nicht die letzte Kapriole in der iranischen Atomfrage gewesen sein. Die nächste erlebte ich bei einem Besuch in Paris, wo ich mit Präsident Sarkozy, Außenminister Kouchner und anderen Politikern zusammentraf. Ein westlicher Außenminister hatte die Außenpolitik der neuen französischen Regierung mir gegenüber als »verrückt« beschrieben. Über den diplomatischen Flurfunk hatte ich Ähnliches gehört: Die Franzosen gingen den übrigen Europäern auf die Nerven.

Sarkozy erschien ohne Jackett und bestellte sich sofort einen Kaffee. Nach einer Weile sah er mich an und fragte, ob ich auch einen Kaffee wolle. Den übrigen Anwesenden bot er nichts an. Es war ein erstaunlicher Gegensatz zu meinen Begegnungen mit seinem Amtsvorgänger Jacques Chirac und der Förmlichkeit, die ich mit dem Élyséepalast assoziierte.

Sarkozy kam sofort zur Sache. Er klang aggressiv und schien mich zu schelten. »Mr. ElBaradei«, verkündete er, »ich bin ein Freund der Vereinigten Staaten und Israels.«

Ich fühlte mich versucht zu fragen, »ja, und?«, biss mir aber auf die Zunge.

»Ich will Ihnen sagen, was ich denke«, fuhr er fort. Er unterstrich die »tödliche Gefahr«, die vom iranischen Atomprogramm ausgehe. Die Iraner benutzten mich und die IAEO. Er habe Angst, die Amerikaner oder Israelis könnten den Iran bombardieren. Während er seine Position darlegte, vibrierte plötzlich sein Handy. Er verließ den Raum, um zu telefonieren. Ich sah die kaum verhohlenen, missbilligenden Blicke rund um den Tisch. Sarkozy kam zurück und nahm den Faden wieder auf.

Schließlich machte er eine Pause. Ich sah keinen Grund, mich weiter zurückzuhalten. »Sie müssen verstehen, wie schlecht der Westen mit der iranischen Atomfrage umgegangen ist. Der Iran hat seine Anreicherung ausgesetzt und dafür ein Angebot bekommen, das aus heißer Luft bestand. Schuld daran hatten vor allem die Franzosen. Aus Angst vor dem Widerstand der Amerikaner haben Ihre Landsleute dem Iran keine westliche Kerntechnologie angeboten. Aus genau diesem Grund meinten die Iraner, sie sollten auf den Arm genommen werden. Und damit begann die Serie der diplomatischen Fehlschläge.«

Nach dieser enttäuschenden Erfahrung habe der Iran beschlossen, in der Urankonversion und -anreicherung Tatsachen zu schaffen. Ich erläuterte, dass die Anreicherung die Versicherungspolice des Iran war. Das hieß nicht, dass der Iran Waffen bauen wolle. Aber mit immer neuen Sanktionen provozierte der Westen iranische Vergeltungsmaßnahmen, und das Ergebnis war eine unaufhaltsame Eskalation.

Auch ich befürchtete das Schlimmste. »Was meinen Sie, welche Auswirkungen es in der gesamten islamischen Welt hat, wenn das iranische Atomprogramm mit Waffengewalt gestoppt wird?«, fragte ich. »Es könnte unter anderem dazu führen, dass in Pakistan, das schon 50 Atomsprengköpfe hat, eine extremistische Regierung an die Macht kommt.«

Die einzige Lösung war der Dialog, bedeutete ich Sarkozy. Man könne dem Iran beispielsweise vorschlagen, seine Anreicherungskapazitäten einzufrieren und im Gegenzug die Sanktionen aufzuheben; der Westen könne sich verpflichten, französische Reaktortechnologie zu liefern, und der Iran könne sich verpflichten, umfassende Inspektionen der IAEO zuzulassen. Ein Anreicherungsstopp war nicht mehr sinnvoll, erklärte ich ihm, da der Iran bereits über das Knowhow verfügte. Der Iran könne einfach im Geheimen weiter anreichern. Die fortgesetzte Forderung nach einem Anreicherungsstopp bedeute einen Gesichtsverlust für den Iran. Hinsichtlich der Nichtverbreitung von Atomwaffen waren umfassende Inspektionen weitaus sinnvoller.

Zu meiner Verblüffung nahm Sarkozy völlig unvermittelt eine neue Position ein. Ohne sich mit den versammelten Beratern und Ministern zu besprechen oder sie auch nur anzusehen, erklärte er sich bereit, meinen Vorschlag zu unterstützen, inklusive des Verkaufs von französischen Reaktoren an den Iran. Auf den Gesichtern seiner Mitarbeiter machte sich Entsetzen breit. Offenkundig hatte er diese Entscheidung aus dem Ärmel geschüttelt.

Ich bot ihm an, bei den Iranern vorzufühlen, und damit war das Gespräch schon fast zu Ende. Auf dem Weg nach draußen beglückwünschte ich Sarkozy zu seiner Eheschließung. Er strahlte.

Nach dem Treffen sprach ich kurz mit Kouchner, einem sehr sympathischen und freundlichen Mann. Die Franzosen hätten mehrfach versucht, mit den Iranern ins Gespräch zu kommen, und im vergangenen November verschiedene Politiker nach Paris eingeladen, aber keine Antwort erhalten. Kouchner kam zu dem Schluss, dass die Iraner vermutlich einen Regierungswechsel in den Vereinigten Staaten abwarten wollten. Er gab mir seine Handynummer und bat mich, ihn sofort anzurufen, wenn ich von den Iranern hörte.

Wieder in Wien, rief ich Aghazadeh an und bat ihn, mich Anfang der folgenden Woche zu besuchen. Am Tag des geplanten Treffens mit Aghazadeh erhielt ich jedoch einen Anruf vom französischen IAEO-

Botschafter François-Xavier Deniau. Er bat mich, mit dem Angebot an den Iran noch zu warten, bis mir die Franzosen einige »Klärungen« übermittelt hätten. Ich erwiderte, dass dies mehr als peinlich sei. Aghazadeh war bereits auf dem Weg nach Wien. Wenn es noch »Klärungen« gab, warum hatten sie mich dann nicht in Paris davon unterrichtet?

Als mir Deniau drei Tage später antwortete, erfuhr ich, die Franzosen würden nicht über mich, sondern direkt mit dem Iran Kontakt aufnehmen.

Überrascht entgegnete ich, dies sei weder diplomatisch noch angemessen. »Ich bin es gewohnt, einen Präsidenten beim Wort zu nehmen«, sagte ich. Offensichtlich hatten Sarkozys Berater dem Präsidenten klargemacht, dass die Amerikaner nicht erfreut sein würden, wenn der Eindruck entstünde, dass die Franzosen aus den P-5+1 ausscheren und einen Alleingang unternehmen.

Später versuchte Deniau, meinen französischen IAEO-Kollegen Philippe Jamet zu überzeugen, dass ich Sarkozy »falsch verstanden« hätte. Jamet, der selbst an dem Gespräch teilgenommen hatte, erwiderte sarkastisch: »Das ist ein geschickter Versuch, die Geschichte umzuschreiben.«

$*$

Der vielgescholtene Arbeitsplan lieferte das Material für meinen positiven Iranbericht auf der Sitzung des Gouverneursrats im Februar 2008. Wir hatten erhebliche Fortschritte gemacht: Unsere letzten Fragen zu den schwach- und hochangereicherten Uranpartikeln, die wir in verschiedenen Teilen des Iran gefunden hatten, waren endlich beantwortet. Die Iraner hatten uns ihre Plutoniumexperimente, ihre Aktivitäten im Bergwerk von Gchine und die Importe des früheren Leiters des Physikalischen Forschungszentrums dargelegt. Die letzten Ungereimtheiten im Zusammenhang mit dem Kauf der Zentrifugen vom Typ P-1 und P-2 hatte ich in meinem Bericht vom November 2007 angesprochen. Trotz einiger kleiner Verzögerungen hielten sich die Iraner an den Arbeitsplan. Es war die vollständigste und verbindlichste Zusammenarbeit seit Jahren.

Nur eine Frage blieb noch offen: Die vermeintlichen Experimente zum Bau von Kernwaffen, über die uns die amerikanischen Geheimdienste informiert hatten. Dazu gehörten unter anderem das »Grünsalz-Projekt«,[32] Tests mit hochexplosiven Sprengstoffen und Entwürfe für Trägerraketen. In der Summe schien dies auf ein Atomwaffenprogramm hinzudeuten, vor allem da zwischen den verschiedenen Projekten administrative Zusammenhänge zu bestehen schienen.

Leider wussten wir nicht, was davon wirklich stimmte. Die vermeintlichen Beweise stammten von einem Laptop, auf dem umfassende Dokumente abgespeichert gewesen waren. Die amerikanischen Geheimdienste behaupteten, sie hätten diesen Computer Mitte 2004 erhalten. Sie versicherten, das Gerät stamme aus dem Iran, doch sie könnten ihre Quelle nicht preisgeben. Sie erklärten nur, dass ihr Informant den Laptop von einem zweiten Mann erhalten habe, der mit einiger Wahrscheinlichkeit nicht mehr am Leben sei.

»Ich kann diese Daten erfinden. Sie sehen gut aus, aber es sind Zweifel angebracht.« Diese Stellungnahme eines anonymen »europäischen Diplomaten«, die in der *New York Times* zitiert wurde, gab die Meinung vieler Atomexperten wieder.[33] Die Dokumente auf dem Laptop schienen den Iran zu überführen, aber nur wenn sie tatsächlich echt waren. Ohne Kenntnis der Quelle waren sie kaum zu überprüfen. Schlimmer noch, die Vereinigten Staaten weigerten sich, uns die Dokumente zur Verfügung zu stellen, weshalb wir die Iraner nicht damit konfrontieren und keine Überprüfung einleiten konnten. Das wenige, das wir weitergeben durften, wies der Iran als falsch und erfunden zurück.

Nach einigen Monaten des Hin und Her hatte die IAEO weitere Dokumente erhalten (wenngleich immer noch nur einen geringen Teil), die wir mit dem Iran erörtern konnten. Bei dem Versuch, der Frage auf anderem Weg beizukommen, hatten Inspektoren der IAEO außerdem Importaktivitäten verschiedener iranischer Einrichtungen beobachtet, die mit den angeblichen Kernwaffenstudien in Zusammenhang stehen konnten. Der Iran hatte sich bereiterklärt, diese Projekte im Rahmen des Arbeitsplans zu erörtern, und unsere Gespräche hatten vor kurzem begonnen. Doch wie der Februarbericht klarmachte, hatten wir noch einen langen Weg vor uns.

Zwei Tage bevor der Gouverneursrat den Bericht begutachten sollte, beschloss der UN-Sicherheitsrat eine dritte Iran-Resolution mit neuen Sanktionen. Er verkündete sein Urteil also noch vor der Beweisaufnahme. Der Entwurf, den ich gesehen hatte, erwähnte meinen Bericht mit keinem Wort.[34] Das war mehr als ein Verfahrensfehler; so vorzugehen vermittelte vielmehr den Eindruck, der Rat habe seine Entscheidung nicht aufgrund von Fakten, sondern nach einer vorab festgelegten politischen Agenda getroffen.

Der Bericht selbst provozierte die unterschiedlichsten Reaktionen. Die Vereinigten Staaten lobten ihn, weil er den Iran ihrer Ansicht nach überführte, vermutlich weil zum ersten Mal offen von Waffenexperimenten die Rede war. Die Iraner erklärten »einen umfassenden Sieg und eine Bestätigung für unser Programm«, vermutlich weil ihrer Ansicht nach sämtliche ausstehenden Fragen beantwortet waren. Natürlich bezogen sich beide Seiten nur auf ausgewählte Teile des Berichts.

Auch die Reaktionen der Medien waren gespalten. In einem Kommentar im *Wall Street Journal* behaupteten Danielle Pletka und Michael Rubin, ich sei antiwestlich und habe meine eigene Agenda:

Der Bericht von Mr. ElBaradei ist der Gipfel der Inkompetenz und Kompetenzüberschreitung, mit der er den Ruf seiner Organisation beschädigt hat. Er hat seinen Nobelpreis benutzt, um sich ein Image als technokratischer Anwalt zuzulegen, der über der Politik steht und nur an Frieden und Gerechtigkeit interessiert ist. In Wirklichkeit ist er eine zutiefst politische Figur, die durch eine antiwestliche und antiisraelische Einstellung motiviert wird und sich zunehmend auf einen Kreuzzug zur Rettung von Regierungen verlegt, die der Verbreitung von Kernwaffen angeklagt werden.[35]

Dem schloss sich der israelische Siedlungsminister Ze'ev Boim an und forderte meinen Rücktritt, da ich mich wie ein Agent des Iran verhalte.[36]

Glücklicherweise gab es auch andere Stimmen, darunter einen Artikel von Joe Cirincione und Raj Takejh vom Council on Foreign Relations in der *Financial Times*. Trotz aller Kritik gelinge es mir, den Iran im Stillen zu entwaffnen:

Kritiker übersehen, dass Mr. ElBaradei mit seiner Besonnenheit genau diejenigen Ziele umsetzt, die sie angeblich erreichen wollen, nämlich die Entwaffnung der Islamischen Republik ... Statt weitere Sanktionen zu verhängen, sollte der Westen endlich einsehen, dass eine feinfühlige Diplomatie der Versöhnung besser geeignet ist, das iranische Atomprogramm zu kontrollieren und den Nahen Osten zu stabilisieren. Der vielfach geschmähte Mr. ElBaradei hat dem Erfolg den Weg bereitet.[37]

Am 8. April zeigte sich, wie der Iran auf die Resolution des Weltsicherheitsrats reagieren würde: Ahmadinedschad verkündete seine Pläne, die Anreicherung in Natanz auf 6000 Zentrifugen zu erweitern. Es war eine offensichtliche Trotzreaktion und für das Publikum zu Hause bestimmt. Vielleicht sollte auf diese Weise auch Druck auf Europa und die Vereinigten Staaten ausgeübt werden, einen anderen Weg einzuschlagen.

Wie dem auch sei, die Ankündigung wurde nicht vollständig umgesetzt. Die Iraner installierten zwar weiterhin Zentrifugen, aber langsamer als angekündigt. Es ging ihnen vor allem darum, weitere Erfahrungen mit den vorhandenen 3000 Zentrifugen vom Typ P-1 zu sammeln und ihre leistungsfähigeren Maschinen vom Typ IR-2 und IR-3 zu testen.

Die bedauerlichste Konsequenz der Resolutionen war, dass der Iran die Zusammenarbeit mit der IAEO bei der Aufklärung der angeblichen Kernwaffenexperimente weitgehend einstellte. In den folgenden Wochen machten wir kaum noch Fortschritte.

Kurz vor Veröffentlichung meines Mai-Berichts bot der Iran an, uns Zugang zu wichtigen Informationen und Personen zu gestatten und damit unsere Forderungen zu erfüllen. Damit sollten wir Beweise erhalten, dass die fraglichen Projekte nichts mit dem Atomprogramm zu tun hätten. Sie stellten jedoch eine Bedingung: Wir mussten vorab zusagen, dass wir unsere Untersuchungen vor der Juni-Sitzung des Gouverneursrats abschließen würden.

Das war natürlich absurd, und die Iraner wussten ganz genau, dass wir keine solche Zusage machen konnten. In meinem Bericht kritisierte ich daher die mangelnde Transparenz des Iran. Um die Perspektive zu wahren, betonte ich jedoch, dass wir keine Beweise für eine Verbindung der Waffenexperimente mit dem Atomprogramm hatten und dass der Iran offenbar angesichts der bevorstehenden Wahlen in den Vereinigten Staaten auf Zeit spielte. Wenn es tatsächlich Experimente zum Bau von Atomwaffen gegeben hatte, dann würde der Iran dies vermutlich nur in direkten Verhandlungen und einer umfassenden Einigung mit den Vereinigten Staaten offenlegen. Und wenn die Dokumente auf dem Laptop Fälschungen waren, wie Teheran behauptete, dann würde die iranische Regierung wahrscheinlich versuchen, sich die falschen Anschuldigungen teuer bezahlen zu lassen.

Zwei Tage nach der Veröffentlichung des Berichts gab Olli Heinonen ein technisches Briefing, das viele Beobachter erboste. Vor Abgesandten des Gouverneursrats erwähnte er, die IAEO verfüge über Informationen aus zehn Mitgliedsstaaten, die bestätigten, dass der Iran in der Vergangenheit tatsächlich Experimente zur Entwicklung von Kernwaffen durchgeführt hatte. Als er ein Dokument zum Uranmetall erwähnte, das der Iran im Jahr 1987 durch das Khan-Netzwerk erhalten hatte, beschrieb er dies als »besorgniserregend«. Verschiedene Vertreter von Entwicklungsländern beschuldigten ihn daraufhin, sich die Anschuldigungen der Vereinigten Staaten zu Eigen gemacht zu haben.

Der frühere UNSCOM-Chef Scott Ritter goss zusätzlich Öl ins Feuer, als er Heinonen in einem Artikel beschuldigte, für die CIA zu arbeiten. Er beschrieb ihn als »kriegstreiberisches Yin zum nichtkonfrontativen Yang seines Chefs, IAEO-Generaldirektor Mohamed ElBaradei«.[38] Ritter hatte sich inzwischen den Ruf als Orakel der amerikanischen Irak- und Iranpolitik erworben. In diesem Fall lag er jedoch daneben. Heinonen war einer der erfahrensten Mitarbeiter meines Teams. Wir waren zwar nicht immer einer Meinung, aber ich schätzte seinen Scharfblick, und wir verbrachten Stunden mit der Erörterung der Einzelheiten des iranischen Atomprogramms. Es war leider der erste von zahlreichen Artikeln, die behaupteten, wir hätten uns über dem Umgang mit dem iranischen Atomprogramm zerstritten.[39]

In der Zwischenzeit wurden von vielen Seiten Rufe nach direkten Verhandlungen zwischen den Vereinigten Staaten und dem Iran laut. Die Iraq Study Group unter der Führung des früheren amerikanischen Außenministers James Baker und dem Kongressabgeordneten Lee Hamilton hatte solche Gespräche schon im Dezember 2006 empfohlen. Im März 2008 meldete sich der frühere Außenminister Henry Kissinger in einem Interview mit *Bloomberg News* zu Wort und erklärte: »Ich denke, wir sollten uns für Verhandlungen mit dem Iran öffnen.«[40]

Im Mai kritisierte der ehemalige Präsident Jimmy Carter die Bush-Regierung, weil sie sich weigerte, mit Ländern zu sprechen, mit denen die Vereinigten Staaten Differenzen hatten; er sprach von einer »besorgniserregenden Abkehr« von der Praxis früherer amerikanischer Regierungen.[41]

Die Debatte wurde hitziger, als der demokratische Präsidentschaftskandidat Barack Obama zuerst angefeindet und dann gefeiert wurde, weil er erklärte, als Präsident wolle er direkt mit dem Iran verhandeln, und zwar »ohne Vorbedingungen«. In einem bemerkenswerten Forum, das am 15. September an der George Washington University stattfand, sprachen sich fünf ehemalige Außenminister – Colin Powell, Madeleine Albright, Warren Christopher, James Baker und Henry Kissinger – für direkte Verhandlungen zwischen den Vereinigten Staaten und dem Iran zum iranischen Atomprogramm aus.[42]

Es blieb bei den Wünschen, und sämtliche Verhandlungen lagen weiter auf Eis. Niemand erwartete, dass die Bush-Regierung in ihren letzten Monaten im Amt in der Iranfrage eine Kehrtwende machen würde. Von den EU-3 bis zum Iran schienen sich alle damit abgefunden zu haben, dass es erst nach den Wahlen weitergehen würde. Nach einem Gespräch mit Condoleezza Rice berichtete mir Frank-Walter Steinmeier, seine amerikanische Amtskollegin bereite sich schon darauf vor, die Iran-Akte an ihre Nachfolger weiterzugeben.

Die P-5+1 hatten trotzdem ein Paket vorbereitet, um den Iran zu Verhandlungen zu überreden, und Javier Solana war Mitte Juni nach Teheran gereist, um es als »neues und verbessertes« Angebot zu präsentieren. Doch in diesem Paket hielt man sich stur an die harte Linie und forderte eine Einstellung der Anreicherung als Vorbedingung. Als Said Dschalili im Juli mit Solana und Vertretern der P-5+1 in Genf zusammentraf, verlangte Mark Grant, der politische Generaldirektor der Briten, innerhalb von zwei Wochen eine Antwort. Wie immer fasste der Iran diesen herrischen Stil als mangelnden Respekt und Drohung auf.

Diese Diskussionen, die inzwischen eigentlich nur noch der Form halber stattfanden, führten nirgendwohin. Teheran befand sich in einer starken Position und hatte es nicht eilig. Und Solana und seine Kollegen spulten ihre Routine ab. Mit ihren immer neuen Resolutionen im Weltsicherheitsrat hatten sie den Sarg fest zugenagelt.

12

IRAN, 2009

Die Bush-Regierung hatte sich in eine Sackgasse manövriert. Weil sie den Dialog als Belohnung für eine Zusammenarbeit verstand und nicht als Mittel, um diese Zusammenarbeit herbeizuführen, hatte sie der Diplomatie die Hände gebunden und Prinzipienreiterei über Pragmatismus gestellt. Auch aufseiten des Iran waren die Verhandlungen von einem Sumpf in den nächsten geraten und nie weiterverfolgt worden, weil die Vereinigten Staaten nicht teilgenommen hatten. Nach der Wahl von Barack Obama zum amerikanischen Präsidenten am 4. November 2008 hoffte ich auf eine Rückkehr zum Pragmatismus. Zwei Tage später schickte Mahmud Ahmadinedschad eine Glückwunschbotschaft an Obama und brachte die Hoffnung zum Ausdruck, dass es nun zu »deutlichen, fairen und realen Veränderungen in der Politik und in der Praxis« kommen werde.[1] Damit erregte er große Aufmerksamkeit, denn es handelte sich um die erste Grußbotschaft aus Teheran an einen neu gewählten amerikanischen Präsidenten seit der islamischen Revolution im Jahr 1979.

In seiner Antrittsrede versprach Präsident Obama einen erfreulichen Wandel in der Außenpolitik: »Der islamischen Welt sage ich, wir suchen einen neuen Weg nach vorn, gegründet auf gegenseitigem Interesse und Respekt. Denjenigen Führern auf der Welt, die Konflikt säen wollen oder die den Westen für die Krankheiten ihrer Gesellschaft verantwortlich machen, sage ich, wisst, dass euer Volk euch daran messen wird, was ihr aufbaut, nicht an dem, was ihr zerstört.«

Die Botschaft traf den Geist der Zeit und bereitete den Boden für einen neuen Ansatz.

Ein Jahr zuvor hatte Richard Holbrook[2] vorgeschlagen, ich solle während der Übergangsphase Ende 2008 nach Washington kommen, um die neue Regierung in der Iranfrage zu beraten und möglicherweise zu vermitteln. Damals war er außenpolitischer Berater der Senatorin Hillary Clinton, die seinerzeit die aussichtsreichste demokratische Anwärterin auf die Präsidentschaftskandidatur war. Er hatte mich gefragt, ob der Iran zum Dialog mit den Vereinigten Staaten bereit sei und ob Teheran als Vorbedingung die Einstellung des israelischen Atomwaffenprogramms fordern würde. Ich hatte ihm geantwortet, der Iran sei schon seit vier Jahren zum Dialog bereit und habe mir gegenüber nie eine solche Vorbedingung erwähnt.

Es war mir ein Anliegen, möglichst bald wieder mit den Vereinigten Staaten über den Iran zu sprechen, doch ich war überrascht, wie wenig Kontakt ich zur neuen Regierung hatte. Die neue Außenministerin Hillary Clinton und der Energieminister Steven Chu schrieben mir einen gemeinsamen Brief, in dem sie die Bemühungen der Internationalen Atomenergieorganisation um eine Sicherung der Versorgung mit Kernbrennstoffen begrüßten. In ihren öffentlichen Äußerungen zum iranischen Atomprogramm klang Clinton offener und weniger kämpferisch und betonte die zentrale Rolle der IAEO.[3]

Aber das war es auch schon. Ich wurde nicht zu einem Briefing nach Washington eingeladen, es wurden keine Versuche unternommen, aus den Erkenntnissen der IAEO zu lernen. Gregory Schulte, ein standhafter Vertreter der Linie von Präsident Bush, blieb bis Mitte Juni 2009 als amerikanischer IAEO-Botschafter im Amt. Natürlich hatten Barack Obama und seine Regierungsmannschaft eine lange Liste von schwierigen Herausforderungen von ihren Vorgängern geerbt, die durch die Finanzkrise noch verschärft wurden. Und natürlich war der Iran nicht das einzige außenpolitische Thema der Regierung. Doch ich musste an meine eigenen Grenzen denken: Meine dritte Amtszeit als Generaldirektor endete im November 2009. Ich hatte nicht mehr viel Zeit.

Die Ereignisse nach den iranischen Präsidentschaftswahlen des Jahres 2009 erregten in vielen Ländern des Westens große Besorgnis. Es hieß, die Wahlergebnisse seien gefälscht worden, und die Gewalt gegen Anti-Ahmadinedschad-Demonstranten provozierte einen Aufschrei. So sehr mich die Gewalt belastete, ich konnte nicht umhin, die

Doppelmoral des Westens im Umgang mit dem Iran zu beobachten. Der Oppositionsführer Mir Hossein Mussawi hatte offiziell 33 Prozent der abgegebenen Stimmen erhalten. Seine Unterstützer mobilisierten Hunderttausende Demonstranten, die in den Städten des Iran auf die Straßen gingen. Im Gegensatz dazu werden in den meisten arabischen Nationen entweder gar keine oder Scheinwahlen abgehalten, doch diese Länder werden von westlichen Politikern nicht kritisiert, weil sie die Politik des Westens unterstützen. Diese Doppelmoral bleibt der arabischen Öffentlichkeit natürlich nicht verborgen.

Am 5. Juli erklärte Vizepräsident Joseph Biden dem Nachrichtensender ABC, die Vereinigten Staaten beobachteten die Wahlergebnisse mit Interesse und warteten ab, wie sich die Auseinandersetzungen weiter entwickelten. Doch dann verwickelte er sich in Widersprüche. Einerseits erklärte er, das Angebot der Vereinigten Staaten, mit dem Iran über dessen Atomprogramm zu sprechen, liege nach wie vor auf dem Tisch. Andererseits deutete er an, als souveräner Staat habe Israel das Recht, iranische Atomanlagen zu bombardieren.[4] In einer Stellungnahme auf CNN versuchte Präsident Obama, den Schaden zu begrenzen, und betonte, dass die Vereinigten Staaten einer diplomatischen Lösung mit dem Iran verpflichtet waren.[5]

Während ich weiter auf eine Einladung aus Washington wartete, machten zwei Anschuldigungen die Runde: Ich verheimliche Beweise für die Existenz des iranischen Kernwaffenprogramms und unterdrücke eine geheime Analyse von IAEO-Inspektoren zum Stand des iranischen Atomprogramms. Hintergrund war der Versuch der Vereinigten Staaten und der EU-3, mich zur Veröffentlichung eines Berichts über die angeblichen Kernwaffenexperimente des Iran zu drängen, um Druck auf Teheran auszuüben.

Die IAEO hatte sämtliche Informationen über diese angeblichen Experimente zum Bau von Kernwaffen an den Gouverneursrat weitergegeben. In meinem Bericht vom Mai 2008 hatte ich im Detail sämtliche Dokumente aufgeführt, die wir dem Iran zur Verfügung stellen durften, darunter auch Dokumente zur angeblichen Grünsalzproduktion, den Sprengstofftests und den Trägerraketen. Ich war jedoch nicht in der Lage, ein Urteil über diese Anschuldigungen abzugeben (die, wenn sie sich als richtig erwiesen, als Kriegsgrund hätten dienen können), solange ich die Echtheit der Dokumente nicht überprüfen konnte, die mir die amerikanischen Geheimdienste zur Verfügung gestellt hatten. Bei jedem anderen Land wäre ich genauso verfahren. Aufgrund meiner Zurückhaltung wurde ich nun angegriffen, ich sei eher an meinem Erbe als an der Wahrheit interessiert. In einem Bericht der Nachrichtenagentur Associated Press hieß es:

Mohamed ElBaradei steht vor der schweren Wahl, entweder alle Erkenntnisse seiner Organisation über die angeblichen Waffenprogramme des Iran offenzulegen oder diese Entscheidung seinem Nachfolger zu überlassen. Drei westliche Diplomaten aus Mitgliedsstaaten der IAEO sowie ein hochrangiger und mit dem iranischen Atomprogramm betrauter internationaler Beamter bestätigten der Associated Press die Existenz eines Geheimberichts der IAEO zu den angeblichen Experimenten mit Atomwaffen, der auf Inspektionen der Behörde selbst sowie auf Erkenntnissen von amerikanischen und anderen Geheimdiensten beruht.[6]

Ein Artikel der israelischen Tageszeitung *Haaretz* stellte ähnliche Behauptungen auf.[7] Ein Leitartikel, der am selben Tag erschien, behauptete, ich hätte seit Jahren Beweise für das iranische Atomwaffenprogramm verharmlost, indem ich sie in »eine vage und unverständliche Sprache« kleide, »die mehr verbergen als zeigen soll«. Der Artikel deutete außerdem an, Heinonen und ich befänden uns im Streit darüber, ob diese Information veröffentlicht werden solle oder nicht:

Es ist kein Geheimnis, dass Heinonen nicht mit seinem Chef übereinstimmt. In vielen Fällen hat er eine klare, eindeutige Sprache gefordert und dies wiederholt betont. Aber als guter Diplomat beißt er sich auf die Zunge und akzeptiert die Entscheidung ElBaradeis.[8]

Das Problem war, dass man in Israel und im Westen bereit war, bloße Behauptungen schon für Beweise zu nehmen. Die angeblichen Kernwaffenexperimente stellten die IAEO in der Tat vor eine neue Herausforderung. Wir hatten die technischen Möglichkeiten zur Überprüfung von Atomanlagen, in denen wir die Tatsachen durch Messungen und Umweltproben ermitteln konnten. Aber wir hatten weder die Mittel noch die Kompetenz, um die Echtheit von Dokumenten zu überprüfen.

Der zweite Teil der Anschuldigungen, der »Geheimbericht der IAEO zu den angeblichen Experimenten mit Atomwaffen«, wie die Associated Press es nannte, bezog sich auf eine interne Analyse der Safeguard-Abteilung, eine Zusammenstellung aller Informationen, die wir von den unterschiedlichen Geheimdiensten erhalten hatten und deren Echtheit wir nicht nachprüfen konnten. Es handelte sich um eine Reihe mehr oder minder fundierter Spekulationen, nach dem Motto: »Wenn diese Behauptungen korrekt wären, was würde das dann bedeuten?« Olli Heinonen, der Leiter der Safeguard-Abteilung, hatte diese Analyse weder ausgewertet noch unterschrieben und schon gar nicht für meinen Bericht an den Gouverneursrat vorgeschlagen. Auch anderen Abteilungen, die mit der Überprüfung der Safeguards betraut waren, war diese Analyse nicht vorgelegt worden.

Wir hätten gegen das Rechtsstaatsprinzip verstoßen und unbestätigte Behauptungen als Beweismittel verwendet, wenn wir eine vorläufige Analyse dieser Art an den Gouverneursrat weitergegeben hätten. Dazu hätten wir in der Lage sein müssen, die Anschuldigungen zu überprüfen, doch obwohl wir seit Monaten um die nötige Information baten, hatten wir diese nicht erhalten. Die entscheidenden Informationen, auf denen die interne Analyse basierte, waren Papier. Wir hatten kein Grünsalz, das wir untersuchen, keine Geräte, die wir nachverfolgen, und keine Sprengstoffe oder Trägerraketen, die wir überprüfen konnten.

Außerdem durften wir von den wenigen Dokumenten, die wir besaßen, nur eine begrenzte Auswahl an den Iran weitergeben. Immer wieder drängte ich darauf, dem Iran Kopien zeigen zu dürfen. Wie kann ich jemanden anklagen, ohne ihm mitzuteilen, *wessen* ich ihn beschuldige? Doch die Geheimdienste weigerten sich hartnäckig und wiederholten, sie müssten ihre Informanten schützen.

Der Iran wiederum wies die Anschuldigungen als frei erfunden zurück. Da seine Zusammenarbeit im Rahmen des Arbeitsplans mit neuen Sanktionen des Weltsicherheitsrats belohnt worden war, beschränkte sich die Kooperation im Zusammenhang mit den angeblichen Atomwaffenexperimenten nun auf ein Minimum. Um zu beweisen, dass die Projekte nicht atomarer Natur gewesen seien, müssten sie ihre konventionellen Waffenprogramme offenlegen, vor allem ihr Raketenprogramm, so das Argument. Sie hegten den Verdacht, dass es einigen Inspektoren genau darum ging. Die Inspektoren wiesen diese Unterstellung natürlich zurück.

War dies wirklich der Grund für die mangelnde Zusammenarbeit des Iran? Oder wollten die Iraner etwas verbergen, weil ihrer Ansicht nach der Zeitpunkt für ein Geständnis noch nicht gekommen war? Oder war es eine Mischung aus beidem? Ich wusste es nicht. Es war frustrierend, zwischen allen Stühlen zu sitzen und der Sache nicht auf den Grund gehen zu können. Ich appellierte an beide Seiten, aber keine lenkte ein.

Im Spätsommer des Jahres 2009 übergab Israel der IAEO eigene Dokumente, aus denen angeblich hervorging, dass der Iran seine Atomwaffenexperimente mindestens bis zum Jahr 2007 fortgesetzt hatte. Anders als die amerikanischen Geheimdienste hatten die Israelis nichts dagegen, die Dokumente an den Iran weiterzugeben, und sie waren nicht daran interessiert, ihre Informanten zu schützen. Doch die technischen Experten der IAEO hatten ihre Zweifel an der Echtheit der Dokumente und schickten dem israelischen Geheimdienst eine Reihe von Fragen.[9]

Nach meiner Einschätzung wollte Israel mit diesen Anschuldigungen dreierlei erreichen: Erstens ging es offenbar darum, die Schlussfolgerungen des National Intelligence Estimate vom Dezember 2007 zu widerlegen, nach dem der Iran sein Atomwaffenprogramm im Jahr 2003 eingestellt hatte; da Israel den Vereinigten Staaten jedoch nicht öffentlich widersprechen wollte, ging es den Weg über die IAEO. Zweitens sollten Russland und China dazu gebracht werden, weiteren Sanktionen gegen den Iran zuzustimmen. Und drittens sollte der Eindruck entstehen, dass der Iran eine unmittelbare Bedrohung darstellte, um auf diese Weise möglicherweise den Einsatz von Waffengewalt vorzubereiten.[10]

Das war der Hintergrund für die Septembersitzung des Gouverneursrats. Einige Tage vor der Sitzung griff mich der französische Außenminister Bernard Kouchner an, als er Journalisten gegenüber erklärte, ich hätte nicht sämtliche Dokumente an den Gouverneursrat weitergegeben; er erwähnte einen »Anhang« zum Iranbericht, aus dem hervorgehe, dass der Iran Atomwaffen entwickele.[11] Damit bezog er sich natürlich auf die interne Analyse.

In meiner Begrüßung sprach ich das Thema sofort an. Die bedauerlichen Anschuldigungen von Mitgliedsstaaten, die an die Presse weitergegeben wurden, seien haltlos und politisch motiviert, erklärte ich. »Wir haben dem Gouverneursrat sämtliche Informationen zum iranischen Atomprogramm zur Verfügung gestellt, die wir selbst erhalten und nach unseren gängigen Verfahren überprüft haben.« Die Behauptungen seien nichts als der Versuch, das Sekretariat zu beeinflussen und seine Objektivität und Unabhängigkeit zu unterminieren. Die Franzosen wollten das letzte Wort haben und behaupteten, ich habe einen Teil der Information, die in einem technischen Briefing präsentiert worden war, nicht in meinen Bericht aufgenommen.

Ich formulierte eine offene Herausforderung: »Die Personen, von denen wir unsere Informationen erhalten haben, befinden sich hier im Raum. Wenn jemand von Ihnen über Informationen verfügt, die nicht an den Gouverneursrat weitergegeben wurden, dann bitte ich Sie, jetzt zu sprechen oder für immer zu schweigen.« Niemand meldete sich zu Wort.

Es sei mir unbegreiflich, fuhr ich fort, wie jemand behaupten konnte, wir hätten Informationen »vorenthalten«, wenn wir diese in einem technischen Briefing und in Anwesenheit der Vertreter von 150 Mitgliedsstaaten präsentiert hatten. Dann ging ich auf unsere begrenzten Möglichkeiten ein, die Echtheit der Dokumente zu den angeblichen Waffenexperimenten zu überprüfen. Ich wählte meine Worte mit Bedacht: »Wenn sämtliche der uns zur Verfügung gestellten Dokumente tatsächlich echt sind«, sagte ich, »dann war es sehr wahrscheinlich, dass der Iran vorbereitende Experimente zum Bau von Atomwaffen durchgeführt hatte. Aber dieses Wenn muss ich dreimal unterstreichen, und an diesem Punkt kommen wir nicht weiter«, betonte ich.

Diese unangenehme Konfrontation stand im Gegensatz zu einem sehr positiven Erlebnis, das ich am nächsten Tag hatte, als mich der Gouverneursrat zum Generaldirektor emeritus ernannte. Der Ton war ein gänzlich anderer, und es war ein bewegender Moment. Es meldeten sich 41 Redner zu Wort, die gemeinsam die gesamte Organisation repräsentierten. An zwei Beiträge erinnere ich mich besonders gern: »Wir sind hier, um die Ehre zu ehren«, sagte der kubanische Abgesandte mit einem Zitat des Dichters Alphonse de Lamartine. Und der brasilianische Botschafter erklärte, ich habe »die Macht des Arguments gebraucht und nicht das Argument der Macht«.

Die Gerüchte über den »geheimen Anhang« der IAEO verstummten nicht gänzlich. Im September bezog sich ein Bericht der Nachrichtenagentur Associated Press auf Kopien dieser angeblichen Geheimanalyse,[12] und im Oktober veröffentlichte das amerikanische Institute for Science and International Security (ISIS) auf seiner Website einen Artikel, der kurze Auszüge aus dem Dokument enthielt.[13] Die Analyse war entweder der Presse zugespielt worden – und es gab nur sechs Personen in der Safeguard-Abteilung, die Zugang dazu hatten – oder unsere Computer waren gehackt worden.

*

Viel entscheidender war jedoch, dass sich hinter den Kulissen die Chance für einen dramatischen Durchbruch in den Verhandlungen mit dem Iran abzuzeichnen schien.

Es hatte einige Monate zuvor begonnen, als der Iran die IAEO um Unterstützung beim Erwerb eines neuen Reaktorkerns für seinen Forschungsreaktor gebeten hatte, in dem Radioisotope für medizinische Verwendungszwecke produziert wurden. Dieser Reaktor arbeitete mit Brennstoffen, die auf 20 Prozent angereichert waren, also deutlich höher als die Brennelemente, die in konventionellen Reaktoren verwendet oder in Natanz hergestellt wurden. Der vorherige Reaktorkern war importiert worden, doch angesichts der Sanktionen des Weltsicherheitsrats handelte es sich bei der Bitte um eine heikle Angelegenheit: Die Organisation hatte zwar das Recht, jedem Mitgliedsstaat beim Erwerb von Brennelementen für eine im Rahmen der Safeguards überwachte Anlage behilflich zu sein, doch der Iran verstieß gegen die UN-Resolutionen.

Um die Stimmung zu testen, bat ich Vilmos Cserveny, zunächst nur zwei Länder über die Bitte des Iran zu informieren: Russland und die Vereinigten Staaten. Cserveny erklärte, wie sensibel die Situation war: Wenn der Iran keine Brennstoffe aus dem Ausland erhielt, dann hatte er eine Rechtfertigung, selbst Uran höher anzureichern, um seine Rohstoffbedürfnisse zu decken. Wenn man dem Iran dagegen beim Erwerb von Brennstoffen half, dann konnte dies ein positives Signal sein.

Anfang September stellten die Vereinigten Staaten und Russland ein Angebot zusammen, das die Anfrage des Iran unterstützte. Das

Paket hatte jedoch einen interessanten Dreh: Der Kern für den Forschungsreaktor sollte aus den Vorräten von schwachangereichertem Uran gewonnen werden, den der Iran selbst angelegt hatte. Dieses schwachangereicherte Uran sollte nach Russland oder Frankreich gebracht, dort auf 20 Prozent angereichert und als fertiger Reaktorkern in den Iran geliefert werden. Die Vereinigten Staaten boten ihre politische und finanzielle Unterstützung an.

Es war ein genialer Gedanke. Nach den Vorfällen der Vergangenheit hatten die Vereinigten Staaten einen Weg gefunden, auf elegante Weise den Kontakt zum Iran wiederherzustellen. Durch den Abtransport eines Großteils des schwachangereicherten Urans aus dem Iran konnten die Spannungen um das Anreicherungsprogramm abgebaut oder zumindest vertagt werden. Der Iran bewies, dass seine Urananreicherung friedlichen Zwecken diente. Die internationale Gemeinschaft sah, dass der iranische Vorrat an schwachangereichertem Uran nicht für die Waffenproduktion bestimmt war. Endlich hatte die Diplomatie wieder die Möglichkeit, einen Fuß in die Tür zu bekommen.

Am 12. September 2009 erhielt ich einen Anruf von Präsident Obama. Er begann sehr freundlich und sagte, er bewundere meine Arbeit und glaube, dass wir in vielen Punkten einer Meinung seien. Er wolle mich persönlich zum Gipfeltreffen des Weltsicherheitsrats zu Abrüstung und Nichtverbreitung von Atomwaffen einladen, bei dem er den Vorsitz habe.

Ich freute mich über die Einladung und sagte selbstverständlich zu. Dann kamen wir auf den Iran zu sprechen. Obama erklärte, er sei entschlossen, die Fragen um das iranische Atomprogramm beizulegen und die Rechte des Iran gemäß Atomwaffensperrvertrag voll anzuerkennen. Das Brennstoffangebot werde auch von Israel unterstützt und sei eine Möglichkeit, die gegenwärtige Krise zu entschärfen und Zeit für Verhandlungen zu gewinnen.

Als man mir den Anruf von Präsident Obama ankündigte, setzte ich mich mit Ali Salehi in Verbindung, der die Nachfolge Aghazadehs als Vizepräsident und Leiter der iranischen Atomenergiebehörde angetreten hatte.[14] Ich hatte Salehi gefragt, ob er Obama eine Botschaft übermitteln wolle. Wenig später ließ mir Ahmadinedschad ausrichten, er sei bereit zu »bilateralen Verhandlungen ohne Vorbedingungen und auf Grundlage des gegenseitigen Respekts«. Außerdem erklärte er seine Bereitschaft, die Vereinigten Staaten in Afghanistan und anderswo zu unterstützen.

Diese Botschaften gab ich jetzt an Obama weiter und vertrat die Auffassung, die Vereinigten Staaten sollten nun so schnell wie möglich bilaterale Verhandlungen aufnehmen, statt nur über die Gruppe der P-5+1 zu agieren. Obama hörte mir aufmerksam zu und dankte mir für meinen Rat.

Am folgenden Tag lud ich Salehi und den iranischen IAEO-Botschafter Ali Asghar Soltanieh zu mir nach Hause zu einem Briefing ein. Auch Vilmos Cserveny nahm an dem Treffen teil. Ich gab den Iranern eine Kopie des amerikanisch-russischen Angebots und erklärte die zahlreichen Vorteile. Der Iran konnte sein eigenes schwachangereichertes Uran verwenden, um seine eigenen Reaktorbrennstoffe herzustellen – damit würde implizit das Recht des Iran auf Anreicherung anerkannt. Außerdem signalisierten die Vereinigten Staaten damit, dass sie die friedliche Nutzung der Atomenergie im Iran unterstützen wollten. Andererseits wurde der Iran nicht aufgefordert, seine Urananreicherung einzustellen; im Gegenteil, das Angebot würde den Stillstand überwinden und Zeit für Verhandlungen schaffen.

Wenn die Iraner das Angebot dagegen ablehnten, dann würde dies ernste Sorgen wecken, erklärte ich. Sie verfügten inzwischen über eine erhebliche Menge von schwachangereichertem Uran. Warum sollten sie sich weigern, es in ihrem eigenen Forschungsreaktor zu verwenden?

Salehi lächelte, als er den Vorschlag las. »Das ist ein kluger Gedanke«, sagte er. »Ich frage mich, ob sie uns im Gegenzug Yellowcake liefern würden?« Es war eine rhetorische Frage und als solche nicht direkt an mich gerichtet.[15] Er überlegte auch, ob der Iran sein Uran vielleicht selbst auf 20 Prozent anreichern und seine eigenen Brennstoffe herstellen solle. »Aber das werden wir nicht tun«, fügte er rasch hinzu. Er war sich bewusst, dass das Thema damit nur unnötig angeheizt würde. Er war offensichtlich fasziniert und schien zu versuchen, sämtliche Möglichkeiten auf einmal zu durchdenken.

»Betrachten Sie dies bitte nicht nur als ein rein technisches Angebot«, riet ich Salehi. »Das ist es zwar, aber es ist auch eine politische Geste, die die Tür zu Verhandlungen öffnen könnte.«

Salehi stimmte zu. Er wollte mir jedoch erst nach seiner Rückkehr nach Teheran eine Antwort geben. Da er befürchtete, am Telefon eine abschlägige Antwort zu bekommen, wollte er Ahmadinedschad den Vorschlag persönlich im Detail erläutern. Die Atmosphäre im Iran sei weiter angespannt, erklärte er mir.

Ich erinnerte mich an das, was mir ein hochrangiger iranischer Beamter kurz zuvor im Vertrauen mitgeteilt hatte. Die Machtverhältnisse im Iran hatten sich verschoben. Ahmadinedschad hatte Ajatollah Chamenei an verschiedenen Fronten angegriffen. Der Ajatollah blieb zwar das Staatsoberhaupt, doch in den Augen der Öffentlichkeit hatte Ahmadinedschad die Exekutive weitgehend übernommen.

Aus meiner Sicht war die gute Nachricht, dass Salehi direkten Zugang zum iranischen Präsidenten hatte. Ich kannte Salehi gut, und aus seiner Zeit als IAEO-Botschafter und MIT-Student war dieser bestens mit dem iranischen Atomprogramm vertraut. Salehi war technisch versiert und diplomatisch geschult. Er war dem Iran zwar absolut loyal verbunden, doch er war auch entschlossen, in der Atomfrage eine Lösung zu finden. Nach allem, was ich gehört hatte, war seine Ernennung zum Vizepräsidenten eine Überraschung gewesen, da er vor Ahmadinedschads Aufstieg eng mit Rafsandschani und Chatami zusammengearbeitet hatte und als Liberaler galt.

Wenn es je eine Chance zu einem Durchbruch gab, dann war diese jetzt gekommen, dachte ich. Obama saß im Weißen Haus, Salehi war Chefunterhändler des Iran, und beide Seiten waren an einer Wiederannäherung interessiert. Der einzige Unsicherheitsfaktor war Ahmadinedschad. Die dauernden innenpolitischen Konfrontationen hatten zur Folge, dass er sensibel auf jede vermeintliche Zurückweisung reagieren würde. Und die Ablösung der Bush-Regierung bedeutete nicht automatisch, dass die neokonservative Ideologie eines stillen Todes gestorben war. Ihre Vertreter würden alles tun, um einen Handel zu verhindern.

Aber wenigstens hatten wir endlich eine Chance.

∗

Den ersten Stock warf die französische IAEO-Botschafterin Florence Mangin in die Speichen. Bei der Generalversammlung der Internationalen Atomenergieorganisation hatte sie mir mitgeteilt, Frankreich sei bereit, die Brennstäbe herzustellen, wenn Russland das Uran auf 19,5 Prozent anreicherte. Doch sie vertrat die Auffassung, da das Angebot die Resolutionen tangiere, müsse es vom Weltsicherheitsrat diskutiert und mit den P-5+1 abgesprochen werden. Ich stöhnte innerlich, schwieg jedoch. Der Ansatz war viel zu bürokratisch und würde den Prozess unnötig zäh gestalten.

Bei der ersten Gelegenheit sprach ich mit dem neuen amerikanischen IAEO-Botschafter Glyn Davies, der Gregory Schulte abgelöst hatte. Davies war ein erfahrener Berufsdiplomat mit einer offenen Weltanschauung, großartigen Einsichten und gesundem Menschenverstand. »Bitte kümmern Sie sich darum«, bat ich ihn. »Wir müssen dafür sorgen, dass das glatt über die Bühne geht.« Die Lieferung des Brennstoffs für den Forschungsreaktor fiel unter das Mandat der technischen Zusammenarbeit im Rahmen der IAEO. Daher gab es keine Notwendigkeit, sie im Weltsicherheitsrat oder der Gruppe der P-5+1 zu diskutieren. Davies stimmte mir zu. Er wolle versuchen, Washington und Paris an einen Tisch zu bringen.

Meine nächste Station war New York und das Gipfeltreffen des Weltsicherheitsrats zu Abrüstung und Nichtverbreitung von Atomwaffen unter der Leitung von Barack Obama. Bei meiner Ankunft am 21. September baten mich der stellvertretende Außenminister Bill Burns und seine Kollegen Bob Einhorn[16] und Gary Samore[17] um ein Gespräch.

Ich hatte Burns während seiner Zeit als amerikanischer Botschafter in Russland kennengelernt und rasch erkannt, warum er als einer der besten Politiker im Außenministerium galt: Er war intelligent, bescheiden, direkt und ein Mann der leisen Töne. In den vergangenen zwanzig Jahren hatte ich auch immer wieder mit Einhorn und Samore zusammengearbeitet, die beide der Clinton-Regierung angehört hatten und sich während der Bush-Ära in Think-Tanks engagiert hatten.[18] Die beiden waren die führenden Atomwaffenkontrollexperten der Vereinigten Staaten und gute Freunde.

Ich suchte sie im Waldorf Astoria auf, wo Obama übernachtete. New York war ungewohnt ruhig, wegen der Sicherheitsvorkehrungen war die Stadt in Bunkerstimmung.

Burns redete nicht lange um den heißen Brei herum. In der Iranfrage steckten sie in einer Sackgasse. Das Brennstoffgeschäft bot einen Ausweg, aber wenn es scheiterte, waren sie gezwungen, auf weitere Sanktionen zu drängen. Burns wollte einen Termin mit dem Iran vereinbaren, um den Vorschlag zu erörtern. Ich antwortete, ich arbeite an der Logistik.

Dann berichtete ich ihnen, dass ich kurz vor meinem Abflug aus Wien einen kryptischen Brief aus dem Iran erhalten habe. Darin wurde ich unter anderem informiert, dass der Iran eine weitere Pilotanlage zur Urananreicherung baue. Eingeleitet wurde dieses Geständnis von sonderbaren Ausführungen über die Notwendigkeit des Iran, sich passiv zu verteidigen und seine menschlichen Ressourcen zu schützen. Ich zeigte ihnen den Brief, und Einhorn machte sich ein paar Notizen.

Am nächsten Morgen erhielt ich eine dringende Bitte: Gustavo Zlauvinen, Leiter des IAEO-Büros in New York, hatte einen Anruf von Einhorn erhalten. Er und Samore wollten mich noch am selben Abend in meinem Hotel aufsuchen. Ich war übernächtigt von der Zeitverschiebung und musste mich auf den Gipfel vorbereiten, weshalb ich Einhorn anrief, um ihn nach dem Grund des Besuchs zu fragen.

Ohne lange Vorrede erklärte er mir, die Amerikaner wüssten schon seit zwei Jahren von der iranischen Anlage. Eine Gruppe von amerikanischen, französischen, britischen und israelischen Geheimdienstmitarbeitern war im Begriff, die IAEO in Wien zu besuchen, um die technischen Experten der Organisation zu briefen. Er war der Ansicht, er und Samore sollten mich vor diesem Briefing in Wien in Kenntnis setzen.

Ich fragte, warum die IAEO nicht längst informiert worden war. Es war ein weiteres Beispiel dafür, dass die Organisation nur ausgewählte Informationen erhielt, und auch immer nur dann, wenn es den jeweiligen Ländern opportun erschien. Sie seien sich nicht sicher gewesen, was sich hinter der Anlage verberge, erwiderte Einhorn, doch es klang wie eine faule Ausrede. Ich vermutete, sie hatten gehofft, den Iran beim Betrieb der Anlage zu ertappen und die Anschuldigungen zu untermauern, dass der Iran ein Atomwaffenprogramm unterhalte. Ich war nicht erfreut. Wir verabredeten uns für den folgenden Tag nach der Sitzung des Weltsicherheitsrats.

Die neue iranische Anlage befand sich in Fordo rund 30 Kilometer nördlich der Stadt Qom. Die beiden Amerikaner behaupteten, sie sei klein und bestenfalls für 3000 Zentrifugen ausgelegt. Aus ihrer Sicht bedeutete dies, dass es sich nicht um eine industrielle Anlage handeln konnte, sondern dass sie für militärische Zwecke gebaut worden war. Der Iran wisse seit dem Frühjahr, dass die westlichen Geheimdienste Wind von der Anlage bekommen hatten. Deshalb habe der Iran schließlich beschlossen, die IAEO zu informieren, meinten sie.

Die Nachricht war entmutigend, denn die Tatsache, dass der Iran die Anlage nicht zu Baubeginn gemeldet hatte, wie es seine Pflicht war, würde das internationale Misstrauen weiter schüren. Doch ich beschloss, weiter an der Brennstofflieferung zu arbeiten. Ich telefonierte mehrmals mit Salehi und versuchte, die Iraner auf zwei Termine festzunageln: einen für die Inspektion der neuen Anlage und einen zweiten für ein Gespräch zum Brennstoffdeal. Das nächste Treffen der P-5+1 war für den 1. Oktober in Genf geplant, und davor wollte ich zumindest einen Hinweis haben, ob Teheran dem Vorschlag prinzipiell zustimmte. Salehi wollte die Verhandlungen aufnehmen, aber er wartete noch auf grünes Licht von Ahmadinedschad. Die neue Einrichtung sei keine industrielle Anlage, erklärte er mir. Sie sei während der Zeit der Bush-Regierung gebaut worden, um im Falle eines militärischen Angriffs auf Natanz eine Ausweichanlage zu haben. Die Atomfabrik in Fordo war in den Berg gegraben worden, um maximalen Schutz vor einem Luftangriff zu bieten. Sie musste nicht groß sein, so Salehi. Sie war nur Ausdruck der Entschlossenheit des Iran, auch angesichts des äußeren Drucks seine Anreicherungstechnologie und sein Know-how zu schützen.

Als wir uns schließlich auf einen Termin für die Gespräche über die Brennstofflieferung einigten, deutete Salehi an, dass die Iraner dem amerikanischen Vorschlag generell zustimmten, dass er mir dies aber vor dem Gespräch nicht offiziell mitteilen könne. Das reichte mir, um es an Washington weiterzugeben.

Einige Tage später erhielt ich einen weiteren Anruf von Präsident Obama. Er dankte mir zunächst, dass ich mir die Zeit genommen hatte, mich am Tag meiner Ankunft in New York mit Burns und seinen beiden Kollegen zu treffen. Wie bei unserem ersten Gespräch staunte ich über die Sensibilität seines Ansatzes. Seiner Ansicht nach war es wichtig, dass die IAEO so bald wie möglich Zugang zu der neuen Anlage erhielt. »Ich möchte mich nicht in die Arbeit Ihrer Behörde einmischen«, sagte er. »Ich hoffe nur, dass Sie dem Gouverneursrat umgehend Bericht erstatten, sobald Sie die Anlage besucht und eine eigene Einschätzung getroffen haben.« Er war erfreut, dass wir einen Termin für die Gespräche über die Brennstofflieferung vereinbaren konnten und dass der Iran positiv reagiert hatte.

Während meines Aufenthalts in Indien gab ich CNN ein Interview. Die Enthüllung der neuen Anreicherungsanlage bezeichnete ich als bedauerlichen »Rückschlag für das Prinzip der Transparenz und die Bemühungen, in der internationalen Gemeinschaft Vertrauen für das iranische Atomprogramm zu schaffen«. Der Iran habe erklärt, er habe die Anlage als Absicherung für den Fall eines Angriffs gebaut und habe die IAEO deshalb nicht eher informiert. »Trotzdem haben sie damit gegen ihre Meldepflicht verstoßen und damit der internationalen Gemeinschaft Anlass zur Sorge gegeben.«

Trotz der jüngsten Enthüllung schienen viele ein großes Interesse an der Abmachung zu haben. Beim Treffen der P-5+1, das am 1. Oktober in Genf stattfand, ging es mir vor allem darum, zu verhindern, dass die Diskussion auf Abwege geriet, etwa durch Bemerkungen der Franzosen, die nach wie vor mit provokanten Äußerungen zum iranischen Atomprogramm auffielen. Wir sorgten dafür, dass alle Beteiligten vor dem Treffen ihre eigene Position klärten und wussten, welche Standpunkte die anderen Beteiligten vertraten. Wir wollten keine Überraschungen.

Das Treffen verlief ohne Zwischenfall und wurde von Obama als »konstruktiver Anfang« beschrieben. Hinsichtlich der Brennstofflieferung und der Inspektion der neuen Anlage wiederholten die meisten Teilnehmer lediglich die Punkte, die zwischen den Vereinigten Staaten und dem Iran vermittelt worden waren. Das Treffen war letztlich nichts als die Bekanntmachung einer bereits getroffenen Vereinbarung. Nicht alle Beteiligten erkannten, wie viel Vorbereitung nötig gewesen war, um überhaupt an diesen Punkt zu kommen.

Kurz vor Ende des Treffens rief mich Solana in Kathmandu an. Die P-5+1 hatten bestätigt, dass die Inspektion der neuen Anlage innerhalb der nächsten beiden Wochen durchgeführt werden solle, und wollten hören, ob das in Ordnung war. Das Timing sei in Ordnung, bestätigte ich, doch die Festsetzung der Inspektionstermine sei nicht Angelegenheit der P-5+1. Solana entschuldigte sich und beteuerte, er habe sich nicht in unsere Arbeit einmischen wollen.

Ich ließ es dabei bewenden. Doch das Verhalten kam mir vertraut vor: Die beteiligten westlichen Länder wollten immer den Eindruck erwecken, sie säßen am Steuer: Sie drängten, übten Druck aus, setzten Termine, dominierten die Debatte und verhängten Strafen. Damit erschienen sie unweigerlich wie ein Rüpel auf dem Pausenhof und bewirkten das genaue Gegenteil dessen, was sie eigentlich erreichen wollten.

Solana fügte hinzu, der Iran habe dem Angebot im Prinzip zugestimmt. Ich verriet ihm nicht, dass dies alles in geduldigen Gesprächen mit Salehi vorbereitet worden war, sondern antwortete ihm nur, Präsident Obama habe mir am Telefon davon berichtet.

In einer Pressekonferenz im Anschluss an das Treffen der P-5+1 erläuterte Obama die Fortschritte: »Ich stehe in enger Kommunikation mit dem Generaldirektor der IAEO, Mohamed ElBaradei, der in den kommenden Tagen nach Teheran reisen wird. Er hat meine volle Unterstützung.« Ich staunte, wie sehr sich die Welt innerhalb weniger Monate verändert hatte. Nachdem die IAEO jahrelang ignoriert oder als Erzfeind der Vereinigten Staaten angeprangert worden war, war sie plötzlich wieder Partner, und man begegnete ihr mit Vertrauen. Es war ein unerwartetes, aber willkommenes Ende meiner Amtszeit bei der IAEO. Ich hatte gehofft, lange genug im Amt zu bleiben, um ein Ende der Politik der Bush-Regierung zu erleben. Aber ich hatte nicht erwartet, einem Präsidenten zu begegnen, der in allen Themen auf der Höhe war, den ich telefonisch erreichen konnte und der unsere Arbeit würdigte.

Von Kathmandu aus arrangierte ich für den 3. Oktober einen kurzfristigen Besuch in Teheran. Bei einem Treffen im Esteqlal Hotel berichtete mir Salehi, der Iran sei bereit, die Anlage in Fordo von Mitarbeitern der IAEO inspizieren zu lassen. Es gebe jedoch eine kleine Verzögerung. Da Obama und der Westen gefordert hatten, die Inspektion müsse innerhalb von zwei Wochen stattfinden, musste die Behörde bis nach diesem Termin warten. Teheran wollte nicht den Eindruck erwecken, es handele auf Anweisung des Westens.

Der Vorschlag zum Brennstoffgeschäft stieß in Teheran zwar jetzt auch auf internen Widerstand, doch Salehi hatte Ahmadinedschad überzeugen können. Der iranische Präsident wolle den Dialog mit den Vereinigten Staaten, und wenn irgendjemand das verwirklichen konnte, dann er.

Ich fragte Salehi, welche Fragen der Iran bei den anstehenden Gesprächen zum Brennstoffhandel aufwerfen könnte. Er zählte einige Möglichkeiten auf: Er könne um Unterstützung bei der Renovierung des inzwischen vierzig Jahre alten Teheraner Forschungsreaktors bitten, der von den Vereinigten Staaten gebaut worden war; oder er könne um Unterstützung beim Kauf neuer westlicher Reaktoren ersuchen; oder er könne die P-5+1 bitten, iranische Ingenieure im Ausland ausbilden zu dürfen.

Salehi erwähnte auch ein altes kontroverses Thema: Eine Uranlieferung, die der Iran bezahlt hatte, aber nach der Revolution des Jahres 1979 nie erhalten hatte. Er meinte, der Iran könne Deutschland und Frankreich auffordern, dieses Uran nun zu liefern. Das war keine gute Idee, meinte ich. Weitere Uranlieferungen an den Iran waren kaum eine sinnvolle Möglichkeit, die Krise zu entschärfen.

Weiter erläuterte ich, im Rahmen des Brennstoffvorschlags könnten zunächst 1200 Kilogramm schwachangereichertes Uran nach Russland geliefert, dort weiter angereichert und schließlich nach Frankreich geschickt werden, wo der Brennstoff für den iranischen Forschungsreaktor hergestellt würde.

»Bei dieser Menge würden wir davon ausgehen, dass wir Brennstoff für zehn Jahre benötigen«, erwiderte Salehi. »Wir könnten einen Reaktorkern mit einer Lebensdauer von fünf Jahren bestellen, für den weniger Uran gebraucht wird.«

Ich riet ihm, so viel schwachangereichertes Uran wie möglich aus dem Iran zu schaffen, um die Lage an der Anreicherungsfront zu entschärfen und eine Möglichkeit für Verhandlungen zu eröffnen. Es war zwar scheinbar nur eine technische Angelegenheit, doch diese hatte gewaltige politische Auswirkungen.

Ich fragte ihn auch, ob der Iran nun eine Auszeit oder einen Ausbaustopp in Erwägung ziehen würde, um den Dialog anzuschieben. Diese Idee sei in Teheran nicht zu verkaufen, antwortete Salehi offen.

Angesichts der Verurteilung durch den Westen sei die Anreicherung inzwischen eine Frage der nationalen Ehre geworden. In dieser Frage sei die Kompromissbereitschaft begrenzt. Aus meinen Gesprächen mit iranischen Beamten wusste ich jedoch, dass der Iran zu einem nicht öffentlich erklärten De-facto-Ausbaustopp bereit war, der indirekt über die IAEO-Berichte erklärt wurde.

Wir sprachen darüber, inwieweit der Iran zu bilateralen Gesprächen mit den Vereinigten Staaten bereit war. Ein Erfolg bei bilateralen Verhandlungen hätte Auswirkungen auf die Gespräche mit den P-5+1 und erleichterte multilaterale Erfolge. Doch für den bilateralen Dialog war ein Vorwand nötig. Konnten »technische Gespräche« mit den Vereinigten Staaten – zum Beispiel eine Hilfestellung bei der Renovierung des Reaktorkontrollzentrums – einen solchen Vorwand liefern?

Salehi wollte sich auf nichts festlegen. Es sei schwer genug gewesen, die bisherigen Fortschritte zu erzielen.

Als Nächstes traf ich Ahmadinedschad. Ich hatte um ein Gespräch unter vier Augen gebeten, an dem nur Salehi als Dolmetscher teilnahm. Ich erläuterte Ahmadinedschad die politischen Vorteile des vorgeschlagenen Brennstoffabkommens und betonte, es sei wichtig, dass die IAEO die Anlage in Fordo so bald wie möglich inspizierte, am besten vor dem 25. Oktober, den ich mit Salehi vereinbart hatte. Ich dachte an das Ende meiner Amtszeit, aber vor allem ging es mir darum, die Gerüchteküche im Westen zu beruhigen. »Sie sollten wissen, dass westliche Geheimdienste seit Jahren über die Anlage Bescheid wissen«, fügte ich hinzu.

Ahmadinedschad lächelte. »Wenn Sie wirklich Bescheid wüssten, dann hätte Obama auf der Pressekonferenz nicht gesagt, dass es sich um eine militärische Anlage handeln könnte«, erwiderte er. Zu meiner Aussage auf CNN, dass der Iran gegen seine Pflichten verstoßen hatte, weil er die IAEO nicht über Fordo informiert hatte, äußerte er sich nicht.

Er fügte hinzu, Obama solle aufhören, den Iran zu belehren und ihm zu sagen, »ihr müsst dies tun und ihr müsst jenes tun«, oder Teheran in der Öffentlichkeit anzuprangern. Ich erläuterte Ahmadinedschad, er müsse verstehen, dass Obama zu Hause unter Druck stehe, worauf dieser erwiderte: »Ich auch.« Für Ahmadinedschad und den Iran insgesamt war eine respektvolle Behandlung offensichtlich ein entscheidender Punkt. Auf Sarkozy, den Ahmadinedschad als »unhöflich« bezeichnete, war er besonders schlecht zu sprechen. Er war auch beleidigt, dass Obama nach der gewonnenen Wahl seine Glückwunschbotschaft nicht beantwortet hatte. Der Schlüssel zu einer Verbesserung der bilateralen Beziehungen zu den Vereinigten Staaten war der Ton, der dem Iran das Gefühl vermittelte, als Partner am Tisch zu sitzen und nicht aus Aussätziger behandelt zu werden.

Als ich erwähnte, dass eine Unterzeichnung des Zusatzprotokolls der iranischen Sache helfen würde, erwiderte Ahmadinedschad, das sei kein Problem, aber Teheran benötige eine positive Geste des Westens. Vielleicht könnten die Vereinigten Staaten Ersatzteile für die alternde Flugzeugflotte der iranischen Fluggesellschaft liefern, schlug ich vor. »Es geht nicht um Ersatzteile«, antwortete Ahmadinedschad. »Es geht darum, fünfzig Jahre der Feindseligkeiten hinter uns zu lassen.«

Damit kam ich indirekt zum sensiblen Thema der Äußerungen, die Ahmadinedschad zum Holocaust gemacht hatte.[19] »Sie sollten Ihren Gegnern keine Möglichkeit geben, Ihre Äußerungen gegen Sie zu verwenden«, riet ich ihm. Er verstand meine Andeutung sofort und antwortete, niemand in der arabischen Welt sei gewillt, ein »zionistisches Regime« zu dulden.

Nach unserem Gespräch teilte mir Salehi mit, Ahmadinedschad danke mir für meine Bemühungen bei der Lösung der Probleme und habe ihn gebeten, bei seinem nächsten Besuch in Wien ein Präsent für meine Frau mitzubringen. Auf diese Weise kam Aida zu einer traditionellen iranischen Vase mit einem hübschen Koranvers. Als ich Teheran verließ, erhielt ich ein Tütchen mit ausgezeichneten Pistazien. Solche Zuwendungen genießt man eben nur als internationaler Beamter.

∗

Obwohl alle Voraussetzungen für den Erfolg gegeben waren, blieb die Situation schwierig. Eine falsche Bewegung, und das ganze Kartenhaus konnte in sich zusammenfallen.

Zwei Wochen vor den Verhandlungen um die Brennstofflieferung, die für den 21. Oktober anberaumt waren, meldete sich Hillary Clinton mit einer provokanten Aussage zu Wort. In einer Pressekonferenz mit ihrem britischen Amtskollegen David Miliband brachte sie ihre Ungeduld mit den Iranern zum Ausdruck: »Die internationale Gemeinschaft wird nicht ewig auf Beweise warten, dass der Iran seinen internationalen Pflichten nachkommen will«, erklärte sie. Dann folgte das eigentlich Schlimme:

> Es ist tragisch, dass ein Land wie der Iran, ein Land mit einer derart großen Geschichte, das der Welt so viel zu geben hat, so viel Angst vor seinem eigenen Volk hat. In den Geheimgefängnissen, Lagern und Schauprozessen spiegelt sich die Unzufriedenheit der Menschen mit ihrer gegenwärtigen Führung direkt wider.[20]

Ahmadinedschad und seine Kollegen waren empört. Der iranische IAEO-Abgesandte suchte mich auf, um mich zu informieren, dass Salehi nicht an dem geplanten Treffen teilnehmen werde. Ich rief Glyn Davies an. Clintons Aussage sei vollkommen überflüssig gewesen und sabotiere unsere Versuche, ein positives Verhandlungsumfeld zu schaffen, erklärte ich ihm. Wenn diese Provokationen weitergingen, sähe ich mich gezwungen, aufzugeben. Ich bat ihn, in Washington anzurufen, um zu sehen, ob Clinton, die sich in Moskau zu Gesprächen mit dem russischen Außenminister Sergei Lawrow aufhielt, eine weitere, etwas positivere Stellungnahme abgeben könnte.

Die Antwort kam postwendend. In einer gemeinsamen Pressekonferenz mit Lawrow am 13. Oktober schlug Clinton einen versöhnlicheren Ton an und erklärte, die Vereinigten Staaten verfolgten im Umgang mit dem Iran »einen zweigleisigen Ansatz«: »Wir halten es für wichtig, die diplomatischen Bemühungen weiterzuverfolgen und alles zu tun, um sie zum Erfolg zu führen. Wir glauben, dass die Iraner ein Recht auf die friedliche Nutzung der Kernenergie haben, aber nicht auf Kernwaffen.«[21]

Lawrow fügte hinzu, Russland sei überzeugt, »dass Drohungen, Sanktionen und Druck in der gegenwärtigen Situation kontraproduktiv sind«.[22]

Ich rief Salehi und den iranischen IAEO-Botschafter Soltanieh an und unterrichtete sie, dass ich die Amerikaner über die iranische Reaktion informiert hatte; außerdem wies ich sie auf Clintons neuen

Ton hin. Ich bat sie, eine Botschaft an Ahmadinedschad zu kommunizieren, und appellierte an den iranischen Präsidenten, moralische Überlegenheit zu beweisen und auf eine Antwort in den Medien zu verzichten. Vor allem sollte der Iran die einmalige Chance nicht vertun, wie sie die Verhandlungen zum Brennstoffverkauf darstellten. Die Amerikaner waren bereit, die Themen zu erörtern, die Salehi in Teheran angesprochen hatte: die Renovierung des Forschungsreaktors, die Ausbildung iranischer Wissenschaftler und den möglichen Verkauf eines neuen Forschungsreaktors. Das war die Tür für weitere Dialoge.

Salehi antwortete mir, er könne nicht mehr mit Ahmadinedschad über seine Teilnahme an dem Treffen sprechen. Der iranische Präsident war extrem verärgert über Clintons Bemerkung. Immerhin versprach Soltanieh, meine Nachricht weiterzugeben.

»Das ist vielleicht meine letzte Chance, Sie mit den Vereinigten Staaten zusammenzubringen«, warnte ich. Ich drohte, das Treffen abzusagen, wenn nicht entweder Salehi oder jemand von seinem diplomatischen Rang teilnahm.

*

Ich musste meine Drohung nicht wahr machen. Das Treffen zur Erörterung des Brennstoffangebots fand wie geplant am 19. Oktober in Wien statt und Soltanieh nahm teil. Dan Poneman – der stellvertretende Energieminister der Vereinigten Staaten und ein langjähriger Freund, der viele Jahre für Sicherheitsberater Brent Scowcroft gearbeitet hatte und während der Clinton-Ära im Nationalen Sicherheitsrat tätig gewesen war – leitete die amerikanische Delegation. Er brachte frischen Wind mit: Er war klug, bescheiden, dachte in großen Zusammenhängen und war immer bereit, Lösungen zu finden. Auch Nikolai Spasski,[23] Leiter der russischen Delegation, war ein erstklassiger Diplomat.

Die Franzosen gaben sich dagegen als kleinliche Paragraphenreiter. Die französische Delegation unter Leitung des IAEO-Botschafters Frédéric Mondoloni hatte Dutzende Änderungsvorschläge zu unserem Entwurf in der Tasche.

Während des Treffens verkündete der Iran plötzlich in einer dramatischen Geste, er wolle nicht mit Frankreich verhandeln. Als Grund erwähnte die Delegation die französische Weigerung, die 50 Tonnen Uran zu liefern, die das Land vor der iranischen Revolution des Jahres 1979 gekauft hatte – genau der Punkt, den Salehi hatte ausklammern sollen. Ich hatte jedoch den Verdacht, dass die alte Uranrechnung nicht der wirkliche Grund für die Abneigung gegen die Franzosen war, und erinnerte mich an Ahmadinedschads Klage über Sarkozys »Unhöflichkeit«. Sarkozy fand immer neue Wege, den Iran zu beleidigen. Ende August hatte er beispielsweise gesagt: »Dieselben iranischen Führer, die behaupten, das Atomprogramm sei friedlich, behaupten auch, die Wahlen seien fair gewesen. Wer soll ihnen glauben?«[24]

Die Iraner nutzten die Gelegenheit, nun ihrerseits den Franzosen eins auszuwischen, obwohl Sarkozy Obama bei den Verhandlungen um das Brennstoffangebot seine Unterstützung angeboten hatte. Außerdem war Frankreich eines der wenigen Länder, das über die Technologie verfügte, um den Reaktorkern für den iranischen Forschungsreaktor herzustellen. Also rief ich Salehi an. »Ich denke, Sie haben den Franzosen Ihren Standpunkt klargemacht. Aber Sie brauchen in Zukunft deren Technologie.« Daher schlug ich ihm vor, dass ich die Franzosen einladen würde, weiter an den Verhandlungen teilzunehmen.

Damit konnten die Iraner leben, antwortete Salehi und bat mich, für den nächsten Tag ein Treffen zwischen ihm und dem französischen Botschafter in Teheran zu arrangieren.

Danach nahm ich die französische Delegation beiseite und erklärte, wie ich ihre weitere Teilnahme arrangiert hatte. »Bitten Sie Ihre Leute in Paris, sich mit Anschuldigungen zurückzuhalten«, bat ich. »Sie können nicht jemanden der Lüge bezichtigen und dann erwarten, dass er Ihnen als Partner vertraut.«

Die nächste Hürde waren die Verhandlungen um den Transport des iranischen Urans ins Ausland. Bei ihrem Treffen in Genf waren die P-5+1 davon ausgegangen, dass die 1200 Kilogramm schwachangereicherten Urans auf einmal abtransportiert würden. Die Iraner bestanden nun darauf, dass zuerst die Kernbrennstoffe geliefert wurden, die aus einer anderen Quelle schwachangereicherten Urans hergestellt

werden sollten, erst dann wollten sie ihre eigenen Vorräte an schwachangereichertem Uran herausrücken. Grund waren das mangelnde Vertrauen, das ihnen entgegengebracht wurde, sowie die Erfahrungen der
Vergangenheit.

Als Kompromisslösung bot ich an, die IAEO könne das Material
während des Transports und der Verarbeitung im Ausland in Verwah-
rung nehmen und dem Iran damit die gewünschte Garantie geben. So
oder so würde der Iran ein relativ geringes Risiko eingehen, da seine
Anreicherungskapazitäten erhalten blieben. Meiner Ansicht nach war
das Entscheidende für die Amerikaner und andere westliche Nationen
das Timing und die Menge des schwachangereicherten Urans, wie ich
Soltanieh und seinen Kollegen klarmachte.

Wir befanden uns in einer Sackgasse. Ich rief Salehi an. Zu meiner
Überraschung antwortete der mir, der Iran könne die 1 200 Kilogramm
auf ein Mal liefern, wenn die Vereinigten Staaten der Vertragspartner
waren, nicht Russland oder Frankreich. Es war ein genialer Schachzug.
Indem die Iraner die Drittländer umgingen, öffneten sie die Tür zu
den direkten bilateralen Verhandlungen mit den Vereinigten Staaten,
wie sie Ahmadinedschad gewollt hatte. Es war eine Geste des Vertrauens in beiden Richtungen.

Die Amerikaner waren sprachlos. Poneman und sein Team riefen
in Washington an, wo es 4 Uhr morgens war. Schließlich legten sie
ein Gegenangebot vor: Die Vereinigten Staaten würden sich zwar nicht
an der Vereinbarung beteiligen, aber sie konnten ihre Unterstützung
zusichern und sich verpflichten, den Iran beim Ausbau seines alten
Forschungsreaktors zu unterstützen. Das war ein gewaltiger Schritt
vorwärts. Ich schlug vor, dem Vertrag über den Brennstoffkauf eine
entsprechende Erklärung der Amerikaner beizufügen. Die Amerikaner stimmten sofort zu.

Poneman wurde autorisiert, sich zu einem bilateralen Gespräch mit
Soltanieh zu treffen. Der erklärte, er wolle nur mit Poneman sprechen,
wenn ich mit von der Partie war. Ich lud beide in mein Büro ein. Einlei-
tend brachte Poneman das Wohlwollen der amerikanischen Regierung
gegenüber dem iranischen Volk zum Ausdruck. Eine Einigung beim
Brennstoffverkauf könne die Tür zu einer weitergehenden Zusammenarbeit zwischen beiden Ländern öffnen, beispielsweise der Lieferung

neuer Forschungsreaktoren, die der Iran sich wünschte. Das Gespräch verlief herzlich. Soltanieh machte sich sorgfältig Notizen, um Teheran zu berichten.

Es war ein gewagter Hochseilakt, und wir bewegten uns dauernd zwischen Erfolg und Scheitern. Spätabends rief ich Salehi ein weiteres Mal an und versprach, ihm per E-Mail eine Kopie der amerikanischen Stellungnahme zu schicken. Ich bat ihn, Ahmadinedschad klarzumachen, dass sich das Verhältnis zwischen beiden Staaten mit dieser großartigen Einigung grundlegend verändern würde. Außerdem erläuterte ich ihm, warum die Amerikaner nach Ponemans Einschätzung nicht dazu in der Lage waren, das iranische Material in die Vereinigten Staaten zu bringen und dort zu verarbeiten; aufgrund der bestehenden Sanktionen und der Handelsbeschränkungen mit dem Iran wären die Hindernisse einfach zu groß.

Am nächsten Morgen telefonierten wir ein weiteres Mal. Es war der 21. Oktober, der offizielle Schlusstag des Treffens. Salehi saß neben Ahmadinedschad, der eine weitere Idee hatte. Er schlug vor, den Vertrag mit den Amerikanern abzuschließen, und diese sollten den Auftrag zur Herstellung des Reaktorkerns an Frankreich und Russland outsourcen. Damit musste das Uran nicht in die Vereinigten Staaten transportiert werden. Salehi fügte hinzu, das iranische Team müsse nun nach Teheran zurückkehren, damit nicht der Eindruck entstehe, er nehme übermäßigen Einfluss auf den iranischen Präsidenten. Sie würden mir ihre Antwort einige Tage später geben.

Danach berief ich die Sitzung wieder ein und präsentierte den Vorschlag, wie ihn Poneman und Soltanieh am Vortag besprochen hatten: Der Iran brachte die 1200 Kilogramm schwachangereicherten Urans außer Landes, die IAEO überwachte es und die Vereinigten Staaten erklärten ihre politische Unterstützung. Dann bat ich die Verhandlungsparteien, bis Freitag den 23. Oktober ihre Zustimmung zu geben. Ich appellierte eindringlich an sie, dem Abkommen zuzustimmen, und wies abermals darauf hin, dass es weitere Türen öffnen würde. Damit sprach ich natürlich vor allem den Iran an, denn die übrigen drei Teilnehmer, die Vereinigten Staaten, Russland und Frankreich, waren bereits an Bord.

Nach dem Treffen gab ich eine kurze optimistische Presseerklärung ab. Die amerikanische Delegation bedankte sich im Namen Washingtons, und Obama rief mich später an, um sich persönlich bei mir zu bedanken. »Wenn diese Einigung zustande kommt, verändert das die ganze Dynamik«, sagte er. Damit hätte er an allen Fronten mehr Spielraum für weitere Verhandlungen mit dem Iran. Ein weiteres Mal staunte ich und wusste nicht, ob ich wach war oder träumte.

*

Die Freude war verfrüht. In Teheran hatten sich die Fronten verhärtet, Kritiker – darunter auch die Liberalen, die unlängst die Wahlen verloren hatten – beschuldigten Ahmadinedschad, die iranischen Interessen zu verkaufen. Ali Laridschani, dessen Verhandlungsbemühungen in der Vergangenheit immer wieder von Ahmadinedschad torpediert worden waren, war inzwischen Parlamentsvorsitzender. Der Moment der Vergeltung war gekommen. Zusammen mit den anderen Kritikern bezeichnete er den Entwurf für das Brennstoffabkommen als »Beleidigung für die Nation«. Warum konnte der Iran nicht wie jedes andere Land seine Brennstoffe einfach auf dem Weltmarkt kaufen?

Raj Takejh, ein iranischer Experte im Council on Foreign Relations, brachte die Situation auf den Punkt: »Der außenpolitische Apparat des Landes ist zusammengebrochen. Der Iran hat momentan keine Außenpolitik. Er hat eine Innenpolitik, und seine Außenpolitik ist deren sporadischer Ausdruck. Der Iran ist weder gefährlich noch hinterhältig, es ist einfach nur unfähig.«[25]

Mir blieb nur noch etwas mehr als ein Monat an der Spitze der Internationalen Atomenergieorganisation. Täglich sprach ich mit Poneman in Washington und Salehi im Iran und versuchte, doch noch eine Einigung zustande zu bringen. Salehi brachte zu Hause immer neue Vorschläge ins Spiel, nur um sie dann wieder zurückzunehmen; er versuchte verzweifelt, den Handel im Iran zu verkaufen. Schließlich kam er mit einer Antwort: Ahmadinedschad konnte nur zustimmen, wenn das schwachangereicherte Uran im Land blieb, bis der Iran den Reaktorkern erhalten hatte. Das Uran konnte unter Aufsicht der IAEO auf der Insel Kisch im Persischen Golf gelagert werden; der Iran war bereit, das Material zu übergeben, sobald der Brennstoff geliefert worden war.

Ich entwarf eine entsprechende Einigung, doch Poneman antwortete, Obama sei »nicht wohl« bei einer Vereinbarung, bei der das Material im Iran blieb. Die Amerikaner waren offen für jede andere kreative Lösung und wollten sogar, wie ursprünglich von Salehi vorgeschlagen, als alleiniger Vertragspartner auftreten. Außerdem schlugen sie vor, das Uran in einem Drittland, beispielsweise der Türkei oder Kasachstan, zu deponieren, dem der Iran völlig vertraute.

Ich sprach wieder mit Salehi. Leider hatte die iranische Innenpolitik inzwischen eine weitere Wende genommen. Die Vereinigten Staaten waren als alleiniger Vertragspartner nicht mehr akzeptabel. Das Uran musste im Land bleiben, bis der Reaktorkern eintraf. Wir mussten mit ansehen, wie unsere bislang beste Chance im Sumpf der Innenpolitik versank.

Am 5. November rief mich Salehi an und teilte mir mit, Chamenei habe Ahmadinedschad zu einem Gespräch über den Brennstoffhandel gebeten. Salehi war überrascht, denn er war davon ausgegangen, dass der Präsident die Entscheidung allein treffen würde. Der Oberste Religionsführer ließ Ahmadinedschad wissen, die internationale Antwort auf die iranische Bitte um Kernbrennstoffe für seinen Forschungsreaktor verletze die Würde des Landes. Der Iran sei bereit, das schwachangereicherte Uran im Tausch abzugeben, aber nur in Teillieferungen von 400 Kilogramm und erst nach Erhalt des Reaktorkerns.

Wenige Tage zuvor hatte Hillary Clinton in den Medien erklärt, die Vereinigten Staaten würden nicht weiter nachgeben.[26] Damit verärgerte sie natürlich wieder die Iraner, obwohl sie Obama für seine versöhnlicheren und freundschaftlicheren Aussagen dankten. Salehi war niedergeschlagen. Selbst eine Zwischenlagerung auf der Insel Kisch war nicht mehr im Gespräch. Chameneis Antwort sei das letzte Wort. Aber diese Bedingung würden die Amerikaner nicht akzeptieren, warnte ich Salehi. Das wusste er und bat mich, die Amerikaner um Geduld zu bitten.

In einem Interview mit Christiane Amanpour versuchte ich, leisen Druck auf die Iraner auszuüben. Ich forderte sie auf, das große Ganze im Auge zu behalten, und schlug vor, das Uran in einem Drittland wie der Türkei zwischenzulagern. Nach dem Interview rief ich Poneman an, um ihn über den neuesten Stand zu informieren. Er rief kurz darauf zurück und meinte, Obama sei einverstanden, das Uran unter Premierminister Erdogans Obhut in der Türkei zwischenzulagern. Salehi besprach die Möglichkeit mit Ahmadinedschad, der wiederum Chamenei informierte. Über den türkischen IAEO-Botschafter bat ich Erdogan, das Thema bei seinem bevorstehenden Iranbesuch mit Ahmadinedschad zu erörtern.

*

Meine letzte USA-Reise in meiner Funktion als Generaldirektor der IAEO unterschied sich deutlich von allem, was ich in den vorigen acht Jahren erlebt hatte. In Washington standen die Politiker regelrecht Schlange: Ich traf Sicherheitsberater James Jones und sein Team, Außenministerin Hillary Clinton und ihre Mannschaft, den Auslandsausschuss des Senats unter Leitung von John Kerry sowie zahlreiche Vertreter des Energie- und Außenministeriums. Alle brachten ihre Anerkennung für meine Arbeit zum Ausdruck. Ich war wieder in die Vereinigten Staaten gekommen, die ich kannte. Es war ein guter Abschluss.

In New York hielt ich eine letzte Rede vor einer dankbaren Vollversammlung. Es war schwer, nicht an die Kritik zu denken, mit der ich noch vor kurzem bedacht worden war, weil ich mich angeblich nicht an meinen Rahmen gehalten hatte. Doch so sehr ich mich über die Anerkennung am Ende meiner Amtszeit freute, so sehr bedauerte ich, dass die Chancen für eine Annäherung mit dem Iran dahinschwanden. Wir waren ihr so nahe gewesen.

*

Die Verhandlungen mit dem Iran endeten natürlich nicht mit dem Ende meiner Amtszeit, sondern nahmen immer neue Wendungen. Am 9. Februar 2010 erklärte der Iran, er werde Uran bis auf 20 Prozent anreichern, um den Brennstoff für den Forschungsreaktor selbst herzustellen. Zwei Tage später verkündete Ahmadinedschad etwas unerklärlich, der Iran sei nun »ein Atomstaat«. Mitte des Monats bestätigten die Inspektoren der IAEO, dass in Natanz Uran auf 19,8 Prozent angereichert wurde.

Wieder bahnten sich hinter den Kulissen positivere Entwicklungen an. Mit monatelanger Verzögerung erwärmte sich Teheran nun doch für ein Tauschgeschäft mit einer Zwischenlagerung des schwachangereicherten Urans in der Türkei. Im April wandte sich Obama an den brasilianischen Präsidenten Lula da Silva und forderte, ein Tausch müsse eine treuhändische Zwischenlagerung des iranischen Urans in der Türkei beinhalten. Ich hielt sporadischen Kontakt mit den Außenministern Brasiliens und der Türkei und unterstützte die neue Lösung.

Am 17. Mai gaben der Iran, Brasilien und die Türkei in einer gemeinsamen Erklärung bekannt, dass sie eine Einigung erzielt hatten. Der Iran werde 1200 Kilogramm schwachangereicherten Urans in einer Lieferung in die Türkei schicken, wo es verblieb, während die Kernbrennstoffe hergestellt wurden. Es war ein großer Schritt, zumal mit der Türkei und Brasilien zwei neue Akteure aktiv dazu beitrugen, die Verhandlungen aus der Sackgasse zu führen.

Doch in einer Meisterleistung diplomatischer Absurdität machten die P-5+1 den Fortschritt schon am nächsten Tag wieder zunichte, als sie erklärten, sie hätten sich auf eine vierte Resolution des Weltsicherheitsrats geeinigt und wollten weitere Sanktionen gegen den Iran beschließen, weil dieser seine Urananreicherung nicht einstelle. Hillary Clinton bezeichnete den vereinbarten Handel mit der Türkei und Brasilien als »durchsichtiges Manöver« des Iran, um neue Sanktionen zu verhindern.

Ich war sprachlos und zutiefst enttäuscht. In einem Interview mit der brasilianischen Zeitung *Jornal do Brasil* sagte ich, der Westen habe ein Entgegenkommen ein weiteres Mal ausgeschlagen.[27] Brasilien und die Türkei waren wütend. Ahmadinedschad forderte die Vereinigten Staaten auf, den Handel als einen Schritt zu Offenheit und Dialog doch noch zu akzeptieren. Im Weltsicherheitsrat stimmte Brasilien gegen die Sanktionen. Aber es war zwecklos. Wieder einmal war die Lösung zum Greifen nahe gewesen, und die westlichen Mächte hatten sie vom Tisch gefegt.

Bei den ersten Verhandlungen um den Tausch hatte der Iran lediglich 1500 Kilogramm schwachangereicherten Urans in seinem Besitz gehabt, und bei einem Zustandekommen der Einigung wäre ein Großteil dieses Materials aus dem Land abtransportiert worden. Zum Zeitpunkt der Einigung mit der Türkei und Brasilien war der Vorrat auf 2500 Kilogramm angewachsen. Damit war eine Einigung aus diplomatischer Sicht weniger attraktiv geworden, denn der Iran behielt noch immer eine »erhebliche Menge« zurück. Der Iran hatte sich in der Einigung zwar nicht darauf verpflichtet, auf eine Anreicherung auf 20 Prozent zu verzichten, doch Ahmadinedschad hatte entsprechende Andeutungen gemacht.

Natürlich waren die westlichen Mächte nicht glücklich über diese Aspekte der Vereinbarung. Aber in einer früheren Phase hätten sie ihre Bedenken geltend machen können. Es war unverständlich und naiv zu glauben, man könne den Iran – oder irgendein anderes Land – vor Beginn der Verhandlung auffordern, alles aufzugeben, und eine positive Reaktion erhalten. Doch das Muster war bekannt: Der Westen war erst zufrieden, wenn der Iran vollkommen nackt an den Verhandlungstisch kam.

SCHLUSS

Das Ringen um die Sicherheit
der Menschheit

Der Wunsch nach Sicherheit ist zutiefst menschlich. Doch Menschen und Nationen haben sehr unterschiedliche Vorstellungen davon, was Sicherheit bedeutet und wie diese zu erreichen ist. Sicherheit kann elementare Grundbedürfnisse wie Nahrung, Wasser, Gesundheit oder Einkommen bedeuten oder Menschenrechte wie die freie Meinungsäußerung, die freie Religionsausübung oder ein Leben ohne Angst. Für Nationen kann Sicherheit eine wirtschaftliche, ideologische oder militärische Gleichheit beziehungsweise Überlegenheit oder die Ausübung von Macht und Einfluss bedeuten. In zu vielen Regionen der Welt ist der Weg zur Sicherheit durch lang anhaltende Spannungen versperrt, die zuerst ausgeräumt werden müssen.

So weit die Definition von Sicherheit gefasst sein mag, es wäre ein Fehler anzunehmen, die verschiedenen Formen der Unsicherheit in aller Welt hätten nichts miteinander zu tun. Wir können diesen Zusammenhang immer wieder beobachten: Armut geht mit Menschenrechtsverstößen und verantwortungsloser Regierungsführung einher, die wiederum Ungerechtigkeit, Zorn und Erniedrigung bewirken – ein idealer Nährboden für verschiedene Formen der Gewalt von Extremismus über Unruhen bis zu Kriegen. Und natürlich verspüren Länder in traditionellen Konfliktregionen unabhängig von ihrer Regierungsform eine besondere Motivation, ihre Sicherheit oder ihren Status über den Erwerb von Kern- und anderen Massenvernichtungswaffen zu verbessern. Jedes Regime, ob Demokratie oder Autokratie, will überleben.

Im Zeitalter der Globalisierung wird deutlicher denn je, dass die Unsicherheit nicht an Grenzen haltmacht. Wir können uns nicht damit trösten, dass ein Sicherheitsrisiko auf der anderen Seite des Planeten uns schon nicht betreffen wird. Bedrohungen wie Cyberangriffe, Finanzkrisen oder Pandemien lassen sich nicht von einem Land oder einer Organisation allein in den Griff bekommen, sondern verlangen grenzüberschreitende Zusammenarbeit.

Auch beim Abbau und der Beseitigung der Bedrohung durch Atomwaffen müssen wir in großen Zusammenhängen denken. Die Gefahr der Verbreitung von Atomwaffen wird bestehen bleiben, solange die internationale Gemeinschaft lediglich die Symptome jeder neuen Herausforderung bekämpft und ein Land mit Krieg überzieht, sich mit einem anderen einigt, gegen ein drittes Sanktionen verhängt und in einem weiteren einen Umsturz betreibt. Solange einige wenige Kernwaffenstaaten ihr Arsenal als Sicherheitsgarantie betrachten und diese Sicherheit durch einen atomaren Schutzschirm auf einen Ring von Verbündeten ausweiten, so lange bleiben andere Länder außen vor und so lange bleibt das Risiko einer weiteren Verbreitung von Atomwaffen bestehen. Mit der Entstehung von modernen Terrorgruppen, die keinen Gegenschlag fürchten müssen, ist die atomare Abschreckung nichts als eine Selbsttäuschung und eine kurzfristige Strategie. Sicherheit ist unteilbar.

Das bedeutet, dass die internationale Gemeinschaft ein alternatives System der kollektiven Sicherheit entwickeln muss, und zwar eines, das nicht als Nullsummenspiel für ein Land oder Bündnis wahrgenommen wird, sondern ein universelles System, das die menschliche Sicherheit und Solidarität im umfassendsten Sinne garantiert. Dieses neue Verständnis ist nicht nur ein Gebot der Moral und Ethik, sondern auch eine praktische Notwendigkeit: Wenn die Menschheit immer weiter wächst und die Rohstoffe immer knapper werden, hängt das menschliche Überleben davon ab, wie gut wir mit unserer gegenseitigen Abhängigkeit umgehen.

Ein alternatives System der kollektiven Sicherheit muss daher in jeder Hinsicht gerecht und umfassend sein. Wir müssen Strategien entwickeln, um den Wohlstand unseres Planeten gerechter zu verteilen, und erkennen, dass auch Armut eine Massenvernichtungswaffe ist. Wir müssen gezielt in Forschung und Technologien investieren, die der Entwicklung dienen, statt in solche, die nur dafür sorgen, dass die Reichen noch reicher werden. Heute werden Investitionen in Technologie überwiegend vom Gewinnstreben bestimmt; stattdessen sollten diejenigen Innovationen gefördert werden, mit denen Hunger und Krankheit bekämpft werden können. Nur durch eine Linderung der Armut können wir in den betroffenen Regionen die Voraussetzungen für eine effektive Regierungsführung schaffen. Erst wenn die menschlichen Grundbedürfnisse gedeckt sind, können sich die Menschen der Schaffung politischer und gesellschaftlicher Rechte zuwenden.

Ein multinationales Sicherheitsparadigma benötigt starke und handlungsfähige multinationale Institutionen. Wenn mir die Krisen und Herausforderungen der Atomwaffenkontrolle der letzten Jahre eines gezeigt haben, dann die Schwächen der bestehenden multinationalen Einrichtungen. Aber sie haben mir auch Ansätze zu einer Behebung dieser Schwächen aufgezeigt. Der Sicherheitsrat der Vereinten Nationen – das internationale Organ, das mit der Überwachung des Weltfriedens betraut ist – muss sich den Ursachen der Konflikte zuwenden, nicht den Symptomen der Unsicherheit. Das bedeutet eine stärkere Betonung der Friedenssicherung, die Früherkennung und Verhinderung von Konflikten, flexible und effektive Vermittlung und Versöhnung sowie eine entschlossene Beilegung regionaler Konflikte. Entsprechend sollte der Weltsicherheitsrat, der heute von einem oder mehreren der ständigen Mitglieder beherrscht wird, vom Prinzip der nachträglichen Strafmaßnahmen abkommen, da diese ohnehin nur die Zivilbevölkerung treffen. Der Weltsicherheitsrat muss seine Glaubwürdigkeit wiederherstellen, indem er einheitliche und faire Maßstäbe anlegt und jeden Anschein einer geopolitischen Doppelmoral vermeidet.

Vor allem auf dem Gebiet der Kerntechnologie müssen multinationale Einrichtungen zur Vermeidung, Erkennung und Bekämpfung der Verbreitung von Atomwaffen gestärkt werden. Als Wächterin des Atomwaffensperrvertrags kann die IAEO bei der Überwachung der Atomprogramme und der Entdeckung geheimer kerntechnischer Aktivitäten effektiver gemacht werden, wenn sie die erforderliche Autorität, Technologie, finanzielle Ausstattung und nachrichtendienstliche Unterstützung erhält.

Die juristische Autorität ist der erste Schritt. Es sind gemeinsame Anstrengungen nötig, um umfassende Safeguard-Abkommen – inklusive der Zusatzprotokolle – in allen Unterzeichnerstaaten des Atomwaffensperrvertrags umzusetzen. Dies ließe sich relativ schnell verwirklichen. Außerdem muss die internationale Gemeinschaft das eingeschränkte Mandat der IAEO erweitern, das sich bislang auf die Überprüfung von gemeldeten kerntechnischen Materialien und Anlagen beschränkt. Wenn die IAEO geheime Atomwaffenprogramme erkennen und verfolgen soll, dann muss sie mit den entsprechenden Befugnissen ausgestattet werden.

Um mit dem technischen Wandel Schritt zu halten, der die Verbreitung von Atomwaffen erleichtert, und um als unabhängige Behörde glaubwürdig zu bleiben, benötigt die IAEO außerdem die finanziellen Mittel zum Erwerb modernster Technologie und zur Ausbildung neuer Inspektoren. Die IAEO hat sich als außergewöhnlich gute Investition erwiesen. Doch mit der gegenwärtigen finanziellen und technologischen Ausstattung wird sie früher oder später nicht mehr in der Lage sein, ihrem Auftrag nachzukommen.

Sämtliche Staaten sollten sich darauf verpflichten, relevante Informationen über die mögliche Verbreitung von Atomwaffen unverzüglich an die IAEO weiterzugeben. Es handelt sich dabei um ihre Pflicht. Die Verbreiter von Atomwaffen lassen sich nicht effektiv bekämpfen, wenn Länder mit relevanten Informationen dieser Verpflichtung nicht oder nur sporadisch und nach politischem Gutdünken nachkommen.

Wenn Länder, die über solche Informationen verfügen, auf eigene Faust handeln und ihre Informationen erst später weitergeben – und damit gegen internationales Recht verstoßen, wie im Falle der israelischen Luftangriffe auf die Anlagen im syrischen Dair az-Zaur und im irakischen Osirak –, muss dies Konsequenzen haben. Gesetze sind nur dann sinnvoll, wenn wir sie konsequent anwenden.

Zwei bereits auf den Weg gebrachte multinationale Initiativen sollten gestärkt werden. Die erste soll ein Höchstmaß an Schutz für radioaktives Material schaffen, um zu verhindern, dass dies in die Hände von Extremisten gelangt. Die zweite ist der Versuch, Brennstoffkreisläufe der internationalen Kontrolle zu unterstellen. Im Dezember 2010 gab der Gouverneursrat der IAEO grünes Licht für die Einrichtung einer Brennstoffbank für schwachangereichertes Uran, die unter Kontrolle der IAEO stehen soll, um vertrauenswürdigen Nutzern den Zugang zu Kernbrennstoffen zu sichern. Für diese Maßnahme hatte ich mich seit Jahren starkgemacht.[1] Dies ist ein immens wichtiger Schritt. Das Ziel sollte die Multinationalisierung des Brennstoffkreislaufs und eine gleichzeitige, umfassende atomare Abrüstung sein.

*

Von meinem Platz in der ersten Reihe konnte ich immer wieder beobachten, wie in Atomfragen selbst die vernünftigsten, wünschenswertesten und gerechtesten Lösungen scheitern, wenn die Verhandlungen als unfair wahrgenommen werden. Der Weg zu bilateralen Einigungen ist vermint durch Missachtung, Misstrauen, innenpolitischen Schacher und historische Erblasten, die sich nicht über Nacht vergessen lassen.

Doch so unwahrscheinlich es angesichts der vielen Enttäuschungen klingen mag, die ich in den Jahren an der Spitze der IAEO erlebt habe: Ich bin nach wie vor überzeugt, dass die Diplomatie in der Lage ist, scheinbar unüberwindliche Probleme zu lösen.

Ein Grund zum Optimismus ist der Fortschritt auf dem Gebiet der atomaren Abrüstung. Es handelt sich um nichts weniger als eine Kehrtwende, die von dem Bewusstsein geleitet wird, dass angesichts der weiteren Verbreitung der Kerntechnik, der neuen Welle des Extremismus und der zunehmenden Häufung von Verbreitungsfällen eine Aufrechterhaltung des Status quo der sichere Weg in die Selbstzerstörung wäre. In einem gemeinsamen Aufsatz erklärten vier Veteranen des Kalten Krieges – Henry Kissinger, George Shultz, Sam Nunn und William Perry –, die Welt stehe »am Beginn eines neuen und gefährlichen Atomzeitalters«, und hatten den Mut, als realistisches Ziel »eine Welt ohne Atomwaffen« zu fordern.[2]

Die Reaktion war überwältigend. In den Monaten nach der Veröffentlichung hatte ich Gelegenheit, mit jedem der Koautoren zu sprechen. Sie erklärten, ihre Forderung nach Abrüstung sei begeistert aufgenommen worden und sie seien motiviert, den Aufsatz als Beginn einer gemeinsamen Kampagne aufzufassen.[3]

Ein Jahr später veröffentlichten diese vier Autoren einen weiteren Aufsatz, der aus einer Konferenz an der Hoover Institution der Stanford University hervorging. Diesmal machten sie konkrete Abrüstungsvorschläge.[4] Dass diese überzeugten Kalten Krieger diese Richtung einschlugen, ist ein Zeichen dafür, wie dringend eine Wiederbelebung der atomaren Abrüstung ist.

Auch die britische Außenministerin Margaret Beckett erklärte die Zustimmung ihrer Regierung zur atomaren Abrüstung und skizzierte erste Schritte dahin:

> Wir benötigen eine Vision, ein Szenario für eine atomwaffenfreie Welt, sowie konkrete Taten, eine schrittweise Reduzierung der Atomsprengköpfe und eine Begrenzung der Rolle der Atomwaffen in der Verteidigungspolitik. Es handelt sich um zwei eigenständige Stränge, die einander jedoch verstärken. Beide sind wichtig, und beide sind heute zu schwach.[5]

Eine Reihe ähnlicher Bemühungen sind im Gange. Im Dezember 2008 wurde in Paris eine internationale Kampagne mit dem Namen »Global Zero« ins Leben gerufen. Ihr haben sich inzwischen mehr als 200 Persönlichkeiten aus allen Bereichen des öffentlichen Lebens angeschlossen: ehemalige Staatsoberhäupter, Generäle, Nobelpreisträger, Minister und Abgeordnete, Schriftsteller und so weiter. Mit ihrem Einfluss und ihren Netzwerken versuchen diese Menschen, den Dialog zwischen Regierungen voranzubringen und auszubauen, und engagieren sich für eine schrittweise Vernichtung der Atomwaffen.

Am 8. April 2010 trafen sich der amerikanische Präsident Barack Obama und der russische Präsident Dmitri Medwedew in Prag, um eine Neuauflage des Vertrags zur Abrüstung strategischer Waffen (START) zu unterzeichnen. Der Vertrag senkt die Obergrenze der Atomsprengköpfe auf 1550. Das ist weit unter der Grenze des Moskauer Vertrags aus dem Jahr 2002, mit dem Unterschied, dass die Zahlen diesmal fest und nachprüfbar sind. Die Vereinigten Staaten begannen mit der Umsetzung des Vertrags, ohne die Ratifizierung durch den Senat abzuwarten. Nach Angaben der Statistiken des amerikanischen Außenministeriums verfügten die Vereinigten Staaten Ende 2009 nur noch über 1968 Atomsprengköpfe. Wie die Federation of American Scientists schrieb: »Zum ersten Mal seit 1956 besitzen die Vereinigten Staaten weniger als 2000 strategische Atomsprengköpfe.«[6]

Dieser Schritt der Vereinigten Staaten und Russlands – der beiden Staaten, die in der atomaren Abrüstung vorangehen müssen, da sie zusammengenommen mehr als 95 Prozent der vorhandenen Atomsprengköpfe besitzen – war ein positives Signal für die internationale Gemeinschaft. Aber es reicht noch nicht aus. Beide Länder müssen die Zerstörung Tausender nicht stationierter Waffen beschleunigen und die Alarmbereitschaft der stationierten Waffen herabsetzen, um den Führern beider Nationen mehr Zeit zu geben, auf Berichte eines möglichen Atomwaffeneinsatzes zu reagieren. Außerdem müssen dem neuen START-Vertrag weitere multilaterale Abrüstungsabkommen folgen, etwa der Kernwaffenteststopp-Vertrag und der Vertrag über das Verbot der Herstellung spaltbaren Materials für Kernwaffen, zwei Verträge, die seit langem in Vorbereitung sind. Doch die Entwicklung geht in die richtige Richtung. Wenn die Kernwaffenstaaten ihre Entschlossenheit demonstrieren, die Welt von der atomaren Bedrohung zu befreien, legitimieren sie den Atomwaffensperrvertrag und können mit neuer moralischer Autorität und Unterstützung der internationalen Gemeinschaft gegen Länder vorgehen, die gegen die Regeln verstoßen.

Ein weiterer Grund zur Hoffnung ist die Möglichkeit einer Verhandlungslösung zwischen den Vereinigten Staaten und dem Iran. Nachdem ich gesehen habe, was in komplexen atomaren Zusammenhängen funktionieren kann und was nicht, glaube ich daran, dass sich der Stillstand in den Verhandlungen zwischen dem Iran und den Vereinigten Staaten noch überwinden lässt, weil die notwendigen Voraussetzungen dafür gegeben sind. Beide Seiten haben die Motivation zu einer Partnerschaft. Das bedeutet nicht, dass sämtliche Beteiligten diese Motivation teilen – im Gegenteil, in beiden Regierungen sitzen Scharen von Gegnern einer solchen Lösung, ganz zu schweigen von den politischen Kommentatoren, die in den Fluren von Fernsehsendern und Zeitungsverlagen lauern. Aber die entscheidenden Akteure haben ein Interesse daran, einen Ausweg zu finden.

Die Veränderungen, die Mitte 2009 begannen, sind ohne Beispiel. Es ist schwer, Lesern der *Washington Post* oder der *Financial Times* die Bedeutung dieser neuen Einstellung hinter den Kulissen klarzumachen. Die Bemühungen um kreative Lösungen und die Bekundungen des Wohlwollens und Respekts, die in den letzten hektischen Wochen meiner Amtszeit zwischen dem Iran und den Vereinigten Staaten hin-

und hergingen, wären in den vorhergehenden acht Jahren undenkbar gewesen. Der Durchbruch war zugegebenermaßen bescheiden – ein paar Diskussionen auf der Ebene von hochrangigen Beamten, ein paar Briefwechsel hinter den Kulissen und neue Verhandlungen zwischen den sechs Nationen, an denen endlich auch die Vereinigten Staaten teilnahmen. Auf jeden Fortschritt folgte ein neuer Rückschritt. Es wurde viel Zeit mit immer neuen Drohgebärden und Verzögerungen verloren. Doch die kleinen Schritte vermittelten ein neues Gefühl dessen, was möglich war, und eine Wiederaufnahme der Beziehungen zwischen dem Iran und den Vereinigten Staaten schien nicht mehr ganz so unvorstellbar. Was immer das Ergebnis sein mag, diese Veränderung ist ein Beweis, dass eine Wende möglich ist.

Natürlich ist der Iran nicht der einzige Problemfall. So unklar die atomare Bedrohung durch Nordkorea ist, sie ist seit langem eine Quelle der Unsicherheit in Ostasien. Die politischen Manöver Pjöngjangs sind traditionell schwer zu durchschauen. Aber auch auf der koreanischen Halbinsel scheinen die Voraussetzungen für eine friedliche Beilegung geschaffen worden zu sein. So groß die Hürden sein mögen, aus Erfahrung wissen wir, dass die Lösung darin besteht, Nordkorea aus seiner Isolation und in die internationale Staatengemeinschaft zurückzuführen.

Der letzte Grund, warum ich den Glauben an Diplomatie und Dialog im Umgang mit Atomkrisen nicht verliere, ist ein logischer: Die Alternative ist inakzeptabel. Optimismus ist natürlich nicht gleichbedeutend mit Gewissheit. Die Atomdiplomatie ist ein zähes und kompliziertes Geschäft. Aber der Weg ist klar: Wir sind *eine* menschliche Familie, und ob wir es wollen oder nicht, wir sitzen alle in einem Boot. Das einzig sinnvolle und erstrebenswerte Ziel ist die Sicherheit *aller* Menschen.

DANK

Die Atomdiplomatie ist ein komplexes und langfristiges Unterfangen. Doch dank der intensiven Arbeit und des unerschütterlichen Engagements von Angehörigen der internationalen Atomgemeinde – Diplomaten, Inspektoren, Wissenschaftlern, Anwälten, Technikern, Journalisten, Aktivisten, Akademikern, Führungskräften aus allen Bereichen und Ebenen und vor allem meinen Kollegen von der Internationalen Atomenergieorganisation – ist die Welt ein sicherer Ort. Viele dieser Menschen haben mich bei der Arbeit an diesem Buch inspiriert und ermutigt, und zahlreiche ihrer Gedanken, Beobachtungen und Anekdoten haben die Seiten dieses Buches belebt und bereichert. Auch wenn es unmöglich ist, an dieser Stelle jeden einzelnen namentlich zu nennen, danke ich ihnen allen von Herzen.

Einige Menschen verdienen besondere Erwähnung für den Beitrag, den sie zu diesem Projekt geleistet haben. Mein ganz besonderer Dank gilt Laban Coblentz, der mich bei der Konzeptentwicklung und beim Schreiben unterstützt hat und ohne den dieses Buch nicht das wäre, was es ist. Laban ist ein außerordentlich begabter Autor, orgineller Denker und ein unfehlbar gut gelaunter und loyaler Freund, der die Kerze an mehr Enden angezündet hat, als ich es für möglich gehalten hätte. Seine wertvollste Unterstützerin war seine Frau Angeline, eine ehemalige IAEO-Kollegin, ohne deren Geduld, Hilfe und Disziplin wir dieses Buch nicht vollendet hätten.

Bei der Arbeit an diesem Buch profitierte ich auch von der Unterstützung einiger IAEO-Kollegen – Jacques Baute, Vilmos Cserveny, Olli Heinonen, Herman Nackerts, Tariq Rauf, Laura Rockwood und David

Waller –, die mir freundlicherweise in ihrer Freizeit halfen, mich an Daten und Ereignisse zu erinnern, mir als Anwalt bei meinen technischen Ausführungen unter die Arme griffen und mit ihren Antworten auf meine zahlreichen Fragen die Richtigkeit der Darstellung gewährleisteten. Eva Moosburger, meine langjährige engagierte Assistentin und Vertraute bei der IAEO, stellte mir großzügig ungezählte Abende zur Verfügung, an denen sie Tonbandaufnahmen meiner weitschweifigen Erinnerungen in lesbare Texte verwandelte, und erinnerte mich selbst in hektischen Zeiten daran, meine Gedanken aufzuzeichnen. Ewelina Hilger, eine vorbildliche Rechercheurin, unternahm ähnliche Anstrengungen, um in ihrer Freizeit Dokumente ausfindig zu machen, Daten und Abläufe zu überprüfen, und mit Experten aus IAEO und Industrie wichtige Details abzugleichen. Meine Assistentin Stephanie Zupancic folgte mir anstandslos nach Kairo, ins französische Le Gers und zahlreiche andere Orte und machte es möglich, dass ich selbst in entlegenen Regionen und bei vollem Terminkalender auf dem Laufenden blieb.

Viele der Themen und Gedanken in diesem Buch gehen auf Reden und Aufsätze zurück, die ich in meiner Zeit als Generaldirektor der IAEO verfasst habe. Neben den bereits genannten Personen unterstützten mich Richard Murphy, Melissa Fleming, Graham Andrew, Geoffrey Shaw und Ian Biggs bei deren Ausarbeitung.

Mein Agent Noah Lukeman kam schon vor Jahren mit der Idee zu diesem Buch auf mich zu. Er erkannte, wie wichtig es war, mit meiner Botschaft ein breiteres Publikum zu erreichen, und erinnerte mich immer wieder freundlich, aber bestimmt an unser Projekt. Ich danke Noah vor allem, dass er bei Metropolitan Books nicht nur einen Verlag, sondern ein Zuhause für dieses Buch gefunden hat. Die Verlegerin Sara Bershtel war eine energische Fürsprecherin, die mir mit Rat und Aufmunterung zur Seite stand, während meine Lektorin Riva Hocherman sich bei der Fokussierung des Manuskripts als ideale Partnerin erwies. Riva ist vermutlich die beste Lektorin, die sich ein Autor für sein Erstlingswerk wünschen kann: Dank ihrer großen Auffassungsgabe, ihrem geradezu unheimlichen handwerklichen Geschick und ihrer Leidenschaft, Botschaften präzise auszudrücken und zu Ende zu denken, wurde dieses Buch zu einer ausgewogenen und, wie ich hoffe, spannenden Lektüre.

Als Autor kann man sich nicht mehr Unterstützung und Liebe von seiner Familie wünschen, als ich sie erfahren habe. Meine Frau und meine Kinder waren in guten und schlechten Zeiten während meiner Zeit als Generaldirektor der IAEO genauso für mich da wie meine Mutter und meine Geschwister. Mein Sohn Mostafa war stets zur Stelle, um auf seine nachdenkliche und zurückhaltende Art meine intellektuellen Fähigkeiten auf die Probe zu stellen, und wenn ich mit meinen rudimentären Computerkenntnissen Hilfe bei einer Internetverbindung oder Software brauchte, sprang er mir mit seinen IT-Kenntnissen zur Seite. Meine Tochter Laila und mein Schwiegersohn Neil Pizey – die leider genau wie ich beide Anwälte sind – lasen zahlreiche Versionen des Buches, stellten mir seitenweise erhellende Fragen und halfen mir so, die technischen Details aufzuspüren, die näherer Erläuterung bedurften – Laila auf ihre direkte und respektlose, Neil auf seine stille und hartnäckige Art.

Mir fehlen die Worte, um zu beschreiben, welches Glück ich habe, Aida als Frau, Partnerin, Freundin und Alter Ego zu haben. Während all der emotionalen, psychischen und körperlichen Belastungen, die mit den in diesem Buch beschriebenen Ereignissen und mit dem Schreiben des Buchs einhergingen, war sie mir eine unerschütterliche Verbündete, ehrliche Ratgeberin und meine Zuflucht.

Schließlich möchte ich meinem verstorbenen Vater die Ehre erweisen, der mir auch in seiner Abwesenheit eine Inspiration bleibt und dem ich viele der Werte verdanke, die mir wichtig sind.

Anmerkungen

Editorische Notiz. Alle nachfolgend aufgeführten URLs entsprechen dem Stand vom 9. Februar 2011.

1. Irak, 1. Runde: *Nach dem Krieg*

1 Bei den beiden Forschungsreaktoren handelte es sich um den IRT-5000, einen wassergekühlten Schwimmbadreaktor aus der Sowjetunion, und den Tamuz-2, einen ähnlichen Reaktor aus Frankreich.

2 Wörtlich heißt es in Artikel VI des Atomwaffensperrvertrags: »Jede Vertragspartei verpflichtet sich, in redlicher Absicht Verhandlungen zu führen über wirksame Maßnahmen zur Beendigung des nuklearen Wettrüstens in naher Zukunft und zur nuklearen Abrüstung sowie über einen Vertrag zur allgemeinen und vollständigen Abrüstung unter strenger und wirksamer internationaler Kontrolle.«

3 Dazu heißt es in Artikel IX des Atomwaffensperrvertrags: »Für die Zwecke dieses Vertrags gilt als Kernwaffenstaat jeder Staat, der vor dem 1. Januar 1967 eine Kernwaffe oder einen sonstigen Kernsprengkörper hergestellt und gezündet hat.« Die Sowjetunion war einer dieser fünf Staaten; nach ihrem Zerfall behielt nur Russland seinen Status als Kernwaffenstaat bei. Die drei übrigen Staaten der ehemaligen Sowjetunion, auf deren Boden Kernwaffen stationiert waren, gaben diese auf.

4 Die Anreicherung mit Zentrifugen ist nur eine der möglichen Formen der Urananreicherung.

5 Am 16. Januar 1991, kurz nach Beginn des Bombardements, sagte der damalige Präsident George Herbert Walker Bush im amerikanischen Fernsehen: »Wir sind entschlossen, das Kernwaffenpotenzial Saddam Husseins zu zerstören.« Zitiert in: »Iraq and the Bomb: Were They Even Close?« von

David Albright und Mark Hibbs. *Bulletin of the Atomic Scientists*, März 1991.

6 »Early Western Assessments: What Did We Know and When Did We Know It?« Federation of American Scientists. http://www.fas.org/nuke/guide/iraq/nuke/when.htm

7 Ein Beispiel war William Safire, der in der *New York Times* unter anderem behauptete, irakische Wissenschaftler besäßen 26 Zentrifugen zur Urananreicherung. Siehe »Hyping the Iraqi Bomb« von David Albright und Mark Hibbs in *Bulletin of the Atomic Scientists,* März 1991.

8 Es war bekannt, dass der Irak im Krieg mit dem Iran (1980–1988) chemische Waffen eingesetzt hatte.

9 »Reflections on Establishing and Implementing the Post-Gulf War Inspections of Iraq's Weapons of Mass Destruction Programs«. Vortrag von Robert Gallucci vor dem Institute for Science and International Security, 14. Juni 2001.

10 Ebda.

11 Das amerikanische Projekt zum Bau der Atombombe während des Zweiten Weltkriegs.

12 Ghaffour wurde später Minister für Hochschule und Forschung.

13 Derselbe David Kay, der im Jahr 2003 von Präsident George W. Bush zum Leiter der Iraq Survey Group ernannt wurde.

14 Vgl. Kapitel 1, Anmerkung 9.

15 »The Iraqi Bomb«, in: *New Yorker*, 1. Februar 1993.

16 Aus Robert Galluccis Beschreibungen des Vorfalls geht hervor, dass die Inspektion zwar unter Leitung der IAEO stand, dass jedoch nur 3 der 42 Mitglieder des Teams IAEO-Inspektoren waren. Die übrigen waren »Experten«, wenn auch nicht auf dem Gebiet der Atom- oder Massenvernichtungswaffen. Sie waren dem Team vielmehr zugeteilt worden, um die Sicherstellung der Dokumente zu gewährleisten, koste es, was es wolle. Wie Gallucci sagte: »Es war ein ganz besonderes Team.« Vgl. Kapitel 1, Anmerkung 9.

17 Weiter sagte Gallucci: »Ich hatte kein Vertrauen in meinen Ansprechpartner in New York und wandte mich daher ans Außenministerium.« Vgl. Kapitel 1, Anmerkung 9.

18 Der Abtransport der 6 Gramm des heimlich hergestellten Plutoniums wurde bereits während der fünften IAEO-Mission Mitte September in die Wege geleitet.

19 Saddam Hussein galt lange als Freund der Vereinigten Staaten, Westeuropas und der arabischen Nationen, die den acht Jahre dauernden Krieg mit dem Iran gefördert, unterstützt und finanziert hatten, »um die Islamische

Revolution im Iran einzudämmen«. Diese wiederum verstärkte das iranische Misstrauen gegenüber dem Westen und wird von vielen Beobachtern als Ursprung des iranischen Atomprogramms gesehen, das auf den Einsatz von chemischen Waffen durch den Irak im Irakisch-Iranischen Krieg folgte.

20 Damals standen Industrienationen wie Japan, Deutschland, Italien und Kanada im Blickpunkt der Überprüfungen durch die IAEO, denn Entwicklungsländer verfügten zu dieser Zeit noch nicht über eine nennenswerte kerntechnische Infrastruktur.

21 Daraus ergeben sich häufig Missverständnisse. Mit dem Beitritt zur IAEO verpflichtet sich ein Land, sich an die Satzung der Organisation zu halten, und erhält Zugang zu den Diskussionen um die Verbreitung von Atomwaffen. Nicht eingeschlossen ist dagegen die Verpflichtung, seine Atomanlagen der Überwachung durch die Organisation zu unterstellen. Diese ergibt sich erst nach der Unterzeichnung des Atomwaffensperrvertrags und des damit verbundenen Safeguard-Abkommens mit der IAEO.

22 Die Unterzeichnerstaaten des Atomwaffensperrvertrags sind zwar verpflichtet, Safeguard-Abkommen mit der IAEO abzuschließen, doch die Organisation hat keine Möglichkeit, Sanktionen gegen Länder zu verhängen, die dies nicht tun.

23 »U.S. Spied on Iraq Via U.N.« von Barton Gellman. *Washington Post*, 2. März 1999. Im *Boston Globe* erschien ein ähnlicher Bericht.

24 Ritter wurde später für seine Kritik an der amerikanischen Außenpolitik bekannt. Im März 2003 erklärte er öffentlich, der Irak besitze keine nennenswerten Massenvernichtungswaffen.

25 »The Lessons and Legacy of UNSCOM: An Interview with Ambassador Richard Butler«. *Arms Control Today,* 29/4, Juni 1999.

26 S/1997/301, Report by the Executive Chairman of UNSCOM, 11. April 1997. In der Schlussfolgerung aus seinem Bericht schrieb Ekeus: »Aufgrund der Arbeit, die in den vergangenen sechs Jahren seit dem Waffenstillstand zwischen dem Irak und der Koalition geleistet wurde, bleiben heute nur wenige Unbekannte in der Frage der militärischen Kapazitäten des Irak.« Zwischen Oktober 1996 und Anfang 1997 hätten sich die Anstrengungen darauf gerichtet »die größeren offenen Fragen auf ein handhabbares Maß zu reduzieren«, so Ekeus, und er sei insgesamt zufrieden mit dem Fortgang der Untersuchungen auf dem Gebiet der Raketen und der chemischen Waffen. Die irakischen Darstellungen zu den biologischen Waffen blieben jedoch »recht chaotisch«.

27 In seinem Buch *Saddam Defiant* (S. 224) schreibt Butler, es sei der amerikanische Botschafter Peter Burleigh gewesen, der ihm auf Anweisungen aus Washington geraten habe, die Mitarbeiter der UNSCOM vor den bevor-

stehenden amerikanischen und britischen Luftangriffen in Sicherheit zu bringen.

28 Im diplomatischen Sprachgebrauch ist ein Aide-Mémoire (auch Non-Paper genannt) ein Arbeitspapier oder informeller Vorschlag, der eine Diskussion anstoßen oder als Ausgangspunkt für eine Verhandlung dienen soll.

29 Die United Nations Monitoring, Verification and Inspection Commission (»Kommission der Vereinten Nationen für Überwachung, Überprüfung und Inspektion«), geschaffen durch die UN-Resolution 1284 im Dezember 1999.

2. Nordkorea: *Das fehlende Plutonium*

1 Nach dem Sturz von Ceaușescu forderte die neue Regierung eine Sonderuntersuchung, um zu beweisen, dass Rumänien unter dessen Diktatur 100 Milligramm Plutonium produziert hatte, ohne die IAEO darüber in Kenntnis zu setzen.

3. Irak, 2. Runde: *Der zweite Golfkrieg*

1 Die fünf ständigen Mitglieder des Sicherheitsrats der Vereinten Nationen – China, Frankreich, Großbritannien, Russland und die Vereinigten Staaten – werden auch als P-5 bezeichnet. Es ist kein Zufall, dass dies auch die Länder sind, die im Atomwaffensperrvertrag als Kernwaffenstaaten genannt werden.

2 Rice war zu diesem Zeitpunkt Sicherheitsberaterin des amerikanischen Präsidenten, Wolfowitz stellvertretender Verteidigungsminister und Libby Stabschef von Vizepräsident Dick Cheney.

3 Am Korea-Einsatz der Vereinten Nationen Anfang der 1950er Jahre nahmen Streitkräfte aus mehreren Ländern teil, um Südkorea bei der Abwehr nordkoreanischer Angriffe zu unterstützen. Die UN-Resolution 84 empfahl den Mitgliedern, die Truppen und andere Unterstützung entsandten, diese »dem Oberbefehl der Vereinigten Staaten von Amerika zu unterstellen«.

4 Hinter dieser Position steht die Auffassung bestimmter politischer Gruppierungen in den Vereinigten Staaten, die in den Vereinten Nationen nur ein Instrument sehen, das zum Einsatz kommt, wenn es dazu dient, anderen Nationen eine amerikanische Initiative schmackhafter zu machen, und das verworfen oder umgangen wird, wenn die UN-Ziele nicht mit den amerikanischen Interessen in Einklang stehen. In den Augen dieser Politiker

oder Gruppierungen sind die Vereinigten Staaten nicht nur ein einfaches Mitglied der Vereinten Nationen oder der Staatengemeinschaft, sondern eine Art Schirmherr oder Hüter der Organisation, für den die Regeln nicht gelten, die er für die anderen mit aufstellt. Diese Haltung war unter der Regierung von George W. Bush besonders ausgeprägt.

5 Später wurde (in den NBC Nightly News und in 60 Minutes) behauptet, Sabri sei ein Informant der CIA gewesen. Wie dem auch sei, zu Beginn des Krieges befand sich Sabri nicht auf der Liste der 55 meistgesuchten Iraker, und sobald sich die Möglichkeit bot, verließ er den Irak, um in Katar ein neues Leben zu beginnen.

6 Ramadan stand später bei den Amerikanern auf der Liste der meistgesuchten Iraker. Er wurde im August 2003 gefangen genommen und im März 2007 hingerichtet.

7 Das Interview fand am 8. September 2002 statt. Bei diesem Anlass prägte Rice den melodramatischen Satz »Wir wollen nicht, dass aus dem rauchenden Colt ein Atompilz wird.«

8 Harun al-Raschid, der im achten Jahrhundert von Bagdad aus das arabische Weltreich regierte, ist eine historische Figur von mythischer Statur und gilt als der größte der Abbasidenkalifen. Seine Herrschaft war eine außergewöhnliche kulturelle, wissenschaftliche und politische Blütezeit.

9 »How the White House Embraced Disputed Arms Intelligence« von David Barstow, William J. Broad und Jeff Gerth. *New York Times*, 3. Oktober 2004.

10 In seinen Memoiren *Decision Points* schreibt George W. Bush, der ägyptische Präsident Mubarak habe dem amerikanischen General Thomas Franks mitgeteilt, »dass der Irak biologische Waffen hatte und sie gegen unsere Truppen einsetzen würde«. Diese Information habe ihn in der Überzeugung bestärkt, dass der Irak tatsächlich Massenvernichtungswaffen besaß und dass ein militärisches Vorgehen unabdingbar war. Zitert in: »Bush: Mubarak Informed U.S. That Iraq Had Biological Weapons«, von Diaa Bekheet. Voice of America, 11. November 2010. Siehe http://www.voa-news.com/english/news/Bush-Says-Egypts-Mubarak-Informed-US-that-Iraq-Had-Biological-Weapons-107247693.html.

11 In den Vereinigten Staaten betrachteten viele Politiker die französische Position zum Irakkrieg als Verrat. Einige Kongressabgeordnete schwangen sich sogar zu der Forderung auf, die Cafeteria des Abgeordnetenhauses solle die Pommes frites (»French fries«) in »Freedom fries« und den französischen Toast in »Freedom Toast« umtaufen.

12 Schraubenwurmfliegen sind fleischfressende Schädlinge, die dank Sterilisierungsmaßnahmen in Nordamerika und anderen Regionen der Welt weitgehend ausgerottet werden konnten. Dazu werden männliche

sen. Da Weibchen im Laufe ihres Lebens nur einmal Eier ablegen, lässt sich die Population der Fliegen durch diese Maßnahme deutlich eindämmen. Die IAEO unterstützt zahlreiche Länder beim Einsatz dieser Techniken in der Bekämpfung der Schraubenwurmfliegen und anderer Schädlinge. Zu diesem Zweck hielt der Irak eine gewisse Menge der Fliegen vor.

13 Eine schmutzige Bombe, die auch als »radiologische Waffe« bezeichnet wird, ist ein primitiver Sprengsatz, den auch Extremisten verwenden könnten. Im Grunde besteht sie aus einer konventionellen Bombe, die mit radioaktivem Material umhüllt wird. Das Ergebnis ist keine Atomexplosion, sondern die Verteilung des Materials zum Beispiel über einen Stadtteil, mit der die betreffende Region kontaminiert und Panik ausgelöst wird (vgl. Kapalitel 7, Anmerkung 1).

14 »Experts Say U.S. ›Discovery‹ of Nuclear Materials in Iraq was Breach of UN-Monitored Site« von William J. Kole. Associated Press, 10. April 2003.

15 In der *Washington Post* erschienen beispielsweise am 25. April und 4. Mai Artikel, in denen Barton Gellman die ungenügenden Maßnahmen zur Sicherung der bekannten Atomanlagen im Irak beschrieb.

16 Die letzten Sanktionen wurden erst am 15. Dezember 2010 aufgehoben. Seither hat der Irak beispielsweise wieder das Recht auf ein ziviles Atomprogramm; zum 30. Juni 2011 erhält der Irak außerdem die Kontrolle über die Einnahmen aus der Öl- und Gasförderung. Siehe »UN Lifts Nuclear Weapons Sanctions on Iraq«, Associated Press, 15. Dezember 2010.

17 Die Organisation wurde später in World Nuclear Association umbenannt.

18 HMX und RDX sind hochexplosive chemische Sprengstoffe. Obwohl es sich um nichtatomare Sprengstoffe handelte, unterstanden sie der Kontrolle durch die IAEO, da sie zur Zündung von Atomwaffen verwendet werden können.

19 »Huge cache of explosives vanished from site in Iraq«. *New York Times*, 25. Oktober 2004.

20 Siehe »Osama casts his vote«. *New York Times*, 1. November 2004.

21 Mit dem Begriff »Überführungen« bezeichnet man den Transport von Gefangenen von einem Land zum anderen, ohne Eröffnung eines Gerichtsverfahrens. Die Überführungen der CIA hatten den Zweck, Gefangene in Länder zu bringen, in denen Folter praktiziert wurde, und waren Gegenstand zahlreicher Untersuchungen und Berichte. Ein Beispiel ist der Bericht des Menschenrechtsausschusses des Europarats vom Juni 2007; der Bericht trägt den Titel »Secret detentions and illegal transfers of detainees involving Council of Europe member states: second report« und ist nachzulesen unter: http://news.bbc.co.uk/2/shared/bsp/hi/pdfs/marty_08_06_07.pdf.

22 Das Genfer Abkommen über den Schutz von Zivilpersonen in Kriegszei-
ten ist der letzte der vier Verträge, die im Jahr 1949 als Genfer Konvention
verabschiedet wurden. Der Vertrag wurde formell von 194 Ländern unterzeichnet, doch im Jahr 1993 beschloss der Weltsicherheitsrat, dass die Konvention auch für Nichtunterzeichner bindend ist.
Die vier Genfer Konventionen aus dem Jahr 1949 sowie ihre Zusatzprotokolle sind das Kernstück des humanitären Völkerrechts und stellen Regeln
für bewaffnete Konflikte beziehungsweise deren Eingrenzung auf. Insbesondere schützen sie Unbeteiligte (Zivilpersonen, medizinisches Personal
und Mitarbeiter von Hilfswerken) sowie Menschen, die nicht mehr an
Kampfhandlungen beteiligt sind (verwundete, kranke und schiffbrüchige
Soldaten und Kriegsgefangene). Im Jahr 1993 vereinbarte der Weltsicherheitsrat, die Konventionen als internationales Gewohnheitsrecht anzuerkennen, womit sie auch für Nichtunterzeichnerstaaten verpflichtend sind.

23 Richard Haass ist heute Vorsitzender des Council on Foreign Relations und
war während der Invasion im Irak enger Berater von Colin Powell. Sein
Artikel »The Dilemma of Dissent« erschien am 2. Mai 2009 in *Newsweek*.
Sein Buch *War of Necessity, War of Choice: A Memoir of Two Iraq Wars*,
wurde im Jahr 2009 bei Simon and Schuster veröffentlicht.

24 Vor der Chilcot-Kommission sagte Blair aus, er habe die Vereinigten Staaten unterstützt, da alles andere »fatale Folgen für eine harte Haltung in
der Atomwaffenkontrolle gehabt hätte – und wegen der Beziehung Großbritanniens zu den Vereinigten Staaten«. Ende 2001 habe er zu Präsident
Bush gesagt, »wenn [ein Regimewechsel] die einzige Möglichkeit ist, mit
dem Problem fertigzuwerden, dann sind wir dazu bereit«. Als er Mitte 2002
einen Bericht von Colin Powell erhielt, in dem der damalige Außenminister
schrieb, »wir müssen unsere Position begründen ... bevor wir im Irak anfangen, brauchen wir die Art von Rolls-Royce-Informationskampagne, die wir
vor Afghanistan hatten«, notierte Blair am Rand, »stimme völlig zu«. »Tony
Blair's Promise to George Bush« von Richard Norton-Taylor. *Guardian*,
21. Januar 2011. Siehe www.guardian.co.uk/politics/2011/jan/21/tony-blair-
george-bush-iraq/

25 Wenn der Internationale Strafgerichtshof ein Verfahren eröffnet, können
die Angeklagten in jedem Land verhaftet werden, das das Statut unterzeichnet hat.

4. Nordkorea: *Der Club der Kernwaffenstaaten bekommt Zuwachs*

1 IAEO-Inspektoren sollten überprüfen, dass Nordkorea seine bekannten
verbrauchten Brennstäbe wiederaufarbeitete und Plutonium gewann, doch

die Überprüfungen der Organisation beschränkten sich auf die bekannten Anlagen.

2 Marschall Cho Myong Rok, der als Kim Jong-Ils Stellvertreter galt.

3 »Did Bush Bungle Relations with North Korea?« von Jake Tipper. *Salon*, 15. März 2001.

4 »I Sniff Some Politics« von Howard Fineman. *Newsweek*, 27. Mai 2002.

5 Japan-DPRK Pyongyang Declaration, 17. September 2002.

6 KEDO wurde 1995 von den Vereinigten Staaten, Südkorea und Japan gegründet, um die im Genfer Rahmenabkommen getroffenen Vereinbarungen zur Energieversorgung umzusetzen, darunter den Bau der beiden Leichtwasserreaktoren. Bis zur Fertigstellung der Reaktoren sollte Nordkorea jährlich 500 000 Tonnen Schweröl erhalten. Nordkorea klagte über den Mangel an »redlicher Absicht« seitens der Vereinigten Staaten und KEDO aufgrund der Verzögerungen beim Bau der beiden Atomkraftwerke. Die Einstellung der Öllieferungen war der sprichwörtliche Tropfen, der das Fass zum Überlaufen brachte.

7 Da ein Austritt aus dem Atomwaffensperrvertrag erst nach drei Monaten wirksam wird, wurde der nordkoreanische Austritt am 10. April 2003 offiziell. Der Gouverneursrat gab die Angelegenheit an den Weltsicherheitsrat weiter. Dieser verabschiedete keine Resolution; stattdessen teilte der damalige Vorsitzende, der mexikanische Botschafter Adolfo Aguilar Zinser, der Presse lediglich mit, die Mitglieder des Weltsicherheitsrats hätten »ihre Besorgnis zum Ausdruck gebracht« und wollten die weitere Entwicklung beobachten.

8 14. Mai 2004. Die Diskussion moderierte Graham Allison, Direktor des Belfer Center for Science and International Affairs an der John F. Kennedy School of Government der Harvard University.

9 Die Pugwash Conferences on Science and World Affairs ist eine internationale Organisation, die Lösungen für internationale Bedrohungen der Sicherheit sucht, darunter die Verbreitung von Kernwaffen. Pugwash und ihr Leiter Joseph Rotblat erhielten 1995 den Friedensnobelpreis für ihren Beitrag zur atomaren Abrüstung.

10 »In Search of a North Korea Policy«, 11. Oktober 2006.

11 »Solving the Korean Stalemate, One Step at a Time«. *New York Times*, 11. Oktober 2006.

12 »Mutually Assured Disruption«. *New York Times*, 10. Oktober 2006.

13 »U.S. now uncertain about North Korea uranium enrichment«. AFP, 1. März 2007.

14 »North Korea lifts nuclear veil«. CNN, 26. Februar 2008.

15 Am 18. Oktober 2006 erklärte Außenminister Aso in einer Sitzung eines

Unterhausausschusses: »Es ist ein möglicher Standpunkt, Diskussionen oder Gespräche über den Besitz von Atomwaffen zu unterbinden, selbst wenn ein Nachbarland diese besitzt, aber es ist wichtig, solche Diskussionen zu führen.« Allerdings fügte er hinzu: »Wir sagen nicht, dass wir planen, Kernwaffen zu besitzen.«

16 »North Koreans Unveil New Plant for Nuclear Use« von David E. Sanger. *New York Times*, 20. November 2010.

17 »U.S. Concludes North Korea Has More Nuclear Sites« von David E. Sanger. *New York Times*, 14. Dezember 2010.

18 Außerdem muss der Weltsicherheitsrat neu gestaltet werden, um den Verhältnissen des 21. Jahrhunderts Rechnung zu tragen. Es ist beispielsweise absurd, dass Länder wie Indien, Brasilien oder Südafrika nicht zu den ständigen Mitgliedern gehören.

5. Iran: *Taqqiya*

1 Der nationale Widerstandsrat des Iran (NWRI) ist eine iranische Oppositionsgruppe mit Sitz in Paris, sie bezeichnet sich selbst als Koalition demokratischer Einzelpersonen und Gruppen, die bereit sind, nach einem Sturz des gegenwärtigen Regimes eine Übergangsregierung zu bilden. Sowohl der Iran als auch die Vereinigten Staaten stufen den NWRI als terroristische Vereinigung ein und führen Verbindungen zu den Modschahedin-e Chalgh an, einem religiösen Ableger des NWRI mit einer Geschichte der Gewalt. Der NWRI ist wiederholt mit Behauptungen über das geheime Atomprogramm des Iran an die Öffentlichkeit getreten, die zum Teil durch nachfolgende Untersuchungen der IAEO bestätigt wurden. Ich habe mich oft gefragt, ob westliche Geheimdienste den NWRI benutzen, um Informationen über die kerntechnischen Aktivitäten des Iran zu verbreiten.

2 Jedes dieser Länder legte sein Atomprogramm auf, ehe es dem Atomwaffensperrvertrag beitrat.

3 Angesichts der Größe der Anlage in Natanz hatten die Iraner vermutlich nicht vor, sie geheim zu halten. Ich nehme an, dass sie mit der Meldung so lange warten wollten, wie es das Safeguard-Abkommen zuließ, um die Inspektion durch die IAEO aufzuschieben, bis sie die Anlage fertiggestellt und das erforderliche Know-how beziehungsweise die Technologie erworben hatten, die sie aufgrund der Sanktionen heimlich beschaffen mussten. Man sagte mir später, die Iraner seien besorgt gewesen, dass mit der Meldung ihr Zuliefernetzwerk bekannt würde.

4 Ein Jahrzehnt lang hatten die Vereinigten Staaten versucht, Russland vom Bau des Buschehr-Reaktors abzubringen. Sie argumentierten, mit dem Reaktor habe der Iran einen Vorwand, Anlagen für einen vollständigen Brennstoffkreislauf zu entwickeln. Die amerikanischen Bemühungen blieben jedoch erfolglos.

5 Salehi sollte Aghazadeh als iranischer Vizepräsident und Leiter der AEOI nachfolgen.

6 Der Spiegelpalast, einer der Paläste des früheren Schahs.

7 Urananreicherung mit der Dampflaser-Isotopentrennung.

8 Über diese Fenster bzw. über Kameras sehen die Wissenschaftler ins Innere der Kammer und verfolgen die Arbeit mit den ferngesteuerten Apparaten.

9 Der frühere Leiter des Streitkräfteausschusses des amerikanischen Senats, einer der führenden amerikanischen Abrüstungsexperten und ein starker Fürsprecher der IAEO.

10 Die NTI ist eine Nichtregierungsorganisation, die ausgewählte Projekte zur Verringerung der Bedrohung durch Atomwaffen finanziert.

11 Sowohl mein Kommentar als auch Bushs Rede spiegelten eine zunehmende Besorgnis um das geheime atomare Versorgungsnetzwerk von A. K. Khan und seinen Kohorten wider. Eine ausführliche Diskussion finden Sie in Kapitel 7.

12 Das Erdbeben, das am 26. Dezember den Südiran erschütterte, war das schwerste in der iranischen Geschichte. Mehr als 25 000 Menschen kamen ums Leben, Zehntausende wurden verletzt und obdachlos.

13 »The Politics of Earthquakes« von Paul Reynolds. BBC News Online, 30. Dezember 2003.

14 In meinem Kommentar im *Economist* (Oktober 2003) hatte ich deutlich gemacht, dass eine multinationale Kontrolle der Brennstoffkreisläufe nur ein Schritt in einem Prozess war, der zu einer atomaren Abrüstung führte.

15 Leider wurde der Gedanke eines Gipfeltreffens nicht aufgenommen. Ich hörte, dass John Bolton den Vorschlag ablehnte und es verstand, einen Gipfel zu verhindern.

16 »IAEA Breaches Legal Commitments Towards Iran«. *Tehran Times*, 19. Februar 2004.

17 Ich hatte Putin zuvor erst ein Mal getroffen, und zwar in seinem ersten Amtsjahr. Bei unserem Gespräch im neu renovierten Kreml war der Iran noch kein Thema gewesen. Putin interessierte sich sehr für Atomfragen und nahm die IAEO in der Folge mehrmals vor der Kritik durch die Vereinigten Staaten in Schutz.

18 Interview mit Gavin Esler in »Iran's Nuclear Capacity«. BBC 2 Newsnight, 26. August 2004.

19 »Photos of suspected secret Iranian nuclear site released«, Agence Free

Press, 16. September 2004. Bis in das Vokabular hinein zeigt diese AFP-Meldung, wie die Medien dieses und ähnliche Themen aufblasen. Parchin wird beschrieben als »großer Industriekomplex, versteckt in einem Gewirr von Tälern und Schluchten«, die Zufahrtsstraße als ein Weg, »der sich durch kahle Berge schlängelt«.

20 »U.S. Alarmed Over Suspected Iran Nuke Site« von George Jahn, Associated Press, 16. September 2004.

21 BBC News, 30. November 2004.

22 Die G-8 ist ein Forum der führenden Industrienationen. Gegründet wurde es als G-7 von Deutschland, Frankreich, Großbritannien, Italien, Japan, Kanada und den Vereinigten Staaten. Im Jahr 1997 kam als achtes Land Russland hinzu.

23 »Bush Weighs Offers to Iran; U.S. Might Join Effort to Halt Nuclear Program« von Robin Wright. *Washington Post*, 28. Februar 2005.

6. Libyen

1 Das war nicht der einzige Unterschied. Die Amerikaner hatten in der Regel sehr genaue Vorstellungen davon, wie sie bestimmte Informationen zu interpretieren hatten, während die Briten weniger voreingenommen waren und die Tatsachen für sich selbst sprechen ließen. Interessanterweise briefte der CIA-Direktor den amerikanischen Präsidenten zwar jeden Morgen, wie mir mein Kontakt beim MI6 berichtete, doch anders als der MI6 war die CIA selten am Entscheidungsprozess beteiligt.

2 Ich hörte, dass das libysche Atomwaffenprogramm und andere militärische Programme Gaddafis als Rache für den amerikanischen Bombenangriff im April 1986, bei dem Gaddafis Adoptivtochter Hannah getötet wurde, gedacht waren.

3 Der Rotor ist ein hohler Zylinder im Inneren der Zentrifuge, durch den das Urangas fließt. Da der Rotor lange Zeit mit extrem hohen Geschwindigkeiten arbeitet und hohen Belastungen ausgesetzt ist, sind spezielle Hightech-Materialien und eine hochpräzise Verarbeitung erforderlich.

4 »Libya presses UN to move quickly to end sanctions«. *New York Times*, 2. Januar 2004.

5 Zu unserer Erleichterung stellten die IAEO-Experten fest, dass in den Bauplänen wesentliche Teile fehlten. A. K. Khan war kein Waffenentwickler, sondern gab vermutlich nur das an Libyen weiter, was er in Pakistan hatte auftreiben können.

6 Damit bezog sich Bolton vermutlich auf Aussagen wie jene, die er 1994 vor

5 Zu unserer Erleichterung stellten die IAEO-Experten fest, dass in den Bauplänen wesentliche Teile fehlten. A. K. Khan war kein Waffenentwickler, sondern gab vermutlich nur das an Libyen weiter, was er in Pakistan hatte auftreiben können.

6 Damit bezog sich Bolton vermutlich auf Aussagen wie jene, die er 1994 vor der World Federalist Association machte: »Es gibt die Vereinten Nationen nicht.« Weiter hatte Bolton damals ausgeführt: »Das Gebäude der Vereinten Nationen in New York hat 38 Stockwerke. Wenn heute 10 davon verschwinden, fällt das niemandem auf.« Aus: »Bolton: An Unforgivable Choice as UN Ambassador«. Kolumne des Council on Hemispheric Affairs, 10. März 2005. Siehe http://www.scoop.co.nz/stories/WO0503/S00185.htm

7 »U.S. Displays Nuclear Parts Given by Libya« von Jody Warrick. *Washington Post*, 16. März 2004. Ich bin oft erstaunt und traurig, wenn intelligente und gebildete amerikanische Politiker solche und ähnliche diskriminierende Aussagen von sich geben und damit behaupten, dass die zivilisierte Welt nur aus einigen wenigen Ländern bestehe. Daraus muss ich schließen, dass Libyen und seine Nachbarn als »unzivilisiert« gelten sollen.

8 »Was Libyan WMD Disarmament a Significant Success for Nonproliferation?« von Sammy Salama, Research Associate, Center for Nonproliferation Studies, September 2004. Siehe http://www.nti.org/e_research/e3_56b.html.

7. Der Atombasar von A. K. Khan

1 Vgl. Kapitel 3, Anmerkung 13; da eine schmutzige Bombe sehr viel einfacher herzustellen ist als eine Atomwaffe und da radioaktives Material in der Regel geringeren Sicherheitsvorkehrungen unterliegt als waffenfähiges Material, kann man davon ausgehen, dass sich Terroristen mit größerer Wahrscheinlichkeit eine schmutzige Bombe als eine Atomwaffe beschaffen. Manche Experten sind erstaunt, dass bislang noch keine zum Einsatz gekommen ist.

2 URENCO steht für »Uranium Enrichment Corporation«.

3 SCOPE oder SCOMI Precision Engineering ist ein Unternehmen der SCOMI Group, ein Zulieferunternehmen der Ölindustrie. Das Hauptgeschäft von SCOPE ist die Herstellung von Bauteilen für Fahrzeuge oder Maschinen, die präzise Fertigung erfordern.

4 Die Beamten gehörten dem Council for the Non-Proliferation of Weapons of Mass Destruction an, einer südafrikanischen Regierungsbehörde.

5 Im Jahr 1993 verabschiedete die UN-Vollversammlung die Resolution 48/75L, die Verhandlungen über einen multilateralen Vertrag zur Ächtung der Produktion von waffenfähigem Atommaterial fordert. Die Ver-

48/75L, die Verhandlungen über einen multilateralen Vertrag zur Ächtung der Produktion von waffenfähigem Atommaterial fordert. Die Verhandlungen der Genfer Abrüstungskonferenz sind bis heute nicht zum Abschluss gekommen.

6 Die Proliferation Security Initiative (PSI) ist ein von den Vereinigten Staaten geleitetes multinationales Programm zur Durchsuchung von Schiffen in internationalen Gewässern, die im Verdacht stehen, spaltbares Material zu transportieren. Das PSI-Programm wurde zwar von vielen Ländern unterzeichnet, untersteht jedoch nicht den Vereinten Nationen, wie man es von einer Initiative erwarten sollte, die Angelegenheiten des internationalen Seerechts betrifft.

7 Von 2001 bis 2005 war Joseph Mitarbeiter von Condoleezza Rice im US-Sicherheitsrat und dort für Maßnahmen gegen die Verbreitung von Massenvernichtungswaffen und Heimatschutz zuständig. Zusammen mit John Bolton war er maßgeblich an der Entwicklung der Proliferation Security Initiative beteiligt sowie an den Verhandlungen mit Libyen über die Aufgabe seiner Massenvernichtungswaffen.

8 Da Pakistan weder Mitglied des Atomwaffensperrvertrags noch der Kernmaterial-Lieferländer ist, unterliegt es nicht deren Beschränkungen.

9 »From Patriot to Proliferator« von Douglas Frantz. *Los Angeles Times,* 23. September 2005.

10 Ebda.

11 »The Deal« von Seymour M. Hersh. *The New Yorker,* 8. März 2004.

12 Robert Einhorn zitiert in »A High-Risk Nuclear Stakeout« von Douglas Frantz. *Los Angeles Times,* 27. Februar 2005.

13 Siehe »The Deal« von Seymour M. Hersh. *The New Yorker,* 8. März 2004.

14 »The Atomic Emporium: Abdul Qadeer Khan and Iran's race to build the bomb« von Steve Coll. *The New Yorker,* August 2006.

8. Von Wien nach Oslo

1 Bei meiner ersten Wahl zum Generaldirektor der IAEO hatte Ägypten Mohamed Shaker unterstützt, den ägyptischen Botschafter in Großbritannien und einen engen Freund von Präsident Hosni Mubarak.

2 Duarte war zuvor brasilianischer Beauftragter für Abrüstung und Atomwaffenkontrolle gewesen. Er war außerdem IAEO-Botschafter.

3 Eine ausführliche Darstellung findet sich in Kapitel 4.

4 »IAEA Leader's Phone Tapped«, 12. Dezember 2004.

5 Reporter von Reuters berichteten später, westliche Diplomaten hätten ihnen angebliche Abschriften meiner Telefonate mit dem iranischen

IAEO-Abgesandten gezeigt. Siehe »Rice on WikiLeaks spy charges: We're just diplomats« von Lou Charbonneau, Reuters, 29. November 2010.

6 Mein Sohn Mostafa war damals Studioleiter der Londoner CNN-Büros. Die Nachricht wurde bekannt, während er Dienst hatte. Er schickte uns eine Nachricht aus drei Worten – »Oh mein Gott!« – und machte zehn Minuten Pause, um die Fassung wiederzugewinnen. Später erzählte er uns, er habe 50 Pfund in der Tasche gehabt und diese dem ersten Bettler gegeben, dem er über den Weg lief.

Meine Tochter Laila, die damals auch in London lebte, saß in der U-Bahn und war auf dem Weg ins Büro. Als sie aus dem Bahnhof kam, fand sie dreißig Nachrichten auf ihrem Handy und war sicher, dass irgendetwas Schreckliches passiert war. Dann rief sie ihren Bruder an.

7 Mitglieder des Nobelpreiskomitees erklärten mir später, wenn sie die IAEO angerufen hätten, wäre die Nachricht sicher sofort bekannt geworden. Der Botschafter sagte mir, er habe auch im Vorjahr einen großen Blumenstrauß gekauft.

8 Nur zwei Beispiele:

Javier, 7 Jahre: »Ich habe gehört, dass viele Spanier Ihnen geholfen haben, damit Ihre Inspektoren mehr Zeit haben und damit es keinen Krieg gibt. Deswegen freuen wir uns, dass Sie den Nobelpreis bekommen, und hoffen, dass Sie weiter für den Frieden in der Welt kämpfen. Herzlichen Glückwunsch!«

Alicia, 12 Jahre: »Ich bin total gegen Kriege und danke Ihnen sehr, dass Sie sich bemüht haben, den Krieg im Irak zu verhindern. Obwohl es den Amerikanern nicht gefallen hat, dass Sie einen Dialog führen wollten, sind Sie standhaft geblieben und haben gezeigt, dass es im Irak keine Atomwaffen gibt, obwohl das mächtigste Land der Welt Sie dafür gehasst hat. Ich hoffe, dass Sie beim Konflikt im Iran mehr Glück haben und dass sich die Dinge mit Dialog lösen lassen, nicht mit Waffen. Und dass die amerikanischen Politiker die Meinung der UN akzeptieren und dass sie nicht für wirtschaftliche Vorteile tun und lassen, was sie wollen. Ich wünsche Ihnen viel Glück und dass Sie weiter Ihre wichtigste Waffe verwenden: den Dialog.«

9. Iran: *»Nicht eine einzige Zentifuge«*

1 Nach einem Treffen mit Rice leugnete der russische Außenminister Sergei Lawrow, dass sein Land je einen solchen Vorschlag gemacht habe. Es ging ihm offenbar darum, die Geschlossenheit der Verhandlungspartei zu wahren und den Vereinigten Staaten nicht öffentlich zu widersprechen.

2 Das iranische Parlament hatte das Zusatzprotokoll zwar nie unterzeichnet, doch die Iraner setzten es vorläufig um.

3 Javier Solana war Hoher Vertreter für die gemeinsame Außen- und Sicherheitspolitik der Europäischen Union.

4 Die P-5 (die ständigen Mitglieder des Weltsicherheitsrats) plus Deutschland, die bei den Verhandlungen mehr oder weniger eng zusammenarbeiteten.

5 »Bolton admits Lebanese truce block«. BBC News Online, 22. März 2007.

6 »U.S. Speeds Up Bomb Delivery for the Israelis« von David S. Cloud. *New York Times,* 22. Juli 2006.

7 »UK dismisses talk of Iran attack«. BBC News Online, 9. April 2006.

8 Beckett hatte sich als Ministerin für Umwelt, Ernährung und ländliche Angelegenheiten mit Fragen des Klimawandels befasst. Am 28. Juni schrieb die *Sunday Times,* als Blair ihr mitgeteilt habe, er werde sie zur Außenministerin ernennen, sei ihre Antwort »ein Wort mit vier Buchstaben« gewesen.

9 Annan unterstützte die vier Prinzipien, aber sein Iranbesuch fand nie statt.

10 »Early October New Deadline for Iran« von Glenn Kessler. *Washington Post,* 21. September 2006.

11 Ich hatte Mühe, den Zweck des Briefes zu verstehen. Ich vermute, Aghazadeh und seine Kollegen standen unter Druck, da unsere Inspektoren auf »der ganzen Wahrheit« bestanden, um die Lücken in der Geschichte des iranischen Atomprogramms zu füllen. Der Druck, die Anreicherung auszusetzen, könnte ihn ebenfalls zu diesem Brief bewogen haben; er war einer der Väter des Anreicherungsprogramms und hatte wenig Interesse daran, es einzustellen.

12 Den Begriff »Transparenzbesuch« verwendeten wir, wenn der Iran freiwillig eine Kontrolle einer Stätte zuließ, zu der die IAEO eigentlich keinen Zugang hatte.

13 »Iran rejects U.N. resolution and accuses Security Council of hypocrisy« von Sarah Dilorenzo, Associated Press, in: *San Diego Tribune,* 23. Dezember 2006.

14 Einem Gerücht zufolge berichteten einige iranische Regierungsbeamte, im Jahr 1987 sei eine Spezialeinheit damit beauftragt worden, Möglichkeiten zur Planung einer Atomwaffe zu sondieren. Diese Einheit war angeblich Anfang der neunziger Jahre aufgelöst worden. Es hieß, die Iraner könnten sich nicht einigen, die IAEO von diesen Plänen in Kenntnis zu setzen. Über Geheimdienstkanäle erhielten wir ähnliche Hinweise, doch wir waren nie in der Lage, diese zu überprüfen.

15 Auch die Türkei hat unlängst einige antiwestliche Standpunkte eingenommen, wodurch der türkische Ministerpräsident Recep Tayyip Erdogan in

der muslimischen Welt deutlich an Beliebtheit gewonnen hat. Die Türkei ist Mitglied der NATO und gilt als Verbündeter des Westens, doch die Mitgliedschaft der Türkei in der Europäischen Union wird kontrovers diskutiert. Muslime führen diese Debatte als weiteren Beleg für die Islamfeindlichkeit des Westens an.

10. Zweierlei Maß

1 Bei diesen Experimenten wird ein Material bestrahlt, um ein anderes zu erzeugen. Thorium ist wie Uran und Plutonium ein radioaktives Element, das als Reaktorbrennstoff verwendet werden kann. Thorium lässt sich jedoch nicht direkt in einer Atomwaffe einsetzen, da sich der Kern eines Thoriumatoms nicht spaltet und dabei Energie freisetzt. Vielmehr nimmt er Neutronen auf und zerfällt zu ^{233}U, das wiederum spaltbar ist.

2 Das Gesetz wurde schließlich im Jahr 2010 verabschiedet.

3 »Egypt rejects reports of nuclear probe«. AFP, 7. Mai 2009.

4 Es war nicht das erste Mal, dass ich eine solche Drohung erhielt. Einige Jahre zuvor hatten ägyptische Behörden Informationen erhalten, eine ägyptische Terrorgruppe plane Anschläge auf Ägypter im Ausland. Auch ich stand auf der Liste. Mostafa El-Feki, der ägyptische Botschafter in Wien, informierte mich und die österreichischen Behörden. Eine Zeitlang erhielt ich zusätzlichen Personenschutz, doch es passierte nichts.

5 An dem Gespräch nahmen außerdem Gideon Frank, der Generaldirektor der Israelischen Atomenergiekommission, und Scharons Stabschef und Militärberater Dov Weissglass teil.

6 Die Nuclear Suppliers Group (NSG), zu Deutsch Gruppe der Kernmaterial-Lieferländer, ist eine multinationale Einrichtung, die 1974 gegründet wurde, um das Risiko der Verbreitung von Atomwaffen durch die Kontrolle des Exports für den Bau von Atomwaffen relevanter Materialien zu verringern.

7 »Bush: no nuclear pact for Pakistan« von Peter Wallsten. *Los Angeles Times*, 5. März 2006.

8 Siehe CNN-Archive unter: http://archives.cnn.com/TRANSCRIPTS/0710/28/le.01.html.

9 Charlie Rose Show, 30. Oktober 2007. Siehe unter: http://www.iaea.org/NewsCenter/Transcripts/2007/cr301007.html.

10 »Israel says UN nuclear chief should go«. AFP, 8. November 2007.

11 Lieberman wurde später Außenminister.

12 »Israel Minister: ›Apocalyptic scenario‹ if Egypt, Saudi Arabia go nuclear«. *Jerusalem Post*, 8. November 2007.

13 *Haaretz*, 17. November 2007.

14 Interview in der CNN Late Edition, 11. November 2007. Siehe unter: http://
archives.cnn.com/TRANSCRIPTS/0711/11/le.01.html. Eine Reihe von
Kommentatoren erinnerte sich an eine Bemerkung, die Bolton im August
1999 gegenüber dem Magazin *Insight* gemacht hatte: »Es wäre ein großer
Fehler, wenn wir internationalen Gesetzen Gültigkeit zugestehen würden,
auch wenn dies kurzfristig in unserem Interesse zu sein scheint, denn langfristig besteht das Ziel der Verfechter von internationalen Gesetzen darin,
die Vereinigten Staaten zu schwächen.«

15 Israel hatte die Fragen der IAEO mit einer einzigen Zeile beantwortet und
lediglich geschrieben, dass das Uran nicht aus Israel stammte; es hatte
nicht einmal seine Verantwortung für den Angriff eingeräumt.

16 »Iran nears industrial nuclear fuel production«, 19. Februar 2007.

17 Sawers wurde später Direktor des britischen Nachrichtendienstes MI6.

18 Die frühere UNMOVIC-Beraterin Rebecca Johnson schrieb im *Bulletin
of the Atomic Scientists* eine ausführliche Erwiderung auf die Antwort des
britischen Premierministers, die sie mit der Aufforderung an Blair schloss,
sich bei mir zu entschuldigen. Siehe »Tony Blair's forgetfulness«, *Bulletin of
the Atomic Scientists*, 26. Februar 2007.

19 Als ich mich beispielsweise bei mir zu Hause mit Nicholas Burns und
einigen seiner Kollegen traf, reichte er mir ein Papier, das ausführte, wie
die IAEO aus Sicht der Vereinigten Staaten mit dem iranischen Atomprogramm umzugehen habe. Ich war empört, doch ich legte das Papier einfach
beiseite und antwortete ruhig: »Wir wissen, wie wir mit dem Iran umzugehen haben.« Burns' Antwort sprach Bände: »Vergessen Sie nicht, dass wir
25 Prozent Ihres Budgets bezahlen.«

11. Iran, 2007 bis 2008: *Vertane Chancen*

1 Das französische Unternehmen Total SA ist der viertgrößte börsennotierte
Ölproduzent der Welt mit Filialen in Afrika, Europa und dem Nahen Osten.

2 Aus diplomatischen Dossiers, die Ende 2010 auf Wikileaks veröffentlicht
wurden, geht hervor, dass arabische Führer hinter den Kulissen aktiv
wurden und unter anderem auf Militärschläge gegen den Iran drängten.
Siehe zum Beispiel »Arab Leaders Urged U.S. to Attack Iran, Wikileaks
Says« von Mark Hennessy. *Irish Times*, 29. November 2010.

3 Auf der Münchner Konferenz für Sicherheitspolitik vom 10. Februar
erklärte Putin seine Unterstützung für den Vorschlag.

4 »Blair seeks closer ties with moderate Arabs« von Daniel Dombey. *Financial Times*, 20. Dezember 2006.

5 Aus den Ende 2010 auf Wikileaks veröffentlichten Dossiers geht hervor, dass Washington über die Schweizer Initiativen extrem verärgert war. Siehe »U.S. Irked By Over-Eager Swiss Diplomats« von Mathieu van Rohr. Spiegel Online International, 14. Dezember 2010.

6 Wie Kapitel 5 beschrieben, geriet ich während der Gouverneursratssitzung vom November 2003 in einen öffentlichen Schlagabtausch mit den Amerikanern. Sie waren erbost, weil ich erklärt hatte, wir hätten keine Hinweise, dass die iranischen Aktivitäten mit einem Atomwaffenprogramm in Zusammenhang stünden.

7 Interview mit Grupo Vocento von Dario Valcarcel und Borja Bergareche. »Detecto una escalada gradual que aleja una solución pacífica con Irán.« ABC, 17. Mai 2007.

8 Wörtlich sagte Bolton: »Wenn Sie mit mir übereinstimmen, dass sich der Iran nie durch Gespräche zur Aufgabe seiner Atomwaffen überreden lassen wird, weil seine Atomwaffen sein einziger Trumpf sind, dann bleibt uns nichts anderes übrig, als den wirtschaftlichen und politischen Druck dramatisch zu erhöhen und uns die Option eines Umsturzes oder eines Militäreinsatzes offen zu halten.« Interview mit Hannity & Colmes, Fox News, 21. Mai 2007. Siehe http://www.realclearpolitics.com/articles/2007/05/interview_with_john_bolton_on_1.html.

9 Der IAEO-Botschafter Yukiya Amano war verreist.

10 »Inside the IAEA: a year with the nuclear detectives.« Zweiteilige Radiodokumentation von BBC Radio 4, ausgestrahlt am 31. Mai und 7. Juni 2007.

11 »Rogue Regulator: Mohamed ElBaradei pursues a separate peace with Iran«. *Washington Post,* 5. September 2007.

12 »In the Crossfire«. *Economist,* 13. September 2007.

13 »ElBaradei's Nuclear Policy« von Caroline Glick. *Jerusalem Post,* 27. August 2007.

14 »An Indispensable Irritant to Iran and Its Foes« von Elaine Sciolino und William J. Broad. *New York Times,* 17. September 2007.

15 »Proponent Of Diplomatic Solution For Iran Smeared By White House« von Katrina vanden Heuvel, *The Nation.* Nachdruck in: »Bush, the Bomb, and Iran«. CBS News Opinion, 25. September 2007.

16 »IAEA Chief ElBaradei Being Pressured On Iran – Diplomats«. Associated Press, 9. September 2007.

17 Nicht selten äußerten andere Mitglieder der Europäischen Union mir gegenüber ihren Unmut über die »großen Drei« – Frankreich, Großbritannien und Deutschland, und vor allem über die ersten beiden. Die übrigen Europäer hatten oft den Eindruck, sie hätten bei den vermeintlichen gemeinsamen

Erklärungen zum Iran kein Mitspracherecht. Insbesondere Großbritannien galt bei vielen als trojanisches Pferd der Vereinigten Staaten.

18 »After Talk of War, Cooler Words in France on Iran« von Katrin Bennhold und Elaine Sciolino. *New York Times*, 17. September 2007.

19 »Rice swipes at IAEA, urges bold action on Iran« von Sue Pleming. Reuters, 17. September 2007.

20 Ende 2005 hatten die Vereinigten Staaten der IAEO erstmals Informationen zur Verfügung gestellt, die Atomwaffenexperimente des Iran dokumentieren sollten. Insbesondere war von Urankonversion, Sprengstofftests und der Vorrichtung von Shihab-3-Raketen für Atomsprengköpfe die Rede. Der Iran hatte diese Vorwürfe als haltlos zurückgewiesen, doch da die Vereinigten Staaten der IAEO nur in begrenztem Umfang gestatteten, ihre Informationen an den Iran weiterzugeben, hatte die Behörde kaum Möglichkeiten, sie zu überprüfen.

21 »Bush warns of Iran ›nuclear holocaust‹« von Damien McElroy. *Telegraph*, 28. August 2007.

22 »Bush Warns of ›World War III‹ if Iran Gains Nuclear Weapons«. Associated Press, 18. Oktober 2007. Siehe http://www.foxnews.com/story/0,2933,303097,00.html.

23 »German TV interview: US president repeats ›Third World War‹ warning«. 14. November 2007. Siehe http://www.world-peace-society.net/eecore/index.php?/site/C78/.

24 Seymour Hersh berichtete später, Präsident Bush habe Ende 2007 den Kongress um 400 Millionen Dollar für verdeckte Operationen im Irak gebeten, »um die religiöse Führung des Landes zu destabilisieren«. Siehe »Preparing the Battlefield«, *The New Yorker*, 7. Juli 2008.

25 Gareth Evans, Leiter der International Crisis Group und ehemaliger australischer Außenminister, bat mich in einer ähnlichen Angelegenheit um Unterstützung.

26 Ahmadinedschad war von der School of International and Public Affairs der Columbia University im Rahmen des jährlich stattfindenden World Leaders Forum eingeladen worden. Bei seiner Ankunft wurde er von Tausenden Demonstranten begrüßt, und als Lee Bollinger, der Präsident der Universität, ihn als Redner vorstellte, kritisierte er Ahmadinedschad heftig für seine politischen Positionen.

27 »Iran risks attack over atomic push, French president says,« von Elaine Sciolino. *New York Times*, 27. August 2007.

28 »Putin Puts Forward A War-Avoidance Plan,« von Muriel Mirak-Weissbach. *Executive Intelligence Review*, 26. Oktober 2007. Siehe http://intellibriefs.blogspot.com/2007/10/caspian-summit-putin-puts-forward-war.html.

29 Von Solana hatte ich das nicht gehört. Er hatte mir lediglich berichtet, das Treffen sei schlecht gelaufen und in fünf Stunden sei nichts erreicht worden. Obwohl er mir immer wieder versicherte, persönlich teile er meine Auffassungen, musste ich erkennen, dass er nicht den Spielraum oder das Mandat hatte, die Initiative zu ergreifen, zumal die Vereinigten Staaten darauf bestanden, dass Verhandlungen nur nach einem Anreicherungs-stopp möglich waren.

30 Die Delegation unter Leitung des ägyptischen Außenministers folgte auf den Besuch von Präsident Sadat in Jerusalem. Premierminister Begin nahm kein Blatt vor den Mund: »Erinnern Sie sich daran, dass die Araber ihr Recht auf Selbstbestimmung 21 Mal ausgeübt haben. Das ist mehr als genug.« Danach erhielt der Außenminister Anweisung von Sadat, sofort nach Kairo zurückzukommen.

31 Siehe http://archives.cnn.com/TRANSCRIPTS/0802/10/le.01.html.

32 »Grünsalz« ist eine andere Bezeichnung für Urantetrafluorid (Uf_4).

33 »Relying on Computer, U.S. Seeks to Prove Iran's Nuclear Aims« von William J. Broad und David E. Sanger. *New York Times*, 13. November 2005.

34 Ich hatte Südafrika auf dieses Versäumnis aufmerksam gemacht, und in der Resolution wurde der Bericht schließlich erwähnt, ohne dass dies jedoch Auswirkungen auf den Inhalt der Beschlüsse gehabt hätte.

35 »ElBaradei's Real Agenda«. *Wall Street Journal*, 25. Februar 2008.

36 »Israeli minister says sack ElBaradei over Iran«. Reuters, 9. März 2008.

37 »ElBaradei is quietly managing to disarm Iran«. *Financial Times*, 27. Februar 2008.

38 »Acts of War« von Scott Ritter. Truthdig, 29. Juli 2008. Wie immer formulierte Ritter sehr pointiert: »Olli Heinonen könnte genauso gut auf der Gehaltsliste der Bush-Regierung stehen, denn er geht völlig konform mit dem Ziel der amerikanischen Regierung, den Iran als Bedrohung darzustellen, die ein militärisches Eingreifen erfordert.«

39 Wie in jeder Behörde vertraten Mitarbeiter wie Anwälte und technische Sachverständige unterschiedliche Ansichten zu den komplexen Fragen. Meine Iran-Berichte durchliefen in der Regel zehn bis fünfzehn Entwürfe, um die Sachverhalte so korrekt wie möglich darzustellen und zu einer objektiven Einstellung zu gelangen. Jeder der abschließenden Berichte hatte Heinonens Zustimmung.

40 »Kissinger backs direct U.S. talks with Iran« von Camilla Hall und Mike Schneider. Bloomberg News, 15. März 2008.

41 »Jimmy Carter calls for US to make friends with Iran after 27 years« von Joy Lo Dico. *Independent*, 26. Mai 2008.

42 »Five former U.S. state secretaries urge Iran talks«. Reuters, 16. September 2008.

12. Iran, 2009

1 »Ahmadinejad Congratulates Obama, Urges ›Real‹ Change« von Thomas Erdbrink. *Washington Post,* 7. November 2008.

2 Früherer stellvertretender Außenminister und amerikanischer UN-Botschafter.

3 Am 9. April 2009 sagte Clinton in einer gemeinsamen Pressekonferenz mit dem australischen Außenminister Stephen Smith und dem amerikanischen Verteidigungsminister Robert Gates: »Wir wissen nicht, was wir glauben sollen ... Wir nehmen unter anderem deshalb an den Gesprächen der P-5+1 teil, weil wir den Iran zwingen wollen, seine internationalen Pflichten einzuhalten und sicherzustellen, dass die IAEO eine Quelle glaubwürdiger Informationen bleibt.«

4 »Biden Says Israel Has ›Sovereign Right‹ to Hit Iran« von Ryan J. Donmoyer. Bloomberg, 6. Juli 2009.

5 »Obama: No green light for Israel to attack Iran«, CNN, 7. Juli 2009.

6 »Outgoing IAEA chief has tough choices on Iran«. Associated Press, 20. August 2009.

7 »Sources: UN watchdog hiding evidence on Iran nuclear program« von Barak Ravid. *Haaretz,* 19. August 2009.

8 »Israel, U.S. lost faith in IAEA long ago« von Yossi Melman. *Haaretz,* 19. August 2009. Im Oktober 2010, zwei Monate nach seinem Abschied von der IAEO, gab Olli Heinonen der israelischen Tageszeitung *Haaretz* ein Interview, in dem er auf Gerüchte einging, die unser Verhältnis als gespannt bezeichneten: »Es ist richtig, dass wir Meinungsverschiedenheiten hatten. Aber es ist auch richtig, dass einige Organisationen versucht haben, Gerüchte zu streuen, um uns zu spalten. Ich bin technischer Sachverständiger und Mohamed ist Diplomat. Manchmal waren wir uns in Fragen des Timings oder der Maßnahmen nicht einig, aber diese Meinungsverschiedenheiten hatten keinen Einfluss auf den Auftrag der IAEO, ihre Erkenntnisse öffentlich zu machen.« Siehe »Behind the Scenes of UN Nuclear Inspection of Iran« von Yossi Melman. *Haaretz,* 22. Oktober 2010.

9 Diese Anschuldigungen wurden nie bestätigt; es spricht jedoch Bände, dass die Schlussfolgerungen des National Intelligence Estimate nicht verändert wurden, was zumindest ein Hinweis ist, dass die amerikanischen Geheimdienste nicht von den israelischen Beweisen überzeugt wurden.

10 Im Januar 2011 erklärte der scheidende Mossad-Direktor Meir Dagan, der Iran sei noch mindestens vier Jahre vom Bau einer einsatzfähigen Atomwaffe entfernt. Siehe Yossi Melman, »Outgoing Mossad-Chief: Iran Won't Have Nuclear Capability before 2015«. *Haaretz*, 7. Januar 2011.

11 »France accuses UN watchdog of hiding Iran nuclear evidence«. AFP, 3. September 2009.

12 »Nuke Agency says Iran can make a bomb« von George Jahn. Associated Press, 17. September 2009.

13 »Excerpts from Internal IAEA Document on Alleged Iranian Nuclear Weaponization«, ISIS, 2. Oktober 2009. Siehe http://isis-online.org/uploads/isis-reports/documents/IAEA_info_3October2009.pdf.

14 Ich erfuhr, Aghazadeh sei deshalb zurückgetreten, weil er ein Vertrauter des Oppositionskandidaten Mussawi war, der in den Wahlen des Jahres 2009 Ahmadinedschads wichtigster Gegner war. Im Dezember 2010 wurde Salehi kommissarischer Außenminister.

15 Die Iraner suchten immer nach Möglichkeiten, ihren Vorrat an Natururan zu vergrößern, da sie selbst wenig hatten und ihnen unter den gegebenen Umständen vermutlich niemand Uran verkaufen würde.

16 Sonderberater für Nichtverbreitung und Atomwaffenkontrolle im amerikanischen Außenministerium.

17 Sonderberater des Präsidenten und Koordinator für Waffenkontrolle und Massenvernichtungswaffen, Atomwaffenkontrolle und Terrorismus.

18 Einhorn hatte mich während der Zeit der Bush-Regierung in Begleitung des Diplomaten Tom Pickering aufgesucht, als die beiden an einem parteiübergreifenden Bericht arbeiteten.

19 Ich hatte dies mit Salehi vorab erörtert. Er riet mir, das Thema indirekt anzusprechen, da Ahmadinedschad in dieser Frage sehr sensibel war. Offenbar ist es im Persischen üblich, kritische Bemerkungen auf Umwegen zu formulieren.

20 »Clinton warns Iran of need for nuclear progress« von Jeff Mason. Reuters, 11. Oktober 2009.

21 »Remarks With Russian Foreign Minister Sergey Lavrov«, 13. Oktober 2009. Siehe http://www.state.gov/secretary/rm/2009a/10/130505.htm.

22 »Don't pressure Iran, says Russia«, BBC News Online, 13. Oktober 2009.

23 Der stellvertretende Leiter der russischen Atomenergiebehörde.

24 »France's Sarkozy raises Iran sanction threat« von James Mackenzie. Reuters, 27. August 2009.

25 »Talking with Iran – and sending a message« von Doyle McManus. *LA Times*, 1. November 2009.

26 »US will not alter Iran nuclear deal«, Al-Dschasira, 3. November 2009.

27 »ElBaradei slams West's rejection of the Iran-Turkey-Brazil deal«, *Jornal do Brasil*, 3. Juni 2010. Siehe: http://www.campaigniran.org/casmii/index. php?q=node/10263.

Schluss

1 Der Beschluss wurde mit 28 Stimmen verabschiedet. Sechs Länder – Argentinien, Brasilien, Ecuador, Südafrika, Tunesien und Venezuela – enthielten sich der Stimme, Pakistan nahm nicht an der Abstimmung teil. Die Enthaltungen sind Zeichen für ein hartnäckiges Misstrauen gegenüber einer Brennstoffbank und gehen auf den ursprünglichen Vorschlag der sechs westlichen Mächte zurück, die Teilnehmer müssten ihr Recht auf einen eigenen Brennstoffkreislauf aufgeben. Dieses Misstrauen legt sich hoffentlich im Laufe der Zeit.

2 »A World Free of Nuclear Weapons«, *Wall Street Journal*, 4. Januar 2007.

3 Während der amerikanischen Vorwahlen des Jahres 2008 wollten die beiden demokratischen Vertreter der Gruppe mit den beiden verbleibenden Kandidaten der Demokraten arbeiten, und die republikanischen Vertreter mit den Kandidaten der Republikaner, um sicherzustellen, dass sich der kommende Präsident unabhängig vom Wahlausgang für eine atomwaffenfreie Welt einsetzte.

4 Zitiert in »Toward a Nuclear-Free World« von George P. Shultz, William J. Perry, Henry A. Kissinger und Sam Nunn. *Wall Street Journal*, 15. Januar 2008.

5 Ebda.

6 »United States Moves Rapidly Toward New START Warhead Limit« von Hans M. Kristensen. Blog der *Federation of American Scientists Strategic Security*, 2. Mai 2010.

REGISTER

Gordon Brown
Was folgt
Wie wir weltweit
neues Wachstum schaffen

2011. 352 Seiten, gebunden
ISBN 978-3-593-39453-4

E-Book:
ISBN 978-3-593-41041-8

Das große Werk zur Zukunft der Weltwirtschaft

Als Schatzkanzler Großbritanniens sorgte Gordon Brown für die längste Wachstumsperiode in der gesamten Geschichte des Landes. Während des Höhepunkts der Finanzkrise war er britischer Premierminister. Lange vor allen anderen europäischen Regierungschefs erkannte er die globale Dimension der Krise. Seine erfolgreichen Rettungsmaßnahmen waren international wegweisend. In seinem Buch zeigt er, wie es ihm gelang, sein Land durch die Turbulenzen zu steuern. Doch Brown warnt: International ist die Krise noch nicht ausgestanden. Basierend auf seiner großen wirtschaftspolitischen Erfahrung entwirft er einen fundierten Plan, mit dem es uns gelingen wird, weltweit neues Wachstum zu schaffen.

Mehr Informationen unter
www.campus.de

Frankfurt · New York